国家自然科学基金资助项目

中国垄断性产业结构重组分类管制与协调政策

王俊豪　等著

商務印書館
2006年·北京

图书在版编目(CIP)数据

中国垄断性产业结构重组、分类管制与协调政策/王俊豪等著，—北京：商务印书馆，2005
ISBN 7-100-04477-4

I.中… II.王… III.垄断性产业—研究—中国 IV.F121

中国版本图书馆 CIP 数据核字(2005)第 052095 号

中国垄断性产业结构重组
分类管制与协调政策
王俊豪　等著

商 务 印 书 馆 出 版
(北京王府井大街 36 号　邮政编码 100710)
商 务 印 书 馆 发 行
北京中科印刷有限公司印刷
ISBN 7-100-04477-4/F·549

2005 年 12 月第 1 版　　开本 880×1260 1/32
2006 年 12 月北京第 2 次印刷　　印张 15 1/2
定价：26.00 元

序

王俊豪同志是我国较早研究垄断性产业管制体制改革问题的学者之一。他的博士论文《市场结构与有效竞争》(人民出版社 1995 年版)就涉及这一研究领域。获得博士学位后,他曾先后到英国和美国当访问学者,主要研修新兴的管制经济学,并对经济发达国家垄断性产业管制体制改革理论与实践问题作了深入研究。回国后,他紧密结合我国的改革实际,主持完成多项国家级和省部级研究项目,出版与发表了不少有相当学术水平的论著。现在,他主持撰写的《中国垄断性产业结构重组、分类管制与协调政策》一书,将由商务印书馆出版。我很高兴为该书作序。

在现实经济中,许多垄断性产业具有自然垄断性,表现为显著的规模经济性、成本弱增性和资产专用性等特点,因此,传统经济理论认为,这些特殊产业只能由一家或极少数企业垄断经营,否则,就会损失效率,增加成本,甚至会使企业不能维持简单再生产,产生“不可维持性”问题。在这种传统理论主导下,世界各国几乎都对这些产业以行政手段设置极高的进入壁垒,从而形成自然垄断与行政垄断相结合的双重垄断状态。但随着这些垄断性产业的市场需求与规模的不断扩大,科学技术的发展及其应用,独家垄断性市场结构越来越不适应这些产业快速发展的需要,垄断企业的低效率问题也日益突出。针对这种状况,在经济发达国家提出了许多新的经济理论,其核心内容是强调垄断性产业应放松管制,允许新厂商进入,充分运用市场机制的作用,以形成规模经济与竞争活力相兼容的有效竞争格局，提高这些产业的经济效率。在一些国家经济改革实践中，发现原有垂直一体化垄断经营企业完全有能力排斥新竞争者，造成新厂商进入难，发展更难的僵局。因此，对这些产业，要把原有垄断性市场结构真正改革成为竞争性市场结构，其前提条件就是要对原有垄断企业实行分割政策，实行市场结构的实质性重组，同时，允许相当数量的新厂商进入，从而形成多家企业竞争的格局。20世纪80年代以来，许多经济发达国家基本上就是按照上述模式实行垄断性产业改革的，并取得了相当理想的改革成效，表现为提高了这些垄断性产业的经济绩效，较好地满足了消费者的需要，减少了政府财政支出。他们的成功经验值得我国在经济改革中借鉴。

20世纪90年代中后期以来，我国理论界对垄断性产业改革的研究日趋活跃，"打破垄断，促进竞争"逐渐成为改革的主旋律。在实践中，我国对电信、电力、航空运输等产业的原有垄断企业实行分割政策，对这些产业的市场结构进行了实质性重组，并通过放松进入管制，让新的企业参与竞争，从而初步形成了竞争性市场结构格局。对铁路运输、邮政、自来水与管道燃气等垄断性产业的重组改革也正在探讨之中。但从国内外先期改革的经验看，在对垄断性产业实行市场结构重组后，存在两个新问题：一是在特定垄断性产业，如何根据不同业务领域的性质（不同程度的自然垄断性和竞争性）制定相应的分类管制政策；二是具有紧密垂直关系的垄断性产业的不同业务领域由不同企业经营后，如何协调这些不同利益主体的关系，以保证垄断性产业的可持续协调发展？事实上，即使改革较早的经济发达国家，对垄断性产业实行市场结构重组后，如何有效地制定分类管制与协调政策，也是一个尚未很好解决的难题，面临不少理论与实践问题。而我国在垄断性产业重组改革实践中，也确实存在很多亟待解决的问题，例如，在电信产业存在不能有效地实行互联互通，甚至恶性竞争问题；在电力产业也存在发电、输电、配电与供电企业的利益冲突而造成电力资源缺乏有效配置，人为地加剧缺电等问题。这必然在相当程度上影响我国垄断性产业的改革效果。因此，《中国垄断性产业结构重组、分类管制与协调政策》一书，在我国加入 WTO 的背景下，借鉴经济发达国家有关经验教训，对我国垄断性产业的市场结构重组、分类管制与协调政策问题作了系统而深入的研究，不仅具有重要的理论价值，而且具有相当的应用价值。

该书内容相当丰富，分析了我国垄断性产业管制体制的变迁与现状，中国加入 WTO 对垄断性产业和管制政策的影响，论证了深化垄断性产业改革的客观性和紧迫性。该书在分解垄断性产业主要业务类型的基础上，深入地探讨了垄断性产业的市场结构重组政策、分类管制政策和协调政策以及垄断性产业管制机构改革问题，为这方面的改革创造性构建了理论框架。该书以大量的篇幅，对我国改革难度较大的电信、电力、铁路运输、航空运输、邮政、城市自来水与管道燃气等具有网络性的垄断性产业结构重组、分类管制与协调政策问题作了重点研究，针对各个产业的技术经济特征，提出了相应的改革思路和具体政策措施，为政府有关部门制定相关改革政策与管制政策提供了很有价值的理论依据与实证资料。当然，该书提出的某些理论观点和改革政策需要实践检验，使之不断完善。

我国垄断性产业改革是当前我国国有经济改革的重点，正在不断深化，有许多方面需要理论联系实际进行深入研究。我认为，这本具有较高学术水平的专著的出版，将有助于促进我国垄断性产业改革的深入，并丰富管制经济学的内容，推动新兴的管制经济学在我国的发展。相信该书的出版将受到理论界与实际部门的重视和广大读者的欢迎。

张卓元

二〇〇五年三月十二日于北京

目　录

下篇　主要垄断性产业的结构重组、分类管制与协调政策

Restructuring, Differentiated Regulation and Coordinated Policies in China's Monopoly Industries

CONTENTS

导　言

中国加入 WTO 后，按照成员国应该履行的市场开放原则，垄断性产业也必须逐渐对外开放，允许国内外的新企业进入，从而以“倒逼”的方式，促使中国垄断性产业的放松管制成为一种客观要求。而放松管制又必然要求对垄断性产业的市场结构实行重组，否则，实行垂直一体化的垄断企业完全有能力控制市场，新企业无法有效进入。这要求中国根据垄断性产业的现有技术经济特征、法律制度、市场供需状况等因素，借鉴国外垄断性产业改革的经验教训，对中国垄断性产业如何实行市场结构重组，重组后又如何实行分类管制政策，可允许国内外新企业进入哪些业务领域以及如何控制新企业的数量，并有效地协调特定垄断性产业各业务领域的关系等基本问题进行理论研究，并据以科学地制定垄断性产业的市场结构重组、分类管制与协调政策。

20 世纪 70 年代以来，随着政府管制经济学在经济发达国家的形成与发展，许多学者对垄断性产业的传统垄断经营理论提出了挑战，认为要改变垄断性产业的低效率状况，就必须打破在特定垄断性产业由一家或极少数家企业垄断经营的格局，尽可能运用市场竞争机制。以此为理论依据，80 年代以来，许多经济发达国家对垄断性产业实行市场结构重组政策，允许一批新企业进入，把原来的垄断性市场结构改造成为竞争性市场结构，以发挥竞争机制的作用，提高垄断性产业的效率。在垄断性产业的市场结构重组政策实践中，许多经济发达国家所采取的主要政策措施是，对原来实行垂直一体化经营的整体业务实行分割政策，如把电力产业的整体业务分割为电力设备生产、发电、高压输电、低压配电和电力供应等业务领域；把电信产业的整体业务分割为本地电话、长途电话、移动电话、各种增值业务和通信传输等业务领域；把铁路运输产业的整体业务分割为铁路建设、铁轨网运行、客运和货运等业务领域等等。在此基础上，通过实行分类管制政策，在不同业务领域，允许不同数量的新企业进入，与原有企业竞争性地经营。但在实践中，政府管制者面临着两个基本难题：一是由于自然垄断产业的各个业务领域具有不同的规模经济、网络经济和技术特性，如何对这些不同的业务领域分别制定相应的市场准入和价格等政府管制政策？二是垄断性产业往往存在紧密性的垂直关系，在不同的业务领域由不同的企业经营后，如何有效地协调这些不同利益主体之间的关系，以确保整个垄断性产业的协调发展？即使在经济发展水平较高，这方面的改革较早的国家，至今也没有较好地解决上述两个问题，在实践中存在不少教训，如美国加州前几年的频繁停电现象主要就是由于缺乏全国性的发电、输配电和供电的统一协调造成的。可见，经济发达国家对垄断性产业的市场结构重组后，如何有效地制定分类管制与协调政策，这也是一个较难的课题，面临着许多理论和实践的问题。

中国在经济发达国家对垄断性产业的改革理论与政策实践影响下，对长期以来居主导地位的传统政府管制理论进行了反思，“打破垄断，促进竞争”已成为垄断性产业政府管制体制改革的指导思想。在政策实践中，中国也对电信、电力等产业实行市场结构重组，例如，在1998年和2002年，中国先后两次对原中国电信实行纵向和横向分割，电信产业的长途电话、本地电话、移动电话等各个业务领域已存在若干家竞争性企业；2002年中国对电力产业也实行了较大幅度的市场结构重组，将原国家电力公司拆分为几家发电、输配电和供电企业；2002年中国对民航业也进行了市场结构重组，组建了几家大型航空集团公司；

中国对铁路运输产业的市场结构重组也在酝酿之中;中国许多城市还对自来水和管道燃气产业的市场结构重组也作了积极的探索。连改革相对滞后的邮政产业也在积极制定新的邮政法,以便在有法可依的基础上对邮政产业进行有效与稳妥的改革。中国加入 WTO 后,必将促进对垄断性产业的市场结构重组步伐。但由于中国对垄断性产业的市场结构重组在总体上还处于起步阶段,对经济发达国家在垄断性产业结构重组中所面临的许多问题,尚缺乏紧密联系中国实际情况的理论研究,在实践中也存在不少问题,如在电信企业之间的互联互通方面一直存在不协调,甚至相互恶性竞争问题。对市场结构重组改革相对滞后的电力、邮政、铁路运输等其他垄断性产业更存在许多不可测的政府管制问题。因此,在中国加入 WTO 的背景下,系统而深入地研究中国垄断性产业的市场结构重组、分类管制与协调政策问题,对中国具有特别重要的意义和紧迫性。本书的主题就是针对这一重大问题所作的系统而深入的理论研究,以推动中国垄断性产业的进一步改革,并取得理想的改革效果。

本书的结构框架分上、下两篇,共 9 章组成。上篇是总论部分,包括第一、二、三章,主要是从总体上讨论中国垄断性产业管制体制的变迁与现状,中国加入 WTO 后对垄断性产业与管制政策的影响,重点探讨中国垄断性产业实行市场结构重组、分类管制与协调政策的基本思路。下篇是本书的核心内容,包括第四、五、六、七、八、九章,较为系统而深入地研究了电信、电力、铁路运输、航空运输、邮政、城市公用事业等主要垄断性产业的市场结构重组、分类管制与协调政策问题,基本研究路线是:首先,分析特定垄断性产业的基本技术经济特征和主要业务类型;其次,分析中国加入 WTO 后对特定垄断性产业的影响;然后,着重探讨特定垄断性产业的市场结构重组、分类管制与协调政策;最后,探讨在特定垄断性产业如何设立与规范管制机构问题。

本书是国家自然科学基金项目“入世后我国垄断性产业结构重组、分类管制与协调政策”(批准号为:70373056)的研究成果,也是一项集体研究成果。在本书中,项目主持人王俊豪撰写导言、第一、三、四、五章;浙江工商大学周小梅撰写第二章,杜丹清撰写第六章;深圳市交通局王志永撰写第七章;西安邮电学院陇小渝、陆伟刚撰写第八章;王俊豪、周小梅撰写第九章。全书由王俊豪拟定写作提纲,并负责修改定稿,周小梅也参加了部分内容的修改定稿等工作。除了本书作者外,本研究项目课题组成员还有浙江省人民政府法制办公室主任郑志耿博士、夏利阳处长;浙江财经学院邱风博士、博士生王建明;浙江工商大学顾春梅教授等,他们在本研究项目的调研、收集资料和研究成果应用推广等方面也做了许多工作。博士生王建明、李颖灏参与校对书稿。

本研究项目的完成和本书的出版,得益于国家自然科学基金的资助,在此深表感谢。同时,本书能在较短的时间内顺利出版,应当感谢商务印书馆领导和有关同志的大力支持。本书汲取和引用了国内外许多专家学者的研究成果,并尽可能在书中作了说明与注释,在此对有关专家学者一并表示感谢。

中国加入 WTO 后,在垄断性产业如何科学地制定市场结构重组、分类管制与协调政策,这是一个涉及许多理论与实践问题,具有相当难度的研究课题,尽管课题组成员作了很大努力,但本书只是“冰山一角”,在这方面仍有许多问题值得深入研究。由于作者水平有限,书中难免存在不少缺陷,敬请广大读者批评指正。

上　篇

总　论

第一章 中国垄断性产业的管制体制

本章将在总体上分析垄断性产业的基本特征，中国垄断性产业传统管制体制形成的原因和主要特点，简要回顾这些产业管制体制的重大改革，重点分析中国垄断性产业现行管制体制存在的问题，为研究中国加入 WTO 后主要垄断性产业的市场结构重组、分类管制与协调政策作必要的铺垫。

第一节 垄断性产业的基本特征

一、垄断性产业的技术经济特征

从技术上而言，电信、电力、铁路运输、航空、邮政、自来水和管道燃气供应等垄断性产业的一个显著特征是具有网络性，即必须借助有形（物理）的或无形的网络系统，才能将产品或服务从生产领域转移到消费领域，实现最终消费。因此，这些产业通常被称为网络性产业（network industries）。建立与形成电信网、电网、铁轨网、航线、邮路、自来水管网和燃气管道网络等，往往需要巨大的投资，投资回报期较长，资产专用性强，沉淀成本大。但这些网络建成投入使用后，对生产者而言，表现为较高的固定成本和较低的边际成本，规模经济十分显著；而对需求者来说，使用者越多，不仅所分摊的成本价格越低，而且使用者之间的联系就越方便（这在电信产业表现得特别明显）。因此，具有较为显著的需求方规模经济。

从经济特征的角度看，上述垄断性产业通常又被称为自然垄断产业(natural monopoly industries)。但经济学家们对自然垄断产业的经济特征具有不同的认识，如克拉克森(Clarkson)等经济学家主要是从规模经济的角度来说明自然垄断产业的技术经济特性的。[①] 在他们看来，自然垄断的基本特性是生产函数一般呈规模报酬递增状态，即生产规模越大，单位产品的成本就越小。以电力产业的电力生产为例，假定生产单位千瓦电力的单位成本如下表：

表1-1 生产单位千瓦电力的单位成本

产量	单位成本
100	11
200	10
300	9
400	8
500	7
600	6

根据表1-1，如果在一定地区范围内，消费者需要购买600单位千瓦的电力，显然，最有效率的方案是让一家企业生产，这家企业生产600单位千瓦电力的成本为3600(6×600)。作为比较，如果让具有同样规模和效率的企业各生产300单位千瓦的电力，则这两家企业发生的总成本为5400[2(9×300)]，再如果让三家同样规模和效率的企业各生产200单位千瓦的电力，则这三家企业的总成本就上升为6000[3(10×200)]。这个简单的例子从规模经济的角度，描述了自然垄断的基本特性，即在一定的产出范围内，若由一家企业生产，随着产量的增加，单位成本将持续下降。

① Kenneth W. Clarkson, Roger Leroy Miller, 1982, *Industrial Organization: Theory, Evidence, and Public Policy*, McGraw-Hill Book Company, p. 119.

与规模经济决定论不同，一些经济学家对自然垄断有不同的描述。如沃特森（Waterson）认为，自然垄断是这样一种状况：单个企业能比两家或两家以上的企业更有效率地向市场提供相同数量的产品。① 韦尔（Ware）则以社会剩余最大化而不是以成本最小化来定义自然垄断，按照他的标准，在某一产业市场上，一个企业能使社会剩余最大化，则自然垄断存在。以此为标准，能避免在不同规模下成本比较中可能产生的歧义。② 而夏基（Sharkey）和鲍莫尔（Baumol）等著名学者则认为，自然垄断最显著的特征是其成本函数的弱增性（subadditivity）。③

如果某一产业中的企业只提供单一的产品，则这一产业具有自然垄断性的基本条件是，在一定的产业范围内，由一家企业提供产品比多家企业共同提供产品具有更高的效率。若以 Q 表示产量，以 C 表示成本函数，以 $C(Q)$ 表示一家企业提供产量 Q 所发生的各种成本；为方便起见，假定其他企业的成本函数也为 C，如果产量 Q 由 K 家企业共同生产，企业 i 的产量为 q_i，则 K 家企业生产 Q 产量的成本之和为：

$$C(q_1)+C(q_2)+\cdots+C(q_k)=\sum_{i=1}^{k}C(q_i) \tag{1.1}$$

则该产业在产量 Q 范围内存在自然垄断性的充要条件是：

$$C(Q)<\sum_{i=1}^{k}C(q_i) \tag{1.2}$$

在上式中，$Q=\sum_{i=1}^{k}q_i$，$K\geqslant 2$。 (1.3)

为进一步说明规模经济与成本弱增性的关系，我们以图 1－1 加以

① Waterson, M., 1988, *Regulation of the Firm and Natural Monopoly*, Oxford: Basil Blackwell.

② Ware, R., 1986, A Model of Public Enterprise with Entry, *Canadian Journal of Economics* 19: pp. 642—655.

③ William W. Sharkey, 1982, The Theory of Natural Monopoly, Cambridge University Press, pp. 4—5; W. J. Baumol, 1977, "On the Proper Cost Tests for Natural Monopoly in a Multiproduct Industry", *American Economic Review*, December 1977.

说明：

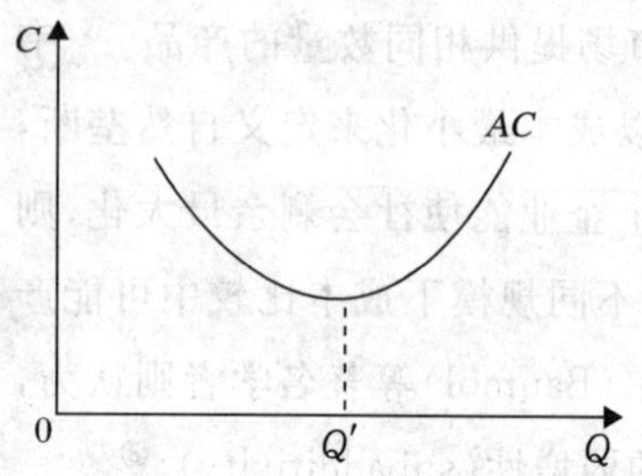

图 1－1 单个企业的平均成本曲线

图 1－1 显示了单个企业的平均成本曲线。在产量达到 Q' 之前，平均成本是不断下降的，当产量超过 Q' 后，平均成本就开始上升。即当产量小于 Q' 时存在规模经济，产量大于 Q' 时则存在规模不经济。

成本弱增性所要讨论的是，由一家企业提供整个产业的产量成本较低还是这家企业与另外的企业共同提供相同产量的成本较低。显然，当产量小于 Q' 时，由一家企业生产能使成本最小化，所以，在这一产出范围内，成本当然是弱增的。为了考察当产量大于 Q' 时能使成本最小的方案，我们可引进两个企业的最小平均成本函数，在图 1－2 中，我们假定这两个企业具有相同的生产效率，则 AC_2 就是这两个企业的平均成本曲线，而 AC_1 则是从图 1－1 中复制过来的单个企业的最小平均成本曲线。

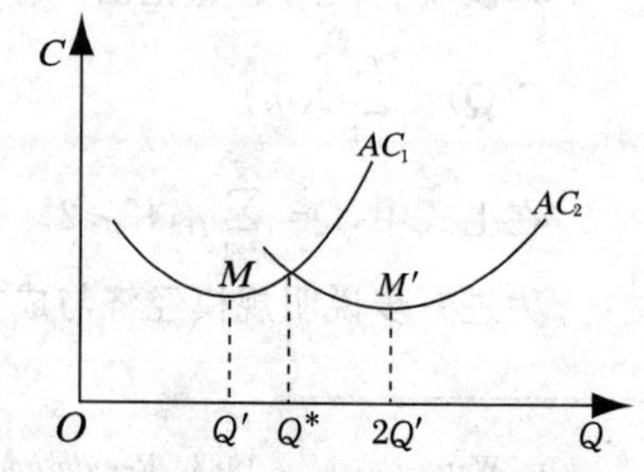

图 1－2 两个企业的平均成本曲线

在图 1－2 中，AC_1 和 AC_2 在产量为 Q^* 点处相交，Q^* 点决定了成本弱增的范围，当产量小于 Q^* 时，由单个企业生产成本最低，所以，在此范围内成本函数是弱增的。值得注意的是，成本弱增性是描述自然垄断经济特征的最好方法，尽管在产量 Q' 与 Q^* 之间存在规模不经济，但从社会效率看，由一个企业生产效率最高。由此可见，规模经济并不是自然垄断的必要条件，决定自然垄断的是成本弱增性。

根据自然垄断的成本弱增性程度，我们还可以将自然垄断分为"强自然垄断"和"弱自然垄断"。在成本弱增的前提下，在平均成本持续下降，平均成本大于边际成本的范围内（即在图 1-2 中，当产量小于 Q' 时），被称为"强自然垄断"；而在成本弱增的前提下，在平均成本呈上升趋势，边际成本大于平均成本的范围内（即在图 1-2 中，产量在 Q' 与 Q^* 之间时），被称为"弱自然垄断"。

在现实经济生活中，一个企业通常不只是生产一种产品（或服务），而是同时生产多种产品。在多产品自然垄断的情况下，成本弱增性与规模经济的区别更为明显。多种产品的总成本不是简单地取决于各个产品的规模经济，而主要取决于各种产品成本的相互影响，这种相互影响可用范围经济（economics of scope）描述：就古典经济学经常提到的羊毛和羊肉联合生产的例子而言，范围经济是指利用同一群绵羊同时生产羊毛和羊肉的成本，往往低于用一群羊只生产羊毛而用另一群羊只生产羊肉的成本之和。产生范围经济的主要原因包括：(1)生产技术设备具有多种功能，可用来生产不同产品；(2)某些生产要素投入后可重复使用；(3)零部件或中间产品具有多种组装性能；(4)企业的无形资产。例如，企业的经营管理知识和技术在生产经营多种产品时同样可以使用，不会增加多少额外费用。

假设 $TC(Q_X, Q_Y)$ 表示一个企业生产 Q_X 单位的产品 X 和 Q_Y 单位的产品 Y 所发生的总成本，$C(Q_X)$ 表示一个企业只生产 Q_X 单位的产品 X 而发生的成本，$C(Q_Y)$ 表示另一个企业只生产 Q_Y 单位的产品 Y 而发生的成本。则存在范围经济的条件可用下式表示：

$$TC(Q_X, Q_Y) < C(Q_X) + C(Q_Y) \qquad (1.4)$$

即由一个企业同时生产产品 X 和产品 Y 比一个企业只生产产品 X，另一个企业只生产产品 Y 所花的成本较少。这时，同时生产两种产品的那家企业在生产某一种产品时，可能具有规模经济性，也可能不具有规模经济性。规模经济通常是按照不断下降的平均成本函数来定义的，而范围经济通常是以一个企业生产多种产品和多个企业分别生产一种产品的相对总成本来定义的。因此，多产品自然垄断的成本弱增性主要表现为范围经济性。即在某一多产品的产业中，只要一家企业生产所有产品的总成本小于多家企业分别生产这些产品的成本之和，该产业就是自然垄断产业。

从以上讨论可见，如果一家企业能比两家或两家以上的企业以较低的成本生产一定数量的某种产品或一组产品，则存在成本弱增性，相应地，企业所在的产业就是自然垄断产业。可是，虽然成本弱增性这一概念本身是简单的、容易理解的，但对成本弱增性作出实证分析则是相当困难的，因为这需要比较单个企业的生产成本和多个企业的生产成本，而这种比较是不可能在实验室中进行的。尽管如此，成本弱增性这一概念为我们理解自然垄断性提供了一种有用的工具。同时，通过前面的讨论，我们不难得出以下3点结论：

1. 对单一产品的自然垄断性而言，规模经济是自然垄断的充分条件，但不是必要条件，即只要规模经济存在，就具有自然垄断性，但自然垄断不一定必须要求存在规模经济，在规模不经济的情况下，只要成本弱增性存在，也同样存在自然垄断性。

2. 对多产品的自然垄断性而言，规模经济既不是自然垄断的充分条件，也不是自然垄断的必要条件。决定自然垄断性的是成本弱增性，而多产品的成本弱增性决定于联合生产的经济性，通常可用范围经济性来表示。

3. 根据自然垄断的成本弱增性程度，我们可以将自然垄断分为“强自然垄断”和“弱自然垄断”这两种类型，对于不同类型的自然垄断，政府应采取相应的进入管制与价格管制政策。

二、垄断性产业的不可维持性

从成本弱增性的讨论中，可以引出这样一个结论：在成本弱增的产出范围内，为实现较高的生产效率，应该由一家企业垄断经营；当产出超过成本弱增的范围后，就应该允许新企业进入。但由于政府管制者很难较准确地把握成本弱增的范围，在政府管制实践中，即使在成本弱增的范围内，管制者也会允许新企业进入自然垄断产业，从而造成低效率进入。

由鲍莫尔、贝利(Bailey)、威利格(Willig)和潘扎(Panzar)等经济学家提出并得到发展的"可维持性理论"(theory of sustainability)，[①]就是专门讨论新企业进入自然垄断产业而引起的问题的一个理论模型。在这一理论中，自然垄断企业被认为是产业中的主导企业，它在作出价格和产量决策时要受到一系列约束条件的制约。而如果新企业认为有利可图，它们可以无约束地进入市场。对自然垄断企业行为(价格和产量决策)的有关约束条件有：(1)产量等于特定价格下的市场需求总量；(2)收入等于生产这些产量的总成本；(3)如果新企业进入市场，垄断企业不能够改变原来的价格，并要求以原有价格满足新企业夺走后的剩余需求。在这些约束条件下，如果没有新企业企图进入市场，那

---

① 详见 Baumol, W. J., Bailey, E. E., and Willig, R. D., 1977 "Weak Invisible Hand Theorems on the Sustainability of Prices in a Multiproduct Monopoly", *American Economic Review* 67: pp. 350—365; Panzar, J. C. and Willig, R. D., 1977, "Free Entry and the Sustainability of Natural Monopoly", *Bell Journal of Economics* 8: pp. 1—22; Baumol, W. j., Panzar, J. C., and Willig, R. D., 1982, *Contestable Markets and the Theory of Industry Structure*, New York: Harcourt Brace Jovanovich; Baumol, W. J. and Willig, R. D., 1981, "Fixed Cost, Sunk Cost, Entry Barriers and Sustainability of Monopoly", *Quarterly Journal of Economics* 96: pp. 405—432.

么，垄断企业是可以维持的。从对垄断企业的约束条件看，在可维持性理论中，当新的竞争企业进入市场时，假定垄断企业不能作出任何反应，这虽然是不符合实际的假定，但也有一定的现实性。这是因为，垄断企业往往是受政府管制的，价格和产量的变动需要得到管制者的批准，由于政府管制过程的滞后性，表现为垄断企业的行为调整是缓慢的。

为了决定自然垄断的可维持性的条件，我们有必要用数学语言更精确地对可维持性作出定义。令 $D(P)$ 表示价格为 P 时自然垄断产业的需求函数；令 Q 表示垄断企业的产量，$C(Q)$ 表示生产 Q 所花费的成本。当成本 C 弱增时，该产业就是自然垄断产业。则自然垄断的可维持性可定义为：具有成本函数 C 和市场需求 D 的自然垄断企业，当价格为 P，产量为 Q 时满足以下条件，则存在自然垄断的可维持性：

(i) $Q=D(P)$ (1.5)

(ii) $P\cdot Q=C(Q)$ (1.6)

(iii) 当所有的 $P'<P$，$Q'\leqslant D(P')$ 时，$P'Q'<C(Q')$ (1.7)

但是，在允许新企业自由进入的情况下，往往会造成垄断企业的不可维持性(nonsustainability)。我们可以借助图 1－3 加以说明。

在图 1－3 中，Q_0 表示最小平均成本所对应的产量，Q^* 表示符合自然垄断要求的最大产量，$D(P)$ 表示市场需求函数，那么只要垄断企业选择由需求曲线和平均成本曲线的交点所对应的 $\bar{P}$ 以外的价格(P)，以及相应的产量，都会造成不可维持性。例如，如果 $P<\bar{P}$，那么，垄断企业除非亏损，否则就不能提供整个市场需要的产量。如果 $P>\bar{P}$，在新企业可以自由进入的条件下，新企业认为有利可图，进入市场后会选择价格 $\bar{P}$ 和产量 $\bar{Q}$，从而造成垄断企业的不可维持性。事实上，即使垄断企业选择价格 $\bar{P}$，新企业仍然可能进入，它可以在 $\bar{P}$ 和 P_0 之间选择一个价格，并选择最小平均成本所对应的产量 Q_0。这样，新企业也能获得利润，而造成垄断企业的不可维持性。当然，这里一个重要前提是

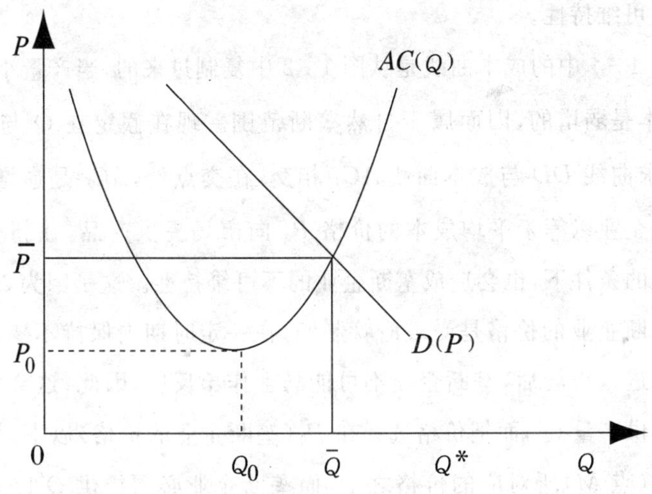

图 1－3　自然垄断的不可维持性(I)

假定新企业不承担满足整个市场需求的义务，而垄断企业则要承担这种义务。我们还可以在图 1－3 的基础上，绘制图 1－4 来说明自然垄

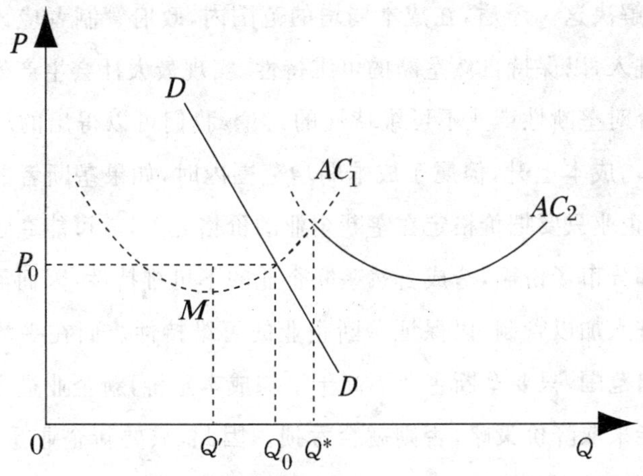

图 1－4　自然垄断的不可维持性(II)

断的不可维持性。

图 1-4 中的成本曲线是从图 1-2 中复制过来的，当产量小于 Q^* 时，成本是弱增的，因而属于自然垄断范围。现在假定在 Q' 与 Q^* 之间，需求曲线 DD 与成本曲线 AC_1 相交，在交点处，AC_1 是递增的，如果垄断企业以等于平均成本的价格 P_0 向市场提供产品，在新企业自由进入的条件下，也会造成垄断企业的不可维持性。这是因为，新企业知道垄断企业的价格是受政府管制的，在一定时期内保持不变，这样，新企业进入市场后，垄断企业不可能马上作出反应，因此，这会刺激新企业提供产量 Q'，而把价格选择在 P_0（垄断企业的价格）以下，最小平均成本（点 M）所对应的价格之上，而垄断企业必须提供 Q' 以外的产量。这就造成垄断企业的不可维持性。可见，在自由进入的管制政策下，垄断企业提供的产量小于 Q' 时（即在平均成本下降的范围内），才能保证其可维持性，在这种情况下，新企业就不可能在保证赢利的条件下与垄断企业分享市场份额，但这样，整个市场需求就不能得到满足。因此，为解决这一矛盾，在成本弱增的范围内，政府管制者应该控制新企业的进入，以保持自然垄断的可维持性，实现最大社会生产效率。

综合对垄断性产业不可维持性的讨论，我们可以得出的政策结论是：在平均成本上升，但属于成本弱增范围内时，如果垄断者的利润大于零，新企业只要把价格定在垄断企业的价格之下，就可能夺走垄断企业的大部分市场份额，造成自然垄断企业的不可维持性，因而需要政府对市场进入加以管制，以保证垄断企业的可维持性。而在平均成本下降的产出范围，只要垄断企业不高于平均成本定价，新企业进入市场后就不可能采取降价策略，否则就会亏损。因此，只要新企业是理性的，就不会产生进入市场抢夺垄断企业市场份额的刺激，这就会自动保证自然垄断的可维持性，不需要政府对市场进入的管制。

第二节　中国垄断性产业的传统管制体制

一、传统管制体制的理论依据

垄断性产业的规模经济性、成本弱增性和不可维持性意味着，在垄断性产业不可能存在多家竞争性企业，否则，就会造成规模经济损失，大大增加成本，甚至造成企业不能维持简单再生产。因此，长期以来，许多经济学家认为，垄断性产业是一个典型的市场失灵领域，不可能发挥市场竞争机制的作用，并主张在一定的地理范围内，由一家或极少数家企业垄断经营。如一些学者认为，①在垄断性产业，社会最优目标是实现较高的生产效率和社会分配效率，即垄断企业以较低的成本向社会提供产品或服务，并按照包括正常利润在内的成本定价。那么，如果由私人企业垄断经营，固然，私人企业在追求利润最大化的过程中，有可能存在较高的生产效率，但不能保证私人垄断企业会自觉地按照成本定价。恰恰相反，私人垄断企业往往会制定大大高于成本的垄断价格，以取得垄断利润，从而造成消费者剩余的严重损失。当然，政府可以通过一些管制手段以制约企业制定垄断高价的行为，如政府可以在垄断性产业设立专门的管制机构，通过制定管制价格，使垄断企业只能获得正常的投资回报。但由于政府管制者与被管制私人企业之间存在信息不对称问题，政府管制者难以制定合理的管制价格，同时，对利润的限制会导致私人垄断企业降低生产效率。如在传统的投资回报率价格管制下，垄断企业会缺乏努力降低成本的动力，并会刺激企业多用资

---

① Viscusi, W. K., J. M. Vernon and J. E. Harrington, Jr., 2000, *Economics of Regulation and Antitrust*, Massachusetts: The MIT Press, pp. 433—434.

本少用劳动力，以扩大资本投资基数，在规定的投资回报率下取得较多的利润，从而造成低效率的“A—J 效应”(A—J effect)。[①] 因此，由私人企业垄断经营自然垄断产业，难以实现社会最优目标，特别是难以保证社会分配效率。为了从根本上解决这一问题，可由国有企业(公共企业)来经营垄断性产业，因为国有企业是代表社会利益的政府所有并通常由政府经营的企业，国有企业不像私人企业那样以追求利润最大化为目标，而是以追求社会福利最大化为目标。国有企业会自觉按照成本(甚至低于成本)制定价格。因此，国有企业是处理自然垄断问题的一种较优方法。对此，英国著名经济学家詹姆士·米德(James E. Meade)也持相同的观点，他列举了政府有必要采取干预与控制措施的八种情形，其中第三种情形是：“在某些方面，比如铁路运输、电力供应，以及诸如此类的公用事业方面，必须追求规模经济的效益，因此，这些行业的垄断是无法避免的。有鉴于此，我们主张将这些行业收归国有，由国家来经营”。[②]

长期以来，与国外传统理论相类似，中国理论界也以国有企业应该对垄断性产业实行垄断经营为主流经济理论。如有的学者认为，[③]自然垄断性产业由独家垄断经营效益最高。大部分公用事业，如电力、煤气、供水、邮政、电信、铁路等是典型的自然垄断性产业。由于这些产业特征，政府不应把它推到竞争市场中去，而应保证其产业的独家垄断地

① 对 A—J 效应较为详细的讨论，有兴趣的读者可参阅王俊豪：“A—J 效应与自然垄断产业的价格管制模型”，《中国工业经济》2001 年第 10 期。

② 詹姆士·E. 米德：《明智的激进派经济政策指南：混合经济》，上海三联书店 1989 年中文版，第 3 页。

③ 陈尚前：“规模经济：市场选择的结果抑或有效竞争的起点”，《经济学家》1997 年第 6 期。

位，使其生产成本最低，达到规模经济。同时，有的学者认为，[①]自然垄断性产业的资源稀缺性、由成本劣加性（即弱增性）导致的规模经济和范围经济、产品和服务的公共性等特性，决定了在这些产业实行国营的合理性。一些学者在分析西方国家国有企业的功能时指出，[②]限制私人垄断是国有企业的一个重要功能。在煤气、供水、供电等自然垄断产业，对私人垄断加以限制，有其多方面的经济合理性和社会必要性，也是弥补和纠正"市场缺陷"的一个重要措施。因此，在一些自然垄断性产业有必要设立国有企业，以国家垄断取代私人垄断，以保证这些产业的效率和公共服务。在上述传统理论的指导下，长期以来，中国对垄断性产业实行国有企业垄断经营的管制体制。

二、传统管制体制的基本特征及其问题

根据传统的政府管制理论，在垄断性产业应该实行由政府直接投资、国有企业垄断经营的管制体制。在新中国建立后的很长一段时期里，对垄断性产业就是基本上实行这种管制体制。其主要特征是：企业由政府建，企业领导由政府派，资金由政府拨，价格由政府定，企业盈亏由政府统一负责，不存在任何经营风险。即实行政企高度合一的管制体制。从历史的角度考察，这种高度集中的管制体制在建国后的一定时期内，在集中大量资金投资建设这些作为基础设施产业的垄断性产业方面曾发挥了相当大的作用，但随着中国社会经济、技术的发展，这种高度集中的管制体制的弊端就日益明显，主要表现在以下几个方面：

1. 传统管制体制本身是一种低效率的体制。传统管制体制是政府

---

① 剧锦文：《国有企业：产业分布与产业重组》，社会科学文献出版社 1999 年版，第 71 页。

② 马建堂、刘海泉：《中国国有企业改革的回顾与展望》，首都经济贸易大学出版社 2000 年版，第 117—118 页。

直接投资，国有企业垄断经营，实行政企合一的体制，在这种管制体制下，垄断性产业的投资、价格等重大决策都是由政府制定的，这就使国有企业不是真正的决策者，而只是决策执行者。国有企业不能以利润最大化为目标，而是以实现“公共利益”最大化为目标，而“公共利益”又是一个比较模糊、难以界定的概念。在正常的情况下，利润最大化要求成本最小化，国有企业缺乏利润目标就不可能有足够的刺激去追求成本最小化，结果使生产成本膨胀。同时，国有企业还要按照上级的要求履行多种目标，在这些目标中，利润目标（假定它存在）被排在相当次要的位置。政府为了达到一定的政治目的，可以指令国有企业执行非赢利性目标。由于国有企业不是真正的决策者，也不以利润目标为主要目标，因此，自然不承担市场风险，一切亏损都由政府财政补贴，不存在破产倒闭的压力。[①] 因此，由于国有企业没有市场主体地位，这必然造成国有企业经营的低效率。

2. 垄断经营使企业缺乏竞争活力。在传统管制体制下，电信、电力、铁路运输、航空、邮政、管道燃气、自来水等垄断性产业的主要业务是由中央政府或地方政府的企业（或机构）垄断经营的，政府既是管制政策的制定者和监督者，又是具体业务的实际经营者，这就决定了这种垄断的性质是一种典型的行政性垄断，而不是基于自然垄断的经济性垄断。在这种行政性垄断状况下，往往会导致企业组织管理效率低的问题，其结果使企业实际达到的生产成本大大高于按企业能力可能获得的最小生产成本，从而存在资源运用的低效率。由于不存在外部竞争压力，企业内部就没有追求成本极小化的刺激，因此，在许多方面企业浪费现象十分严重，致使企业成本费用膨胀，最终使产品的平均成本大大高于“最低可能成本”。在中国许多垄断性产业经营企业中存在机

① Asha Gupta, 2000, *Beyond Privatization*, London: Macmillan Press, p. 6.

构臃肿、人浮于事、工作效率低、信息传递效率差等组织管理低效率现象，致使潜在规模经济效率未能得到较好发挥，产品（或服务）成本高，其重要原因就是由于企业普遍缺乏市场竞争的外部压力，从而在相当程度上抑制了通过技术和组织创新，以提高生产经营效率的动力。其结果必然导致经济效率低下。

3. 单一的投资渠道造成垄断性产业投资严重不足。在相当长的一段时期中，政府几乎是垄断性产业的唯一投资者，由于受财政支出的限制，无力对垄断性产业进行大规模投资，以适应这些产业的发展需要，其结果使这些产业的供应能力与需求存在很大的缺口，许多生产企业由于不能及时得到垄断性产业的产品或服务，不得不中断正常生产，从而造成巨大的经济损失。例如，1992 年中国全年共缺电 1117 亿－1489 亿千瓦时，按每千瓦时创造的工业产值 4.9 元计算，全国因缺电而损失的工业产值就达 5473 亿－7296 亿元。① 若综合计算因所有垄断性产业的供需缺口而对国民经济所造成的经济损失，这将是一个“天文数字”。

4. 垄断性产业的价格形成机制不能刺激企业提高生产效率。长期以来，中国在垄断性产业基本上都采取“成本加成定价法”，即以企业的实际成本为基础，加上一定的利润。这种价格形成机制不能刺激企业努力降低成本，通过提高效率而取得更多的利润。这是因为，由于国有企业在特定的地区范围内，甚至在全国范围内具有独家或极少数家企业垄断经营权，不存在由多家企业的平均成本决定的社会成本。这样，企业的实际成本就成为“社会成本”，在利润率一定的情况下，企业降低成本就意味着降低价格。因此，以企业实际成本作为政府定价的基础，就不能促使企业努力降低成本，反而会刺激企业增加成本或虚报成本，

① 参见尔仁：“我国电价改革与电力工业的发展”，《经济研究参考》1994 年第 164 期。

这就必然导致生产经营低效率。

第三节 中国垄断性产业管制体制的改革

一、垄断性产业管制体制改革的背景

中国垄断性产业管制体制改革具有复杂的经济、技术和政治背景。固然，前面分析的传统管制体制的低效率，垄断经营使企业缺乏竞争活力，传统的价格形成机制不能刺激企业提高效率，单一的投资渠道致使垄断性产业的投资严重不足等问题，都是促使垄断性产业管制体制改革的主要因素。但除此之外，还有其他一些因素对这一改革起到了重要的推动作用，从某种意义上讲，甚至可以说是根本性因素。

1. 科技进步与需求变化。生产力决定生产关系，对垄断性产业应实行什么样的政府管制体制，这不是由政府领导人的主观意志决定的，而应该主要根据垄断性产业的技术经济特征。这就是说，高效率的政府管制体制应以垄断性产业的技术经济特征为基础。因此，政府管制体制与垄断性产业的技术经济特征存在某种函数关系，在这一函数关系中，垄断性产业的技术经济特征（T）是自变量，而政府管制体制（G）是因变量，即 G=f(T)。这一简单的函数表达式实际上蕴含着两方面的关系：一是从静态看，要根据垄断性产业的技术经济特征设计政府管制体制及其相应的政府管制政策。例如，在一定的技术水平下，电信、电力、铁路运输、航空、邮政、管道燃气和自来水供应等垄断性产业具有投资额大、投资回报期长、沉淀成本大、资产专用性强等特点，即具有自然垄断性。因此，在一定的地区范围内，由一家或极少数家企业经营比多家企业经营具有较高的生产效率。这就决定了政府对这些垄断性产业要控制进入壁垒，以免发生低水平的过度竞争。同时，政府需要对价

格进行管制，以防经营企业利用市场垄断力量制定垄断价格，扭曲分配效率。二是从动态看，随着垄断性产业技术经济特征的变化，要对原有的政府管制体制作相应的调整，从动态上保持政府管制体制与垄断性产业的技术经济特征相协调。可见，垄断性产业技术经济特征的可变性是政府管制体制改革的基本原因。因此，高效率的政府管制体制不仅要根据垄断性产业的技术经济特征而建立，更重要的是，应当随着垄断性产业技术经济特征的变化而改革，以得到不断优化。

在日新月异的现代科学技术支持下，许多垄断性产业的技术进步十分显著，这在电信产业表现得特别明显，随着光缆技术的发展，利用卫星和无线电话技术，有线电视公司也能够提供传声和数据服务，这些都使电信产业将发生革命性的变化，从而为新企业进入电信产业，建立新的通信网络，比原有的电话通信网络质量更好、价格更低地向消费者提供通信服务创造了条件。这样，将来的电信产业模式并不是唯一的全国一体化的通信网络，而是由电话网络、有线电视网络、卫星和微波系统等其他技术所组成的一个多面体的互通网络，其结果是大大缩小了电信产业的自然垄断性业务范围，其缩小程度和速度则取决于技术发展和应用的情况。在电力产业，技术进步对自然垄断性的电力输送业务也有一定影响，如“混合循环燃气轮机”技术改变了电力生产的规模经济优势，而且，它能超越电力输送网络直接向较大规模的顾客提供电力。在这些垄断性产业中，因技术进步引起的垄断性业务范围的可变性，必然使垄断性产业表现为相当的动态性。

除了技术进步因素外，市场范围和需求的变化也会改变自然垄断的范围。例如，在经济发展水平较低的地区，电力、管道燃气、自来水、铁路运输等产业具有明显的地区性，尚未形成全国性的或较大范围的市场，这些产业在较小的地区市场上具有自然垄断性，通常由一家企业垄断经营。但随着经济发展水平的提高，这些产业的市场范围将不断扩大，当市场需求量超过成本弱增的范围后，这些产业的许多业务领域就不具有自然垄断性，应该由多家企业竞争性经营，从而使原来的垄断性市场结构或寡头垄断性市场结构转变为竞争性市场结构。这也是同一种产业（如电信、电力）为什么在经济发达国家和经济不发达国家具有不同的市场结构的一个基本解释。

从上面的讨论中可见，垄断性产业不仅具有在一定理论支持下的主观动态性，更存在由技术与市场的变化而造成的客观动态性。因此，与垄断性产业的动态性相适应，客观上要求对传统的管制体制实行根本性的改革。

2. 经济发达国家垄断性产业管制体制改革对中国的重要影响。自20世纪70年代以来，经济发达国家在政府管制经济学的理论研究方面有了较快的发展，提出了许多新的政府管制理论与方法，特别强调在原来的垄断性产业重视运用市场竞争机制，以提高经济效率。这在实践上就表现为，自70年代末以来，经济发达国家对交通运输、电信、电力、管道燃气和自来水供应等原来的垄断性产业纷纷实行了重大的政府管制体制改革，积极引进和不断强化市场竞争机制的力量，以提高原来的垄断性产业的运行效率，从而形成了一股世界范围的政府管制体制的改革浪潮。

美国是最早实行政府管制体制改革的国家之一，它首先在交通运输领域实行放松管制政策。美国在1976年—1982年先后颁布了《铁路复兴与铁路管制改革法》、《航空货运放松管制法》、《航空客运放松管制法》、《汽车运输法》、《铁路法》和《公共汽车管理改革法》等一系列法案，对美国的交通运输产业的政府管制体制进行了重大改革，放松了政府对民航、铁路和公路的管制，并导致美国政府撤销了民用航空局，调整了联邦政府的有关管制机构。1984年1月，美国司法部指控美国电话电报公司（American Telephone & Telegraph，简称AT&T）垄断了美国的电信设备市场、长途电话市场和地区性电话市场，最后该公司被分割为 7 个地区性经营公司，AT&T 只经营长途电话业务。1996 年，克林顿批准了新的电信法，完全开放了美国电信市场。

日本在 1985 年 4 月，将原国有的日本电信电话公司实行了民营化，改名为“日本电信电话株式会社”（简称 NTT），将电信市场向民间和国际开放，取消了政府垄断制，但政府有义务经常性地保持 NTT 的 1/3 的股份。1987 年 4 月，日本又将日本国有铁路公社（简称“国铁”）实行了民营化，将“国铁”分割为 11 个单位。其中，6 个客运公司和 1 个货运公司，各公司都实行股份制，通过各公司之间的竞争而提高经营效率，其结果不仅降低了票价，而且使“国铁”扭亏为赢，1985 年日本“国铁”的亏损额高达 24500 亿日元，但到 1990 年就赢利 3880 亿日元。

德国在 1989 年 7 月，对邮电开放实施第一改革方案。其主要内容是将德国邮电部所管辖的邮政总局改组为 3 个各自独立的企业——邮政银行、邮政局、电信公司，但当时它们 100％为国家所有。自 1995 年 1 月开始，德国对邮电实施第二改革方案。其核心内容是把上述 3 个国有企业逐步变为控股公司——即德国邮政银行股份公司、德国电信股份公司和德国邮政公司。其基本思路是实现邮电部门的民营化和国际化，将邮电业务逐步向国内外开放。德国联邦邮电部门到 1997 年年底就完全放弃垄断，并在 1998 年 1 月 1 日取消了邮电部。

英国是对垄断性产业政府管制体制改革最为系统、改革幅度最大的国家。英国以在 1984 年对电信产业实行的重大改革为开端，相继对管道燃气、自来水、电力和铁路运输等基础设施产业的政府管制体制实行了一系列改革，把原来政企合一的政府管制体制改革成为政企分离的体制，不断开放市场，引进和强化市场竞争机制的作用，增强了国有企业的竞争活力，提高了垄断性产业的经济效率。

此外，其他经济发达国家也对垄断性产业的政府管制体制进行了改革。如澳大利亚在1989年成立了澳大利亚电信公司(AUSTEL),电信法规管理和企业经营彻底“分家”,1991年澳大利亚颁布了新的电信法,开放了全部电信业务。

尽管世界各国在垄断性产业管制体制改革的时间、具体改革内容等方面存在较大差异,但其改革的实质是开放与竞争,即通过改革原有政府垄断经营的管制体制,实行政企分离,使垄断性产业的经营企业成为自负盈亏的竞争主体,在此基础上,开放垄断性产业市场,允许国内外新企业进入,强化市场竞争力量对经济效率的刺激作用,从而使弱肉强食、优胜劣汰的竞争规律成为一种普遍规律。

由于经济发达国家的科学技术水平较高,垄断性产业已达到相当的发展水平;同时,这些国家实行管制体制改革后,垄断性产业的经营企业成为独立的经济利益主体,它们在价格或利润率管制下,努力提高效率以取得更多的利润,谋求企业的不断扩张。所有这些因素都决定了经济发达国家在垄断性产业具有较强的供给能力。而在另一方面,虽然这些国家的经济发展水平较高,购买力较强,但由于人口较少,对垄断性产业的产品(或服务)需求有限,发展潜力较小。因此,垄断性产业较强的供给能力和有限的需求这一矛盾,必然导致供给能力的相对过剩,企业间的竞争十分激烈。企业为了充分发挥这种相对过剩的供给能力,满足不断扩张的需要,一种最现实的途径就是寻找国外市场,实行跨国经营战略。而发展中国家的特点是人口数量大,在经济发展过程中对垄断性产业的需求很大。但由于技术水平普遍较低,企业的经营管理能力较弱,生产效率不高,对垄断性产业的投资不足,导致垄断性产业的供给能力经常不能满足需求。这就促使经济发达国家把企业跨国经营的目标市场转向发展中国家。对于具有13亿多人口的中国来说,垄断性产业的产品(或服务)市场尤其庞大,自然成为经济发达国家投资的重点对象,它们千方百计以各种手段占领并不断扩大在中国垄断性产业中的市场份额。而中国加入WTO后,则为国外企业进入中国垄断性产业提供了法规与政策条件。[①] 这样,中国垄断性产业的对外开放将势在必行。虽然近年来中国加快了垄断性产业的建设步伐,并取得了可喜的成绩,但与国际水平相比较还有很大的差距。因此,如何在垄断性产业对外全面开放前,增强与国外企业的竞争能力?这已成为中国所面临的一个重要问题。对此,有两种基本途径:一是中国应坚持"发展是硬道理"的原则,在知识经济时代必须重视科学技术创新,提高现代化技术水平,尽快接近国际水平,在某些领域甚至走在国际水平前列,以增强中国企业的竞争能力。二是要重视垄断性产业政府管制体制改革,通过制度创新提高中国企业的竞争能力。实践证明,相对于硬件上的差距,中国垄断性产业的各种"软件"水平与国外同行相比可能差距更大。为什么在同样的厂房、技术设备和技术人员的条件下,许多中国企业的生产经营效率不如国外企业?这只能从企业管理制度和政府管制体制上找原因,而微观的企业管理制度总是在一定的宏观政府管制体制下形成的,前者受制于后者。在中国垄断性产业现行的传统管制体制下,实行政企合一的体制,企业尚未真正成为经济利益主体、市场行为的决策主体和市场风险的承担主体,即缺乏参与市场竞争的动力、活力和压力。显然,要从根本上解决这些问题,就必须改革中国传统的政府管制体制。事实上,经济发达国家政府管制体制改革的实践已为我们提供了实证资料,只有通过改革政府垄断经营、高度集中的管制体制,强化市场竞争对经济效率的刺激作用,企业才能增强竞争活力。

综上所述,经济发达国家垄断性产业管制体制改革对中国的重要影响主要表现在两个方面:一是其改革的政策思路和许多成功经验对中国垄断性产业管制体制改革产生了一定的示范作用;二是其改革以

---

① 本书第二章详细讨论中国加入WTO后对垄断性产业的影响。

开放与竞争为导向,必然向包括中国在内的发展中国家扩张,从而以“倒逼”的势态促使中国垄断性产业管制体制改革。

3.意识形态的变化与国家政策的有力支持。任何一个国家在垄断性产业实行管制体制改革,首先要有一定的经济基础,但这种经济条件只有与一定的政治力量相结合,才能使这种改革成为现实。可以说,前面讨论的主要是促使中国垄断性产业管制体制改革的经济条件,而在推动改革的政治力量方面,是以国家领导人对有关垄断性产业管制体制的意识形态的变化为前提的。在促使国家领导人意识形态变化的诸多因素中,最直接的因素可能是对垄断性产业单一的政府投资远远不能满足经济建设和人民生活快速增长的需要,从而使这些具有垄断性的基础设施产业成为制约中国经济快速发展和人民生活水平不断提高的瓶颈产业,垄断性产业的这种长期的、严重的供求矛盾,往往会通过因拉闸停电、运输能力短缺、装电话难等而造成企业开工不足、经济发展受阻和老百姓的怨言等不安定因素,从而由经济性问题而转化为政治性问题,客观上迫使国家领导人重视这些既是经济性,在相当程度上又是政治性的问题,不断增强他们对垄断性产业传统管制体制必须实行改革的理念。在这里,有关研究垄断性产业管制体制的专家学者发挥了功不可灭的作用,许多专家学者以研究报告、论著,甚至直接谏言的形式向国家领导人介绍政府管制的新理论,以及经济发达国家垄断性产业管制体制改革的经验教训,分析中国垄断性产业传统管制体制存在的弊端,提出管制体制改革的政策建议等等,从而促进国家领导人在这些方面意识形态的变化,增强了他们实行改革的信念。同时,一些专家学者还是推动有关改革的直接参与者。例如,根据有关资料,[①]在

① 参见张宇燕:“国家放松管制的博弈——以中国联合通信有限公司的创建为例”,《经济研究》1995年第6期。

中国联通的创建过程中，中国人民解放军总参谋部所属的通信兵部，鉴于中国电信产业已经成为一个具有很好赢利前景的产业和自身拥有的富余通信能力，在1988年首先上书有关政府部门，要求获得经营电信业务的特许权。1989年，两位资深通信专家、中国科学院院士叶培大和张煦教授，联名向中央提交了一份题为《按照商品经济的规律改革我国通信管理体制的建议》的报告，在此《建议》中他们提出，中国的通信业存在三对基本矛盾，即需求与能力、能力与资金、资金与体制，而其中最为关键的是体制矛盾。为此他们建议：邮电部应尽快实行政企分开，中央通信企业与地方通信企业应分别成为独立核算的经济实体；有控制地放开国家对通信的专营权，专用网可经营公用业务，可按国家标准合理接口，统一组网，互相实行财务结算；政府可规定通信全行业利润率的上下限，作为宏观调控电信资费的政策依据；在具有偿还能力的前提下，大规模发行通信建设债券；在自力更生的基础上，充分吸引并利用外资，打破部门所有制，逐步向股份公司发展。这份《建议》得到了中国最高决策者的高度重视。这为国务院最终同意组建中国联通公司起了重要的作用。

国家领导人对垄断性产业管制体制的意识形态的变化，必然反映在国家对垄断性产业管制体制改革的政策实践中。事实上，从20世纪90年代以来，无论是在中共中央历次代表大会和全会的报告中，还是国务院政府工作报告中，都把推进垄断性产业管制体制改革作为中国经济体制改革的一个重要内容。同时，在对电信、电力、民航等产业的重组、管制机构改革等重大政策问题上，国务院都起着决定性的作用，有力地推动了垄断性产业管制体制改革。

二、主要垄断性产业管制体制改革的基本内容

由于各个垄断性产业在技术经济特征、科技进步与需求变化、改革

的指导思想、受经济发达国家的影响特别是中国加入 WTO 后所面临的挑战等方面存在很大的差别,这必然导致这些产业在管制体制改革的进程、内容方面也存在相当的差异。本书第四章至第九章将较为详细地讨论中国的电信、电力、铁路运输、航空运输、邮政、城市自来水与管道燃气等主要垄断性产业的改革情况,这里只是纲要性地逐一讨论这些产业管制体制改革的基本内容,以反映其改革的现状。

1. 电信产业。它是中国政府管制体制改革较早,改革幅度较大,备受国内外关注的一个垄断性产业,在相当程度上为其他垄断性产业的改革提供了样板。其主要改革内容有:(1)逐步放松进入管制。① 1993 年 8 月,国务院批转原邮电部《关于进一步加强电信业务市场管理意见的通知》,向社会放开经营无线寻呼、800 兆赫集群电话、450 兆赫无线移动通信,国内 VSAT 通信、电话信息服务、计算机信息服务、电子信箱、电子数据交换、可视图文等 9 种电信业务。这为电信产业放松进入管制迈出了第一步;1993 年 12 月,国务院发文批准组建中国联合通信有限公司(简称"中国联通"),1994 年 7 月,中国联通正式挂牌成立,成为中国电信的第一个直接竞争者,这是在移动电话、长途电话、本地电话业务领域放松管制的一次实质性改革,其意义十分重大;1994 年 1 月,吉通通信有限公司成立;1999 年 8 月,中国网络通信有限公司成立;2000 年 12 月,铁道通信信息有限公司成立。同时,有一批经营 IP 电话、增值电信业务的新企业相继进入电信产业。(2)对中国电信实行两次战略性重组。1999 年 2 月,国务院通过中国电信重组方案,对中国电信按业务实行纵向分割政策,将中国电信一分为四,即中国电信公司,主要经营有线通信和增值电信业务;中国移动公司,主要经营移动

---

① 参见信息产业部办公厅:《历史性跨越:中国电信业"九五"发展回顾》,2001 年,第 303—314 页。

通信业务；中国寻呼公司，1999 年 5 月，该公司成建制划拨给中国联通公司；中国卫星公司，主要经营卫星通信业务。经过这次改革重组，中国基础电信各个业务领域都同时有两家以上企业经营，市场竞争格局初步形成。2001 年 12 月，经国务院批准，再次对中国电信实行改革重组，将中国电信分割为南、北两个部分，华北地区和河南、山东共 10 个省的电信公司归属中国电信北方部分，其余归属中国电信南方部分。北方部分和中国网通有限公司，吉通通信有限公司重组为中国网络通信集团；南方部分保留“中国电信集团公司”名称，继续拥有“中国电信”的商誉和无形资产。至此，在中国电信产业形成了中国电信、中国网通、中国移动、中国联通、铁通公司和中国卫星公司为主体，同时存在若干家 IP 公司和多家电信增值业务经营企业的市场结构，为在中国电信产业各业务领域实现有效竞争奠定了基础。(3)发行股票向国内外资本市场融资。到目前为止，中国主要电信公司已进行多次大规模地发行股票，从国内外资本市场融资。1997 年 10 月，中国电信(香港)有限公司在香港、纽约上市共筹资 300 多亿港元，约 42 亿美元；1999 年 10 月，该公司通过发行新股和债券，又筹资 26 亿美元；2000 年 11 月，由中国电信(香港)有限公司更名的中国移动(香港)有限公司再次融资 75.6 亿美元。2000 年 6 月，中国联通在香港、纽约上市，筹集资金56.5 亿美元。2002 年 10 月，中国联通在国内上市，发行 A 股，筹集资金 115 亿元人民币，成为当时中国证券市场成立以来第一大发行股本和第二大筹集资金项目。2002 年 11 月，中国电信在香港、纽约上市，筹资 111.83 亿港元，约 14.34 亿美元。这不仅为中国电信产业的发展提供了巨大的资金来源，更为重要的是，这也是中国电信产业实行民营化改革的重要途径，有利于优化电信产业的产权结构。(4)组建信息产业部，实现政企分开。1998 年 3 月，在原邮电部、电子部的基础上组建信息产业部，并按照了政企分开、转变职能、破除垄断、保护竞争与权责一致的原则,对信息产业部的职能进行配置。信息产业部不从事电信业务经营活动,实现管制职能与电信业务的完全分离。随后,对各省、市、自治区的原邮电管理局进行相应的改组,设立省级通信管理局。这使电信产业逐步实现了政企分开。

2.电力产业。它也是中国政府管制体制改革较早,在某些方面改革较为深入的一个垄断性产业。其主要改革内容有:(1)放松进入管制,实现投资主体多元化。为缓解电力长期短缺的问题,1985年开始实行以“电厂大家办,电网国家管”为原则的“集资办电”政策,吸引了巨额社会资金投资兴建发电厂,并对新建电厂实行“还本付息”的电价形成机制,以鼓励投资者的积极性。同时,中外合资、合作和外商独资的发电电力项目迅速发展。这些改革使许多电力系统以外的企业进入电力产业,基本形成了投资主体多元化的格局。(2)对国家电力公司实行战略性重组。2002年,根据国务院批准的《电力体制改革方案》,对垄断性的国家电力公司实行了战略性重组,将原国家电力公司的发电资产重组为中国华能、中国大唐、中国华电、中国国电和中国电力投资这5家发电集团公司。同时,将原国家电力公司的电网资产,重组为国家电网公司和南方电网公司,并规定这两家电网公司不能经营竞争性领域的发电业务。这为电力产业从原来的垄断性市场结构改革成为竞争性市场结构奠定了基础。(3)发行股票向国内外资本市场融资。从1993年开始,中国电力企业在沪、深两地股市筹集资金,至2004年5月,国内已有52家电力企业上市。此外,山东华能、华能国际和北京大唐这3家公司还在海外上市。这大大增强了中国电力企业扩大再生产的能力。并通过这种民营化改革途径,优化了电力企业的产权结构。(4)组建国家电力监管委员会,为政企、政监分开,形成独立的政府管制机构提供了制度基础。1998年,按照电力产业管制体制改革方案,撤销了电力部,原电力部拥有的行政管理职能移交国家经贸委电力司;

2003年,成立了国家电力监管委员会,专司电力监管职能;2004年,国家电力监管委员会设立华北、东北、西北、华东、华中、南方等6个区域电力监管局(简称"电监局"),作为国家电力监管委员会的垂直派出机构,负责处理区域内的电力管制问题。国家电力监管委员会是本书讨论的主要垄断性产业中,第一个设立的专业性政府管制机构,具有相当的示范效应。

3.铁路运输产业。与国内其他垄断产业相比,一直以来,中国铁路运输产业呈现出典型的"大一统"格局。为适应全国经济发展形势,铁路系统开始进行一系列的改革:(1)20世纪80年代初,铁道部将在计划、财务、劳资、物资、人事等方面的权利下放到下属路局,并开始尝试实行全行业的经济责任大包干;(2)以投融资体制改革为先导的进入管制放松,多元投资主体和运营主体的格局开始形成,在传统的"大一统"国有铁路之外形成了由国有铁路、地方性铁路、合资铁路、公司制股份制铁路等不同所有制类型的铁路企业共同组成的多元化铁路公司;(3)开展建立现代企业制度试点,到1998年,铁路工程、建筑、物资工业、通信五大总公司与铁道部签订了资产经营责任书,实施结构性分离;(4)1999年下半年起,试行"网运分离"改革模式,计划用10年左右的时间组建铁道部、铁路线路总公司(下部控股公司)和铁路运输总公司(上部控股公司);(5)2000年起,铁道部开始对铁路辅业进行大规模的剥离,原来由铁道部直接管理的铁路机车车辆工业总公司、工程总公司、建筑总公司、通信信号总公司、中土公司等5个非运输企业和10所高等院校与铁道部脱钩,2004年起,中国铁路新的一轮以"主辅分离"为特征的国资重组拉开序幕,上海、福建和南昌铁路工程集团三家公司在上海正式成立中铁24局集团公司,新公司成立后正式划出铁道部,归入国资委;原铁道部所属20个非主业企业与铁道部"主辅分离",划出铁路,划归国资委。

4.航空运输产业。中国民航运输业的改革比电信、铁路等自然垄断产业要早,从1980年开始起步,到2004年基本告一段落,未来的改革正在研究和探讨之中。这种改革大致可分为三个阶段:(1)1980年3月,根据邓小平同志“民航一定要走企业化道路”的指示,中国民航总局从隶属于军队建制改为国务院直属局,并尝试推行企业化管理。(2)1987年,民航系统开始了以政企分开为核心的管理体制改革和第一次市场结构重组,实行了民航地区管理局、机场和航空公司的三分离。到1992年年底,基本打破了原来用行政和军事办法高度集中统一管理的部门体制,开始了市场化改革的步伐,但主要机场和航空公司的人、财、物和业务经营仍归民航局集中统一管理。(3)2002年3月,国务院批准了新的《民航管理体制改革方案》,开始了第二次市场结构重组,到2004年7月基本完成。主要内容是:其一,国家不再对机场和航空公司实行政企合一的管理体制。民航直属国有航空公司合并为国航、东航、南航三大集团,其资产和为民航提供保障服务的中国航空油料、中国航空信息、中国航空器材进出口三大公司的资产同时划归国资委管理;同时逐步放松对上航、海航、厦航、山东航、深航等地方航空公司的航线准入限制,鼓励其与三大航空集团开展竞争。其二,对民用机场实行属地化管理和公司化经营。即把除了首都机场和拉萨机场之外的原民航总局直属129个民用机场(民航总局直接管理的84个,地方管理的35个,民航与地方联合管理的5个,军民合用机场除外)全部交由地方政府管理。民航局不再从人、财、物上对机场进行直接管理,只行使行业管理职能。其三,简化民航政府管理的层次。撤销民航省局,政府管理机构由民航总局、地区管理局与省局的三级管理转变为民航总局和地区管理局的二级管理,同时在一些客货流量较大的机场和省市设立民航地区管理局的派出机构——民航安全监督管理办公室。其四,改革空中交通管理体制。按照集中统一原则，建立了由民航总局空管局—地区空管局—机场空管中心（站）三级为一体的空管体系。民航总局空管局对全国民航空中交通管制实行统一指挥，空管系统按事业单位性质管理。其五，放松对航空公司的价格管制和市场准入限制。2004 年 4 月，国家发改委和民航总局联合出台了《民航国内运价改革方案》，逐步开始放开运价管制，实行最高涨价不超过 25%、最低降价不超过 45% 的价格政策。同时，从 2003 年开始，民航总局批准新成立了若干家地方、民营和中外合资航空公司分别以上海、天津、石家庄、成都、深圳等为基地开始筹建，拟开展客货运和支线运输业务。

这些改革政策基本适应了现阶段民航快速发展的要求，适应了完善社会主义市场经济体制和加入 WTO 后中国民航业积极参与国际竞争的需要，标志着中国民航放松市场准入和价格管制政策的新开始，将巨大地推动中国航空运输业的快速发展。

5. 邮政产业。邮政产业虽然是中国垄断产业中引入竞争较早的产业之一，但由于邮政普遍服务与替代竞争的巨大影响，其改革进程比较缓慢。其主要的改革内容有：(1)放松进入管制。可竞争性的快递业务与包件业务市场因为其较低的进入壁垒，从 20 世纪 90 年代就已开始逐渐转变为竞争性的市场结构，1992 年国内同城快递公司出现并开始进入大城市的市区物品递送业务，国际快递业巨头敦豪（DHL）、联邦快递（FedEx）和联合包裹公司（UPS）也从 20 世纪 90 年代上半期开始陆续进入中国，并在全国的大城市以及经济发达地区的中等城市建立起服务网络，经营国际快件业务。同时，铁路与民航产业借助其运输网络，也在物品快件与大件包裹业务领域与中国邮政展开竞争。(2)邮政与电信分营。一直到 1998 年邮政与电信分营以前，邮电合一的垄断经营体制和政企不分的邮电管理体制使得邮政产业的发展始终依赖于对邮政业务市场的专营权控制和电信业务收入的交叉补贴，中国邮政始终不是一个真正的市场竞争主体。1998年的邮电分营改革，首先消除了邮政产业市场竞争中的电信交叉补贴，中国邮政开始了以企业化为导向的自主经营，并在国家从1999年开始实行连续四年的递减的财政补贴之后(即所谓的“8531”，国家财政从1999年到2002年对中国邮政每年分别补助80亿元、50亿元、30亿元和10亿元)，于2002年走上自负盈亏的发展之路。(3)公司化为导向的改革。自2000年以来，中国邮政产业开始建立专业化的公司。2002年6月，国家邮政局与中国南方航空公司在北京签约，双方重组并合资经营中国邮政航空公司。重组后的邮政航空公司由国家邮政局持股51%，南方航空公司持股49%，公司完全按照现代企业制度实施运营。2003年1月，由国家邮政局和中邮邮购公司共同出资，成立中邮物流有限责任公司，公司主要负责全国性和区域性的物流业务。2003年中邮物流公司在全国18个省(区、市)建立了子公司，形成了一个以“中邮物流”为品牌、以邮政物流业务为核心的完整的组织机构，包括市场开发、业务运营、信息传输、财务结算、质量监控体系，并相继开通了北方、南方、华东三大物流集散网，发展零担快货业务。(4)立法改革。从1999年以来，为了适应邮政产业市场竞争结构的变化以及满足WTO开放的要求，开始修改《邮政法》，希望通过新《邮政法》确定邮政产业改革的基本政策框架。虽然直到2004年仍然没有完成最终的修改，但是政企分开和逐步缩小邮政专营权，已经成为邮政改革的基本取向。随着2005年新《邮政法》修订的完成，中国邮政产业的政企分开、中国邮政的公司化改革、邮政普遍服务基金的建立将会逐步推开，邮政市场的进一步开放将是不可避免的。

6.城市公用事业。近年来，城市公用事业管制体制的改革迈出了较大的步伐，各个城市分别采取了相应的措施开放城市公用事业，引入竞争：(1)放松进入管制，打破城市公用事业由国有企业垄断经营的格局。许多城市积极探索与引导不同的投资主体通过不同的方式进入城市公用事业。例如,在城市自来水产业,在筹资多元化方面的改革已取得了一些进展,如上海原水股份的股份制改造;北京第十自来水厂的招标;BOT 模式在成都的试点等。通过投资体制的改革,有利于自来水企业经营机制向现代企业制度的转换,与此同时引入了竞争。同样,在管道燃气产业,对燃气企业也进行了股份制改革,以引入民间资本,如海口管道燃气股份有限公司于 1992 年完成了股份制改革,是中国燃气产业第一个股份制企业。其他在国内股票市场上市的燃气企业还有郑州燃气、长春燃气、燃气股份、大众科创、中原油气、石油大明、申能股份等。由于放松管制,国外的法国里昂水务、威旺迪集团、得利满供水集团和香港中华煤气、WSG 公司为代表的外商及港资企业陆续进入公用事业。同时,不少民营企业也进入公用事业领域,并进行跨区域经营。例如,新奥燃气涉足多个城市的燃气产业。城市公交等领域也通过特许投标制引入民营企业。例如,2002 年 7 月成都市市政公用局将 6 条公共汽车线路的特许经营权进行拍卖。(2)价格管制体制改革。通过这些年的改革,逐渐理顺了城市公用事业中诸如自来水和管道燃气等的价格,使产品和服务价格与市场供求关系相联系,通过价格配置资源,以提高资源的配置效率。(3)部分垄断性产业进行了市场重组。一些城市对自来水产业和管道燃气产业进行了市场结构重组。把自来水和管道燃气的设备生产等具有竞争性的业务推向市场,并对具有竞争性特点的业务进行分割重组。例如,上海市把自来水产业分割为 4 个区域,分别由 4 家企业在不同的市区内经营。虽然这种改革尚未形成真正的有效竞争,但是,这为进一步的改革打下了基础。(4)政府管制机构的改革。许多城市对公用事业管制机构作了改革,如实行机构精简,把一些经营性机构剥离出去,集中实施对城市公用事业的管制职能,等等。

三、垄断性产业管制体制改革中面临的一个重大问题

打破垄断，积极运用竞争机制，提高经济效率，这是所有垄断性产业政府管制体制改革的主题。为此，客观上要求对这些产业原有垄断性市场结构实行战略性重组，以形成竞争性市场结构。这就需要政府制定市场结构重组政策，选择市场结构重组的有效模式。而市场结构重组的必然结果是自然垄断性业务与竞争性业务相分离，并由不同企业经营不同类型的业务。这样，政府又需要对不同类型的业务和相应的经营企业采取分类管制政策。同时，由于这些垄断性产业各业务之间往往具有垂直关系，形成了紧密的产业供应链，因此，高效率地向消费者提供最终产品和服务，必然要求各业务环节相协调。但由于不同业务由具有不同利益主体的企业经营，这要求政府在市场结构重组、分类管制的基础上，制定有效的协调政策。因此，在这些垄断性产业，如何制定科学的、符合中国国情的市场结构重组、分类管制与协调政策，这是中国垄断性产业管制体制改革中面临的一个具有共性的重大问题。中国加入 WTO 后，许多国外企业将进入中国垄断性产业，利益主体更具多元化、国际化，这将使这一问题更为突出。因此，有必要对这一重大问题作系统而深入的研究。

由前面对中国主要垄断性产业管制体制改革的基本内容可见，从总体上而言，这些产业在管制体制改革的内容上存在较大的差别，在市场结构重组、分类管制和协调政策方面的差别则更大。例如，在电信、电力等产业，通过对原有垄断企业实行纵向、横向分割政策，在相当程度上已实现市场结构重组。而在铁路、邮政、大多数城市自来水和管道燃气产业，则尚未实行实质性的市场结构重组。市场结构重组的主要目标，就是通过重组和调整市场结构，把原有垄断性市场结构改革成为竞争性市场结构，以形成有效竞争的格局。所以，对于铁路运输等尚未

实行市场结构重组的产业而言，由于某项市场结构重组政策一旦实施，即使发现重大问题，也很难走“回头路”，因此，首要任务是要根据本产业的技术经济特征，借鉴国外同一产业和国内不同产业市场结构重组的经验教训，以制定科学的市场结构重组政策，并构思出实行这种市场结构重组政策后，需要相应制定的分类管制与协调政策。同时，市场结构重组的重点是，在短期内政府强制性地运用管制政策措施，通过分割原有垄断企业，较大幅度地重组或调整原有的市场结构，以形成有利于有效竞争的市场结构框架，但要从动态上保持有效竞争的格局，就必须通过放松进入管制才能实现。对此，有的学者指出，[①]在中国垄断性产业改革中存在的一个突出问题是，竞争机制的引入仅停留在“分拆”原垄断企业的层面，尚未形成规范的准入制度。通过产业重组或对原垄断企业实行“分拆”，是打破垄断性市场结构的初始步骤，但引入竞争机制的题中应有之义不仅是“分拆”后的企业之间的竞争，更重要的是新企业的进入和潜在竞争的存在。否则，仅仅是“分拆”式的改革就可能出现三个不良的结果：一是改革可能蜕化为在原垄断企业内部瓜分利益，甚至将“大垄断”演变成“小垄断”；二是改革的结果仅仅是打破了企业垄断，而仍不放弃国有包办，那么，这种改革就演变成为“分拆”而“分拆”，“竞争”也演变成缺乏预算约束的国企之间的拼争；三是政府管制职能的改革也将因此而延缓。当前的改革存在偏重对原垄断企业的“分拆”，忽视新企业的进入问题，从而影响竞争机制的有效性。为此，建议加强重在“新厂商进入”的改革。笔者认为，从理论上而言，竞争机制能打破企业对产品的垄断和对信息的垄断，同时能刺激企业积极开展技术创新，努力降低成本，使消费者能享受较低的价格。同时，政府

① 参见王梦奎主编：《改革攻坚 30 题：完善社会主义市场经济体制探索》，中国发展出版社 2003 年版，第 87—90 页。

管制者能在竞争市场上获得较多的管制信息，这就有利于提高管制效率。因此，从总体上来说，在垄断性产业应尽可能采取放松进入管制政策。但垄断性产业是自然垄断性业务和竞争性业务并存的产业，这就需要政府根据垄断性产业具体业务的自然垄断性或竞争性，分别制定进入管制政策。对于竞争性领域，应采取放开竞争政策，但垄断性产业的竞争性业务领域通常存在一定的规模经济性，为实现规模经济与竞争活力相容的有效竞争，政府也应该适当控制进入壁垒，以保持能维护规模经济的市场竞争度。而对于具有自然垄断性业务领域，由于存在显著的规模经济，在短期内，竞争固然有利于消费者一面，但以损害规模经济为代价的过度竞争会增加生产成本，最终不利于消费者。因此，对具有自然垄断性的业务领域应严格控制，逐步放松进入壁垒，以保证有效竞争。与进入管制政策相类似，对不同性质的业务领域，政府需要制定相应的价格管制等分类管制政策。同时，为保证垄断性产业的有效运行，对于各种具有垂直关系的业务，赢利性和公益性的业务等，政府还应制定有效的协调政策。可见，在垄断性产业实行市场结构重组后，政府面临着如何科学地制定分类管制与协调政策的艰巨任务，这将直接关系到中国垄断性产业的竞争效果和提高这些产业经济效率的潜力。

第二章　中国加入 WTO 对垄断性产业与管制政策的影响

中国加入 WTO 后，将遵照 WTO 的规则，兑现已作出的承诺，全面对外开放。这意味着中国将由目前有限范围和领域的开放，转变为全方位的对外开放。面对不断开放的经济环境，中国垄断性产业将受到不可忽略的影响。为促使垄断性产业的健康发展，中国政府必须对垄断性产业实施放松管制政策，制定放松管制战略，并针对特定的垄断性产业，选择相应的放松管制的路径，使垄断性产业尽快适应开放的环境。

第一节　WTO 的基本原则与有关市场准入规则

从理论上说，中国对 WTO 成员方开放垄断性产业的市场，其他成员方也对中国开放市场，这是一种双向的对等开放。但事实上，由于科技发展水平和国际竞争能力上存在差异，中国要必须开放的市场和可以进入的市场是不对称的。国外特别是发达国家的一些大跨国公司凭借其先进的技术和强大的竞争实力，较容易进入中国市场，而中国的许多公司暂时还缺乏进入国外市场的能力，更不具备国际竞争的实力。这就需要中国在加快发展的同时，认真研究 WTO 规则，尤其是对发展中国家的特殊规定，要善于利用 WTO 规则保护自己，在竞争中迅速增强自己的实力和国际竞争能力，以达到发展的目的。WTO 的规则既是开放竞争的规则，也承认发展中国家的差距，适当照顾发展中国家的现实。因此，为了分析加入 WTO 对垄断性产业的影响，我们首先必须了解 WTO 的基本原则以及 WTO 对中国垄断性产业的有关市场准入规则。

一、WTO 的基本原则

WTO 的基本原则主要源于 1994 年的关税与贸易总协定的一系列协议，是对原总协定原则的必要补充和修改。WTO 主要协议有：关税与贸易总协定，服务贸易总协定，与贸易有关的投资措施协议，与贸易有关的知识产权协议等。这些协议主要体现了以下基本原则：

1. 非歧视原则。非歧视原则是 WTO 最基本的原则之一，由无条件最惠国待遇和国民待遇原则组成。“最惠国待遇”是指，一成员方将在货物贸易、服务贸易和知识产权领域给予任何其他国家（无论是否是世界贸易组织成员）的优惠待遇，立即和无条件地给予其他各成员方。而“国民待遇”是指，对其他成员方的产品、服务或服务提供者及知识产权所有者和持有者所提供的待遇，不低于本国同类产品、服务或服务提供者及知识产权所有者和持有者所享有的待遇。遵循非歧视原则，将有利于为各类企业的经营提供与 WTO 各成员方平等竞争的机会。

2. 市场开放原则。WTO 倡导成员在权利与义务平衡的基础上，依其自身的经济状况及竞争力，通过谈判不断降低关税和非关税壁垒，逐步开放市场，实行贸易自由化。实施开放市场原则，既方便了外国资本、技术、产品进入中国也有利于中国的资本、技术、产品、劳动力等进入国际市场，对于实力雄厚的企业，还可以更顺畅地实施走出去的战略。

3. 公平贸易原则。WTO 禁止成员采用倾销或补贴等不公平贸易手段扰乱正常贸易的行为，并允许采取反倾销和反补贴的贸易补救措施，保证国际贸易在公平的基础上进行。履行公平贸易原则，有利于打破那些长期以来不利于经济发展的行业垄断和地方保护，创造统一、公开、公平、公正的市场体系，规范市场经济秩序。

4. 透明度原则。根据透明度原则要求，中国加入 WTO 后，应公布影响外国企业从事生产和服务的市场准入法规，即中国应尽可能公开企业生产和服务的有关信息，包括关税与服务条件、许可证要求等。遵守透明度原则，有利于为每一个企业创造稳定的、可预见的经营环境，更好地吸引外资。

5. 权利与义务平衡的原则。权利与义务的平衡是 WTO 的最大特点。WTO 成员要履行 WTO 的义务，如遵守 WTO 的基本规则，履行承诺的减让义务，确保贸易政策法规统一性和透明度。与此同时，WTO 成员也享受一系列 WTO 赋予的权利，如参与制定多边贸易规则；在贸易伙伴不履行 WTO 义务，对本国（或地区）产业造成损失时，可提出磋商或诉诸 WTO 贸易争端解决机制，或在其他贸易领域获得相应补偿。此外，WTO 成员在特殊情况下确实无法履行 WTO 义务时，可以向 WTO 申明理由，提出暂停或延期履行相关义务。

二、WTO 对垄断性产业的有关市场准入规则

各国开放市场都是有条件的。中国加入 WTO 在开放市场方面也是有条件的。中国应该根据 WTO 的规则，正确利用 WTO 对发展中国家过渡期的安排，适时地把握市场开放的领域和程度。在贯彻执行 WTO 开放市场原则时，既要果断地开放某些领域的市场，以促进共同发展，又要适度地保护某些领域的市场免受不必要的损害，同时还要做到与 WTO 规则相一致。这就要求我们制定的法律、法规、政策和规章制度必须和 WTO 的规则相一致，才能有效地实施 WTO 开放市场这

一重要原则。

《服务贸易总协定》减让表规则用于处理服务贸易的市场准入和国民待遇问题。关于市场准入,《服务贸易总协定》规定,一成员对来自另一成员的服务或服务提供者,应给予不低于其在减让表中所列的待遇。这一规定表明,服务贸易承诺是约束性承诺,它确定了给予其他成员服务或服务提供者的最低待遇,在实际中成员方亦可给予他们更为优厚的待遇。

《服务贸易总协定》列举了6种影响市场准入的限制措施。具体包括:限制服务提供者的数量,限制服务交易或资产总值,限制服务网点总数或服务产出总量,限制特定服务部门或服务提供者可以雇用的人数,限制或要求通过特定类型的法律实体提供服务,限制外国资本参与的比例或外国资本的投资总额。除在减让表中明确列明之外,成员方不得对其他成员的服务或服务提供者实施这些限制措施。[①]

WTO的最终协议已经关注到了垄断问题。例如,《服务贸易总协定》第8条专门针对垄断及专营服务提供者而言,要求各成员方应确保在其境内的任何垄断服务提供者和专营服务提供者不得享受与最惠国待遇不一致的特殊待遇;当一成员方的垄断服务提供者在其垄断权范围之外参与提供服务的竞争时,该成员方应确保其服务提供者在境内不滥用其垄断地位,不进行与其承担义务不相一致的行动。又如,1997年2月订立的《全球基本电信贸易协定》规定,缔约国有义务在国内建立竞争制度,以推动本国电信领域包括本地电话市场、长途电话市场和国际电话市场以及无线电通信领域的市场竞争。事实上,WTO最基本的宗旨就是提倡发展市场经济以及开展自由竞争,以促进全世界各

① 参见薛荣久主编:《世界贸易组织(WTO)教程》,对外经济贸易大学出版社2003年版,第301页。

国福利水平的提高。根据 WTO 的协议，中国垄断性产业对内对外开放是必然趋势。但是，根据各产业的特点，不同的垄断性产业对外开放的时间表有所差异。[①]

第二节　加入 WTO 对垄断性产业的影响[②]

从 WTO 对垄断性产业的有关市场准入规则可见，电信、电力、铁路运输、航空运输、邮政以及城市公用事业等垄断性产业对外的开放程度和开放时间均存在一定的差异，因此，从短期看，加入 WTO 对不同的垄断性产业的影响会有所不同。但是，从长期看，这种影响基本是一致的。

WTO 对垄断性产业的有关市场准入规则表明，WTO 是以带有强制性的规则为基础的政府间国际组织，WTO 协议充分体现了贸易自由化趋向，要求贸易或服务等在 WTO 成员方之间自由流动，并通过 WTO 成员方实施非歧视原则、市场开放原则、公平贸易原则、透明度原则和权利与义务平衡等原则、义务和承诺加以保证。由于目前中国垄断性产业的主要业务还是基本上由中央政府或地方政府垄断经营的，实行政企合一的管制体制，并存在法律制度不健全，制定管制价格缺乏经济依据，投资主体单一等问题。因此，加入 WTO 将使中国垄断性产业面临前所未有的冲击和挑战。

从整体上看，加入 WTO 对垄断性产业直接的影响体现在以下几个方面：(1)有关垄断性产业的一些法规政策不符合 WTO 的要求，国家的法规政策逐步向国际惯例转轨，这将促使垄断性产业切实遵循市

① 关于特定产业的市场准入规则将在第四章至第九章的有关内容作较为详细的讨论。

② 中国加入 WTO 对特定自然垄断产业影响的详细讨论将放在第四章至第九章。

场化运作的要求。加入WTO后,国家会逐渐减少对垄断性产业的扶持,垄断性产业的经营企业,也要逐步地改制,走向市场,建立起一套规范的、有效的管理体系,推动会计、统计、财务等制度与国际惯例接轨。(2)加入WTO,特别是企业产权多元化制度建立后,垄断性产业中的国有企业将真正被推向市场。随着各项承诺的逐步兑现,各种地域限制和业务品种的限制将逐步被取消,市场占有率和占有结构将出现较大变化,国有企业在垄断性产业中的垄断地位将会受到严峻的挑战。(3)加入WTO对中国垄断性产业经营机制和管制模式提出了更高要求。(4)中国垄断性产业将面对强大的竞争对手。世界上许多经营垄断性产业的企业都已开始考虑其全球化的经营战略,一旦中国放开垄断性产业,这些国际跨国公司必将纷纷抢滩中国这一最大、最具潜力的市场。而中国垄断性产业中的国有企业虽然在国内占有垄断地位,但由于长期政企不分、独家经营,造成管理效率低、服务质量差、缺乏竞争意识等因素,导致企业竞争能力相对较差。[①]

由于不同垄断性产业对外开放的时间表和开放范围存在较大的差异,所以,加入WTO对不同的垄断性产业的影响程度是不一样的。

1.对电信产业的影响。加入WTO,对电信市场和电信企业产生较大的影响。根据中国加入WTO的协议,在加入WTO后的2年—6年内将允许在不同的电信业务领域外资比例达到49%—50%,这对中国电信业将产生深刻的影响。目前,中国电信市场和电信企业的竞争力、管理水平、服务质量与发达国家相比差距很大,电信企业运行机制还不能完全适应市场机制的要求,开放电信市场后,国有电信企业面临着跨国电信公司强大竞争的挑战,不同业务份额在发展中可能会不同

① 参见周小梅:“中国加入WTO必须加快基础设施领域民营化改革”,《国际贸易问题》2004年第5期。

程度地减少。

2. 对电力产业的影响。加入 WTO 后，中国电力企业首先要面临与外国企业的竞争，主要体现在以下几方面，首先是争夺电力市场份额，包括对电力设备制造企业的影响、对电力生产企业的影响和对供电(售电)企业的影响。其次，加入 WTO 后外国企业带来的先进技术也会给中国电力产业带来冲击。第三，外国企业可以通过国际贸易的方式，将其电力产品销入中国。也可以通过资本输入，在中国设立独资电厂或其他电力产业相关企业，直接向中国提供产品和服务。

3. 对铁路运输产业的影响。由于铁路运输产业长期以来实行政企合一的管理体制。在这样的体制下，加入 WTO 无疑给铁路运输产业带来不小的冲击。首先，外资企业进入铁路货运市场，将对中国铁路货运构成直接竞争威胁。跨国公司一旦大规模进入，必然给中国铁路货运企业造成极大的冲击。其次，公益性铁路投资和经营所需资金将更加紧张。中国铁路资金短缺，现在主要靠采用交叉补贴等方法实现部分补贴。加入 WTO，国外铁路企业主要经营赢利性业务，国铁利润空间的减少，这无疑会降低国内铁路运输产业对公益性铁路的投资和经营能力。第三，加剧铁路运输通道的拥挤状况。加入 WTO 后，将有更多的企业进入铁路运输市场，必然使得运输通道的通过能力更趋紧张。第四，外资进入公路货物运输，对铁路运输产业将形成替代性竞争。在中国加入 WTO 的承诺里，公路卡车和汽车货运市场开放快于铁路货运，而且价格完全放开。由于外方公路运输企业装备先进、服务水平和生产率高，一旦大规模进入，也会对铁路货运产生不容低估的影响。

4. 对航空运输业的影响。加入 WTO，对中国航空运输产业将不会产生很大的影响。这是因为，一方面，二十多年来中国的改革开放使航空运输产业已经有了一定的市场开放度；另一方面，中国在加入 WTO 时，对航空运输业只承诺开放航空器维修和计算机订座两项服务内容，而对制约航空运输国际化和自由化的主要壁垒——航权开放方面，没有承诺。在航空器维修方面，中国一开始就采取了比较开放的国际合作方式；在计算机订座系统上，中国民航已经与世界上几十个主要国家的民航计算机系统联网，加入 WTO 后变化不大。但是，从长期看，加入 WTO 对中国航空运输业产生的影响将是深远的。首先，航空维修和计算机订座系统的开放会对国内的飞机维修市场和计算机订座服务商造成一定冲击；其次，在航空运输国际化和自由化不断深化的趋势下，航权、运力、通航地点等问题越来越有可能进入《服务贸易总协定》的范畴之内。航权开放已经成为国际航空运输发展的必然趋势，国内航空运输企业必然要面对更多的国际竞争。当然，加入 WTO 也给中国航空运输带来积极的影响。加入 WTO 将使中国航空运输业置身到更大的国际市场空间，创造出更多的市场需求和发展机会，对中国民航管理体制改革和民航现代企业制度的建立也有积极的促进和催化作用。

5. 对邮政产业的影响。加入 WTO，对中国邮政产业会产生间接的和直接的影响。间接影响包括诸如加入 WTO 后会造就更加充满市场活力的电信产业，电信产业将会提供更多的诸如 IP 电话之类的邮政替代产品，从而分流更多的邮政业务。而直接影响主要反映在以下几方面：首先，面临国外邮政企业的强大竞争压力。中国邮政经营的外部竞争力量将不仅是国内在新业务上出现的竞争对手，而要面对的是更强、更多的国外竞争对手。[①] 其次，邮政承担较重的普遍服务义务，削弱了邮政的竞争力。中国邮政的经营负担很重，与外国公司相比竞争力势必大大削弱。第三，根据 WTO 在 1997 年达成的全球金融服务贸易协议，其成员方必须适时全方位开放金融市场。因此，邮政储蓄将直

---

① 参见张亦欣、张鸿："中国邮政业如何应对'WTO'"，国研网 2003 年 8 月 20 日。

接受到影响。

6. 对城市公用事业的影响。加入 WTO，城市公用事业将面对来自全球市场的竞争，这种影响主要表现在，长期在计划经济体制下经营的城市公用事业企业，由于市场意识不强，缺乏在市场中竞争的经验，加上管理和技术水平也与发达国家的公用事业企业存在一定的差距，短期内在竞争中必然处于不利的地位。

在分析加入 WTO 对垄断性产业不利影响的同时，我们也注意到，加入 WTO 对于垄断性产业也会产生许多积极影响，主要表现在：有利于加快垄断性产业体制改革步伐，尽快实现政企分开、市场化经营，促进垄断性产业生产效率的提高和经济增长方式的转变；有利于吸引外资，加快引进国际先进技术、设备和管理经验，使中国垄断性企业的经营管理水平尽快与国际接轨；有利于在与外国垄断性企业的竞争中提高服务质量，降低成本，提高效率；有利于中国垄断性企业在国际市场上享受公平待遇的权利、参与跨国竞争与合作。

第三节　加入 WTO 与垄断性产业的放松管制政策

中国加入 WTO 后，必须调整原有垄断性产业的管制政策，实施放松管制政策。而放松管制，根据程度可分为两个层次，一是指基本取消对被管制产业的各种进入、价格、投资和服务等方面的限制，使企业处于完全自由的竞争状态；二是指部分地取消管制，或者将原来较为严格、烦琐、苛刻的规则条款变得较为宽松、透明。一般而言，放松管制就是尽量减少管制机构对市场主体的干预，将能通过市场机制运作的经济活动还给市场，以提高资源的配置效率。例如，民航原来不论是价格还是准入都受到管制，而各发达国家在 20 世纪的七八十年代都放松了管制，价格放开，自由进入。又如，在一些发达国家的电力领域，不仅将发电价格，同时将用户直接购电（零售）价格也放开了。在电信领域，由于技术发展后垄断的性质也随之变化，有些学者认为该产业将不存在自然垄断性，应该主要由市场来决定企业的经营活动。可见，政府依据一定的条件对垄断性产业放松管制是大势所趋。不过，需要注意的是，在放松管制的同时，还必须重新建立管制的框架，对具有自然垄断性业务领域提供的产品和服务质量等仍然需要管制，通过调整管制政策以提高管制效率。

一、加入 WTO 后垄断性产业放松管制的必然性

中国加入 WTO 后，国内经济将进一步与国际经济接轨，市场化程度将提高到一个新的水平，政府对微观经济主体的直接干预应当大幅度减少。并且，从加入 WTO 对中国垄断性产业的影响可以看出，中国垄断性产业最终面临的是国际竞争，目前如果不加快改革的步伐，一旦完全失去政府的保护，垄断性产业的经营企业难免被市场优胜劣汰的机制所淘汰。因此，对于垄断性产业，为在竞争中获得优势，实现资源的合理配置，政府必须积极实施放松管制政策，引入竞争，促进垄断性产业的市场结构重组，促使垄断性产业的经营企业自觉尊重市场机制，通过市场竞争，形成规模优势和强大的竞争力。这样，中国垄断性产业的经营企业才能与国外企业在市场中进行较量。具体说来，中国加入 WTO，对自然垄断产业放松管制的必然性主要反映在以下三方面：

1. 满足对内对外开放市场的要求。世界经济的全球一体化必然要求世界范围内的人、财、物都能充分流动，但如果政府对垄断性产业进行不符合经济运行规律的管制，必将制约资源的流动，最终导致资源配置效率的降低。WTO 的所有规则都是以贸易自由化为导向的，要求 WTO 的成员方实行市场开放原则，逐步减少甚至消除市场进入壁垒，

鼓励竞争,反对垄断,强调各成员方应采取适当措施防止有市场垄断力的服务提供者实施反竞争行为,垄断服务提供者不应滥用其垄断地位进行与其承担义务不相一致的行动。因此,这在客观上也要求中国进一步放松对垄断性产业的管制。中国加入 WTO,垄断性产业客观上必须向国外企业开放,当然也应该向国内民营企业开放。

2. 允许民营企业进入以适应发展市场经济的要求。市场竞争能提高社会效率,而有效的市场竞争是以完善的市场体系为前提的。WTO 是市场经济国家的组织,中国加入 WTO 谈判很久的原因之一就是有些国家不承认中国是市场经济国家。1992 年,邓小平提出要建立和发展社会主义市场经济,中国的经济体制逐渐地向市场经济体制迈进。WTO 规则就是市场经济的规则,如果不是市场经济国家,加入 WTO 后必定会无所适从。中国垄断性产业所形成的垄断,在相当程度上为行政性垄断,而这与 WTO 规则是不相容的。这是因为,行政性垄断不是一般市场经济运行的必然产物,它是政府有关部门运用行政权力,以维护本系统企业的垄断地位,并非通过自由竞争和生产集中最终形成的经济性垄断。行政性垄断的主体是政府和政府部门,它主观上表现为行政机关对行政权力的滥用,客观上表现为对有效竞争和公共利益的损害。由于它的存在,严重地破坏了社会主义市场经济秩序。因此,要有效地维护公平竞争,建立一个比较完善的市场体系,首先要打破的就是行政性垄断。而打破行政性垄断,建立符合 WTO 规则的市场机制,关键在于准入规则应允许民营企业进入垄断性产业。这是因为,在一定的程度上,放松管制,允许民营企业进入的一个重要意义在于,有助于要素市场和产品市场的发展。在转型经济中,民营企业进入市场后,经营的成功与否取决于市场的发展;反之,市场的发育也取决于民营企业进入的进程。同样,放松管制,允许民营企业进入的效果取决于制度因素,例如,对投资者的保护;而放松管制反过来会促进市场制度的完善。从历史上看,市场经济就是在民营企业发展的过程中逐渐发展起来的。中国改革开放后的情况也证实了这一点,民营企业发达的地区,市场经济相对比较发达,反之亦反。例如,中国西部地区市场经济难以发展起来,与民营企业不发达直接相关。事实表明,民营企业进入垄断性产业不仅有利于解决垄断性产业的投资资金短缺问题,而且还会对垄断性产业管理运营水平的提高、政府职能的改变、资本市场的发展等方面带来一系列的变化,从而推动整个国民经济市场化程度的不断提高。

3.通过引入竞争以提高垄断性产业的国际竞争力。中国已经加入WTO,WTO的基本原则就是市场准入原则、国民待遇原则,垄断性产业将在有限的过渡期内逐步实现对外开放,参与国际市场竞争。目前垄断性产业是国有资本最为集中、规模较大的产业,而由于长期垄断经营,这些产业效率不高,国际竞争力不强;另外,垄断性产业又是发展速度较快、市场规模较大、增长前景较好的领域,中国的市场开放将促使国内企业进入与国际接轨、与跨国公司合作竞争的新阶段。

垄断性产业竞争力归根到底是由企业创造的,没有企业的竞争力,很难想象一国垄断性产业能够保持持续、快速、健康发展。随着开放时间表的接近,中国企业将在更大范围、更深程度上直接参与国际市场竞争。国际上的跨国公司纷纷进入中国市场。在竞争中,国外企业将凭借资金、技术实力及管理、市场经验对中国企业形成强大的威胁。而与国际上强大的竞争对手相比,中国的大多数企业,包括作为中国企业中坚和参与国际竞争主力军的国有特大型企业,还有相当大的差距。例如,2001年,中国排名世界500强第86位的中国石油化工集团公司,营业额达404亿美元,人均营业额为4.27万美元,在国内企业中可以称得上是大而强,但与美国埃克森—美孚石油公司相比,营业额仅为其1/5,人均营业额仅为其1/20。

20 世纪 90 年代以来,中国在垄断性产业采取了一系列措施,加快垄断性产业的改革,对促进有效竞争起到了一定的作用,某些垄断性产业(例如电信产业)虽已初步形成竞争的格局,但多数产业离有效竞争尚有一定的距离,仍然存在着进一步提高效率和竞争力的空间。例如,2003 年,中国移动和中国电信都进入了《财富》500 强。其中,中国移动名列 230 位,在电信类公司的排名是 14 位;中国电信名列 254 位,在电信类公司的排名是 15 位。但是,根据劳动生产率排名,这两家企业就退居 22 位和 24 位。另据统计数据显示,中国电信企业投资与收入比超过 40%,而国外发达国家相应比例为 20%－30%,企业整体投资效益有待提高。这说明中国的电信企业目前还只是世界"大"企业,而不是"强"企业。也就是说,从整体上看,中国的电信企业还不具备国际竞争优势。主要原因在于,以往的改革还基本处在对原有国家垄断经营体制进行企业化改造的层面上,引入竞争的方式也基本上是对国有企业进行拆分重组,新的市场进入者也基本上是国有企业,所有制形式单一,市场个体过少。在这种市场环境下,企业容易养成官商作风,政府也容易继续通过行政手段来干预企业生产经营活动。与发达国家相比,国内企业不仅在技术、装备、资金、人才、管理和市场化等方面处于明显劣势,而且由于垄断性产业的管制体制还相当不完善,导致企业主要致力于通过管制来获取竞争优势,忽视企业核心竞争力和长期信誉的培植,降低了企业的市场竞争力。

因此,目前中国垄断性产业尚未建立完善的竞争机制,企业尚未在充分的竞争环境下得到考验。面对国际竞争,其效率的提高和竞争力的增强仍然有相当大的空间。例如,目前,中国电力工业国有资产额达到 13669 亿元,占全国工业领域国有资产总额 53886.5 亿元的25.4%,电力工业国有资产比例高达 80%。如果不能通过体制变革推动所有制结构的调整和国有企业的深化改革,那么以引入竞争提高效率和降低成本的初衷将会落空。[①] 电力体制改革的目标是引入竞争,而竞争的本质只能是不同资本所属企业之间的较量。如果改革的结果仅仅是打破了企业垄断,而仍保持国有经济的独资经营,那么,改革就演变成为拆分而拆分,竞争也演变为缺乏预算约束的国企之间的拼争。这样,不仅经营效率低下问题难以得到解决,而且同时也丧失了规模经济的利益。纵观国际垄断性产业改革的经验,放松管制和允许民营企业进入是加强企业竞争力的核心内容。

根据 WTO 市场开放的宗旨、国民待遇原则和政府采购协议等框架文件,面对来自国外企业的竞争,政府在开放市场时,国内投资商将不会享受到比国外投资商更优惠的优先权。从这个意义上说,迅速发展壮大垄断性产业投资、建设和运营企业的综合竞争实力,形成有竞争力的市场投资主体显得极为迫切。为此,必须在允许外资进入的时间框架内,先允许和支持民营企业进入,形成竞争格局。通过市场竞争,采取联合、重组、购并等手段,提高企业的竞争力,培育自己的跨国公司,参与国际竞争。这样,通过竞争的引入,促进垄断性产业提高生产效率和资源配置效率,最终达到改善社会总体福利的目的。

当然,除了加入 WTO 的"倒逼"迫使中国垄断性产业放松管制外,多数垄断性产业所具有的自然垄断特征由于技术的变化、市场条件的改变和制度的变化,开始促使垄断性产业向竞争性产业转变,或是使行业的某些产业链上引入竞争成为可能。另外,由于政府管制本是为了纠正市场失灵,促进资源配置效率的提高。但是,管制是政府干预经济活动的一种手段,并且由于存在着管制机构与被管制企业之间的信息不对称问题以及管制机构被利益集团俘虏等问题,使管制的结果与其

---

① 参见国务院发展研究中心《深化电力工业体制改革研究》课题组:"对电力工业政府管制、电价和投资体制改革的建议",《经济工作者学习资料》2001 年第 18 期。

初衷相背离，导致产业效率的低下和社会福利的损失，产生所谓的管制失效。因此，政府管制也可能造成资源配置偏离帕累托最优。诸如这些原因均为政府对垄断性产业实施放松管制的政策提供了较好的客观条件。也就是说，只要条件具备，政府就应放松管制，引入竞争机制和市场内的竞争，借用市场竞争的力量来达到抑制垄断、造福社会公众的目的。①

二、中国垄断性产业放松管制的政策安排

早期放松管制的方法是用特许经营权制度和拍卖竞争的方式来取代自然垄断产业的直接管制。该方法的指导思想是通过拍卖竞争的方式授予某一企业生产和销售某种产品供应整个市场的特许经营权。拍卖竞争使承诺以最低价格出售产品的企业取得特许经营权，而拍卖竞争的压力把价格压到边际成本，这样既有自然垄断下的规模竞争，但又通过边际成本价格实现了社会福利的最大化。②

从各国改革实践来看，垄断性产业的放松管制主要有分割垄断企业和引入产业外竞争企业两种典型路径。放松垄断性产业的管制，促进有效竞争，政府有必要采取一系列与放松政府管制相关的政策：

1. 对垄断性产业实施市场结构重组政策。放松垄断性产业的管制，首先要对传统的垄断性产业垂直一体化经营的格局进行重组。一方面，对垄断性产业进行垂直分割。根据垄断性产业生产各阶段的业务性质不同，将自然垄断性业务和竞争性业务分离，在竞争性业务中引入竞争机制。另一方面，对垄断性产业进行横向分割。横向分割通常将垄断产业按区域分割，该措施的最大好处是能迅速造就若干对称的

---

① 参见常欣："放松管制与规制重建"，《经济理论与经济管理》2001 年第 11 期。

② 参见黄继忠主编：《自然垄断与规制：理论和经验》，经济科学出版社 2004 年版，第 45 页。

市场主体,避免在位企业的先动优势使竞争受阻。经过分割重组,一是可以建立有利于竞争的市场结构;二是有利于其他民营企业的进入。例如,将国家电力公司管理的电力资产按照发电和电网两类业务进行划分,实现“厂网分离”。发电环节按照现代企业制度要求,将国家电力公司管理的发电资产直接重组为规模大致相当的5个全国性的独立发电公司,逐步实行“竞价上网”,开展公平竞争。①

2.放松进入管制政策。中国垄断性产业的垄断性主要表现为两种形式:一是政府部门独家垄断经营;二是国家独资经营,不许其他资本进入。目前的改革主要是打破第一种形式的垄断,表现为一个公司分拆为几个公司,或另建立几个经营同类业务的公司,但都还是国有独资公司。打破第二种形式的垄断,即允许民营经济进入垄断性产业,在中国东部沿海一些地区已经出现,如私人投资建设机场,外国资本进入通信设备制造业,合资组建航空公司,采取BOT方式兴建高速公路,以及允许外资进入铁路建设和铁路货运业等。可见,进一步的改革重点当然是放松进入管制,引入民营企业。

事实证明,作为新进入垄断性产业的民营企业,在进入过程中会受到许多条件的限制,例如,现有企业利用已经拥有的网络设施控制市场地位。这对于市场进入是相当重要的条件。现实中,仅仅放松管制,新企业要进入市场显然存在不少的障碍。因为,现有企业与新进入企业之间的竞争条件存在明显的差距。鉴于此,政府应该制定相应的放松进入管制的政策以促进新企业的进入以及市场的有效竞争:(1)创造条件确保新企业的进入。为了确保新企业进入放松管制后的垄断性市场,现有企业所拥有的网络应该向新进入企业开放,其开放原则应该是无歧视、公平和透明的。为此,必须创造如下这些条件:第一,网络开放

① 关于垄断性产业市场结构重组政策的详细分析请参见第三章。

问题。网络(包括电力输送网,自来水和管道燃气输送管道网以及地方有线通信网等)是相应的垄断性产业运营的必需条件。然而,在多数情况下,新进入企业要建立这样的网络是十分困难的。为有利于市场进入以及促进竞争,必须建立促进新企业接入由现有经营者拥有的网络的制度。这样的制度应该包括互联互通,使用网络的费用和条件以及纠纷解决等规则的建立,并且建立有利于新企业进入已有设施的规则。第二,关于企业经营所需要的关键性资源的配置。对于稀少资源的分配,例如,移动通信的频率分配等,应该采取一定的方法阻止这样的资源成为某些企业的特权。应根据透明化原则配置这些资源,并且通过一定的竞争机制运作(例如竞标),以确保资源的配置能反映经营者的效率。第三,为确保公平接入公共设施,政府管制机构有必要制定进入的透明规则,公开宣布并公平执行这些规则。[①] (2)确保新进入企业和在位企业之间的公平竞争。对于放松管制后的垄断性产业,需要创造新进入企业和现有企业之间的公平竞争条件。这些条件包括:第一,阻止从垄断性经营业务向竞争性业务的交叉补贴。垄断性业务经营的企业可以按照全成本定价获取一定的利润。因此,在放松管制的市场有必要制定相应的制度阻止垄断性业务向竞争性业务的内部交叉补贴。第二,网络经营企业在经营网络过程中应保持中立。为确保网络接入的公平,对于网络接入费用,必须建立通过公平成本分摊来收取适当费用的制度。因此,负责运营网络的部门核算必须与其他经营业务分开,应建立由第三方审核其经营成本的制度。为确保运营网络的中立,第三方中立组织应该通过透明的方法进行监管。

在实施放松管制政策的过程中需要注意的是,从市场结构重组后

① The Japan Fair Trade Commission:"*Deregulation and Competition Policy in Public Utilities Sector-Report of Study Group on Government Regulations and Competition Policy*",January 10,2001.

的垄断性产业的特点来看,并非所有的垄断性产业或生产环节都应放松管制,允许民营企业进入。这是因为,由于垄断性产业作为基础设施或公用事业在很大程度上仍然具有明显的自然垄断性、公共产品性和外溢性,特别是管网型基础设施,一般只能由政府提供。不能不顾垄断性产业的特点而全盘地放松管制,政府放松管制的政策应本着这样的原则:尽可能地允许民营企业发挥作用,在私人无力或不愿参与的领域,政府有必要进行干预。对投资规模较大,投资回收期较长,甚至难以回收投资的项目,政府必须要有一定的控制。例如,美国是国有经济在各产业中(包括垄断性产业在内)比重极低的国家,但也不是完全不存在,更不能否定垄断性部门国有经济存在的合理性。以美国铁路为例,在 19 世纪 40 年代初至 50 年代末的近 20 年中,美国新修筑的铁路超过了 27000 英里,至 1900 年,累计 20 万英里的铁路投入了使用。铁路运力的迅速增加大大超过了需求。从当时美国对铁路运输的需求来看,许多新铁轨并不需要铺设。但自由竞争的市场结构中,投资决策是分散做出的。由于高额利润的诱惑,分散的企业不约而同地把注意力投向了铁路。而当得知供给大于需求时已无法转向。到了 19 世纪 90 年代,铁路企业的倒闭数量比任何年代都要多,倒闭公司的固定资产价值大打折扣。美国铁路修筑史是一个反面例证,它从反面说明了国有经济控制垄断性产业的必要性。因为在国有企业独家经营的情况下,投资决策权是集中的,一般不会出现对可替代性线路重复投资的局面。在付出沉重的代价后,美国政府也意识到了这一点。从 20 世纪初开始,政府逐渐有意识地对一些自然垄断性较强的产业实行参股控股。至 1987 年,美国国有经济成分在铁路产业占 25%,电力产业占 25%,邮政产业占 100%。

3.放松融资管制政策。除了允许企业直接进入垄断性产业外,还可以通过融资主体多元化的方式引入民营经济。改革前,中国垄断性产业处于行政垄断的状态，政府财政是大多数垄断性产业的单一投资主体。目前，随着不断地放松管制，垄断性产业的融资需要走多元化的道路，融资的渠道主要是通过资本市场。

其一，股票市场融资。股份制可减少政府单一持股政企不分的弊端，提高生产效率，因而是政企分开后的垄断性产业重要的组织形式。国际经验也证明，股份制是垄断性产业改革的重要途径。例如，在日本，电信电话股份公司原来是政府全额出资的企业，其根据公司法，将公司资本的 1/3 归政府所有，向民间出售了其余 2/3 的股份，从而完成了由公共法人向股份公司的转化。[①]

股份制同时是民营经济进入垄断产业的基本形式，加快垄断性产业的股份制改革，也有利于引进民营化经营模式，增强企业的市场竞争能力，以达到实现两权分离、政企分开以及解决投资不足和提高运营效率的目的。由于中国已经加入 WTO，对于垄断性产业国有股权的比重，应该灵活掌握。事实证明，国有股权的比重少一些，更有利于垄断性产业的竞争和发展。当然，与一般竞争性产业不同的是，由于垄断性产业属于关系到国计民生的基础性产业，政府对其应有一定的控制，而控制程度取决于不同领域中产业的业务竞争程度。

其二，债券市场融资。除了通过股票市场为垄断性产业融资，中国垄断性产业发展资金需求巨大，债券市场也应是垄断性产业融资的重要渠道。

债券是政府、公司和金融机构向社会公众筹措资金而发行的一种固定收益有价证券。利用债券进行筹资是当前金融市场融资的主要渠道和常用做法。其中，企业债券是由以企业为发行主体的有固定收益的债券。垄断性产业通过发行企业债券有着通过发行国债融资所不具

---

① 黄少军、何华权：《政治经济学》，中国经济出版社 1998 年版，第 176 页。

备的优势。因为,企业债券的市场价格可以反映企业的经营业绩,以及企业的实力和竞争能力。为了获得投资者的信任,经营者必须促使企业不断提高技术,改善内部经营管理,并重视企业投资效益的提高,靠提高企业的内在实力把握债券价格的变动,获得企业的发展资金。

其三,产业投资基金融资。产业投资基金是通过发行基金者,把众多分散投资者的资金筹集起来,经过市场运作,按照与投资者的收益和风险契约协议,把基金再分配并投资于产业的不同项目。

值得注意的是,通过资本市场融资必须要求市场本身较为成熟、有一定深度和广度,同时要有较大规模和较强能力的机构投资者。中国资本市场的发育还正在进行中,不够完善。主要问题是在资本市场中机构投资者数量少、规模小,一定程度上制约了中国资本市场的发展。因此,我们应尽快加强资本市场建设,深化改革,积极培养投资基金、养老基金等机构投资者,以促进资本市场的完善,为自然垄断产业的融资创造更好的市场条件。

4.放松价格管制政策。在政府对垄断性产业实施放松管制的政策过程中,应改革政府定价机制,逐步引入市场形成价格机制。

随着技术进步和市场条件的变化,原有的垄断性产业或其某些生产环节转变为竞争性的,在这些领域,最终将促进政府对这些产品和服务的价格放松管制。例如,在原有的技术条件下,有线电信由于通讯网络的约束,只能由一家垄断性企业提供通讯服务,随着移动电信技术的发展,电信产业将由自然垄断产业向竞争性产业转变,无疑电信服务价格最终将可由市场决定。例如,1984 年以前,美国电话电报公司(AT&T)服务收费由美国电信管理机构 FCC 按照投资回报率定价模式确定。1984 年以后,由于 AT&T 本地电话被拆分为 7 家地方运营公司。FCC 对其定价管制逐步放松,1989 年用最高限价法取代投资回报率法,1991 年又改为备案制。又如,城市管道燃气的长距离输送随着气源供气企业数量的增加，对供气环节的价格同样也可以放松管制。而对于诸如铁路运输产业的垄断格局，由于存在公路、航运等运输方式的替代竞争，政府对铁路运输服务的价格管制也就失去了意义。这些领域成为竞争性的市场后，市场机制会自动地形成合理成本并使资费向成本靠拢。但是，诸如电网、自来水输送管网等运营企业处于垄断的市场结构中，市场机制在确定合理的资费水平方面无能为力，必须借助于管制来决定网络使用费。另外，可以通过区域间比较竞争政策，同一产品或服务不同地区进行比较其价格，以形成反映生产成本的价格。

由于自来水、管道燃气、铁路、电与市话等与人民的生活密切相关，并且这些业务领域市场发育程度低，因此，在引入竞争、走向市场化的过程中，价格改革在时间上要避免一步到位、价格短期飞涨的负面影响，在地区上要避免不分经济发展程度而一刀切。从过渡模式着手，向市场化模式演进。在市场化模式中，定价的主体是企业，价格是由市场供求关系决定的，通过建立、健全相关的法律、法规和社会监督体系，用法律和经济的力量来监督、调节价格。

总之，对已经成为竞争性的产业和生产环节生产出的产品或提供的服务价格，就应该由原先的政府对价格进行管制向由市场机制决定转变。而对于有自然垄断特点的产业或生产环节，价格仍然由政府根据经济学原理科学地制定管制价格。[①]

5. 不对称管制政策。放松管制之初，由于现有企业具有一定的垄断地位，必然存在反竞争行为的可能。对于垄断性产业而言，在放松管制后虽有新企业进入，但至少在放松管制后最初的一段时间内，现有企业仍将占据几乎全部市场，而其余的市场则由少数或多数的新进入者

① 关于管制价格制定模型请参见第四章到第九章有关各垄断性产业价格管制政策的内容。

瓜分。在这种情况下,现有企业与新企业之间很难形成真正的竞争。在这样的市场结构下,最终阻止了有效竞争的形成。为改变这种竞争不平等的状态,就不能完全依据自由竞争的政策,而应通过部门法规设定针对原在位企业的不对称管制。不对称管制的实质是在从打破垄断到形成充分竞争的过渡时期,为了尽快改变不对等竞争的局面,管制机构对现有企业和新进入企业实行待遇有所不同的管制:对有竞争优势的现有企业实行比对新进入企业更严格的管制,或者说对基本和重要业务的新进入者实行比对现有企业更优惠的待遇。①

需要指出的是,偏向新进入者的不对称管制政策可能对现有企业并不公平,但是,这是为了最终公平而暂时的不公平,从而体现了不对称管制政策的过渡性质。正是由于不对称管制是一种特殊时期的特殊政策,如长期实行,必定扭曲价格信息、恶化资源配置。所以,当市场真正形成有效竞争的局面后,也就是现有企业的市场份额降到一定程度,而新企业的市场份额达到一定比例后,政府就可以逐步取消对新进入企业的优惠措施,把不对称管制政策改为中性的干预政策,以充分发挥市场的调节功能。②

三、重构放松管制后垄断性产业的管制机制

1. 重构管制机制的必要性。在放松管制前,政府主要是对垄断性产业的进入和价格进行管制。而放松管制后的垄断性产业,政府必须采取相应的管制政策以协调受管制的和放松管制的生产或服务环节之间的关系。并且,由于中国对垄断性产业放松管制与发达国家是有所区别的,即发达国家是从原来的管制走向放松管制,在放松管制的过程

---

① 参见叶泽:《电力竞争》,中国电力出版社 2004 年版,第 252 页。

② 参见常欣:"放松管制与规制重建",《经济理论与经济管理》2001 年第 11 期。

中，原先的管制规则依然可以发挥作用；而在中国，对垄断性产业的放松管制，是要否定原有在计划体制下的对垄断性产业的管制规则，而与市场经济相适应的新管制规则尚未建立的前提下进行的。因此，对于中国这样的经济转型国家，放松对垄断性产业的管制过程中，必然面对一个重要的问题，那就是如何重构管制机制。

2. 重构管制主体。根据 WTO 的非歧视和公平竞争等原则，为了对在垄断性产业中经营的企业进行公平、公正的管制，必须建立独立的垄断性产业管制机构。

政府对垄断性产业的放松管制政策最终目标是，通过允许一定数量的新企业进入垄断性产业，逐渐使垄断性市场结构变成竞争性市场结构，让市场运行机制起作用。而建立独立的垄断性产业管制机构，尽快建立市场准入制度及市场竞争规则，是放松管制政策有效实施的前提条件。

在中国传统的政府管制体制下，有线通信、铁路运输、电力、航空运输、邮政和城市公用事业等自然垄断产业的主要业务是由中央政府或地方政府垄断经营的。政府既是管制政策的制定者与监督执行者，又是具体业务的实际经营者。这就决定了这种垄断的性质是一种以政企合一为特征的行政性垄断。这种高度政企合一的政府管制体制具有许多弊端，如垄断性产业的经营企业没有生产经营的重大决策权，垄断经营使企业缺乏竞争活力，相对单一的投资渠道使垄断性产业的投资不足。显然，要放松管制、引入竞争，必须改革这种体制，把国有资产的所有权以及管理和经营企业的职能从政府部门分离出来，由新建的企业独立经营。在政企分离的管制体制下，政府将不再直接干预企业的生产经营活动，使企业拥有作为市场主体所必需的经营机制，企业主要根据政府颁发的经营许可证的有关条款，按照市场经济原则开展生产经营活动，从而实现企业经营机制的根本性转换。而政府则从垄断性产业的垄断经营者转变为竞争性经营的组织者，其主要职能是通过设立专门管制机构以监督、管制企业的市场行为，从而提高政府管制效率。

近年来，随着市场取向改革的不断深入，中国垄断性产业进行了一系列的改革，相继对电信、电力、铁路运输、航空运输、邮政以及城市公用事业等垄断性产业的政企关系进行了重大调整。这些产业程度不同地在体制上实现了政企分离，但不同产业政企分离的程度有一定的差异。例如，从电信产业的管制体制改革来看，目前，信息产业部与直属电信运营企业的脱钩工作已全部完成，信息产业部已不再直接管理企业，全面转向产业管理；国家电力监管委员会于2003年3月在京挂牌，并根据国务院授权行使行政执法职能，依照法律、法规统一履行全国电力监管职责。国家电监会为国务院直属事业单位，具备独立行使管制电力产业的职能。而作为铁路运输产业主管部门的铁道部目前尚实行着政企不分的体制。

尽管多数垄断性产业的管制机构都进行了不同程度的改革，但是，从十多年来的改革实践看，许多改革措施仅局限于中央与地方、中央与部门、部门与地方、部门与部门之间的权利调整，尚未真正形成政企分离的政府管制体制。主要原因在于，中国垄断性产业长期以来处于独家垄断的状态，受计划经济的影响较大，并且，现有的政府管制机构和垄断性产业都脱胎于原来的计划体系下的政企合一的系统，相互之间实际仍存在着千丝万缕的联系，而这种管制体制改革是在单纯国有制框架内进行的，垄断性产业基本上还是国有企业一统天下的局面。

放松管制、引入竞争后的垄断性产业，政府管制机构面对的将是多种所有制并存的企业经营主体，如果管制机构不能独立公平地实施管制政策，必然会降低管制的效率。因此，从体制上看，重构管制主体，建立相应的独立管制机构是有效实施放松管制政策的前提。

3.重构管制政策。由于垄断性产业所具有的公益性、网络性、规模性、地域性等特征，对垄断性产业实施放松管制政策，不是简单地将其推向市场，而是要在放松管制的同时，放松或取消与计划经济相对应的旧管制，建立和改善与市场经济相适应的新管制。本质上，这是一个取消管制与强化管制并行的过程。①

显然，垄断性产业的放松管制对政府的管制提出了挑战。例如，就市场准入而言，为有序地把非公有资本引入垄断性产业，政府必须首先制定出公正、公开、透明的程序、规则和法律，建立相应的监管框架。在涉及其他的诸如价格等管制问题时，必须在保护消费者和投资者的利益之间找到一个平衡点。

需要注意的是，在政府对垄断性产业实施管制的过程中，管制机构不可以一味盲目地反对企业正常的实现规模经营的行为。这是因为，从战略角度看，企业将来面临的不仅是来自国内企业的竞争，还要面临来自国外企业强大的竞争。对垄断性企业的改革，在引入竞争机制的同时，必须在内部进行适当集中，扩大规模，增强企业的竞争实力。避免在反垄断中损害企业的规模经济。为此，管制机构应利用构建现代企业制度和企业战略性改组的有利时机，鼓励和引导企业走兼并、合并和收购等扩张道路，鼓励企业通过参股方式形成多层次、网络化的集团公司。因此，面对新的国际经济形势，政府应通过适当控制市场准入来减少垄断性产业中的企业数目，为企业实现规模经营创造条件。所有这些课题对于中国垄断性产业的政府管制机构而言均是全新的。

与一般竞争性产业不同，垄断性产业属于基础产业领域，是社会经济发展的命脉部门，影响面广，具有较强的公益性，有的对宏观经济的稳定具有关键作用，有的还直接关系到社会安全和国家安全，许多产业

① 李建琴、汪基强："公用事业民营化与政府规制"，《经济社会体制比较》2004 年第 2 期。

本身的系统稳定性要求高，并且，由于自来水、电力等垄断性产业提供的产品的需求弹性很小，无论如何涨价，消费者的需求变化都不会太大。因此，垄断性产业的经营者完全可能通过任意提高价格以获取垄断利润。可见，放松管制，引入民营经济，充分激发了垄断性产业经营者个人利益最大化的行为动机。鉴于此，在这些产业引入市场机制的同时，必须建立起有效的管制体制，才能保障这些产业的有序竞争和健康发展。因此，必须坚持引入竞争和加强管制并举的方针，针对放松管制后的中国垄断性产业，政府管制机构必须重新建立新的管制框架，必须根据放松管制后的垄断性产业的特点来调整管制政策。

可见，调整对垄断性产业的管制政策是加入 WTO 后对政府管制机构提出的另一个重要要求。随着外资的进入以及垄断性产业引入竞争的进一步深化，垄断时期遗留下来的管制政策或竞争初期曾经有效的管制政策已经不再适用，或者需要进一步完善。按照 WTO 的规则，结合中国的实际情况，目前需要完善的管制政策主要包括：①进入管制政策、价格管制政策、质量管制政策、投资管制政策、网络管制政策、社会性管制政策等六个方面。所以，随着垄断性产业的放松管制和引入竞争，管制重点也应发生转移，即由过去的以价格和进入管制为重点转变为以网间协调、质量管制以及社会性管制政策为重点，单纯的经济性管制为兼顾效率、公平的社会性管制所取代。并且，从垄断性产业市场的发展可以看出，随着一些自然垄断市场向竞争市场的转变，许多管制工作应由事前管制向事后管制过渡。事前管制和事后管制是以管制行为发生前后为标准进行界定的。例如，在电信资费管制方面，事前管制就是电信运营公司的电信资费在执行前必须得到管制机构的批准，或者管制机构事先对资费制定提出要求（例如，投资回报率价格管制、最

① 有关垄断性产业管制政策的详细内容请参见第三章的第三节和第四节。

高限价管制等);而事后管制就是在电信运营公司出现反竞争的资费行为以后,管制机构再对其进行管制,而在事先不作要求。这样可以减少不必要的管制,充分发挥市场机制的作用。

4.制定适应放松管制后的法规体系。在新经济时代,任何国家的法律制定都落后于技术以及市场的变化,而作为转型经济的中国,这个问题尤为突出。

中国放松垄断性产业管制后,允许非公有制资本进入法律法规未禁入的基础设施、公用事业等垄断性产业。但是,现实中由于准入制度的缺陷和相关政策的障碍,目前中国非公有资本投资垄断性产业的比重仍然很小。这些年来,民营企业以及民间资本的规模均有了较大的提高,完全有能力投资垄断性的基础设施和城市公用事业领域。目前非公有资本进入的主要障碍,不是资本规模上的障碍,而是体制性障碍。因此,必须出台非公有资本平等进入垄断性产业的相关法规文件。

放松垄断性产业管制必须进行相关立法,以适应放松管制的新形势以及管制体制的改革。管制改革要以管制立法为先导,按法定程序进行。例如,美国是在1978年颁布了《航空业放松管制法》以后才进行航空业放松管制的改革。中国的放松管制改革沿袭的是一种先改革、后立法的传统。正是因为管制立法的严重滞后,才导致一些问题的出现。即使颁布了相应法规,由于这些法律一般由行业主管部门起草,因此有一定的局限性。更重要的是,在已颁布的一些法规中缺乏统一执法机构使得各管理部门责权不等,执法尺度不一,相互推诿。[①]

因此,为了适应垄断性产业放松管制的新形势,提高政府的管制效率,必须针对垄断性产业的技术经济特征,对政府管制机构设置,权责划分,市场结构的重大调整,被管制企业的权责利关系,有关价格、服务

---

① 参见连海霞:"论中国民航业的放松管制与再管制",《经济评论》2003年第3期。

质量和市场准入等各方面做出明确规定。首先需要出台《反垄断法》以规范放松管制后的垄断性产业。为了在放松管制的垄断性产业促进公平自由的竞争，应该将事前限制的管制法规由事后检查的反垄断法所替代。尤其是主导企业在没有任何理由的情况下，拒绝或限制网络互联，以及进行价格歧视、索要高价或获取过多的利润等损害消费者利益。对于这些违规行为政府应通过反垄断法对企业进行监管。①

除了严格执行反竞争行为的反垄断法外，管制机构应该在每个行业制定指导方针，该方针包括可能在每个行业中违反法律的行为，这样以阻止违法行为，并进一步促进公平和自由竞争。

另外，还可以通过建立、健全一个对管制机构进行监督的体系，使得管制法律、监督机构、听证会制度、专业性的消费者协会、信息公开制度等能有效发挥对管制机构的监督，保持管制机构的透明度，使各方的信息趋于对称。

最后需要指出的是，中国是转型国家，政府在对垄断性产业实施放松管制政策的过程中存在一些困难。首先，在这些领域中，国有企业通常由政府提供补贴，产品或服务的价格人为地定在较低的水平。结果，这些产业市场化后，对消费者会产生一定的影响。第二，这些垄断性产业通常表现出高度集中的一体化的生产特点。即使在国有企业民营化后，很难依靠竞争力量确保国有企业有降低成本和价格的激励。第三，这些产品或服务通常局限于国内市场，无法通过国际市场交易。因此，不可能通过国际贸易对企业施加竞争压力。第四，尤其重要的是，这些部门的国有企业常常使用落后的技术。因此，竞争政策必须激励对新技术的投资。

---

① Janusz Ordover, Russell W. Pittman Paul S. Clyde: *Competition Policy for Natural Monopolies in a Developing Market Economy*, Antimonopoly Law Handbook, 1995.

第四节 加入 WTO 后放松管制的政策思路与路径选择

加入 WTO 后，对垄断性产业放松管制应该从战略的角度，根据垄断性产业不同的业务，不同产业以及同一产业的不同时期实施放松管制的政策。并且，由于特定产业的技术经济特征的差异，各产业应该选择不同的放松管制政策的路径。

一、中国放松垄断性产业管制的政策思路

实证分析表明，发达国家和发展中国家同一产业具有不同的市场结构，反映了两类国家不同的经济发展水平以及人们需求变化和相应的市场容量的区别，也揭示了垄断性产业经济特征的相对性和动态性。并且，自然垄断边界的变化不可能在所有产业都是同步进行的，每个产业以及产业内部不同业务环节的变化具有各自的特点，每个产业技术突破和影响程度在不同时期显然不会相同。① 因此，政府放松进入和融资管制政策等的实施应根据垄断性产业的不同业务、不同的垄断性产业以及同一垄断性产业不同时期进行战略性的选择。

根据上面的分析，从战略角度来看，中国垄断性产业放松管制政策必须按照以下方式实施。

1. 根据垄断性产业的业务进行划分实施放松管制的政策。如果能将管制限制在具有自然垄断性的基础网络上，而在服务供应上引入竞

---

① 参见黄继忠主编:《自然垄断与规制:理论和经验》，经济科学出版社 2004 年版，第 76 页。

争,那么效率和创新是能够得到激励的。[①] 至于垄断性产业中哪些领域可以实施放松管制的政策,究竟采取何种方式进行改革,应根据不同的条件选择不同的途径,不同的途径差异是很大的,这主要取决于垄断性产业业务领域的性质。按照竞争性业务和垄断性业务分割的思路(第三章的表 3-1 是根据不同生产环节对垄断性产业的竞争性业务和垄断性业务的划分),国有企业与民营企业在垄断性产业分布的总体格局是:[②]将自然垄断性较强的网络部分独立出来,保持其垄断地位,国有企业主要经营自然垄断性业务,但要向所有的网络使用者提供平等的接入机会和条件。而竞争性业务应该允许民营企业进入经营。从竞争形式上看,竞争性业务,如电力生产、列车的运行等,属于直接竞争,竞争性业务先在政府的主导下形成竞争市场结构,以后可以逐步放开,由企业决定其经营行为;而间接竞争主要应用于自然垄断性业务,即在网络建设和运营上也要引入竞争,主要是特许权竞争,确保在一定程度上形成市场价格和竞争机制。这样,在垄断性产业的各个生产环节都可以通过竞争压力来促进经营者提高效率。并且这样的项目分拆的方式对于有限的民间资本而言,无疑降低了民间资本进入垄断性产业的门槛,利于民营企业的进入。

当然,从中国的实际来看,全国性的重大基础设施(如青藏铁路)与基础产业(如西气东输)项目,无疑需要国有资本发挥主体和主导作用,民营资本的参与能力有限,只能发挥辅助作用。对垄断性很强、对国家安全特别重要的产业,不但可以而且应当是国家独资的。

2. 根据不同产业以及同一产业不同时期实施放松管制政策。前面的分析主要是根据对垄断性产业的不同业务的划分实施不同的放松管

---

① 参见戴维·M. 纽伯里:《网络型产业的重组与规制》,何玉梅译,人民邮电出版社 2002 年版,第 5 页。

② 关于国有企业与民营企业在垄断性产业分布格局的详细内容请参见第三章。

制政策。但是,在现实中我们发现,一方面,在不同的产业中由于其特殊性,各产业的放松管制政策的实施必然存在一定的差异;另一方面,就是在同一产业,由于处在不同的时期,随着产业的发展,同样会要求以不同的方式放松管制:(1)不同产业的放松管制方式的差异。我们知道,虽然均为垄断性产业,有着一定的共性,但是,在这些产业之间仍然存在着不小的差距。从各产业的经济技术特点来看,随着技术的进步,有些产业的垄断性明显极大地降低了(例如电信产业),而有些产业与技术的进步的关联度并不是很强(例如铁路运输产业)。因此,各产业在进行放松管制改革的过程中所采取的方式应该有很大的差异。从目前来看,在电信产业中,通过一系列改革,企业间的竞争已经比较充分。随着技术的进步,电信产业将更易于直接放松管制,允许民营企业进入,形成直接的竞争。铁路运输产业的竞争主要来自于不同运输产业间的竞争,其内部竞争格局还未形成。这是因为,铁路运输产业由于自然垄断性较强,形成直接竞争存在较大的障碍,主要应通过间接竞争的方式引入竞争。其他产业均存在如此的特殊性。因此,在实行放松管制政策的过程中,应极力避免不同产业简单照搬放松管制的模式。(2)同一产业不同时期放松管制方式的差异。除了不同的产业存在选择放松管制方式的差异外,同一产业的不同时期放松管制的方式也应进行不断的调整。与经济发达国家实施放松管制政策有很大的不同,中国的垄断性产业实施放松管制政策是在经济转轨时期进行的。在这样一个背景下,其放松管制的方式必然有其特殊性。这是因为,其一,中国的垄断性产业实施放松管制政策是在一个市场尚不是很成熟的条件下进行的,并且民营经济的实力也不算很强。这决定了其改革速度不宜太快,方式也主要采取渐进式。例如,对有些垄断性产业放松进入管制,在经济发达国家也许可以通过完全的引入民营企业的方式进行彻底的放松进入管制,而在中国由于受到民营企业实力的限制,在目前阶段只能采取合资合作经营的方式进行，待到民营企业的实力发展到一定规模的阶段才以独资的方式进入经营。又如，通过股票市场融资引入民间资本，而由于中国目前的股票市场还存在一些问题，垄断性产业通过股票市场融资的节奏必然放慢。随着股票市场的逐渐完善，其股票上市的速度自然可以加快。其二，转轨时期，中国的各种法律、法规也很不健全，这必然会阻止垄断性产业放松管制政策实施的进程。随着法律、法规的不断完善，在制度政策环境上创造良好的基础，这时，可加速垄断性产业放松管制的步伐。

二、中国特定垄断性产业放松管制的路径

由于特定的垄断性产业技术经济特征的不同，因此，在放松管制的过程中，各个产业具体放松管制的路径会有所区别。

1.电信产业。根据电信产业业务的竞争性和垄断性，除了具有垄断性的本地电话网、光缆网需要垄断经营外，其余均可不同程度地引入竞争。电信产业的技术进步和市场需求的快速扩张，导致电信产业的巨大投资需求，但单一的政府财政显然不能满足电信产业的投资需求。

从融资角度看，中国电信企业目前仍以从银行贷款的间接融资方式为主，其结果使得企业负债率过高，利息负担沉重。而过多的银行贷款，对于国有电信企业的改制是十分不利的。对银行而言，容易造成不良资产，损害银行债权，又反过来影响到企业的利益。为改变这种贷款融资的方式，应发展直接融资，通过发行股票、出售部分国有股权以及发行企业债券和发展产业投资基金向国内外资本市场融资。这样既可以改变融资渠道的单一性，扩大融资领域和范围，又使企业资金运作处在一种良性循环的状态下，不过分依赖银行贷款。同时，在目前电信企业资金相对宽松的情况下，逐步实现资金运作的合理化、市场化，为电

信企业的改革和市场的大发展创造条件。[①] 中国电信企业已4次大规模地发行股票，从国内外资本市场融资。即1997年10月，中国电信（香港）有限公司在香港、纽约上市；2000年6月，中国联通在香港、纽约上市；2002年10月，中国联通在国内上市，发行A股；2002年11月，中国电信在香港、纽约上市。由于中国目前企业债券市场发展相对滞后，将来应加大电信企业通过企业债券方式的融资力度。

此外，由于中国电信产业投资项目很多，特别是长远发展项目投资额巨大，但建设资金不足。例如，未来信息高速公路的建设需要大量建设资金，为了进一步加快通信事业的发展，就可采用BOT项目融资方式。通过建立中外合资的电信企业已经在电信产业民营化改革中扮演着较重要的角色。因为，建立中外合资电信企业，不仅能利用外资，增强中国电信企业的投资能力，而且有利于引进国际先进电信技术和现代管理制度。当然允许国内民营企业进入电信产业应该是个必然趋势。当前还没有明文规定，国内民营企业可以进入电信产业经营基础电信业务与增值电信业务。但是，随着民营企业不断发展壮大，逐渐拥有进入电信产业的实力。对于电信产业中许多电信业务领域，民营企业不论从经济实力上，还是技术和经营管理能力，均具备进入电信产业的能力。政府应从政策上鼓励支持国内民营企业进入电信产业经营。

2.电力产业。电力产业虽然已经不再是以前完全垄断性的产业，但是毕竟还具有一些自然垄断性的特征。因此，应该积极推行“厂网分离”，对于竞争性环节，例如电力生产、销售业务、电力市场交易业务等，应该开放市场，引入竞争机制，利用多方资源；而对于垄断性环节，例如高压输电、地区性低压配电等，国家应该成立专门的管理机构来负责日常的运营和协调。这样不仅保证了效率，在全国范围内进行调配，还可

① 参见郭洁梅、陈跃武：《电信融资概论》，中国经济出版社1998年版，第147—148页。

保障用电的安全性和稳定性。首先,在电力生产等竞争性市场上,应创造各类资本在同样的规则下展开平等竞争的条件,并显著降低国有经济的比重,提高民营经济的份额。其次,在输电、配电环节,尽管属于垄断性领域,但这并不能成为国有经济独占的理由和依据,输电环节应以形成多元投资主体为目标。投资体制的改革目标不仅是投资主体的多元化,而且是经营主体的多元化。

在电网经营和电网所有的关系上,在国电公司统一经营管理电网的基础上,可考虑以优先股方式或向国有股东发行"金股"(一票否决权)的方式动员社会法人和外资投资于一些局部输电网及城市、农村配电网,加速输电网的股份制改造进程。

BOT 项目融资、合资经营、发行企业债券以及企业的股票上市等引入民间资本的模式在电力产业中已经有了成功的应用,随着电力产业改革的深入,这些模式将会有更广泛的推广。

3. 铁路运输产业。对于铁路运输业来说,铁轨网络、信号基础设施等具有很强的自然垄断性,而列车的运行、设备维修等却是可竞争的。铁路改革的方向应是将自然垄断性业务(基础设施)从竞争性业务(铁路运营)中分离出来作为政府管制的重点,而对铁路运营业务放松政府管制,逐步实现竞争性经营。

目前中国铁路运输产业的改革已经取得了初步成效。2000 年 3 月,铁道部已经确定了"政企分开、网运分离、引入竞争、加强监管"的改革总体思路。实施"网运分离",就是把具有自然垄断性的国家铁路网基础设施与具有竞争性的铁路客货运输经营区分开,组建一个统一的国家铁路路网公司及若干个有较强实力的客运公司和货运公司。组建客运公司是推进"网运分离"改革的切入点和突破口,是构建铁路客运市场经营主体的迫切要求。1999 年以来,昆明铁路局、呼和浩特铁路局、南昌铁路局、柳州铁路局和广铁集团相继进行了组建客运公司的改革，取得初步成效。“网运分离”也为一些地方铁路部门带来了机会。例如，江苏铁路发展公司抓住这一契机，准备在客源丰富的京沪铁路宁沪线上下功夫，以寻求更大的发展。

实行“网运分离”后，客货运公司的经营活动将在全国铁路的广阔空间内进行组织，不像过去那样局限在一个地域以内。运输企业在运输市场上既有来自公路、民航和水运的替代性竞争，也有来自铁路内部适度有序的竞争。客运公司可以形成同一条线路上不同公司的列车竞争，货运公司可以形成不同公司对同一种类货物运输的竞争，路网公司通过对铁路建设项目实行公开招标在线路等基础设施养护维修业务上引入竞争，并通过管制和投融资责任约束等多种方式，可以有效规范企业行为。

正如前面所分析的，对于铁路运输业的改革，仅仅停留在业务分拆引入竞争显然是不够的。改革的重点应主要是针对竞争性业务积极引进民营经济。可以通过更多的铁路运输企业的股票上市以及加强与国外企业合资经营的方式，也可让国内民营企业参与投资运营，最终达到推进放松管制进程的目的。①

4. 航空运输产业。长期以来，中国政府对航空运输产业实施了严格的行政管制，从航空公司设立、运力安排、航材进口、运价制定，到航线进入和时段分配，甚至航油采购等各个环节，政府都进行了异常严格的管制。尽管目前政府在航空公司设立、运价和航线进入等方面进行了一定程度的放松管制改革，但是总体来看并没有改变严格管制的根本特征，改革的任务依然艰巨。中国航空运输产业多年来一直处于“政企合一”的行政垄断状态，市场开放度较低，行业竞争性不强，国有资本

---

① 参见王俊豪、周小梅：《中国自然垄断产业民营化改革与政府管制政策》，经济管理出版社 2004 年版，第 221—224 页。

长期垄断国内民航业，对非国有资本设定了较高的进入门槛，因此无法给国有航空企业施加积极影响；与世界航空运输业的放松管制、市场化改革相比，中国航空运输业改革的步伐慢了近20年。

正是基于这种改革滞后的现状，近期中国航空运输业加快了放松管制的步伐。

首先，放松了对航空公司设立的限制。从2004年6月开始，先后批准了春秋、大众、华夏、鹰联、捷辉、翡翠6家民营中外航空公司开始筹建，进入国内和国际航空运输市场。

第二，放松了航空公司的航线准入限制。允许多家航空公司进入同一条航线经营，开展有效的市场竞争。

第三，放松了外商投资国内民航运输业的限制。鼓励外商参股投资中国的民用机场、运输航空公司、通用航空运输企业和与航空运输有关的项目（飞机维修、货运仓库、航空食品等）。根据民航总局等三个部委2002年7月发布的《外商投资民用航空业规定》，在对民用机场的投资上，取消了外商投资最高不超过49%的股比限制，只要求中方相对控股即可；在对运输航空公司的投资上，也只要求中方相对控股，每家外商的投资比例不超过25%即可。

第四，放松了航空运价管制。2004年4月，国家发改委和民航总局出台了《民航国内运价改革方案》，对主要航线实行了最高限价不超过25%，最低限价不超过45%的价格政策。

第五，较大幅度地对国外航空公司开放了航权。2002年11月，中国对新加坡航空公司开放了第五航权，接着又于2003年5月对上海和海南两个机场部分开放了第三、四、五航权。2004年7月签订的《中美航空运输协定》，使中美之间的航权更加开放，大幅度地增加了双方承运人，增加了客货运力和航班数量，扩展了通航地点，尤其是对货运企业的航权给予了更加宽松的安排。

5. 邮政产业。邮政产业的经营有一定的特殊性。邮政产业开办的主要业务是为国家机器正常运转和国民基本通信权益而提供公共服务产品,其基本属性是履行国家赋予的普遍服务职能。因此,其经营必须注重社会效益。据此,邮政产业放松管制政策实施的关键在于区分基本业务和扩展业务,目的是明确政府和市场的分工,发挥两者各自的优势。一方面,打破包括大宗包裹递送、专递、速递、电信等新的服务领域的垄断,在这些领域中,有很多业务属于竞争性的,需要通过打破垄断来提高服务效率;另一方面,保留邮政基本业务的垄断,除国家安全因素外,则是为了强调政府提高邮政普遍服务水平的责任。

目前,世界各国邮政体制改革的趋势是推进政企分开,实行公司化、产权多元化(股份化),甚至民营化或私有化;通过立法,分阶段缩小。甚至逐步取消邮政专营,放开邮政市场,鼓励公平竞争;区别对待不同性质的业务,对具有公益性质的邮政普遍服务业务实行独立核算,并对其政策性亏损由国家给予补贴,而对具有竞争性的业务(如报刊发行、国内外快递、物流等)允许市场竞争;国有邮政企业与私营非邮政企业开展紧密的商业合作等。

与其他垄断性产业相比,中国邮政产业的放松管制改革要落后许多。因此,邮政产业必须尽快改变目前的现状。当然,可以预见的是,邮政产业的改革在中国其他垄断性产业改革环境的推动下一定会有新的突破。“中国邮政物流有限责任公司”2003年1月在北京正式挂牌成立,这也是国家邮政部门向市场化迈进的具有实质意义的第一步。

6. 城市公用事业。城市公用事业主要是指城市供水、燃气等具有自然垄断性的产业。对于这些产业,在中国建设部2002年12月公布的《关于加快市政公用行业市场化进程的意见》中明确指出,为了促进市政公用行业的发展,提高市政公用行业运行效率,应加快推进市政公用行业市场化进程,引入竞争机制,全面开放城市供水、供气、供热、污水处理、垃圾处理、公共交通等经营性市政公用设施的建设、运营市场和市政、园林绿化、环境卫生等非经营性设施的日常养护作业市场，建立和完善市政公用行业特许经营制度，鼓励社会资金、外国资本采取独资、合资、合作等多种形式，参与市政公用设施的建设。具体来说，对于具有竞争性的生产环节，可以通过股票上市、民营企业独资进入等方式引入竞争；对于具有自然垄断性的生产环节，可采取合资经营、特许投标制以及BOT项目融资等方式进行。2003年中国进一步加大了开放城市公用事业的步伐，允许国内各种资本和海外资金参与市政公用设施建设，各地的企业可以跨地区、跨行业参与市政公用企业的经营。这是中国继电力、航空、电信等垄断性行业对外资和民间资本全面开放后的又一突破，标志着中国的城市供水、供气、供热、污水处理、垃圾处理及公共交通等直接关系社会公共利益的行业也将告别政府垄断经营的局面，加速市场化进程。可以预见，今后与人民生活息息相关的自来水、管道燃气、供热、污水和垃圾处理等市政公用行业都将建立特许经营制度，由政府授予企业在一定时间和范围内对某项市政公用产品或服务进行特许经营。市政公用设施的建设将公开向社会招标选择投资主体。[①] 建设部在2004年2月又颁布了《市政公用事业特许经营管理办法》，2004年5月1日起施行，这将有助于规范城市公用事业的放松管制改革。

---

① 参见国研网宏观经济研究室编撰："公用事业民营化"，国研网2003年1月29日。

第三章　中国垄断性产业结构重组、分类管制与协调政策的基本思路

本章将在分析垄断性产业业务类型的基础上，从总体上探讨垄断性产业的市场结构重组、分类管制与协调政策，为后面研究电信、电力、铁路运输、航空、邮政、自来水和管道燃气等具体垄断性产业提供基本政策思路。

第一节　垄断性产业的业务类型

垄断性产业既有自然垄断性业务，又有竞争性业务（非自然垄断性业务），因此，政府要科学地制定垄断性产业的市场结构重组、分类管制与协调政策，就首先要求区分自然垄断性业务和竞争性业务。

从整体上而言，电信、电力、铁路运输、航空、自来水和管道燃气等产业都属于垄断性产业，但这并不等于这些产业的所有业务都是具有自然垄断性质的。例如，电力产业包括电力设备供应、电力生产（发电）、高压输电、低压配电和电力供应等业务领域，其中只有高压输电和低压配电属于自然垄断性业务，而电力设备供应、电力生产和供应则是竞争性业务。从大量的国内外文献资料看，多数学者认为，自然垄断性业务是指那些固定网络性操作业务，如电力、管道燃气和自来水供应产业中的线路、管道等输送网络业务，电信产业中的有线通信网络业务和

铁路运输中的铁轨网络业务。其他业务则属于竞争性业务。表 3-1 列出了电信、电力、铁路运输、航空、邮政、自来水和管道燃气这 7 个主要垄断性产业的两类不同性质的业务领域。

表 3-1 垄断性产业的自然垄断性业务与竞争性业务

产业名称	自然垄断性业务	(潜在)竞争性业务
电信	有线通信网络、本地电话	移动电话、长途电话、各种增值服务等
电力	高压输电、区域性低压配电	电力生产、销售业务、电力市场交易业务等
铁路运输	铁轨网络、信号基础设施	铁轨网的建设、列车的运行、设备生产与维修等
航空	空中交通管制、机场服务	航空运输服务、航空保障服务、航空延伸服务、航空维修服务和飞行员培训等
邮政	邮政分拣网络	邮政快递、大件包裹、邮政汇兑等
自来水	自来水管道网络	自来水生产、销售业务等
管道燃气	燃气管道网络	燃气生产、储存、销售业务等

值得一提的是,由于垄断性产业具有动态性,随着技术的进步和市场范围的扩大,存在着自然垄断性业务领域不断缩小、竞争性业务领域相应扩大的趋势。而且,由于不同国家在经济与技术发展水平、自然地理环境、收入与消费需求水平等方面存在较大的差异,这使各国对特定垄断性产业的自然垄断性业务与竞争性业务会有不同的认识。因此,表 3-1 只是根据目前和可预见的将来的技术经济特征,对上述 7 个垄断性产业的两类不同性质的业务作了粗略的划分。其目的是为后面具体讨论垄断性产业市场结构重组、分类管制与协调政策作必要的准备。

第二节 垄断性产业的市场结构重组政策

一、垄断性产业市场结构重组的基本目标

许多学者认为,[①]对垄断性产业实行市场结构重组有许多明显的好处,这有利于新企业的生存与发展,有利于检验新市场和形成各种服务的市场价格,有利于促进管制效率,并为企业建立一套用以评价绩效的财务标准。有的学者则认为,[②]政府将公共垄断企业分割为若干家地区性经营企业,能为竞争创造空间,这种市场结构重组能带来三方面的好处:(1)促进企业间的竞争,提高经营效率;(2)缩小企业过大的规模,增强企业的运行能力;(3)为比较不同企业的绩效创造条件。笔者认为,从深层次而言,对垄断性产业实行市场结构重组的基本目标是,形成有效竞争的基本格局,为民营化改革创造市场条件。这是因为,在实施有效竞争政策时通常遇到的一个难题是:在一个垄断性产业由一家垂直一体化的垄断企业主导的情况下,新企业很难进入,即使进入以后,也难以同原有垄断企业开展公平竞争。因为垄断企业可以通过在自然垄断性业务和竞争性业务间采取交叉补贴战略,以掠夺性定价方式把新进入的竞争对手驱逐出去。为破解这一难题,许多国家在垄断性产业改革中,都在不同程度上对垄断性产业实行市场结构重组,实行自然垄断性业务与竞争性业务相分离的政策。

从经济发达国家垄断性产业改革的经验教训看,垄断性产业市场结构重组,对促进有效竞争,推进民营化改革是十分必要的。例如,英

① Newbery, D. M., 1999, *Privatization, Restructuring, and Regulation of Network Utilities*, The MIT Press, p.186.

② Asha Gupta, 2000, *Beyond Privatization*, Macmillan Press LTD, p.30.

国在1984年对电信产业实行民营化与政府管制体制改革时，英国政府所采取的市场结构政策没有对英国电信公司实行垂直（或地区）分割，而是对它进行整体民营化。这就使英国电信公司从国有垄断企业转变为民营垄断企业，这虽然有利于保持规模经济，但失去了及时地把垄断性市场结构重组为竞争性市场结构的良好机会，为后来重构竞争性市场结构造成很大的困难。1984年，英国政府在电信产业实行为期7年的"双寡头垄断政策"（duopoly policy），即由民营化后的英国电信公司和新企业莫克瑞公司垄断经营电信产业，没有形成有效竞争格局。只是在1991年"双寡头垄断政策"到期后，英国政府才允许有线电视公司和一大批新企业进入电信产业，市场竞争促使企业提高效率。到1996年，英国电信产业就有150多家通信业务经营企业。从而大大削弱了英国电信公司的垄断力量，基本形成了竞争性市场结构，不断趋近于有效竞争状况。以电信产业为经验教训，英国在1989年对电力产业实行民营化与政府管制体制改革时，则对电力产业的市场结构作了较大幅度的重组，即把原来国有垄断的"中央电力生产局"（Central Electricity Generating Board）从横向和纵向划分为四个部分。在横向方面，中央电力生产局原有的电力生产资产分别划拨给"国家电力公司"（National Power）、"电力生产公司"（Power Gen）和"原子能电力公司"（Nuclear Electric）这三个新组建的电力生产企业。在纵向方面，中央电力生产局原有的电力输送资产转给新组建的"国家电网公司"（National Grid Company），原来的12个地区电力局改组为"地区电力公司"（Regional Electricity Companies），它们共同拥有国家电网公司。通过市场结构重组，英国电力产业在改革不久就形成了竞争性市场结构，生产效率有较大幅度地提高。[①] 图3-1显示了英国电信产业和电力产业

---

① 对于英国电信产业和电力产业民营化与政府管制体制改革的详细讨论，有兴趣的读者可参阅王俊豪：《英国政府管制体制改革研究》，上海三联书店1998年版，第三章和第五章。

在民营化前后，与制造业相比较的生产效率情况。[①]

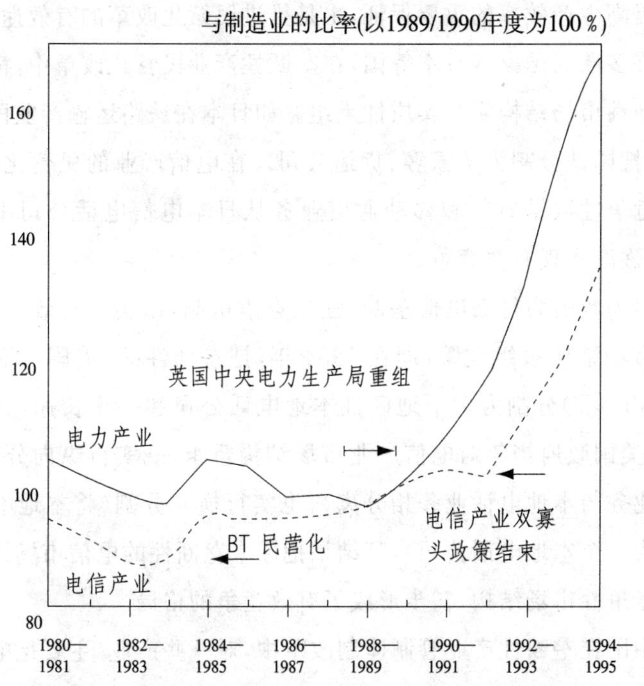

图 3－1 英国电信产业和电力产业的经济效率变化情况

由图 3－1 可见，1984 年，英国政府对英国电信公司实行民营化时，没有进行市场结构实质性重组，其结果是与制造业相比较，相对生产效率几乎没有变化。直到 1991 年“双寡头垄断政策”结束后，大批新企业进入，形成了竞争性市场结构后，相对生产效率才大幅度提高。而英国电力产业在 1989 年实行民营化与政府管制体制改革时，就实行了市场结构的实质性重组，其结果是改革后生产效率就大幅度提高。这

---

① 参见 Newbery, D. M., and M. G. Pollitt, 1997, The Restructuring and Privatization of the CEGB—Was It Worth It, *Journal of Industrial Economics* 45: pp. 269—303.

充分说明了在民营化改革前，实行市场结构重组是实现有效竞争，促使企业提高生产效率的重要保证，也是推进民营化改革的有效途径。

许多欧洲国家和日本等国，在垄断性产业民营化改革中，都对原有的垄断性市场结构实行实质性重组。如日本在铁路运输产业民营化改革中，把国铁分割为 7 家客、货运公司。在电信产业的民营化改革中，也把竞争性数据通信和移动通信业务从日本电信电话公司中分离出去，以逐渐实现有效竞争。

美国政府为打破电信垄断，强化竞争机制，以实现有效竞争，也实行了市场结构重组政策，即在 1984 年，把垄断性的“美国电话电报公司”(AT&T)分割为 7 个地区性本地电话公司和一个长途电话公司。可见，美国政府当年对电信产业市场结构重组，既实行纵向分割(长途电话业务与本地电话业务相分离)，也实行横向分割(将本地电话业务分割为 7 个本地电话公司)，其结果把原来垄断性的电信市场结构改革成为竞争性市场结构，初步形成了有效竞争的格局。

中国在垄断性产业管制体制改革中，对一些产业(主要是电信产业和电力产业)也实行了市场结构重组政策，我们将在本书的下篇部分作较为详细的讨论。

二、垄断性产业市场结构重组的基本类型与主要政策措施

垄断性产业市场结构重组可以分为狭义和广义的市场结构重组这两种基本类型。狭义的市场结构重组是指政府以法律和行政手段，在短期内对特定垄断性产业的市场结构作重大调整，把原有的垄断性市场结构改造成为竞争性市场结构，以形成有效竞争的格局。主要表现形式是对具有绝对市场垄断力量的主导性垄断企业实行纵向、横向分割政策。例如，如前所述，美国在 1984 年把 AT&T 分割为 7 个本地电话公司和一个长途电话公司；英国在 1989 年把中央电力生产局从横向和

纵向分割为四个独立公司，即国家电力公司、电力生产公司、原子能电力公司和国家电网公司；日本在1984年把“国铁”分割为6个地区性客运公司和一个全国性货运公司；中国在1999年和2001年先后对中国电信采取的两次分割政策，2002年对原国家电力公司采取的分割政策，等等。可见，这是一种市场结构重组的主要类型，它能使特定垄断性产业的市场结构在短期内发生重大变化，形成竞争性市场结构。因此，在没有特别说明的情况下，市场结构重组通常就是指这种狭义的市场结构重组。

广义的市场结构重组，还包括政府对特定垄断性产业实行放松管制政策，允许一定数量的新企业进入垄断性产业，通过在特定垄断性产业增加企业数量，以逐渐改变市场结构，把垄断性市场结构改造成为竞争性市场结构。例如，英国政府在1983年允许新企业莫克瑞公司进入电信产业，成为英国电信公司的第一家竞争者。在1991年“双寡头垄断政策”结束后，英国政府又允许有线电视公司和其他一大批新企业进入电信产业，在1996年，英国电信产业就有150多家企业经营电信业务，基本形成了竞争性市场结构，不断趋于有效竞争格局。众所周知，中国政府在1994年批准最初由电子部、电力部和铁道部联合组建的中国联通公司进入电信产业，成为中国电信的第一家竞争企业，在中国电信产业打破垄断，引进竞争机制方面迈出了第一步。但从国内外的实践看，政府通过放松进入管制以改变市场结构，最终形成竞争性市场结构，这往往需要一个较长的、艰苦的过程。事实上，对于电信产业，中国政府最初的设想是模仿英国的做法，通过放松管制，引进并不断强化市场竞争机制，最终形成竞争性市场结构。但中国联通公司成立后，并没有产生预期的改革效果，中国电信一家独大的垄断格局难以改变，这促使中国政府先后两次对中国电信采取分割政策，同时，还继续采取放松管制政策，允许中国网通公司、中国吉通公司（这两家公司在2002年合并为中国网通集团公司）、中国铁通等新企业进入。这样，狭义和广义的市场结构重组就交叉在一起，共同发生作用。狭义的市场结构重组的作用是，政府在短期内运用强制性的管制政策措施，通过较大幅度地重组或调整原有的市场结构，以形成有利于有效竞争的市场结构框架。但要从动态上保持有效竞争的格局，就必须采取放松进入管制（广义的市场结构重组）政策。

在垄断性产业市场结构重组的两种基本类型下，政府可采用多种市场结构重组的具体政策。限于篇幅，本书着重讨论以下五种市场结构重组的主要政策措施。[①]

1. 放松进入管制与加强接入管制（简称“接入管制”）。这种市场结构重组政策的特点可用图3-2加以说明。

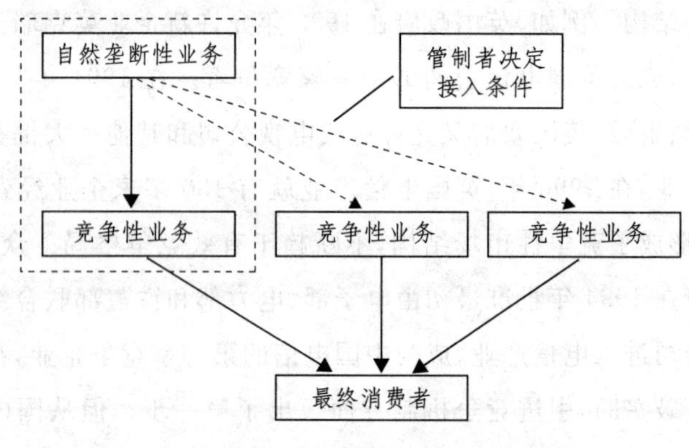

图3-2　接入管制

由图3-2可见，在保持原有企业实行自然垄断性业务和竞争性业务垂直一体化经营的前提下，政府采取放松进入管制政策，允许一部分新企业进入竞争性业务领域；同时，政府制定接入条件（如收费标准

① 参考 OECD, 2001, *Restructuring Public Utilities for Competition: Competition and Regulatory Reform*, Organization for Economic Co-operation and Development, pp. 11—27。

等），强制性要求原有垂直一体化企业向竞争企业公平地提供接入服务；最后，经营竞争性业务的所有企业向最终消费者提供服务。这种市场结构重组政策的优点是能保持原有企业的范围经济性。这要求政府管制者采取有效的管制政策措施，以防垂直一体化垄断企业采取各种拒绝向竞争企业提供接入服务的反竞争行为。但许多政府管制实践证明，这对管制者来说是一道难题，而且，管制效果并不理想。例如，在1984年，美国AT&T和美国微波通信公司（MCI）在联网问题上的较量，在20世纪80年代和90年代，英国电信公司与莫克瑞电信公司等在联网中的矛盾，1997—1998年，中国电信与中国联通在天津市联网的曲折过程，都说明了这一点。[①]

2. 自然垄断性业务与竞争性业务相分离（简称"所有权分离"）。这种市场结构重组政策的特点可用图3－3表示。

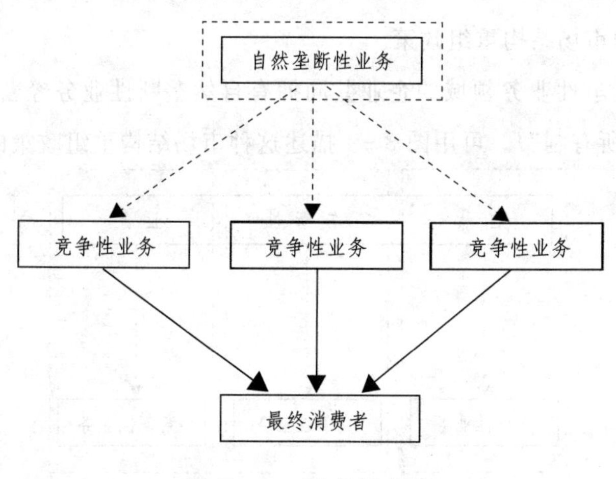

图3－3　所有权分离

---

① 对上述联网管制实践的讨论，有兴趣的读者可分别参阅王俊豪：《政府管制经济学导论——基本理论及其在政府管制实践中的应用》，商务印书馆2001年版，第190—191页、212—213页；王俊豪：《英国政府管制体制改革研究》，上海三联书店1998年版，第122—127页；王俊豪主笔：《中国政府管制体制改革研究》，经济科学出版社1999年版，第174—175页。

图 3-3 意味着政府对某一垄断性产业原有的垂直一体化垄断企业实行分割政策，由一家企业经营自然垄断性业务，由若干家企业经营竞争性业务，经营自然垄断性业务的这家企业不能同时经营竞争性业务。显然，这种市场结构重组政策的优点是，有利于消除实行第一种市场结构重组政策时，垂直一体化经营企业在竞争性业务领域可能采取的歧视行为，即对本企业的经营单位和其他竞争企业采取差异性行为，以排斥竞争企业。因此，这有利于促进竞争性业务领域的公平竞争。其主要缺点是可能会在一定程度上牺牲范围经济性。例如，中国在 2002 年电力市场结构重组时，将原有国家电力公司重组为国家电网公司和南方电网公司这两家自然垄断性业务经营企业，同时成立 5 家竞争性的发电公司，并规定国家电网公司和南方电网公司不能经营竞争领域的发电业务。这实际上就是实行了自然垄断性业务与竞争性业务相分离的市场结构重组政策。

3. 竞争性业务领域的企业共同拥有自然垄断性业务经营企业（简称“联合所有制”）。可用图 3-4 描述这种市场结构重组政策的特点。

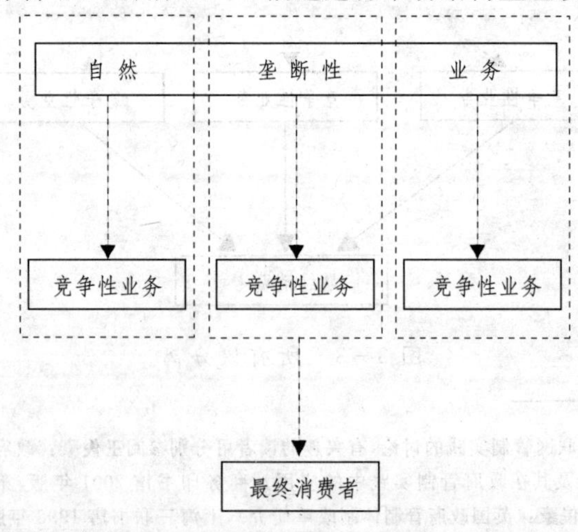

图 3-4　联合所有制

由图3-4可见，像前一种市场结构重组政策一样，首先对原有垂直一体化垄断企业实行分割政策，由一家企业经营自然垄断性业务，多家企业经营竞争性业务，但经营自然垄断性业务的那家企业由经营竞争性业务的那几家共同所有，每一家企业都拥有一定的股份。这种市场结构重组政策的主要优点是，有利于保持自然垄断业务与竞争性业务的高度协调性，消除自然垄断性业务经营企业和竞争性业务经营企业间的矛盾；也有利于自然垄断性业务经营企业能对最终消费者需求变化作出快速的反应。另一方面，这种市场结构重组政策也存在一些明显的缺陷：一是竞争性业务领域的企业往往会联合排斥新企业占有自然垄断性业务经营企业的股份，这就要求政府管制者作出行政协调；二是这些具有共同利益的竞争性企业可能会达成某种合谋协议，利用自然垄断性业务对局外企业采取歧视政策，以排斥新的竞争企业；三是假如联合所有制中的企业数量很多，就可能导致这种联合所有制太松散，从而产生公司治理结构问题。20世纪80年代末90年代初，英国政府对电力产业实行民营化与政府管制体制实行重大改革时，采取了这种市场结构政策。前面已提到，当时，英国政府把原有垂直一体化的垄断企业中央电力生产局实行分割政策，成立三个发电公司和一个国家电网公司，把原来的12个地区电力局改组为地区电力公司，这12个地区电力公司共同拥有国家电网公司，从所有制上对输电和配电实行垂直一体化。[①]

4. 自然垄断性业务由一个独立机构控制（简称“经营权分离”）。这种市场结构重组政策的特点可借助图3-5说明。

从图3-5可见，这种市场结构重组政策的特点是，从所有权方面

① 详见王俊豪：《英国政府管制体制改革研究》，上海三联书店1998年版，第210—212页。

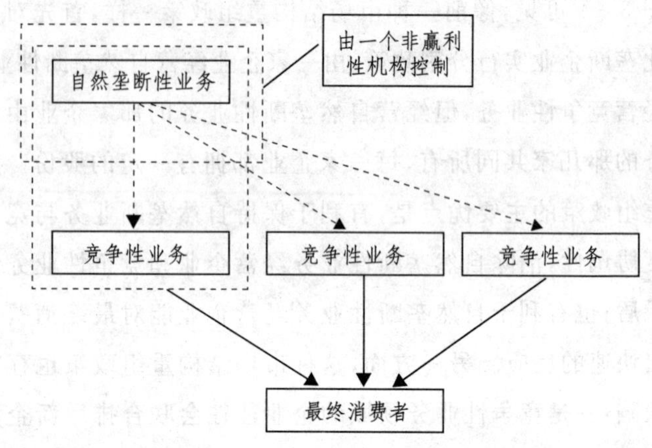

图 3－5　经营权分离

保持原有垂直一体化垄断企业的完整性，但其自然垄断性业务由一个非赢利性的独立机构控制，即实行所有权与经营权的分离。这种政策实际上是前面三种市场结构政策的“混合物”，其特性取决于这个对自然垄断性业务拥有控制权的独立机构的性质：如果这个独立机构受政府管制者支配，则这种市场结构重组政策就类似于前面的“接入管制”政策，不同的是这个独立机构能比政府管制者掌握更多的有关信息，并可采取多种控制手段。假如这个独立机构由竞争性业务经营企业的代表组成，则这种市场结构重组政策就类似于前面的“联合所有制”政策。如果这个独立机构是完全独立的，则这种市场结构重组政策就类似于前面的“所有权分离”政策。这种市场结构重组政策的优点是，由于自然垄断性业务由独立机构所控制，这就有利于消除自然垄断性经营企业（单位）采取反竞争行为的可能性，竞争性业务领域的经营单位和其他竞争企业一样，公正地接受自然垄断性业务经营企业（单位）所提供的服务。其缺陷是，由于自然垄断性业务由没有利润动机的独立机构所控制，这往往使自然垄断性业务经营企业（单位）缺乏创新和努力提高生产效率的刺激。美国政府在电力产业一直采取这种市场结构重组政策，美国公平交易委员会(FTC)对这种政策的评价是：虽然垄断企业拥有物理网络资产的所有权，由一个独立机构控制高压输电和低压配电网络，有利于保证竞争性业务经营企业公平接受输配电服务和收费价格的透明性；这也有利于保持垂直一体化的经济性，把电力输送的外部性问题内部化；同时，有利于向潜在的发电投资者提供透明的投资信号。[①]

5. 将自然垄断性业务分割为若干互利的部分。我们可用图 3－6 来描述这种市场结构重组政策。

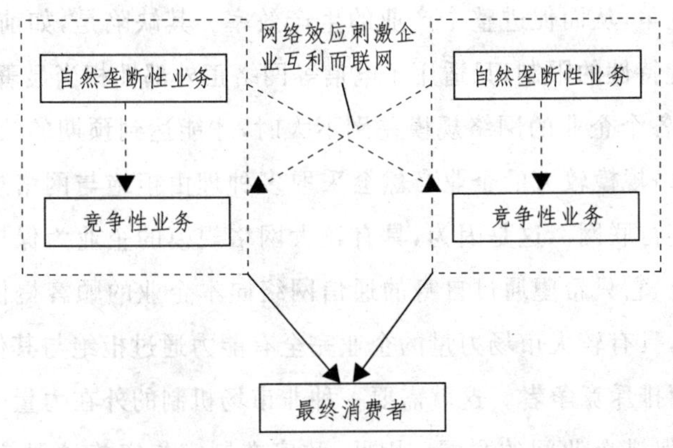

图 3－6　分割为若干互利部分

在图 3－6 中，政府将原有垂直一体化垄断企业分割成两个独立的企业，每一个企业在各自范围内同时经营自然垄断性业务和竞争性业务。由于存在网络的正外部性，刺激这两家企业的互利动机而主动实行联网，即每家企业的自然垄断性业务(网络性业务)不仅向本企业的竞争性业务单位开放，而且向竞争企业的竞争性业务单位开放。这种

① FTC, 1999, *Prepared Statement of the FTC Before the Committee on the Judiciary US House of Representatives*, 28 July 1999.

市场结构重组政策主要适用于网络正外部性比较明显的电信产业等少数垄断性产业。因为在电信产业,同一网络内的用户越多,用户之间的通信越方便,通信消费量就越大。显然,通过联网,将两个或两个以上的通信网络联结为一个庞大的通信网络,这就能大大增强用户通信的方便性,电信企业也因此而扩大市场覆盖面。这就会促使电信企业出于互利而实行联网。这种市场结构重组政策的主要优点是,不仅有利于促进企业在竞争性业务领域的竞争,而且有利于打破自然垄断性业务领域由一家企业垄断经营的格局,促使企业在自然垄断性业务领域也进行竞争,从而促进整个产业的生产效率。其缺陷是,如前所述,它受到产业特性的限制,只适用于电信等网络正外部性相当显著的产业,同时,在各个企业的网络规模差别不大时,才能达到预期的政策目标。否则,网络规模较大的企业必然会采取多种理由拒绝与网络规模较小的企业实行联网。这是因为,具有较大网络规模的企业为保持其市场优势地位,它只希望通过自身的通信网络向本企业的顾客提供通信服务,而且,具有较大市场力量的企业完全有能力通过拒绝与其他竞争企业联网而排斥竞争者。这就需要一种非市场机制的外在力量——政府管制,以促进企业间的联网。因此,政府在制定与实施这种市场结构重组政策时,应该考虑这一因素,尽可能把自然垄断性业务分割为若干个规模相当的部分,以实现理想的政策目标。2002 年,中国政府将原中国电信的有线通信网络划分为南北两部分,组建为中国电信集团公司和中国网通集团公司这两个都具有相当规模的电信企业。这实际上就是采取了这种市场结构重组政策,并可望取得较好的重组效果。

由上面的讨论可见,五种市场结构重组政策各有利弊,为便于政府管制者根据特定垄断性产业的特点而作出合理选择,现列表总结如下表 3-2。

表 3－2　五种市场结构重组政策的比较

重组政策	优　点	缺　点
接入管制	维护范围经济性；避免巨大的分割成本	需要大量接入管制工作；一体化企业往往会采取多种反竞争行为
所有权分离	有利于消除企业的歧视行为和内部业务间的交叉补贴行为；可减少政府管制	在一定程度上牺牲范围经济性；需要付出一定的分割成本
联合所有制	有利于保持自然垄断性业务与竞争性业务之间的协调性；有利于消除企业的歧视行为	联合体成员企业可能会联合排斥局外企业；可能出现合谋行为；可能产生公司治理结构问题
经营权分离	有利于控制企业的歧视行为和反竞争行为	独立机构缺乏利益动机会导致创新和提高效率的刺激不足
分割为若干互利部分	对联网的刺激有利于消除反竞争行为；促进自然垄断性业务领域的竞争；能维护范围经济性	只适用于某些网络正外部性显著的产业；要求企业间的网络规模大致相当

第三节　垄断性产业不同类型业务的分类管制政策

对垄断性产业的分类管制政策涉及许多内容，本节将集中从进入管制、国有企业与民营企业在垄断性产业的分布和价格管制这三个重要方面探讨分类管制政策。

一、按照垄断性产业的业务类型制定进入管制政策

中国加入 WTO 后，电信等垄断性产业必须对外开放，允许国外民营企业进入，而对外开放的同时，应该对内开放。因此，这以“倒逼”的形式增强了中国垄断性产业民营化改革的必然性。而改革开放以来，中国民营经济的飞速发展，经营范围不断扩大，经济实力不断增强，这又为中国垄断性产业民营化改革提供了现实经济基础。2003 年，党的十六届三中全会作出的《中共中央关于完善社会主义市场经济体制若干问题的决

定》指出:要完善公有制为主体、多种所有制经济共同发展的基本经济制度。要适应经济市场化不断发展的趋势,进一步增强公有制经济的活力,大力发展国有资本、集体资本和非公有资本等参股的混合所有制经济,实现投资主体多元化,使股份制成为公有制的主要实现形式。要加快推进和完善垄断行业改革,大力发展和积极引导非公有制经济,允许非公有资本进入法律法规未禁入的基础设施、公用事业及其他行业和领域。非公有制企业在投融资、税收、土地使用和对外贸易等方面,与其他企业享受同等待遇。要改进对非公有制企业的服务和监管。根据党中央的上述精神,显然,民营企业既可以通过与公有制企业合资、合作等方式进入垄断性产业,也可以独立地进入垄断性产业。这无疑为深化中国垄断性产业改革开放提供了重要的政策依据。因此,对于中国垄断性产业民营化改革,不仅要进一步解放思想,大胆实践,而且要在政策上清除各种歧视性规定,在市场准入、税收政策等方面给予各种所有制经济同等待遇,鼓励民营企业通过多种途径进入垄断性产业。

但由垄断性产业的技术经济特征所决定,垄断性产业不可能成为自由进出的产业,那么,如何科学地制定垄断性产业的进入管制政策,以实现有效竞争,这便成为政府管制者面临的一大难题。对此,一个重要的政策思路是,按照垄断性产业的业务类型制定进入管制政策。由表3-1可见,各个垄断性产业既有自然垄断性业务,又有竞争性业务,自然垄断性业务主要是指那些固定网络性业务,如电力、管道燃气和自来水产业的线路、管道等输送网络业务,电信产业中的有线通信网络业务(特别是市话业务)和铁路运输产业中的铁轨网络业务。其他领域的业务则属于竞争性业务。因此,为实现有效竞争,对于竞争性业务,政府应放松进入壁垒,允许多家新企业进入,以较充分地发挥竞争机制的作用,但政府仍然要控制进入非自然垄断性业务领域的企业数量,并要求这些企业必须达到最小的经济规模,以避免低水平的过度竞争现象。

而对于自然垄断性业务，由于这些业务需要大量的固定资产投资，其中相当部分是沉淀成本，如果由多家企业进行重复投资，不仅会浪费资源，而且会使每家企业的网络系统不能得到充分利用。因此，政府的基本政策是严格控制新企业进入这些业务领域。至于在自然垄断性业务领域，政府只允许一家企业还是允许两家或两家以上的企业经营，这需要考虑具体业务领域成本弱增的范围，自然垄断与竞争的比较效率等因素。从原理上讲，当某种业务的需求量超过了成本弱增的范围时，就应该允许两家或两家以上的企业共同经营这种业务。即使在成本弱增的范围内，为了打破垄断，发挥竞争机制的作用，对于成本弱增程度较低的业务，也可以考虑由两家企业实行竞争性经营，以实现有效竞争。对此，问题的难点是，政策制定者如何对自然垄断性业务的成本弱增的范围及其程度、自然垄断与竞争的比较效率作出技术和经济上的判断。

同时，由于垄断性产业几乎都是多产品（业务）产业，因此，我们需要对多产品自然垄断的有效竞争问题作进一步的讨论。多产品自然垄断的成本弱增性主要表现为范围经济性，国内外的实践已证明，非自然垄断性业务只由一家或极少数几家企业经营是低效率的。因此，当非自然垄断性业务由多家企业竞争性经营后，是否应允许经营垄断性业务的一家或极少数几家企业同时经营那些非自然垄断性业务，这就在相当程度上取决于企业对自然垄断性业务和竞争性业务实行垂直一体化经营的范围经济性。同时，还应充分考虑到实行垂直一体化经营的企业在垄断性业务和竞争性业务间，采取交叉补贴战略，以排斥竞争企业，扭曲竞争机制的可能性。在对两者进行综合权衡的基础上，才能制定合理的进入管制政策。

二、按照垄断性产业的业务类型分布国有企业与民营企业

中国加入 WTO 后，在加速垄断性产业的改革开放，允许国内外民营企业进入的过程中，如何正确处理国有企业与民营企业的布局，这不

仅是一个重要的理论问题，而且是一个不可回避的实际问题。传统理论认为，垄断性产业的技术经济特性决定了垄断性产业必须实行独家垄断经营。但如果让私人企业垄断经营，在利润最大化的驱动下，私人企业必然会制定垄断高价，以谋取垄断利润，从而造成消费者剩余的严重损失。因此，主张让国有企业独家垄断经营垄断性产业。但长期的实践证明，国有企业垄断经营造成严重的低效率现象。新的管制理论和一些发达国家的实践证明，垄断性产业也可以通过放松进入管制，运用竞争机制。这促使中国政府对国有企业的布局作出战略性调整。对此，1999年《中共中央关于国有企业改革和发展若干重大问题的决定》提出，要从战略上调整国有经济的布局，在社会主义市场经济条件下，国有经济在国民经济中的主导作用主要体现在控制力上。国有经济的作用既要通过国有独资企业来实现，更要大力发展股份制，探索通过控股和参股企业来实现。国有经济应保持必要的数量，更要有分布的优化和质的提高；在经济发展的不同阶段，国有经济在不同产业和地区的比重可以有所差别，其布局要相应调整。目前，国有经济需要控制的行业和领域主要包括：涉及国家安全的行业，自然垄断的行业，提供重要公共产品和服务的行业，以及支柱产业和高新技术产业中的重要骨干企业。显然，一方面，垄断性产业的进一步改革开放已是大势所趋，而另一方面，垄断性产业又是属于国有经济需要控制的产业。那么，如何实现国有经济对垄断性产业的有效控制呢？笔者认为，国有经济对垄断性产业的控制，既可以体现在企业所有制方面，也可以体现在垄断性产业的具体业务领域方面。在企业所有制方面，中国著名经济学家张卓元教授认为，[①]国有经济控制力概念意味着，国有经济控制关系国民经济命脉的重要行业和关键领域，并不都要求国家独资。除极少数承

① 参见张卓元主编：《国企改革建言》，广东经济出版社2000年版，第78—79页、133—135页。

担特殊任务需要由国家垄断经营的企业外,大多数企业可以由国家控股,吸收部分非国有资本参加。国有经济通过运用股份制这种现代企业的财产组织形式,发展混合所有制经济,使国有资本渗入和控制更多的社会资本,扩大国有资本支配范围,可以放大国有资本的功能,这既有利于提高国有经济的控制力,同时,也有利于发挥非国有资本的积极作用。这就为民营企业的部分资本进入国有企业,形成混合所有制企业提供了理论依据。而对于国有经济对垄断性产业的控制,如何体现在垄断性产业的具体业务领域方面,笔者认为,由于垄断性产业既有自然垄断性业务领域,又有竞争性业务领域(见表3－1),其中,自然垄断性业务领域是整个垄断性产业的关键性业务领域。因此,这是国有经济需要控制的领域,与此相适应,应该以国有企业作为经营主体;而垄断性产业的竞争性业务领域,虽然是垄断性产业从生产到消费整个"供应链"中必不可少的环节,但它们在垄断性产业中处于从属地位。由于在竞争性领域,民营企业通常比国有企业具有较高的生产效率,因此,政府对垄断性产业的竞争性业务领域,可实行放松进入管制政策,允许一批民营企业有序进入,逐渐使它们成为垄断性产业竞争性业务领域的经营主体。这就为国内外民营企业进入垄断性产业竞争性业务领域提供了理论依据。

可见,在中国垄断性产业实行改革开放,并不意味着垄断性产业都应由民营企业来经营。恰恰相反,在相当长的时期内,中国垄断性产业应实行国有企业为主,多种所有制并存的所有制结构。其主要原因是垄断性产业属于关系到国计民生的基础性产业,政府需要掌握对这些产业的控制力,而国有企业无疑是政府实施其控制力的最直接、最有效的所有制形式。这样,在中国垄断性产业实行改革开放过程中,必然面临的一个问题是:哪些领域应该允许民营企业进入,哪些领域应该仍由国有企业控制?对此,笔者认为,国有企业与民营企业的分布应取决于垄断性产业业务领域的性质。由表 3-1 可知，对特定垄断性产业而言，总是既有自然垄断性业务，又有竞争性业务，由于自然垄断性业务是垄断性产业的核心业务，其规模经济与范围经济非常显著，在相当程度上决定整个垄断性产业的运行效率，因此，自然垄断性业务领域应由一家或少数几家国有企业控制。竞争性业务的规模经济和范围经济并不显著，可由多家企业竞争性经营，由于在竞争环境下，民营企业具有较高的效率，所以，竞争性业务领域应首先向国内外民营企业开放。这样，国有企业与民营企业在垄断性产业分布的总体格局是：国有企业主要经营自然垄断性业务，而民营企业主要经营竞争性业务。当然，在实践中，即使在某些自然垄断性业务领域，也不是要求完全由国有企业经营，在国有企业掌握控制力的前提下，可允许民营企业适度进入，以产生“鲶鱼效应”，激活国有企业的竞争活力。

三、按照垄断性产业的业务类型制定价格管制政策

由于在垄断性产业存在不同性质的业务领域，这决定了政府应在垄断性产业采取相应的价格管制政策。

从理论上讲，在垄断性产业的自然垄断性业务领域，应该由一家或极少数家企业提供产品和服务，以保证较高的生产效率；由于这些企业具有垄断力量，如果不存在任何外部约束，它们就成为市场价格的制定者(price maker)，而不是价格接受者(price taker)，就可能会制定大大高于成本的价格，以取得垄断利润，其结果必然扭曲分配效率。这就需要实行政府管制。我们可以用图 3-7 来说明。

在图 3-7 中，垄断企业为了追求利润最大化，按照边际收益等于边际成本的原则制定垄断价格 P_m，并相应地决定产量 Q_m。实行政府管制，至少可以通过三种方案提高社会分配效率：第一种方案是，政府按照边际成本决定管制价格P_1和相应的产量Q_1，由于在一定的产出

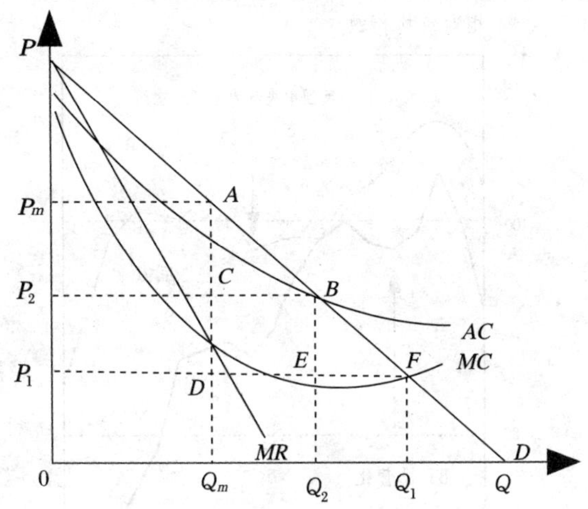

图 3－7　垄断价格与政府管制

范围内成本处于递减状态，这会造成企业亏损，其亏损额由政府的税收来弥补。第二种方案是，政府按照平均成本决定管制价格 P_2 和相应的产量 Q_2，这样，企业就不会发生亏损，不需要政府补贴。第三种方案是，政府管制者运用特许投标竞争理论，[①]拍卖某种产品或服务的独家经营权，只要竞争是充分的，竞争的结果也会使价格接近于 P_2，产量接近于 Q_2。无论采取哪一种方案，政府管制的结果都会抑制企业制定垄断价格，从而维持社会分配效率。

对垄断性产业的自然垄断性业务实行价格管制的需求，在管制实践中是普遍存在的。例如，在英国电信产业和电力产业实行民营化改革后，由于政府对价格管制的力度不同，导致电信价格和电力价格变化的较大差异，见图 3－8。[②]

---

①　对这一理论的讨论，可参阅王俊豪："特许投标理论及其应用"，《数量经济技术经济研究》2003 年第 1 期。

②　参见 Newbery, D. M., 1999, *Privatization, Restructuring, and Regulation of Network Utilities*, The MIT Press, pp. 172—173。

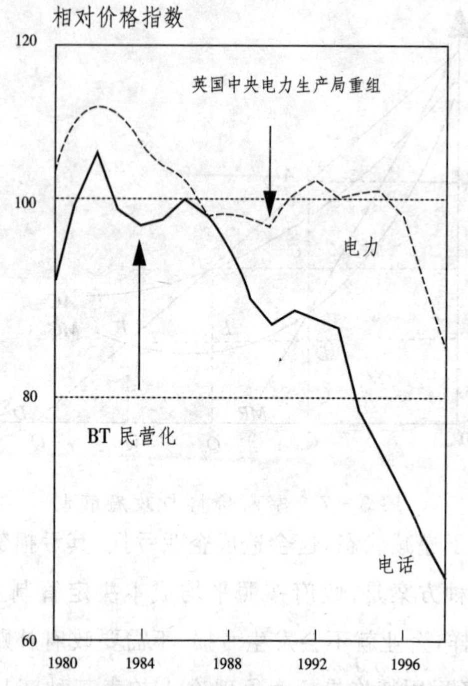

图 3－8 英国电话消费者价格和电力消费者价格

由图 3－8 可见，1984 年英国电信公司（BT）实行民营化改革后，由于调整价格结构，电话消费者价格略有上升，随后便大幅度下降。而 1989 年，英国对电力产业也实行民营化改革，将中央电力生产局实行结构重组，但电力消费者价格却在此后相当一段时期内呈上涨趋势。对照图 3－1，英国电信产业和电力产业在民营化改革后，生产效率都有较大幅度提高，但由于英国电信管制办公室对英国电信公司实行了较为严格的价格管制政策，促使英国电信公司不断降低价格，把因生产效率增长而取得的部分利益让渡给消费者，从而促进了社会分配效率。而英国电力管制办公室没有对电力产业实行严格的价格管制，虽然企业提高了生产效率，但在相当时期内并没有降低消费者价格，只是增加了企业利润，消费者不能取得生产效率增长之利。[①] 这说明政府应对缺乏竞争的自然垄断性业务领域实行有效的价格管制。

而对于垄断性产业的竞争性业务领域（如发电），在垄断性产业改革开放的初期，也不同于许多竞争性的制造业（如电视机、电冰箱、电脑等制造业），企业在一定的垂直供应链环节或特定的地区范围内，往往具有一定的市场垄断力量。因此，政府应对其实行适度的价格管制。但随着进入者的不断增加，在垄断性产业的竞争性业务领域形成较为充分的竞争状态后，市场竞争自然会促使企业努力降低成本和价格，这时，政府就应放松价格管制，充分发挥市场机制对价格自动调节的积极作用。

对垄断性产业的自然垄断性业务领域和竞争性业务领域实行不同的价格管制政策，有利于减少垂直一体化经营企业尽可能在自然垄断性业务领域实行高价策略，而在竞争性业务领域实行低价策略，以实施在企业内部不同业务间的交叉补贴战略的可能性，从而使价格管制更具有针对性和有效性。

第四节　垄断性产业不同类型业务与不同企业间的协调政策

一、制定垄断性产业不同类型业务与不同企业间协调政策的重要性

垄断性产业的各业务间往往存在紧密性的垂直关系，在一家或极少数家垄断企业实行垂直一体化经营的情况下，各业务间的协调是企

① 对英国电信产业和电力产业价格管制的详细讨论，有兴趣的读者可参阅王俊豪：《英国政府管制体制改革研究》，上海三联书店 1998 年版，第三章和第五章。

业内部的事。但对垄断性产业实行市场结构重组，不同的业务领域又由不同的企业经营后，如何有效地协调这些不同利益主体的关系，以确保整个垄断性产业的协调发展，这便成为政府管制者面临的一个十分棘手的问题。即使在经济发展水平较高，对垄断性产业改革较早的国家，至今也没有较好地解决这一问题，在实践中存在不少教训，如美国加州近几年来的频繁停电现象，在相当程度上就是由于缺乏全国性的发电、输配电和供电的统一协调造成的。因此，能否在垄断性产业不同类型业务间制定科学的协调政策，这是关系到垄断性产业改革后，能否较大幅度地提高经济效率，促进这些产业更快发展的一个关键性问题。

二、垄断性产业不同类型业务与不同企业间协调政策的主要内容

1. 价格协调政策。许多垄断性产业的一个显著特点是，产品（或服务）的生产、网络输送和销售等业务环节形成一个十分紧密的供应链，最终产品的销售价格通常受政府的价格管制或市场约束。在特定垄断性产业独家经营的情况下，各业务环节由企业内部相应的业务单位经营，这些业务单位之间的利益协调是企业内部的事。但在垄断性产业实行市场结构重组后，不同业务环节由不同的企业经营，同一业务环节又有多家企业经营的情况下，客观上就需要建立一种新的利益协调机制，以保证垄断性产业的高效率运行，而这种利益协调机制的核心是价格协调。这是因为，从价值形态看，垄断性产业的供应链表现为价格链，即生产价格→网络输送价格→销售价格。在垄断性产业的最终产品销售价格受政府管制的情况下，各业务环节的价格高低直接决定相应业务经营企业的经济利益。以电力产业为例，电力产业政府管制体制改革的目标是，对电力产业实行市场结构重组后，发电、输电、配电和电力销售这些业务领域分别由不同企业经营，而最终销售价格必然受

政府最高限价的管制或市场约束，也就是说，发电、输电、配电和电力销售各环节的层层加价，不能突破政府对最终价格的最高限价或市场约束价格。这样，各业务环节由不同企业经营，这些具有独立经济利益的经营主体又以追求自身利益最大化为基本目标，而且，各个企业具有不同的市场力量，在这种情况下，各个企业之间很难自觉达成协调价格。这就要求有一种外在的价格协调机制，从近期看，这种外在协调机制主要是政府的价格管制政策，同时运用市场机制；而从长远的角度看，这种外在协调机制主要是市场机制，同时适度运用价格管制政策。

垄断性产业既有自然垄断性业务（如电力产业的输电和配电业务），又有竞争性业务（如电力生产和销售业务），在竞争性业务领域应尽可能运用市场机制，如在电力产业的发电环节，可通过竞价上网，促使电力生产企业降低成本和价格；在电力销售环节也可通过放松进入管制，允许多家企业经营电力销售业务，运用竞争机制降低成本和价格，竞争的结果是促使企业按照包括正常利润在内的成本定价。因此，价格管制的重点是对自然垄断性业务领域的价格管制，如对电力产业的输电和配电业务的价格管制。在其他垄断性产业也存在与电力产业相类似的情况。因此，政府对垄断性产业的价格管制，实际上主要是指政府对垄断性产业中自然垄断性业务的价格管制。这也是政府用“有形的手”协调垄断性产业不同类型业务与不同企业间的经济利益关系的核心内容。

政府要制定科学的价格管制政策，必须明确价格管制的基本目标，选择合适的定价方式，并应以科学的价格管制模型作为定价的重要依据。

价格管制的政策目标体现着政府对价格管制的偏好，它是政府管制者制定管制价格的指导思想和主要政策依据。尽管政府在不同的垄断性产业，或在同一垄断性产业的不同发展阶段，存在多种具体的价格管制政策目标，但从整体、长期的角度看，促进社会分配效率、刺激企业生产效率和维护企业发展潜力是垄断性产业价格管制的三大政策目标，三者共同构成垄断性产业价格管制的三维政策目标体系，是政府制定垄断性产业管制价格的主要经济依据，也是进行价格管制政策分析的重要工具。

垄断性产业的显著特征是，在成本弱增的范围内，由一家企业提供产品或服务比多家企业提供相同数量的产品或服务具有更高的生产效率。因此，在垄断性产业或自然垄断性业务领域通常由一家或极少数几家企业垄断经营。但由于这些企业拥有市场垄断地位，如果不存在任何外部约束机制，它们就成为市场价格的制定者而不是价格接受者，就有可能通过制定垄断价格，把一部分消费者剩余转化为生产者剩余，从而扭曲分配效率。这就要求政府对垄断性产业的价格实行管制，以促进社会分配效率。这是政府制定垄断性产业价格管制政策的第一个目标。

由于政府管制的实质是，在几乎不存在竞争或竞争很弱的产业或业务领域中，政府通过一定的管制政策与措施，建立一种类似于竞争机制的刺激机制，以刺激企业的生产效率。因此，价格管制作为一种重要的管制手段，其管制功能不仅仅是通过制定最高管制价格，以保护消费者利益，实现分配效率，而且要刺激企业优化生产要素组合，充分利用规模经济，不断进行技术革新和管理创新，努力实现最大生产效率。这是政府制定价格管制政策的第二个目标。

垄断性产业具有投资额大，投资回报期长的特点，而且，随着国民经济的发展，对垄断性产业的需求具有一种加速增长的趋势。为适应这种大规模的、不断增长的需求，就需要垄断性产业的经营企业不断进行大规模投资，以提高市场供给能力。这就需要政府在制定垄断性产业管制价格时，考虑到使企业具有一定的自我积累、不断进行大规模投资的能力。这样,维护企业发展潜力便构成政府制定价格管制政策的第三个目标。

垄断性产业的价格管制政策目标与定价方式具有密切联系。按照经济学基本原理,为实现帕累托最优效率,达到促进社会分配效率目标,就要求按照边际成本决定管制价格。但是,由于垄断性产业一般都具有显著的规模经济,在一定范围内,表现为成本曲线总是向右下方倾斜的,而且,平均成本曲线位于边际成本曲线的上方。如图 3-9 所示。

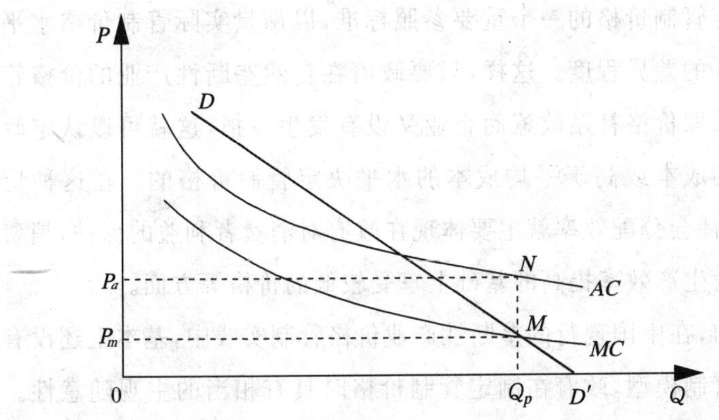

图 3-9　不同定价方式下的管制价格水平

在图 3-9 中,边际成本曲线(MC)和需求曲线(DD')相交于 M,与 M 点相对应的 P_m 就是按边际成本决定的管制价格水平,M 点到平均成本曲线(AC)的垂直距离为 NM。这就是说,如果按照边际成本决定价格水平,就会使企业发生每单位平均为 NM,而总额为 P_mMNP_a 的亏损。因此,在成本递减的垄断性产业以边际成本决定管制价格水平,虽然从理论上讲能保证分配效率,但会使企业发生亏损,更不用说达到维护企业发展潜力的目标;由于企业产出越大,亏损额也越大,这也不可能达到刺激企业生产效率的目标。对此,霍特林(Hotelling)曾提出一种补救办法，[①]即政府以边际成本制定管制价格，同时以税收补贴企业的亏损，并使企业有一定的利润。对此，笔者认为，如果政府的补贴足够大，这虽然能维护企业的发展潜力，但仍然不能刺激企业提高生产效率。因为这对企业来说，其利润的多少主要不是取决于效率的高低，而是取决于政府补贴的幅度。这就会诱使企业把精力较多地用于争取更多的政府补贴上。而且，这不但会增加政府的财政负担，也增加了发生"政府管制俘虏"问题的可能性。可见，在垄断性产业的价格管制实践中，以边际成本决定管制价格水平通常是不现实的，但边际成本可以作为制定管制价格的一个重要参照标准，以衡量实际管制价格水平与边际成本的差异程度。这样，只要政府在自然垄断性产业的价格管制中没有采取价格补贴政策而企业又没有发生亏损，这就可以认定政府是以平均成本或高于平均成本的水平决定管制价格的。在这种情况下，促进社会分配效率就主要体现在政府对消费者利益的保护，消费者能在企业生产效率提高的基础上享受较低的价格等方面。

目前，在中国现行的垄断性产业价格管制实践中，基本上还没有采用价格管制模型，政府在制定管制价格时具有相当的主观随意性。同时，由于不少企业在特定的地域范围内实行独家垄断经营或寡头垄断经营，因此，主要是以企业的个别成本作为定价依据的，这样，企业成本越大价格就越高，具有类似于"实报实销"的性质，这种价格形成机制，对企业缺乏努力提高生产效率，不断降低成本的刺激。在实践中，表现为不少企业的成本不断上升，不断要求政府提价。由于政府与企业之间对成本信息存在严重的不对称性，政府只能在相当程度上默认企业发生的实际成本，即允许企业提价，导致许多产品（或服务）价格不断上

---

① Hotelling, H., 1983, "The General Welfare in Relation to Problems of Taxation and of Railway and Utility Rates", *Econometrica* 6: pp. 242—269.

涨。事实上,如何控制成本一直是政府在价格管制实践中的难题。针对这一问题,构建中国价格管制模型应重视成本约束原则,其基本思路是:虽然政府不能观察企业成本的实际运行过程(它是一个“黑箱子”),但政府能发现成本的运行结果,通过控制成本的变化结果,促使企业自觉提高效率,降低成本。同时,在正常情况下,垄断性产业的经营企业应取得合理利润,以满足投资的需要,实现扩大再生产,但其前提条件是企业应具有较高的生产效率。这样,根据中国的实际情况,并借鉴经济发达国家的价格管制模型,一种可供选择的价格管制基本模型是:

$$P_{t+1}=C_t(1+RPI-X)+P_{t+1}\times r$$

上式等号右边第一项为单位成本项,第二项为单位利润项,经整理并考虑质量系数(Q)可得:

$$P_{t+1}=\frac{C_t(1+RPI-X)}{1-r}\times Q$$

在上式中,P_{t+1}为下一期的管制价格;C_t 为本期的单位成本;RPI 为零售价格指数;X 为政府规定的生产效率增长率(成本下降率);Q 为产品与服务质量系数;r 为销售利润率。①

在上面的模型中,$C_t(1+RPI-X)$为成本上限控制项。在制定下一期的管制价格时,首先要考虑本期的成本情况和成本变动因素,在影响成本的众多因素中,零售价格指数(RPI)是一个综合性因素,随着 RPI 的变化,企业的原材料、工资成本等也会发生相应的变化,因此,在决定下一期的成本水平时,在 C_t 的情况下,加上 $C_t\times RPI$(在正常情况下,RPI 是一个正数,因此,$C_t\times RPI$ 为成本增量)。为促使企业提高生产效率,降低成本,政府为企业规定一个下一期必须达到的生产效率增长率(X 值)。即成本下降率,因此,C_tX 为成本减量。如果

---

① 对如何确定模型中各项要素的进一步讨论,可参阅王俊豪等著:《中国自然垄断经营产品管制价格形成机制研究》,中国经济出版社 2002 年版,第 41—42 页。

$RPI-X>0$,则在下一期的管制价格中,成本可以增加,其净增量为 $C_t(RPI-X)$;反之,如果 $RPI-X<0$,则下一期的成本必须减少,其净减量为 $C_t(X-RPI)$。由于 RPI 是客观的,对企业来说,是一个外生变量,而 X 是由政府规定的,因此,在销售利润率一定的情况下,企业要取得较多的利润,必须使企业实际的生产效率增长率大于政府规定的 X 值。这就会刺激企业自觉提高生产效率,努力降低成本。而成本降低的结果也能使消费者享受较低的价格,分享因企业提高生产效率而带来的利益,从而促进社会分配效率。

在上面模型中,实行质量系数(Q)与管制价格挂钩的办法,目的是促使企业在成本上限控制的情况下,符合政府规定的产品质量标准,并向消费者提供较好的服务质量。同时,在模型中,不是以投资利润率而是以销售利润率决定企业的利润水平,其主要考虑是为了避免在投资利润率下企业可能发生的过度投资,从而产生低效率的 A－J 效应,而且,对企业投资所形成的资产额的正确核算也是一件比较复杂的管制工作。相比之下,销售利润率比较客观,因为销售额的大小取决于销售量和销售价格,其中销售价格受政府约束,而销售量受市场约束,企业要增加销售量就必须通过增加投资,扩大经营范围,提高产品或服务质量等措施,以更好地满足市场需要。

从总体上说,上述模型能刺激企业自觉提高生产效率,降低成本,使消费者能享受到较低的价格。政府能使企业获得合理的销售利润,而且,只要企业实现的生产效率高于政府规定的生产效率,企业就能获得较多的利润,从而使企业具有一定的发展潜力。因此,合理使用上述价格模型能实现价格管制的三大政策目标。

2. 网络管制政策。垄断性产业的一个显著技术经济特征是具有网络性,如电信产业的有线通信网、电力产业的高压输电网和低压配电网、铁路运输产业的铁轨网、自来水和管道燃气产业的自来水管道网与燃气管道网。事实上,垄断性产业的自然垄断性,就是主要体现在它们的网络性,正因为如此,我们把垄断性产业的网络性业务称为自然垄断性业务,而其他业务则是竞争性业务。垄断性产业的另一个重要技术经济特征是具有多环节(多业务)的垂直供应链结构,在整个垂直供应链中,网络性业务是最基本的不可逾越的环节。这样,在垄断性产业民营化改革中,为形成有效竞争格局,实行自然垄断性业务(网络性业务)和竞争性业务相分离的政策,并由一家或极少数家企业经营网络性业务,多家企业经营竞争性业务,这就产生网络性业务和其他竞争性业务如何协调的问题。同时,由于网络性业务由一家或极少数家企业垄断经营,其他竞争性企业又必须通过网络性业务才能将产品或服务提供给最终消费者,这就产生了这些经营网络性业务的垄断企业对竞争性业务经营企业采取垄断行为(如制定垄断接入价格等)的潜在可能性。如果经营网络性业务的垄断企业还同时经营竞争性业务,这就还存在这些垄断企业对竞争性业务领域的竞争者采取不正当竞争行为(如在价格、接入条件等方面采取歧视行为)的潜在可能性。因此,政府制定与实施网络管制政策的基本目标是,制止经营网络性业务的垄断企业的垄断行为和不正当竞争行为,使网络性业务领域成为整个垄断性产业畅通无阻的公共通道,以提高垄断性产业的运行效率。

接入管制(access regulation)和联网管制(network interconnection regulation)是网络管制政策的两项最主要内容。如前所述,垄断性产业通常存在多环节(多业务)的垂直供应链结构,而且,必须通过网络性业务领域才能将产品或服务提供给消费者。例如,在电信产业,竞争性的长途电话、移动电话和各种电信增值业务,必须接入垄断性的本地电话网才能满足最终消费者的通信需求;在电力产业,存在发电、高压输电、低压配电和电力供应等垂直业务,发电企业只有通过电网才能将电力提供给消费者使用;在铁路运输产业,各种客、货运车辆必须在铁路网络上才能完成旅客和货物的位移;同时,在自来水和管道燃气产业,只有通过自来水管道和燃气管道网络,才能实现自来水和燃气的最终消费。垄断性产业的各种竞争性业务与垄断性的网络性业务相联结,或者说各种竞争性业务的经营企业使用垄断企业的网络,被称为接入。竞争性企业使用垄断企业的网络,必须支付一定的使用费(即接入价格)。但如何确定接入价格?这里存在竞争企业和网络垄断企业的双边谈判问题,显然,垄断企业在谈判中处于主动地位,而竞争企业处于被动地位。如果不存在外部约束机制,垄断企业完全有可能制定垄断高价,谋取垄断利润。如果网络垄断企业同时经营竞争性业务,这又为垄断企业采取内部业务间交叉补贴战略,即在垄断性业务领域制定高价,而在竞争性业务领域制定低价,以驱逐竞争企业提供了条件。因此,接入价格的制定权不能掌握在网络垄断企业手中,而必须列入政府管制的范围。政府除了制定接入价格外,还要监督网络垄断企业向竞争企业公平开放使用其网络。

当某一个垄断性产业存在两个或两个以上的网络性业务经营企业时,只有通过联网才能相互接入,但网络经营企业的力量(网络规模)往往是不对等的,通常,新进入的网络经营企业的力量较小。这就产生了联网问题。从理论上分析,在一个独家垄断经营的通信网络中,各局部网之间的联系是企业组织内部的事,不存在收费价格等联网的条件问题。相反,如果各网络所有者之间的竞争是一种完全竞争,企业为了使尽可能多的消费者能通过本企业的网络而获得服务,从而扩大企业的市场覆盖面,它们会出于互利而自动产生实行联网的刺激。但是,当网络市场上的竞争是一种不完全竞争,即某个网络经营企业具有市场垄断地位的情况下,企业之间就不能自动实行联网。因为具有垄断优势的企业为了保持其市场垄断地位,它只希望通过自身的网络向本企业的顾客提供服务。而且,垄断企业完全有能力通过拒绝与其他竞争企业联网而排斥竞争者。可见，新企业进入垄断性产业经营网络业务后，与产业内原有主导性企业之间的竞争效果关键性地决定于企业之间的联网条件。已经建立了庞大网络的主导性企业完全有能力通过拒绝与其他竞争企业联网而排斥竞争者，或者，通过制定尽可能高的联网成本价格而使竞争者望而却步。因此，联网条件和联网价格的决定权也不能掌握在主导性企业手中，而应当纳入政府管制的范围，从政策上保证有关网络经营企业有同等权力，以合理的联网价格使用对方的网络。

3.普遍服务政策。垄断性产业的普遍服务(universal service)是指垄断性产业的经营企业应承担的为广大用户提供普遍的基本服务的责任和义务。普遍服务的主要特点有：一是在任何地点、任何时间都应提供的服务；二是对所有用户不存在价格和质量差异；三是服务价格应是广大用户(即使是低收入的用户)能够承受的。由于普遍服务是一个国家在一定社会经济发展水平下的生活必需品，因此，普遍服务不仅具有动态性，而且，普遍服务水平也是反映一个国家社会经济发展水平的一个重要指标，同时也能反映政府对人们基本生活质量的重视程度。在许多垄断性产业都存在普遍服务问题，通常把与居民个人和家庭消费的服务作为普遍服务的内容，例如，电信产业的居民家庭电话服务，电力产业的居民用电服务，铁路运输产业的客运服务，城市自来水和管道燃气的居民消费服务等。同时，普遍服务的重点和难点是那些偏远的农村、山区和穷乡僻壤等地区。

中国在垄断性产业传统体制下，实行政企合一的体制，解决普遍服务问题的主要途径是两条：一是政府财政补贴，如对偏远地区通电话、通电、建铁路等，其建设费由政府财政支付；二是特定垄断性产业的独家垄断企业在不同业务、不同地区间实行交叉补贴行为，如在电信产业，以收费高的国内国际长途电话补贴收费低、居民使用量大的本地电话；以经济发展水平较高、收入较多的东部地区的电信服务，补贴经济发展水平相对落后的中西部地区的电信服务。在铁路运输产业，以收费较高的铁路货运服务补贴收费较低的铁路客运服务。在电力、自来水和管道燃气产业，则对企事业单位制定较高的价格，以补贴收费价格较低的居民用户。

垄断性产业都属于基础设施产业，随着社会经济的发展，客观上要求垄断产业加速发展，政府财政远远不能满足垄断性产业建设的需要，这就使政府财政补贴这一解决普遍服务的传统途径失效。事实上，世界上许多国家对垄断性产业的改革，在相当程度上都起因于政府财政不能解决垄断性产业的发展问题。而在垄断性产业改革过程中，为了打破垄断，尽可能运用竞争机制，以提高垄断性产业的经济效率。改革的一项重要内容是对垄断性产业实行市场结构重组，通过对垄断性产业实行纵向与横向分割政策，不同业务领域由不同企业经营。特别是中国加入 WTO 后，对垄断性产业实行放松管制政策，允许国内外民营企业进入，这些新进入企业以追求利润最大化为经营目标，必然会实行"取脂战略"，选择业务大、利润率高的业务领域和地区作为其经营对象，不会自觉提供亏损性的普遍服务。这样，在传统体制下，独家垄断企业通过内部业务间交叉补贴行为，以解决普遍服务问题的这一途径也就难以存在。而提供普遍服务是中国缩小东西部差异，实现全面小康的一项基本国策，因此，在解决普遍服务问题的传统机制失效后，就需要建立一种解决普遍服务问题的新机制，以协调垄断性产业中不同业务、不同地区经营企业的经济利益关系。

虽然在近期内，在解决普遍服务问题的新机制尚未建立以前，政府对一些垄断性产业仍然会在一定程度上继续运用财政补贴的办法，但从长远的角度看，借鉴经济发达国家的经验，解决普遍服务问题的基本办法是建立普遍服务基金机制。其主要内容包括：(1)以法规的形式明确普遍服务基金的来源。在垄断性产业对外开放，形成多家企业竞争的格局后，为营造一个公开、公平、公正的竞争环境，垄断性产业内的所有经营企业，无论是否提供普遍服务，都要按营业额的一定比例对普遍服务基金作出贡献，并以法规的形式明确交纳的程序、比例和数量等，作为经营企业必须履行的法定责任和义务。(2)明确普遍服务的范围。虽然随着社会经济的发展，普遍服务具有动态性，但在特定时期，普遍服务又具有相对稳定性。如前所述，普遍服务的主要地区是经济发展水平较低的偏远落后地区，而主要业务是居民个人与家庭使用较多的服务。但这往往有相当的原则性、主观性，这就需要明确一定时期内具体的普遍服务范围。(3)普遍服务基金的有效使用。为提高普遍服务基金的使用效率，应尽可能运用市场竞争机制(如采用招投标的方法)，选择高效率的企业按一定的标准承担普遍服务项目，并以普遍服务基金转移支付给提供普遍服务经营企业，以补偿其成本，取得合理的利润。(4)对普遍服务基金的科学管理。在各垄断性产业制定有关普遍服务基金的管理办法等有关法规，对普遍服务基金的来源、使用范围、招投标的程序等作出明确规定。并设立专门的普遍服务管理机构，按照公开、透明的原则，选择普遍服务经营企业，对普遍服务的质量实行严格的监督、检查，依法实施普遍服务基金的具体管理工作。

4. 竞争政策。在垄断性企业独家经营的情况下，因不存在竞争问题，当然不需要制定竞争政策。但在改革开放后，在垄断性产业形成多家企业竞争的格局，这就需要政府制定竞争政策，以协调与规范企业间的市场行为。竞争政策的基本目标，一是防止破坏性竞争，保证社会生产效率和供应稳定；二是制约垄断企业的不正当竞争行为。

垄断性产业的显著特点是需要巨额投资，投资回报期长，资产专用性强，规模经济非常显著。因此，为实现规模经济与竞争活力相兼容的有效竞争，应控制垄断性产业经营企业的数量。但如果不存在政府管制，在信息不完全的情况下，许多企业就会盲目地进入垄断性产业，进行重复投资和过度竞争。一种可能的结果是，竞争力最强的企业最后将其他企业赶出市场，这些退出市场的企业的投资就不能得到回报，专用性强的资产就会闲置，造成社会资源的浪费。另一种可能的结果是，势均力敌的几家企业互不相让，最后造成两败俱伤，在生产能力严重过剩的状况下，互相争夺市场份额，从而造成生产低效率。因此，为了防止这些破坏性竞争，需要政府对垄断性产业实行进入管制，通过控制进入壁垒，抑制企业过度进入，以保证社会生产效率。①

同时，电信、电力、铁路运输、管道燃气和自来水供应等垄断性产业提供的产品或服务是社会的生活必需品，也是大多数企业必需的投入要素，需要保证生产供应的高度稳定性。这也需要对这些垄断性产业实行政府管制，设立退出壁垒，控制企业在无利可图或者在更好的投资业务吸引下，任意退出市场，以免造成特定垄断性产业的产品或服务生产供应的不稳定性。

如前所述，垄断性产业并不是铁板一块，现实的状况是，某些业务领域具有自然垄断性，另一些业务领域则是竞争性的。而经营自然垄断性业务的企业往往同时经营竞争性业务，这就为垄断企业采取不正当竞争行为提供了条件。在无政府管制的条件下，垄断业务完全有可能在垄断性业务领域制定垄断高价，而在竞争性领域制定低价，通过内部业务间的交叉补贴行为以排斥竞争企业。同时，在垄断性产业也存在少数垄断企业采取合谋行为，共同获取垄断利润的可能性。因此，为制约垄断企业的各种不正当竞争行为，需要政府制定竞争政策，以维护垄断性产业的正常竞争秩序。

5.社会性管制政策。前面讨论的协调政策都属于经济性管制政

---

① Giles H. Burgess, Jr., 1995, *The Economics of Regulation and Antitrust*, New York: Harper Collins College Publishers, pp. 43—44.

策，其特点是政府管制政策的作用范围主要是某个具体垄断性产业。而社会性管制政策不是以特定具体垄断性产业为对象，而是围绕如何达到一定的社会目标，实行跨产业、全方位的管制。其主要管制内容包括对环境污染、卫生健康和工作场所安全的管制。虽然，在垄断性产业也存在工作场所安全和卫生健康问题，但环境污染问题更为严重，尤其是电力产业，环境污染问题一直是社会公众关注的焦点。在自来水产业，由于自来水生产与供应业务和污水处理业务通常由不同的企业承担，污水处理企业为了使成本最小化、实现利润最大化，就会产生一种让未经处理或不完全处理的污水流入江河、海洋的动机。其结果必然是造成水污染问题。在其他垄断性产业也不同程度地存在环境污染问题。为解决由环境污染造成的负外部性，客观上要求加强政府管制。因此，限于篇幅，这里主要讨论政府对垄断性产业环境污染的管制政策。

政府可以设计许多社会性管制政策措施以解决环境污染问题，这些管制政策措施可以归纳为三大类，即行政法规政策、经济政策和利用市场机制政策。

(1)行政法规政策。它是世界各国政府解决环境污染问题最基本、最常用的管制政策。政府采取行政措施应该以一定的法规为依据，因此，行政法规政策往往被看作是一个整体。当然两者也可以单独实施。而且，法规政策措施比单纯的行政措施更具有权威性和强制性。政府运用这种政策控制环境污染的基本手段是制定排污标准，它是政府有关部门制定并依法强制实施的每一污染源特定污染物(如某一火电厂的二氧化硫)排放的最高限度。通常，排污标准和惩罚相联系，超过排污标准的企业将受到惩罚。这种对超标准排污者的经济惩罚在中国环境保护实践中被称为“排污收费制度”(或“征收排污费制度”)，《中华人民共和国环境保护法》(1989 年)第二十八条明文规定：排放污染物超过国家或者地方规定的污染物排放标准的企事业单位，依照国家规定缴纳超标准排污费，并负责治理。排污收费制度是环境立法有关“谁污染谁治理”原则的具体体现。根据《中华人民共和国环境保护法》及其相关行政法规，中国对环境污染管制的基本法律制度还有环境影响评价制度、“三同时”制度、排污许可证制度、环境监测制度、限期治理制度、现场检查制度和污染事故报告处理等。

(2)经济政策。政府运用经济政策以解决环境污染等外部性问题的核心内容是税收。征收污染税现已成为各国政府最普遍采用的控制环境污染的经济政策措施。征收污染税的政策思路最早是由英国经济学家阿瑟·庇古(Arthur C. Pigou)提出的，他在1920年出版的《福利经济学》(*The Economics of Welfare*)一书中指出，政府应当根据污染所造成的负外部性对排污者征税，用税收来弥补私人成本与社会成本之间的不一致性。因此，征收污染税也被称为“庇古税”，其特点是对排污者征税。其目的是使负外部性问题内部化，通过税收的形式由排污者承担外部成本。

(3)利用市场机制政策。外部性问题的存在造成市场失灵，这就要求政府实行较为直接的管制。政府制定与实施前面讨论的行政法规政策和经济政策就是以此为理论依据的。事实上，这种理论与实践在20世纪60年代以前一直处于主导地位(甚至可以说是处于独一无二的地位)。1968年，著名经济学家戴尔斯(Dales)在科斯理论的启发下，出版了专著《污染、产权和价格》，[①]他为政府运用市场机制，实行污染权交易提供了理论基础。在戴尔斯看来，外部性问题导致市场失灵，造成环境污染，对此，单独依靠政府干预或单独依靠市场机制都难以奏效，只有将政府干预和市场机制相结合才能有效地解决外部性问题，控制

---

① Dales, J., 1968, *Pollution, Properties and Price*, University of Toronto Press.

环境污染。他认为,环境是一种属于政府所有的商品,政府可以将环境污染物分割为一定标准的单位,然后在市场上公开标价出售一定数量的污染权,即实行污染权交易,每一份污染权允许其购买者可排放一单位的污染物。在特定区域内所出售的污染权数量要足以保证环境质量。同时,在产生外部性的污染者之间,政府也应允许其对污染权进行交易。政府则可以用出售污染权得到的收入来提高环境质量。在实践中,自 20 世纪 70 年代开始,美国等经济发达国家就较为广泛地运用污染权交易以解决环境污染问题。[①]

由此可见,解决外部性问题的三类政府管制政策具有相互联系、相互交叉的特点,如行政政策中,向超标排污者征收排污费实际上也是一种采取经济手段的办法;而经济政策中向排污者征税是以一定的行政法规为依据的;利用市场机制政策必须有赖于有效的行政法规,而且,它本身就是一种经济手段。因此,上述三类政策的划分是相对的。

最后值得一提的是,上述解决外部性问题的行政法规政策、经济政策和利用市场机制政策各有利弊,例如,行政法规政策具有强制性,见效快,但政府制定和实施排污标准并不容易;经济政策以征收税收为杠杆,有利于促使企业的外部成本内部化,但这会出现企业向政府寻租,下级政府向上级政府寻租的可能性;而利用市场机制政策能较好地利用市场机制的作用,但在环境资源的产权界定方面存在相当大的困难。正因为如此,各国政府都几乎同时运用这三种政策,当然,这需要根据各国的经济发展水平,特别是针对不同的环境污染类型而对这三种政策有所侧重,实行优化组合,以形成一个科学的政府管制政策体系。

---

① 详见 Viscusi, Vernon, Harrington, 1995, *Economics of Regulation and Antitrust*, The MIT Press, pp. 669 — 672.

三、从政府管制协调到市场协调的转变

由政府管制政策的局限性和动态性所决定，垄断性产业不同类型业务与不同企业间协调政策的长期发展趋势是：从政府管制协调到市场协调的转变。

（一）政府管制政策的局限性

政府管制机构的设立与运行，政府在制定与实施管制政策的过程中，都要发生大量的管制成本，在某些管制活动中，管制成本甚至会大于管制收益，从而导致管制无效率。由于管制者与被管制者存在严重的信息不对称问题，政府管制的实施结果往往不能达到预期目标，甚至会产生相反的后果。管制还会使有关企业受行政垄断的保护，导致企业缺乏竞争活力。此外，管制者还可能被受管制者俘虏，从而使管制政策偏离社会公共利益目标。上述问题反映了政府管制政策的局限性，下面我们将对这些问题作较为深入的分析。

1. 巨大的政府管制成本，导致管制低效率。政府管制过程包括政府管制立法、政策管制执法、法规的修改与调整、放松或解除政府管制等环节，在政府管制的每一个环节都会发生相当的成本，有时会因为政府管制的成本太大而不得不延迟甚至停止对某一领域的政府管制。

在公众看来，政府管制立法就是政府颁布有关法规，并不发生多大的成本。但实际的立法过程却复杂得多，因为政府管制立法是政府管制执法的基础和依据，这就决定了政府管制立法是一种十分严肃的管制活动，它需要进行广泛的调查研究工作，征求各利益集团的意见，然后起草某项政府管制法规，再以座谈会、论证会、听证会等多种形式征求公众的意见，作为修改草案的依据。如果一项管制法规未能达成各利益集团较为一致的意见，这项法规就有可能被延迟颁布。因此，政府管制的立法成本是相当大的。这种政府管制的立法成本不仅仅发生在

政府身上，一些利益集团（主要是企业）为了促使政府颁布对其有利的法规，常常会对立法者进行游说，甚至行贿，这也构成由相关利益集团承担的立法成本。一项法规对利益集团的关系越密切，这种由利益集团承担的立法成本也越大。

在政府管制的总成本结构中，政府管制执法成本（或称政府管制运行成本）所占的比重最大，而且，它与某项政府管制法规的有效期密切相关，即该项法规的有效期越长，则该项法规的实施成本也越大。

政府管制法规的修改与调整通常关系到有关利益集团的利益重新分配，一些利益集团要维护既得利益，而另一些利益集团要求瓜分一定的利益，政府则要从公正的立场协调各利益集团的关系。因此，政府管制法规的修改与调整像政府管制立法一样，也会发生相当的管制成本。

建立在一定政府管制法规基础上的管制者与被管制者的关系，类似于企业间的合同关系，因此，放松或解除政府管制固然能在以后减少政府管制运行成本，但会因违反原有的“合同条款”而发生成本。如政府管制机构因放松或解除了某一领域的管制而不能兑现以前的承诺，被管制企业就可能会诉讼管制机构说话不算数，损害了企业的利益，要求政府实行经济补偿，等等。放松或解除某种政府管制后，政府就需要为原来在政府管制机构工作的职员安排新的工作岗位，或者提供失业后的经济补偿。此外，一些利益集团还会因失去既得利益而抵制政府放松或解除政府管制。这些都会发生一定的成本。

对政府管制成本的分析可见，政府管制成本可分为两大类，一类是由政府承担的成本，主要表现为政府管制机构的各种成本费用，因此比较容易估量；另一类是主要由被管制企业承担的成本，主要用于向政府管制立法者和执法者游说，甚至进行寻租活动。这一类成本在企业的财务报表中往往是被掩盖掉的，因而，比较难以估量。可见，巨大的政府管制成本大大降低了管制效率。而且，当管制成本大于管制收益时，还会导致管制无效率。

2.管制者与被管制者之间的信息不对称,严重影响管制政策的实施效果。无论政府管制者多么高明,都不可能像被管制企业那样了解本企业的成本、质量、提高生产效率的潜力等方面的信息,这在客观上存在管制者与被管制者之间的信息不对称问题,但被管制企业不会主动地将有关信息传递给管制者。这是因为,管制者与被管制企业的目标之间存在高度的不一致性,表现为管制者强调社会分配效率,通过制定价格管制模型,控制企业的最高价格,强调企业保证产品和服务质量,严格履行法定的社会责任,以实现社会公共利益最大化。而被管制企业则偏重于追求生产效率,并试图通过制定垄断高价,承担尽可能少的社会责任以实现利润最大化。管制者与被管制者之间的目标差异,必然会导致两者之间的矛盾及其相应的行为结果:政府管制者的管制效率在很大程度上取决于它所掌握的管制信息的数量与质量,但由于在管制者与被管制者之间存在严重的信息不对称问题,这就在管制者与被管制者之间普遍发生了“政府管制游戏”(regulatory game),作为管制者,它们总是要求被管制者提供尽可能多的信息,但被管制者为了在“政府管制游戏”中处于优势地位,往往采取一定的策略应付管制者的信息要求,以垄断真实信息。例如,被管制企业在成本、利润、质量等比较敏感的方面只提供尽可能少的真实信息,而在次要的业务领域则提供许多无关紧要的、不清晰的信息。而且,着重提供对企业成本、利润不利的信息,甚至提供虚假信息,以掩盖企业生产经营活动的真实情况,旨在误导管制者,以取得较为优惠的管制政策。如在1984年英国电信产业政府管制体制改革前,作为电信垄断企业的英国电信公司曾公布许多成本、质量指标,但政府管制体制改革后,企业成为经济实体,该公司就以这些成本、质量指标是商业秘密为由拒绝提供这方面的信息。英国燃气供应(管制)办公室也注意到英国燃气公司并没有向它提供有价值的管制信息。[1] 政府在信息不充分的情况下制定的管制政策，必然严重影响政策效果。这在中国价格管制中表现得比较突出：[2] 目前，中国对垄断性产业还是沿用传统的按成本定价的方法，而且，基本上是以被管制企业上报的成本为主要定价依据的。显然，这种成本通常是垄断经营企业的个别成本，而不是社会平均成本。但在垄断性产业或自然垄断性业务领域，在只有一家或极少数家企业垄断经营的情况下，企业不仅垄断产品，也垄断信息。对于成本信息，管制者与被管制者之间存在严重的信息不对称问题，无论管制者怎样努力，也不可能像企业那样熟知成本信息。进一步说，在企业经营效率低下，人浮于事的情况下，按照过高的实际成本定价也是很不科学、极不合理的。这反映在价格管制政策实践中，就表现为：由于垄断性产业管制价格的调整，通常是根据企业的提价申报审批而成的，企业在成本增加后为不减少利润就必然要求提高价格，有的企业甚至采取多报成本的办法以达到提价的目的。但管制价格制定者无法准确地审核其成本的真实性，往往是根据企业的成本或打一个折扣而制定管制价格，甚至是价格的上涨幅度大于成本增加的幅度。这就是近几年来，中国许多垄断性产业管制价格持续上升的一种基本解释。

3. 管制使垄断性产业处于行政垄断状况，导致企业缺乏竞争活力。根据中国垄断性产业现行政府管制体制，铁路运输、有线通信、电力、管道燃气、自来水等产业的主要业务是由中央政府或地方政府的企业（或机构）垄断经营的，政府既是管制政策的制定者和监督者，又是具体业

---

① John Winward, 1994, "Privatization and Domestic Consumers", in Matthew Bishop, JohnKay and Colin Mayer(ed.), *Privatization & Economic Performance*, Oxford University Press, pp. 251—264.

② 详见王俊豪等著：《中国自然垄断经营产品管制价格形成机制研究》，中国经济出版社 2002 年版，第 17—20 页。

务的实际经营者，这就决定了这种垄断的性质是一种典型的行政性垄断，而不是基于自然垄断的经济性垄断。在这种行政性垄断状况下，往往会导致企业组织管理效率低的问题。其结果使企业实际达到的生产成本大大高于按企业能力可能获得的最小生产成本，从而存在严重的低效率的问题。其根本原因就是在于不存在实质性的外部竞争压力，企业内部就没有追求成本极小化的刺激，因此，在许多方面企业浪费现象十分严重，致使企业成本费用膨胀，最终使产品或服务的实际成本大大高于"最低可能成本"，造成效率低下。

4. 管制者被俘虏的潜在可能性，将导致管制政策偏离社会公共利益目标。我们在前面讨论政府制定与实施管制政策都是基于以"政府管制公共利益理论"(public interest theory of regulation)为指导的。这一理论假定政府管制的目标是，通过政府管制活动，提高社会资源分配效率，以增进社会经济福利，并假定政府管制者专一地追求这一目标。因此，对政府管制者而言，在正统的政府管制经济学中，通常假定政府管制者追求一系列社会目标，他们应该做的和他们实际做的是完全一致的。在这种假定下，对政府管制的理论分析就自然偏重于对政府管制行为的规范分析而忽视实证分析，即只分析管制者应该怎样做，而不是他们实际上是怎样做的。但在 20 世纪 70 年代初，在经济发达国家出现了一种"政府管制俘虏理论"(capture theory of regulation)，对政府管制公共利益理论的上述假定提出了挑战，并具有一定的现实性。这一理论认为，被管制企业对政府管制者具有特殊影响力，而政府管制者又有各种利己的动机，两者相结合，为政府管制者被受管制企业所"俘虏"创造了条件，被俘虏的政府管制者为迎合被管制企业的利益，在制定与实施管制政策时，往往会偏离社会公共利益。

政府管制俘虏理论的核心内容是：具有特殊影响力的利益集团——被管制企业，针对管制者的自利动机进行寻租活动，使管制者成为被管制者的“俘虏”,并参与共同分享垄断利润。这就使政府管制成为企业追求垄断利润的一种手段。显然,政府管制俘虏理论是以否定政府管制为出发点的,虽然这一理论存在相当大的局限性,但它在客观上增强了反对政府管制的倾向。正是在这种理论影响下,20 世纪 80 年代以来,经济发达国家在垄断性产业普遍出现了放松政府管制,推行民营化改革的浪潮。笔者认为,无论如何,政府管制俘虏理论的一个不可抹杀的贡献是:它为政府坚持以社会公共利益为管制目标,科学地制定与实施管制政策敲了警钟。而且,在现实中,也确实存在一些政府管制俘虏现象,例如,在英国,原来分别负责制定英国电信公司和英国燃气公司民营化改革方案的特比特勋爵和沃克勋爵,后来分别成为这两个民营企业的董事会成员。从这两家企业的民营化改革情况看,它们在民营化改革中,都没有实施分割政策,保持整体一体化,只是把国有垄断企业转变为民营垄断企业。而且,在民营化改革后的相当一段时期内,都拥有很大的市场垄断地位。因此,这不能不让人怀疑,当时这两位垄断性产业民营化改革政策制定者被这两家企业“俘虏”,制定了对其有利的民营化改革方案。民营化改革后,这两家民营企业聘请他们为公司董事会成员,就是为了酬谢他们当时对这两家企业的“帮助”。其实,类似现象在中国也是存在的。如近年来,不少高级官员“弃官下海”,充当曾经受他们管理的下属企业的负责人。这些人在任政府官员时,有目的地为下属企业做了不少“放得春风有夏雨”的事情。实际上,这就是政府管制俘虏现象。它必然导致管制政策偏离社会公共利益目标。

（二）政府管制政策的动态性

政府管制政策不仅存在局限性,而且具有动态性。这是因为,政府对垄断性产业如何进行管制,如何确定管制的范围和内容,制定与实施什么样的政府管制政策,对于这些问题,不是由政府管制者的主观意志决定的，而应该主要根据垄断性产业的技术经济特征。这就是说，有效的政府管制政策应以垄断性产业的技术经济特征为基础。因此，政府管制政策与垄断性产业的技术经济特征存在某种函数关系，在这一函数关系中，垄断性产业的技术经济特征(T)是自变量，而政府管制政策(P)是因变量，即P＝f(T)。这一简单的函数表达式实际上蕴含着两方面的关系：一是从静态看，要根据垄断性产业的技术经济特征设计政府管制政策。例如，在一定的技术经济水平下，电信、电力、铁路运输、管道燃气和自来水供应等产业具有投资额大，投资回报期长，沉淀成本大，资产专用性强等特点，具有自然垄断性。因此，在一定的地区范围内，由一家或极少数家企业经营比多家企业经营具有较高的生产效率。这就决定了政府对这些垄断性产业要控制进入壁垒，以免发生低水平的过度竞争。同时，政府需要制定价格管制政策，以防垄断企业利用其垄断力量制定垄断价格，扭曲社会分配效率。这也暗含着，由于具体垄断性产业的技术经济特征存在一定的差异，这要求政府对特定垄断性产业的政府管制政策也应该存在差别。二是从动态看，随着垄断性产业技术经济特征的变化，要对原有的政府管制政策作相应的调整，从动态上保持政府管制政策与垄断性产业的技术经济特征相协调。可见，垄断性产业技术经济特征的可变性是政府管制政策变化的基本原因。因此，有效的政府管制政策不仅要根据垄断性产业的技术经济特征而制定，更重要的是，应当随着垄断性产业技术经济特征的变化而调整，以得到不断优化。

垄断性产业的技术经济特征主要取决于科学技术和市场需求变化。科学技术的进步对垄断性产业的影响是多方面的，它会引起垄断性产业设备的革新、运作方式的变化、企业组织结构的调整，等等，从而引起垄断性产业技术经济特征的变化。对此，最明显的是电信产业。众所周知，电信产业是科学技术变化最快的垄断性产业，随着无线区域网络、电视和电话信号共用的同轴电缆、从模拟向数字信号的转换、通信卫星、蜂窝电话、光纤和微波等科学技术在电信产业中的应用，电信产业的网络经济性明显减少，从而大大缩小了自然垄断的范围，甚至有人提出，电信产业将不再具有自然垄断性质。电信产业的这种技术经济特征的重大变化，为新企业进入电信产业，建立新的、比原有通信网络效率更高的新型通信网络提供了现实可能性。这就要求调整电信产业的政府管制政策，适度放松进入管制，让更多的新企业进入电信产业，强化市场竞争机制的作用。从实证资料看，许多经济发达国家制定与实施放松管制政策都是以电信产业为开端的。这也是中国电信产业成为政府管制体制改革较早、改革幅度较大的一个垄断性产业的基本原因。在电力、铁路运输、自来水与管道燃气供应等垄断性产业，科技进步对产业的技术经济特征，进而对政府管制政策也有相当的影响作用。

市场需求变化对垄断性产业的技术经济特征也有明显的影响。许多国家的经验表明，在经济发展初期，垄断性产业往往具有明显的地区性，由规模经济所决定，在较小的市场范围内只能由一家企业垄断经营垄断性产业。而随着经济的发展，市场交易的扩展，垄断性产业的市场范围也不断扩大，当较大市场范围的总需求超过了规模经济的边界后，这些垄断性产业就可以由多家企业竞争性经营，从而为垄断性市场结构转变为竞争性市场结构创造了市场条件。这就要求垄断性产业不同类型业务与不同企业间协调政策，将由政府管制协调转变为市场协调。

第五节　垄断性产业的管制机构

垄断性产业的市场结构重组、分类管制与协调政策的效果，关键性地决定于有关政府管制机构的效率。因此，我们有必要讨论垄断性产业政府管制机构的性质，政府管制机构的设立与规范以及政府管制机构的主要职能等基本问题。

一、设立具有独立性的政府管制机构的优越性

在垄断性产业由国有企业独家垄断经营的体制下，垄断性产业通常由政府的行政部(如电力部、铁道部、邮电部等)统一规划和管制，即实行政企合一的管制体制，政府部门可以"一竿子到底"地直接管理国有企业。但在这些垄断性产业实行改革开放后，相当数量的国内外民营企业将进入这些原来由国有企业垄断经营的特殊产业，这必然要求对垄断性产业原有的政府管制体制实行重大改革，其中一个重要的改革内容是转变政府职能，设立具有相对独立性的政府管制机构(为简便起见，以下称之为独立管制机构)，[①]对垄断性产业的所有企业(包括国有企业和民营企业)独立地进行统一管制。

这种独立管制机构与通常的政府行政部存在一些显著的区别：一是政府行政部通常具有十多项甚至数十项管理职能，机构庞大而混杂；而独立管制机构的管制职能比较单一，它只当"裁判员"，既不当"教练员"，更不当"运动员"。二是政府行政部直属国家元首或政府总理领导，其负责人通常与国家元首或政府总理具有相同的任期；而独立管制机构的负责人则有较长的固定任期，不能任意免职。三是政府行政部的领导通常是政客，不一定对特定垄断性产业拥有多少专业知识，而独立管制机构的负责人及其成员通常是被管制垄断性产业的专家，具有较为丰富的专业知识。

---

① 纵观经济发达国家，无论是美国的管制机构，还是英国的管制机构，其独立性都是相对的，它们不仅受法律的约束，必须认真执行有关法律，而且要接受其他管制机构和司法审查，同时，也受新闻舆论和社会公众的监督。对此有兴趣的读者可参阅王俊豪等：《美国联邦通信委员会及其运行机制》，经济管理出版社 2003 年版，第 330—331 页。

由于独立管制机构与政府行政部具有上述区别，独立管制机构显示出许多优越性。例如，垄断性产业具有技术性强、需求复杂多变等特点，而独立管制机构是由相应垄断性产业的专家组成，因此，独立管制机构能比政府行政部更好地履行管制职能。又如，独立管制机构不受政府领导人的直接干预，能在相当程度上避免政治影响，客观公正地进行管制活动。再如，独立管制机构的职能单一，机构与成员相对稳定，这有利于积累管制经验，保持管制政策的连贯性，有利于企业制定长期投资决策，保证垄断性产业的长期有效供给。正因为独立管制机构具有这些优越性，许多经济发达国家在垄断性产业民营化改革时（如英国），或者在民营企业作为垄断性产业经营主体的情况下（如美国），通常都在垄断性产业设立了独立管制机构，专司其管制职能。

二、政府管制机构的设立与规范

从经济发达国家的经验看，由于垄断性产业具有专业技术性强等特点，在近期，适宜在特定产业或相关的垄断性产业，单独设立精干、办事效率高的政府管制机构，作为专门执法机构。这些政府管制专门机构必须得到法律确认，具有特定的法律地位。同时，由于政府管制必然涉及经济、政治、技术、法律等方面，这就要求向社会招聘一些专家参加政府管制。从而形成由行业管理专家、技术专家、经济学家、法学家等组成的专门政府管制机构。这些管制机构的基本特点是：(1)根据《电信法》、《电力法》、《铁路法》和《民航法》等法律而设立，具有明确、权威的法律地位和相对独立性，并通常直接向国家最高立法机构负责。(2)职责明确而专一，主要包括：以法律为依据，制定具体的管制法规；颁发与修改企业经营许可证；对服务价格与服务质量实行管制；协调和裁决企业间的矛盾；监督与制裁企业的不正当竞争行为，维护公平竞争；接受并处理消费者投诉等等。(3)通常以特定产业的技术专家、法学家和经济学家等方面的专家为管制机构的领导者。由于这些管制机构具有法律地位明确，管制职能专而精，专业技术和独立性强等特点，因此，它们受政治干预较少，比政府行政部能更好地履行对特定垄断性产业的管制职能。

但从中国垄断性产业的政府管制实践看，在新中国建立后相当长的一段时期里，中国的电信、电力、铁路运输和民航等垄断性产业由对口的政府行政部（如铁道、民航、邮电、电力等相应部、局）领导，并实行政企合一的管制体制，这些行政部既是管制政策的制定者与监督执行者，又是具体业务的实际经营者。这种高度政企合一的政府管制体制的主要弊端是：垄断经营使企业缺乏竞争活力，生产经营效率低；僵化的价格形成机制不能刺激企业努力降低成本；相对单一的投资主体使这些产业的投资不足，等等。中国改革开放以来，特别是在 20 世纪 90 年代以来，在建立社会主义市场经济体制过程中，对原有垄断性产业的政府管制体制进行了一定程度的改革，如在 1998 年，在撤销原邮电部和原电子部的基础上，组建成立了信息产业部，将电信产业纳入其管制范围；在撤销原电力部后，在 2002 年成立了国家电力监管委员会，成为电力产业的管制机构。这些改革无疑取得了一定的成效。但从总体上看，中国垄断性产业的管制机构还存在不少问题，例如，由于在这些垄断性产业尚未建立完善的法律体系，这些管制机构缺乏明确的法律地位和必要的权威性；缺乏一套系统的管制法规制定与实施程序；司法、社会公众监督机制比较薄弱；由于职能繁多，经济职能与管制职能混杂，难以实现专门化管制职能，等等。这些都要求中国在完善社会主义市场经济体制的过程中，应该深化垄断性产业管制体制改革，在垄断性产业设立高效率的政府管制机构。

中国加入 WTO 后，垄断性产业也将逐渐对外开放，根据公平竞争原则、透明度原则等，中国在垄断性产业应设立独立的管制机构，这些管制机构与经营企业完全相分离，且不对其负责，管制机构使用的决定和程序对所有竞争企业都是公平、公正的。这要求政府的管制职能不仅要与经营职能相分离，而且，政府的管制职能也要与一般经济职能相分离。在垄断性产业设立独立的管制机构，有利于实现管制职能的专门化，客观、公平、公正地制定与实施管制法规。因此，中国加入WTO后，客观上以“倒逼”的方式要求中国加快垄断性产业管制体制改革，设立符合国际惯例、权威性强、高效率的管制机构。

借鉴经济发达国家的基本经验，中国垄断性产业的管制机构也应当具有明确的法律地位，并得到法律授权，拥有准立法权、行政权和准司法权。其准立法权通常包括三个主要方面：一是在一定的法律框架内，制定行政法规。由于管制机构管辖的事务大都属于专业性很强的事务，较之一般性行政事务，尽管政治性较弱，但往往技术性很强，复杂多变，因而立法机构往往缺乏足够的能力制定详尽的法律，通常只能作出一些原则性规定。而管制机构则根据法律框架制定详细、可操作的行政法规，以实现立法的目的。可见，管制机构制定的行政法规实际上是有关法律的实施细则，应该与法律保持一致。二是制定标准。有关法律对调整对象往往只规定一个原则性很强的标准，而管制机构则要根据这种原则标准，制定更具体的、可操作的执行标准。例如，有关法律规定垄断性产业的管制价格必须公平合理，维护消费者的利益。据此，管制机构就要制定具体的管制价格标准。三是管制机构可以而且应当提出立法建议。在设立管制机构的有关法律中，通常规定该机构就其管辖事务，应向立法机构提出制定法律或修改法律的建议。当然，这种提出立法建议的权力，只是管制机构利用自身的专业能力和管理经验，辅助立法机构进行立法活动，本身并不是立法。这些立法建议在完成全部立法程序前，并不具有真正的约束力。

同时，管制机构的权力不限于制定抽象的规则，而且处理具体事务,裁决具体的争议,运用抽象的规则于具体事件,这就是管制机构的行政职能。例如,管制机构要求被管制对象提出报告,进行调查,批准某些行为,禁止某些行为,追究某些违法行为。如果不行使具体的行政权,管制机构就无法履行自己的职责。因此,管制机构在很大意义上是一个行政管理机构。

此外,管制机构对其管辖的对象是否违反法律,有裁决的权力,即准司法权。例如,电信管制机构对电信公司是否违反互联互通规则、收费是否合理可以进行裁决。这种权力具有司法性质,本来应当属于法院的管辖范围。但是,由于管制机构的管辖事务具有很强的专业性和技术性,一般法官缺乏这类专业知识和能力。因此,有关法律把这类法律争端的裁决权,授予执行该法律的管制机构行使。行使准司法权是设立管制机构的一个重要原因。

三、政府管制机构的主要职能

垄断性产业管制机构的各种权力是通过其具体职能反映与实施的。主要职能包括:

第一,制定具有普遍适用性的行为规则和管制标准。管制机构通过发布条例、规章,规定具有普遍适用性的行为规则和管制标准。行政条例和规章具有法律效力,相关人必须执行,违法者将受到制裁。制定条例、规章和标准是管制机构最为重要的职能。

第二,颁发和修改企业经营许可证。管制机构根据具体垄断性产业的需求与供应能力、企业的资质等因素,颁发企业经营许可证。经营许可证实际上是管制机构与企业间的一种合同,应详细规定企业应当承担的各项义务,在价格、服务质量、公平交易等方面的业务规范。同时,管制机构还应根据具体产业的发展状况和供求变化、技术进步等因素,修改经营许可证的部分条款。

第三，实行进入市场的管制。垄断性产业民营化与管制体制改革的一个重要目标是促进竞争，充分发挥竞争机制的作用，这要求允许新企业进入产业；另一方面，垄断性产业具有较显著的规模经济和范围经济，这又需要控制进入产业的企业数量，以避免过度竞争。这要求管制机构合理控制进入壁垒，对进入市场实行管制。这种管制实质上就是控制发放经营许可证的数量和时间。

第四，制定和监督执行管制价格。管制机构应根据具体垄断性产业的成本状况、科技进步、提高生产效率的潜力等因素制定管制价格，并周期性地实行价格调整，以刺激企业提高生产效率，并将因效率提高而带来的部分利益让渡给消费者。

第五，监督并惩处企业的不正当行为。管制机构应对企业的经营行为实行监督，如发现企业违反经营许可证所规定的条件、服务标准或其他应遵守的规则，管制机构可以中止许可或吊销其经营许可证。管制机构还可以发布禁止令，禁止有关企业采用不正当的竞争行为和各种欺诈行为。禁止令应详细规定被禁止行为的界限、范围，相关人如果违反禁止令，可申请法院实施强制和制裁。对管制机构而言，这是一种非常有用的管制手段，能够针对各种违法行为迅速采取措施，避免对经济和社会造成大的损害。此外，管制机构还可通过判付赔偿金，迫使责任人承担相应的经济责任，促使责任人实施一定行为或不为一定行为，或改变一定行为。由于行政裁决赔偿程序比法院裁决程序简单、经济、迅速，因而能有效地实现管制目标。

第六，调查和公开信息。管制机构可对违规的企业进行调查，并公布其违规行为，如违反产品质量标准、安全标准等。公布这类信息，能够对违规企业的生存和发展造成极大威胁，有时甚至迫使违规企业陷入破产倒闭的境地。如美国安然公司、世界通信公司等企业造假丑闻被曝光后，这些企业立刻陷入了灭顶之灾。显而易见，公开市场信息将产生极大的威慑力，也是管制机构的一项重要职能。同时，公布某些信息，也有利于保护消费者的合法权益，有时，管制机构为履行职责，还可以强制企业公开其有关信息。

下　篇

主要垄断性产业的结构重组、分类管制与协调政策

第四章　电信产业

中国电信产业是改革较早，改革幅度较大，加入WTO后受影响最大的一个垄断性产业，深受国内外的关注。本章将讨论电信产业的基本特征，加入WTO后对中国电信产业的影响，分析中国电信产业的市场结构重组政策，探讨中国电信产业的分类管制与协调政策，并讨论中国电信产业的政府管制机构问题。

第一节　基本特征与主要业务类型

从电信产业的技术特征看，尽管现代电信产业能为用户提供多种多样的服务，但电话仍是一种最基本的服务。电话通信是通过声能与电能相互转化以达到用电传播语言的一种通信技术。一个国家或地区，出于技术经济的考虑，需要建立多个电话交换中心，并用传输系统（传输电路）把这些交换中心连接起来。这样，用户终端、传输系统、交换系统就被有机地连在一起。所以，电话网的实体是由用户终端设备、传输系统和交换系统这三部分组成的。电话网按其服务范围，可分为本地电话网（市话网）和长途网两大类。本地电话网是指在同一个长途编号区内，由若干个端局（包括汇接局）、局间中继线（即市话分局之间的联络线）、长市中继线（即市话局到长话局之间的联络线）、用户线（即用户电话机到电话局机械设备之间的线路）和话机所组成的电话网。长途电话网是指将全国所有长话局用长途电话线路直接或间接地连接起来，从而形成一个四通八达的通信网络。我国目前对长途电话网实行二级网管理，其中汇接全省转接长途话务的交换中心为省级交换中心(DC1)，汇接本地电话网长途话务的交换中心为地(市)级交换中心(DC2)。DC1设置在省会(直辖市)城市，DC2一般设置在地(市)本地网的中心城市。一般一个本地电话网设一个长途交换局，大城市可设多个长途交换局，长途交换局通过长话—市话中继线与本地电话网中的汇接局相连结，个别端局也直接与长途交换局相连。我们可用图4-1来表示电话网的这种网路结构与等级结构。

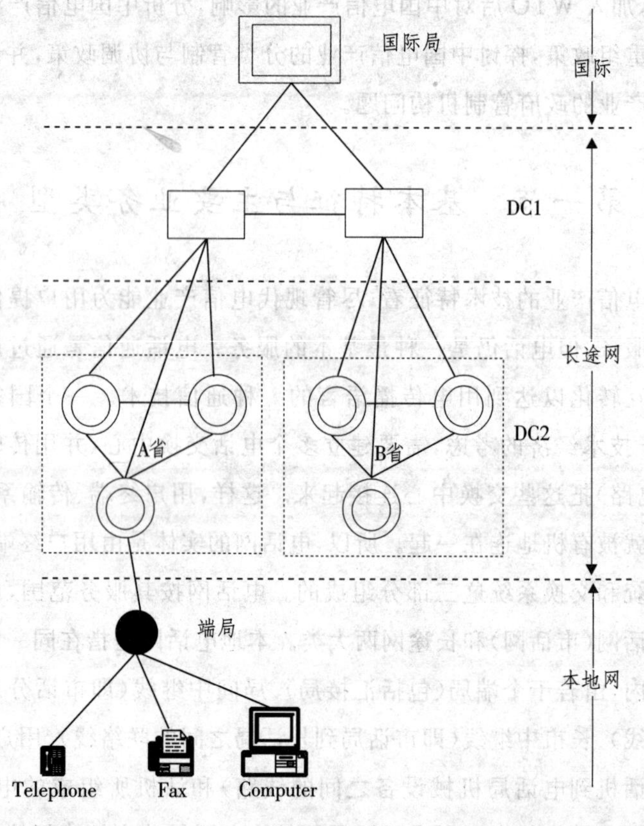

图4-1　电话网网路结构与等级结构图

由图4-1可见，作为电信产业基本服务的有线电话通信系统是由电话通信设备、本地电话网和长途电话网及其服务组成的。

20世纪80年代末以来，无线通信在中国迅速发展。无线通信主要包括无线寻呼通信和无线移动通信，无线寻呼通信是单向的，它要通过本地电话网才能最终完成通信活动。一个寻呼系统一般由一个带特服号或连选的一组号码的中继线、基站的无线寻呼发射机及寻呼中心设备组成。无线移动通信是移动体与固定地点，或者移动体相互间通过有线和无线信道进行的通信。移动通信系统由移动通信交换局(MTX)、基地站(BS)、移动台(MS)及局间和局站间的中继线组成，它是一个有线、无线相结合的综合通信系统。移动台与基地站、移动台与移动台之间采用无线传输方式，基地站与移动通信交换局，移动通信交换局与地面网之间则一般以有线方式进行信息传输。移动通信交换局与基地站担负信息的交换和接续以及对无线频道的控制等功能。每一个基站都有一个由发信功率与天线高度所确定的地理覆盖范围。即基台覆盖区，由多个覆盖区组成全系统的服务区，利用这样的通信系统，人们就可以在运动中与其通信对象进行通信。由于移动通信受空间限制少，实时性强，在当今追求高效率的信息时代，为人们更有效地利用时间提供了可能，因而，它在中国得到了迅速发展。但无论是寻呼通信，还是移动通信，都需要与有线通信网络相结合才能达到通信目的。可见，有线通信网是各种无线通信的基础。

数据通信是在计算机或其他数据终端之间发生的存储、处理、传输和交换数字化编码信息的通信技术。近年来，随着中国对计算机的日益重视和不断普及，数据通信也有了长足的发展。为了使数据通信网的建立达到方便、快捷和经济，中国目前主要是以电话网进行数据传输的。数据通信的应用范围很广，其中包括电子邮件(E-mail)、电子数据交换(EDI)、可视图文(VIDEOTEX)等服务。所有这些非电话服务通常被称为“通信网络增值服务”(Value-Added Network Services,简称VANS)。通常,需要借助有线电话网才能提供这些服务。

电信产业的经济特征表现在许多方面,其中最主要的四个经济特征是:电信产业的自然垄断性、通信网络的外部性、顾客惯性和电信产业的垂直结构问题。

自然垄断性表现为显著的规模经济性或成本弱增性,如果某种产品(服务)由一家或极少数家企业供应比多家企业供应具有更大的成本效率,则这种产品的供应具有自然垄断性。显然,各种通信设备的生产和供应、各种通信网络增值服务不具有自然垄断性。无线寻呼和移动电话不需要设置电线,不存在浪费性重复设置通信网络的问题,因而也不具有自然垄断性。但有线通信网络系统的建立和操作通常被认为具有一定程度的自然垄断性。比较直观的解释是:对于大部分地区来说,如果用户的房子里有若干家竞争性企业的电话线,或者在较小的地区范围内有几家竞争性企业的电话交换机,这就存在浪费性的重复现象,这意味着通过本地网提供的本地电话服务具有较显著的自然垄断性。但如果允许有线电视公司利用现成的线路提供本地电话服务,则本地电话服务的自然垄断性就会明显减小。由于在长途通信线路上的信息传输负荷往往很大,这意味着一旦现有通信容量的规模经济逐渐减少甚至消失,在这些线路上开展竞争性经营可能是有效的,光纤技术等先进通信技术的应用则提高了这种可能性。也就是说,通过长途电话网提供的长途电话服务不存在显著的自然垄断性。

有线通信领域的另一个重要经济特征是其外部性。由于现代通信网络系统采用可靠、节能和高效的电子技术,一个特定规模的通信网络系统的操作成本不会因使用者的增加而大幅度增加,即短期可变成本较小。因此,原有通信网络的使用者不仅会因新的使用者增加而支付较低的价格,而且,这会增加用户之间通信的方便性。若假定某一通信

网络中电话用户数为 N,通信线路的连接数为 S,则有 S=N(N−1)/2 (见图 4-2):

N	2	3	4	5	6……
S	1	3	6	10	15……
	A——B	A, B, C	A, B, C, D	A, B, C, D, E	

图 4-2 电话用户数与线路连结数的关系

如图 4-2 所示,随着 N 的增加,S 则以几何级数增加,这就不断增加用户之间通信的方便性而减少每次通话的成本。这就产生了在使用者之间的通信网络正外部性。政府在制定管制政策时应该考虑到这种正外部性。如采取一定的措施鼓励新用户使用现存的通信网络系统。由于小规模的通信网络系统相对于一个较大规模的网络系统会发生较高的单位成本,因此,这也是政府对电信产业实行联网管制,促进各竞争企业的通信网络进行联网,以获得网络规模经济的基本理由。而向人口稀少的地区提供通信服务和提供紧急通信服务则是另一种类型的正外部性,政府应该让提供这些服务的企业得到成本补偿并取得正常利润。另一方面,因许多通信服务受网络容量的限制,通信网络的"拥挤性"(如一些用户由于另一些用户使用通信系统而不得不等待)会导致负外部性。

由沉淀成本、生产能力和规模经济等产生的进入壁垒会对所有产业的竞争产生一定的影响,我们在这里不准备讨论这些一般性的进入壁垒,而着重讨论在电信产业特有的进入壁垒——顾客惯性(customer inertia),它使进入产业的新企业难以吸引顾客。构成顾客惯性的主要因素有两个：一是顾客从原有的电话公司转到另一个电话公司时，不能保持原来的电话号码而必须改号。因此，许多顾客为了避免因改号而带来的麻烦和承担有关成本，宁愿承受现有电话公司所提供的价格较高、服务质量较低的服务。顾客的这种图"省事"的惯性就使进入电信产业的新企业难以吸引竞争企业的顾客，从而对新企业形成一种进入壁垒。二是新企业进入电信产业后，往往不能和原有企业享受使用长途、国际通信网络的同等权力，这会对新企业的顾客带来某些不便，也使顾客不愿转向新企业，从而增加新企业吸引顾客的难度，这也构成了新企业进入电信产业的进入壁垒。

在电信产业，存在许多方面的垂直业务关系。要使用通信网络系统，用户必须联接网络系统的有关通信设备，所以，生产和供应通信设备业务可以看作是通信网络操作的垂直相关业务。而在通信网络操作中，主要的垂直关系体现在地区、长途和国际通信操作业务之间。要完成一个长途电话，顾客必须使用发话人和受话人所在的两个本地电话通信网络系统、长途电话通信网络系统。打一个国际电话，还需要运用国际通信网络系统。所以，本地电话通信网络系统可以看作是长途和国际电话作业的要素。进一步分析，国际电话通信还存在其他方面的复杂性，因为打国际电话，两个或更多个国家的电话通信网络系统需要联网，而与其他国家联网的制度安排超出了本国电信管制机构的权力范围，这就需要在有关国家的电信管制机构之间达成国际协议。同样，由于使用移动电话通常需要一方利用本地电话通信网络系统，因此，本地电话通信网络系统就成为移动通信网络系统的一个要素。

综上所述，电信产业是一个在技术、经济特征方面相当复杂，具有多种业务类型的垄断性产业。主要业务类型包括：(1)生产和销售的各种通信设备；(2)通过本地网提供的本地电话服务；(3)通过长途网提供的长途电话服务；(4)借助有线电话网提供的无线寻呼通信、移动通信服务;(5)借助有线电话网提供的各种增值服务。在以上业务领域中,提供本地电话服务属于自然垄断性业务,长途电话的自然垄断性并不显著,而其他业务都属于竞争性业务。特别是生产和销售各种通信设备业务,除了需要规定通信标准外,基本上类似于一般竞争性的制造业,因此,本书较少讨论这类业务。我们可用表 4-1 简要描述电信产业的主要业务及其性质。

表 4-1 电信产业的主要业务及其性质

主要电信业务	业务性质
本地电话	强自然垄断性
长途电话	弱自然垄断性
接入与联网业务	强企业垄断性
移动电话	潜在竞争性
IP 电话	竞争性
无线寻呼与增值业务	竞争性

同时,随着通信技术日新月异的发展,电信产业的技术特征也处于不断变化之中,这也会引起电信产业经济特征的变化。这些都要求政府相应调整电信产业的有关管制政策,以在动态上保持与电信产业的技术经济特征相适应。

第二节 加入 WTO 对电信产业的影响

中国加入世界贸易组织(WTO)后,将对中国垄断性产业产生深远影响,而电信产业首当其冲,必须首先对外开放。这是因为,在世界贸易组织协议中,与电信服务关系最为密切的是“服务贸易总协议”(GATS)及其关于电信服务的附件和“基础电信协议”(也称“GATS 第四议定书”),这些协议对电信产业的开放作了明确的规定。

根据“服务贸易总协议”及其电信服务的附件，加入 WTO 的成员国在电信服务领域应承担的主要义务包括：

1. 实行最惠国待遇原则。根据最惠国待遇原则要求，中国加入 WTO 后，应将在电信市场开放时间表中的承诺非歧视性地适用于其他所有成员国，给予每一成员国的电信业务提供者不低于开放时间表中所承诺的待遇标准。

2. 实行透明度原则。根据透明度原则要求，中国加入 WTO 后，应公布影响外国电信业务提供者从事电信服务的市场准入法规和使用中国公共电信网及其业务的法规，即中国应尽可能公开接入和使用公共电信网及其服务的有关信息，包括关税与服务条件、通信网与服务技术相互关系的说明、接入与使用标准及管制机构的信息、适用终端设备附件情况以及许可证要求等。

3. 实行市场开放原则。“服务贸易总协议”有关电信服务的附件是各成员国应遵守的最起码的电信市场准入标准。中国加入 WTO 后，中国应确保按合理的、非歧视性的条件允许国外电信企业进入和使用公共电信网及其相关业务；应尽可能按成本决定使用公共电信网及其服务的管制价格；应允许购买或租赁的终端及其他设备入网，专用线与公用网、专用线与专用线之间的连接，以及运用规程的利用。

对中国电信产业影响更大的是“基础电信协议”，它是在 1997 年 2 月 15 日由 69 个（现已达到 78 个）WTO 成员国达成的协议，并于 1998 年 1 月 1 日正式生效。按照该协议，各成员国承诺允许其他成员国的业务提供者进入其国内市场经营基础电信业务，准许国外资本介入电信业务领域。这是各成员国在履行“服务贸易总协议”的电信服务附件义务基础上，开放电信市场的具体举措。各成员国所承诺开放的电信市场份额占全球电信市场总额的 90%以上，所涵盖的基础电信业务领域也相当广泛，业务范围包括本地、国内长途、国际长途、其他以有线为基础的业务(所有其他类型的有线业务)、无线为基础的业务(所有类型的无线业务)、在转售基础上的业务(非设施为基础的业务)、以设施为基础的业务等。业务种类包括语音电话、数据传输、电传、电报、专线、固定和移动式卫星通信系统及服务、蜂窝电话、移动数据业务、寻呼业务等。在议定书附件中,各成员国分别列出了一份为开放基础电信市场而承诺的具体时间表与要点。见表4-2:

表4-2　部分典型国家或地区基础电信市场开放承诺的时间表与要点

国家或地区	外国所有权限制	说　明
美国	间接投资无限制,无线许可证直接投资20%	所有基本电信业务开放,包括不限制外资间接拥有的公用通信公司取得无线许可证;取消对海缆登陆权的限制;对外资进入的限制包括不向外国直接投资超过20%的企业发放无线许可证;COMSAT对接入INMARSAT和INTELSAT的垄断仍旧保留
日本	KDD和NTT中20%,其他所有提供者中100%	多数市场领域开放进入,包括取消对国际简单转售的禁令;外国所有权限制只限于KDD和NTT
韩国	韩国电信中20%(2001年起提至33%),其他年有提供者中33%(2001年起提至49%)	2001年起提高外国参股比例;从1999年起允许固定网业务竞争,包括语音业务在内的电信业务转售一步到位完全开放
新加坡	49%	从2000年4月起,在以设备为基础的电信业务中分步实现竞争,至多为两个新增运营者发放许可证;开放蜂窝和其他移动业务市场;多数基本业务可以转售,但不允许租用专线与公众网互联
中国香港地区	无	在传真和数据的国际简单转售上开放竞争;本地市场的大多数电信业务已经放开,基础设施在1998年6月后可以竞争;允许回叫和其他更换呼叫程序的业务
澳大利亚	无	从1997年7月起自由竞争,从此结束对运营公司数量的限制
巴西	有表决权股份中49%的直接和间接投资	在一年内结束垄断;一步到位开放寻呼和闭合用户群业务市场,建立蜂窝移动业务的两家垄断;从1999年7月起取消对蜂窝移动和卫星业务的外国所有权限制

保加利亚	无	2003年前分步放开电话、用户电报和电报业务市场;2005年放开电信基础设施市场,数据、寻呼、移动数据、非公众话音、VSAT和其他卫星业务一步到位全部放开;到2003年有限制地开放蜂窝移动业务,国际业务采用垄断运营者的网络设施
加拿大	有表决权股份中46.7%累积有20%直接投资,有33.3%间接投资	2000年前停止某些选路限制和外国股权限制;取消对海缆登陆权的限制;从2003年4月起取消为北美市场服务的卫星设施和地面站专营权;某些城市或省有市场进入豁免
欧盟(15国)	无,法国(20%,只对无线业务)、葡萄牙(25%)除外	从1998年1月1日起,所有电信业务和所有市场完全开放,西班牙(1998年12月)、爱尔兰(2000年)、葡萄牙和希腊(2003年)除外
印度	25%	当管制部门认为有必要时将发放新的固定网许可证;每种业务领域除MTNL外再增加一个运营者,许可证期限为10年
印度尼西亚	35%,个人通信业务除外,它只要求合资企业中有一当地公司	目前电话和电路交换数据业务由一些具有专营权的提供者提供;当现在的许可证到期时(本地业务2001年,长途业务2006年,国际业务2005年)进行政策复审;分组交换数据、用户交换数据、用户电报和因特网使用原运营者的网络允许业务竞争;国内移动电话、寻呼和公用电话业务允许竞争
马来西亚	在现在有许可证的PTO中占30%	允许现在有许可证的PTO的外国所有权上限达30%

资料来源:《世界电信发展报告》,1996年—1997年。

根据有关资料,中国与美国达成的"关于中国加入世界贸易组织的双边协议",中国已在电信领域作出了开放电信市场的承诺,主要是允许外国电信企业在中国境内经营某些电信业务,允许外国与中国电信企业合资经营,最高可持股50%。在开放的具体电信业务方面,中国加入WTO后,首先在北京、上海、广州等重要城市开放增值电信业务、寻呼业务和移动通信业务,外国企业可拥有的股权逐年增加,并逐步取消地域限制。到2004年,中国将开放国内和国际固定电话业务,到2004年,外商可在北京、上海、广州拥有国内和国际固定电话领域25%的股权;2006年,外商在上述3个城市和成都、重庆、大连、福州、杭州、南宁、宁波、青岛、沈阳、深圳、厦门、西安、太原和武汉等14个城市的股权可以增至35%;到2007年,外商的股权可增至49%,且没有地域限制。

可见,中国加入WTO后,作为一个法定义务,中国电信产业必须逐渐对外开放,允许相当数量的外国民营企业进入中国电信产业。而且,在对外开放的同时,更应该首先对内开放,允许国内民营企业进入电信产业,以增强民族电信企业的竞争力。因此,中国加入WTO后,将以"倒逼"的方式,要求中国电信产业实行深入改革与开放。

第三节 市场结构重组政策

由于市场结构主要决定于产业内企业的数量和规模,它在相当程度上决定产业的垄断或竞争状况。如前所述,市场结构重组可分为对产业内原有主导性垄断企业实行分割政策和放松进入管制政策这两种基本类型。前者是政府在短期内运用强制性政策措施,通过分割等手段,大幅度地调整原有的市场结构;而后者则是从动态上不断调整市场结构,以保持有效竞争的格局。从中国电信产业的市场结构重组实践看,上述两种类型都是存在的,而且都发挥了各自的作用。同时,对中国电信的两次分割重组,是在新进入者不能从根本上解决中国电信产业市场垄断的情况下进行的,从这个意义上看,考察对中国电信的分割重组政策,也必须以分析新企业进入电信产业为背景。因此,我们首先讨论中国联通等新企业进入电信产业的过程,在此基础上讨论对中国电信的两次战略性重组。

一、中国联通等新企业进入电信产业的过程

中国政府对电信产业放松进入管制是以电信产业的所谓"神经末梢"——寻呼业务为开端的,即政府首先开放无线寻呼业务。几年后,

社会寻呼台便遍及全国各地,成为一个几乎完全开放的业务领域。但在移动电话,特别是具有自然垄断性的市内电话和长途电话方面,实质性的改革是以中国联通公司的正式成立为标志的。因此,有必要对这一重大事件的背景作一些分析。①

长期以来,中国的电信产业一直是由原邮电部垄断经营的。除了原邮电部统一规划和经营的公共通信网络外,有关部门还建立了独立于公共通信网的专用通信网,这些专用通信网又分为全国性的专用网和区域性的专用网。其中,军队通信网、铁路通信网和电力通信网等全国性专用网有 30 多个,大型厂矿企业所建立的地区性专用网则有 3000 多个。所有这些专用网拥有的微波、电缆线路的总长度,分别为公用网的 2—3 倍。由于国家不允许专用网对外提供通信服务,这造成一方面公用网不能满足电信市场的巨大需求,而另一方面,专用网的剩余通信能力无法得到合理利用的状况。

在改革开放过程中,各部门都希望充分利用自身资源,以取得更多的物质利益,针对原邮电部经营的公用通信网远远不能满足电信市场需求,政府对电信经营企业所采取的有关优惠政策,电信产业已成为高利润的、很有发展前景的“朝阳”产业等情况,一些部门希望以其拥有的专用网向社会开放提供通信服务。1988 年,总参通信兵部首先上书有关政府部门,要求授予电信业务经营特许权。1992 年,电子部、电力部和铁道部联合向国务院提出组建中国联合通信有限公司(简称“中国联通”)的报告。

针对电子部等 3 部成立中国联通的报告,原邮电部在多种场合陈述其反对组建中国联通的理由。原邮电部唯一能接受的条件是,在加强法制建设和行业管理的前提下,对部分非基本通信业务逐步放开经营。

① 参见张宇燕:“国家放松管制的博弈”,《经济研究》1995 年第 6 期。

但尽管原邮电部对成立中国联通持反对意见，对于电子部等 3 部的报告，中国政府领导人表示支持的态度。国务院经过再三论证，在 1993 年 12 月 14 日正式同意由上述 3 部共同组建中国联通，并发布国务院 178 号文件，指出："组建联通公司是中国电信体制深化改革的初步尝试"。中国联通的正式成立，标志着打破了新中国建立以来电信产业由原邮电部独家垄断经营的格局，也是中国电信产业政府管制体制的一项重大改革，为在中国电信产业发挥市场竞争机制的作用创造了初始制度条件。

中国联通的成立，不仅改变了中国电信独家垄断的市场结构，而且，为其他新企业降低了进入壁垒，继中国联通进入电信产业后，1994 年 1 月，由多家大型国有企业参股组成的吉通通信有限公司成立；1999 年 8 月，由中国科学院为主体，联合铁道部、广播电视总局、上海市政府这 4 个股东共同投资的中国网络通信有限公司成立；2000 年 12 月，铁道通信信息有限公司成立。同时，有一批经营 IP 电话、增值电信业务的新企业进入电信产业。

二、对中国电信的两次战略性重组

1999 年和 2001 年，国务院对中国电信实行了两次战略性重组。虽然对这两次重组的必要性、重组的方案都存在很大的争议，但其目标是为了促进电信产业的竞争，形成有效竞争的格局。这里存在的一个争议是，既然中国联通等新企业已进入电信产业，我们可以模仿英国的做法，通过培育这些新企业快速成长，形成强大的市场竞争力量，最终实现有效竞争。那么，为什么非要对中国电信实行分割政策不可？对此的一个基本解释是，分割前的中国电信一家独大，而且，原邮电部和中国电信政企合一，在这种格局下，中国电信完全有能力排斥中国联通等新企业。事实上，中国联通进入电信产业后，中国电信以原邮电部的名义，对中国联通采取了以下一系列的反竞争行为（或不正当行为）：[①] (1)对中国联通的市场进入实行限制。(2)在互联互通上对中国联通接入市话网进行限制。(3)在网间付费方面对中国联通实行垄断定价。(4)在号码、无线电频率等公共资源的分配上对中国联通实行歧视。(5)通过交叉补贴、低价倾销进行不正当竞争。

可见，在原邮电部和中国电信实行政企合一的体制，中国电信一家独大，拥有绝对垄断地位的格局下，中国联通等新企业就不可能得到快速发展，也就是说，即使在很长时期内也难以在中国电信产业形成有效竞争的理想状况。为此，根据九届全国人大通过的国务院机构改革方案，在原邮电部、电子部的基础上组建信息产业部，并按照政企分开、转变职能、破除垄断、保护竞争与权责一致的原则，对信息产业部的职能进行合理配置。至此，中国电信产业逐步实现了政企分开。另一方面，中国政府原来的设想，可能是模仿英国的改革模式，即保持中国电信的一体化经营地位，同时培育一个新的电信公司，希望在较短的时间内成为中国电信强有力的竞争者。但到4年后的1998年，中国联通只占有全部电信业务1%的市场份额，即使在中国联通的主营业务——移动通信中，也只占有5%左右的市场份额。在有线通信领域，中国电信更是拥有完全垄断地位。而且，可以预料，中国电信的垄断格局在相当长的时期内不会被打破。对初始改革的期望与现实的巨大差距，激发了中国政府对电信产业的第二次实质性改革，这就是1999年对中国电信实行了分割政策，将中国电信一分为四：一是中国电信公司，它只经营有线通信及其增值业务；二是中国移动公司，它只经营移动业务；三是中国寻呼公司，后来成建制划拨给中国联通；四是中国卫星公司，它经营卫星通信业务。即近似于采取第三章所讨论的"所有权分离"市场结

---

① 详见张维迎、盛洪："从电信业看中国的反垄断问题"，《改革》1998年第2期。

构重组政策，将竞争性的移动电话、寻呼业务等由独立的企业经营。所不同的是，分割后的中国电信仍经营增值业务等竞争性业务，没有完全实现自然垄断性业务与竞争性业务的分离。

对中国电信实行第一次战略性重组的同时，信息产业部还进一步采取了放松进入管制政策，允许一批新企业进入电信产业参与竞争，从而带来中国电信产业竞争格局的重要变化。到2001年，与最终消费者直接相关的主要业务领域的竞争状况是：在寻呼业务领域，有近2000家寻呼公司，已形成充分竞争的格局，随着替代技术和产品的出现，寻呼业务将会一定程度的萎缩，需要通过收购和兼并，以保持规模经济，实现有效竞争；在移动通信领域，已形成中国移动和中国联通双寡头垄断竞争的格局，在新技术支持下，移动通信业务的规模经济并不那么显著，为进一步增强竞争活力，可分阶段地允许若干家新企业经营移动通信业务；在长途电话业务领域，已有中国电信、中国联通、中国移动、中国网通和吉通共同竞争，而且，已有若干家IP电话运营商，对传统的长途电话形成强大的竞争压力。因此，在这一业务领域已初步形成有效竞争的格局。但在本地电话业务领域，除了中国联通、中国铁通经营少量业务外，其余都由中国电信垄断经营。可见，中国电信在本地电话领域还是拥有绝对垄断地位。表4-3列出了2001年在本地电话业务领域中国电信、中国联通和中国铁通这三家企业的市场份额（按用户数计算）：

表4-3 三家企业的本地电话市场份额

企业名称	用户数（万）	市场份额（%）
中国电信	17887.0	99.15
中国联通	16.8	0.09
中国铁通	135.8	0.76
合　　计	18039.6	100.00

资料来源：根据信息产业部2001年度报告计算。

因此,为了打破本地电话市场的垄断,争取在中国电信产业各业务领域实现有效竞争,2001年年底,经国务院批准,由信息产业部负责实施,决定将中国电信分割为南、北两个部分,华北地区(北京、天津、河北、山西、内蒙古)、东北地区(辽宁、吉林、黑龙江)和河南、山东共10个省(自治区、直辖市)的电信公司归属中国电信北方部分;其余归属中国电信南方部分。北方部分和中国网络通信有限公司、吉通通信有限责任公司重组为中国网络通信集团公司;南方部分保留"中国电信集团公司"名称,继续拥有"中国电信"的商誉和无形资产。重组后的两大集团公司仍拥有中国电信已有的业务经营范围,允许两大集团公司各自在对方区域内建设本地电话网和经营本地固定电话等业务,双方相互提供平等接入等互惠服务。南北两部分按光纤数和信道容量分别拥有中国电信全国干线传输网70%和30%的产权,以及所属辖区内的全部本地电话网。即基本上采取第三章所讨论的将自然垄断业务"分割为若干互利部分"这一市场结构重组政策。通过上述对中国电信的两次分割,并通过采取放松进入管制政策,目前,在中国电信产业已形成了中国电信、中国网通、中国移动、中国联通、中国铁通公司和中国卫星公司为主导,同时存在若干家IP公司和许多家电信增值业务经营企业共同经营的市场结构。这为中国电信产业趋向有效竞争奠定了基础。

第四节 分类管制政策

政府管制政策的核心内容是进入管制与价格管制,本节将集中讨论中国电信产业的进入管制分类政策和价格管制分类政策。

一、电信产业的进入管制分类政策

中国电信产业进入管制政策的重点内容是,通过放松进入管制,将电信产业由垄断性市场结构转变为竞争性市场结构，这要求政府管制者采取一定的政策措施，降低电信产业的进入壁垒，并采取不对称管制政策，扶持新企业在较短的时期内成长为具有相当实力的竞争企业。中国电信产业在1999年和2001年实行两次重大的市场结构重组后，已初步形成了有效竞争的市场结构格局，但要最后实现并从动态上保持有效竞争，就必须制定科学的进入管制政策。

如前所述，电信产业的主要业务类型包括通信设备的生产与销售、本地电话服务、长途电话服务、无线通信服务和电信增值服务。其中，本地电话服务属于自然垄断性业务，长途电话的自然垄断性并不显著，而其他业务都属于竞争性业务。特别是生产和销售各种通信设备业务，除了需要规定通信标准外，基本上类似于一般竞争性的制造业，几乎不存在进入管制的问题。前面，我们已实证分析了中国联通等新企业进入电信产业的过程，并通过对中国电信两次战略性重组，到2003年，与最终消费者直接相关的主要业务领域的竞争格局是：在本地电话业务领域，已有中国电信、中国网通、中国联通和中国铁通等4家经营企业，但中国联通主要经营移动业务，而中国铁通的主要任务是满足铁路运输系统的通信需要，因此，这两家企业在本地电话中所占份额很小。在长途电话业务领域，主要有中国电信、中国网通、中国联通这3家经营企业，而且，至少已有5家IP电话运营商，对传统的长途电话形成强大的竞争压力。在移动电话业务领域，处于中国移动和中国联通双寡头垄断竞争的格局。在无线寻呼业务和许多增值电信业务领域，已有数百家经营企业，已形成较为充分的竞争格局。

基于以上分析，中国电信产业进入管制分类政策的基本思路是：在本地电话业务领域，由于存在自然垄断性，政府应对其实行较为严格的进入管制政策，基本维持现有的企业数量，重点是扶持中国联通和中国铁通的成长，扩大这两家企业在本地电话业务领域的市场份额。同时，允许利用广电网经营本地电话业务。由于长途电话业务的自然垄断性并不明显，可实行适度放松进入管制政策，允许一定数量的新企业进入。并可增加IP电话运营商的数量，以在长途电话业务领域形成较为充分的竞争格局。在新技术支持下，移动电话业务不存在自然垄断性，在技术经济方面符合多家企业经营的条件，为进一步增强竞争活力，可首先允许中国电信和中国网通经营移动通信业务，使其成为综合电信业务（全业务）经营企业，并分阶段地授予其他新企业经营移动通信业务的特许权。而对无线寻呼业务和增值电信业务领域，政府可取消进入管制，充分发挥市场竞争机制的作用。我们可用表4-4对上述进入管制分类政策作简要总结。

表4-4 电信产业的主要业务与进入管制分类政策

主要电信业务	现有主要经营企业	进入管制政策的重点
本地电话	中国电信、中国网通、中国联通、中国铁通	实行较为严格的进入管制政策，培育新企业成长，向广播电视网开放
长途电话	中国电信、中国网通、中国联通	适度放松管制，允许新企业进入
移动电话	中国移动、中国联通	分阶段放松管制，允许现有大型电信企业进入
IP电话	中国电信、中国网通、中国联通、中国移动、中国铁通等	放松管制，允许相当数量的新企业进入
无线寻呼与增值业务	大量经营企业	取消进入管制

中国电信产业的进入管制分类政策，还应体现在对外与对国内民营企业放松管制方面。在对外放松管制方面，根据国务院在2001年12月21日颁布，2002年1月1日开始实施的《外商投资电信企业管理规定》，为了适应电信产业对外开放的需要，外国电信企业可以通过中外合资经营，共同投资设立电信业务经营企业的形式，经营基础电信业务、增值电信业务。按照该规定，外商投资电信企业的外方主要投资者

应当具备的条件是：具有企业法人资格；在注册的国家或地区取得基础电信业务经营许可证；有与从事经营活动相适应的资金和专业人员；有从事基础电信业务的良好业绩和运营经验。而中方主要投资者应当具备的条件是：应是依法设立的公司；有与从事经营活动相适应的资金和专业人员；符合国务院信息产业主管部门规定的审慎的和特定行业的要求。按照以上规定，外商投资电信企业的外方必须是在国外已获得基础电信业务经营许可证的电信企业，而中方则没有此项要求。也就是说，国内非电信经营企业也可以通过与国外电信企业合资经营的形式而进入电信产业。笔者认为，这里的国内非电信经营企业应包括国内民营企业。政府不仅应允许有条件的民营企业通过与外商合资进入电信产业，而且，在那些增值电信业务领域，将来甚至在部分基础电信业务领域，也可以让符合条件的民营企业独立进入。这才能真正体现"对外开放首先对内开放"的原则。根据电信产业各主要业务的性质，政府在制定对外与对国内民营企业放松进入管制政策时，可采取的路径是：首先放松竞争性较强的无线寻呼业务、增值电信业务和 IP 电话业务，然后是移动电话业务，最后才放松具有自然垄断性的长途电话业务和本地电话业务。并在自然垄断性业务领域中，政府（国有经济）应掌握必要的控制权。

二、电信产业的价格管制分类政策

从原理上讲，由于在电信产业的许多业务领域存在垄断力量，难以充分发挥竞争机制的作用，因此，价格管制便成为电信产业政府管制政策的核心内容。但具体到中国电信产业，由于存在本地电话、国内与国际长途电话、IP 电话、移动电话、无线寻呼和各种增值业务，同时还存在凭借有线通信网络向其他通信企业提供接入服务和拥有通信网络的企业间的联网服务等业务。这就产生了应该将哪些业务纳入价格管制范围的问题。对此，首先需要区分哪些业务属于垄断性业务，哪些业务已经成为竞争性业务。价格管制的范围应该是哪些垄断性业务，而竞争性业务可利用竞争机制的作用自动调整价格，政府只需规定指导性价格。就中国电信产业的现状和近期发展动态而言，无线寻呼、各种增值电信业务和IP电话已属于竞争性业务，这就是说，价格管制的范围主要是本地电话、国内与国际长途电话、移动电话、接入与联网服务等业务。从发展动态看，国内、国际长途电话和移动电话将会成为竞争性业务，到那时，便可取消价格管制。不把竞争性业务纳入价格管制范围的经济理由是，为了防止有关企业在垄断性业务和竞争性业务之间采取内部业务间的交叉补贴战略。对此，英国电信产业的价格管制实践非常值得我们借鉴。根据李特查尔德教授为英国政府设计的价格管制方案，考虑到当时英国国内与国际长途电话、通信设备供应、各种增值业务和移动电话等业务领域已培育了相当的市场竞争力量，李特查尔德建议不必把这些业务纳入价格管制范围，价格管制的重点应该是由英国电信公司垄断经营的本地电话业务。这种区别对待的方法能使价格管制更具有针对性和有效性。遗憾的是英国政府并没有采取李特查尔德的这一建议，把长途电话等业务都作为价格管制对象。其结果不仅增加了价格管制的工作量，而且，这还为英国电信公司采取内部业务间交叉补贴战略提供了条件。这在中国也发生过类似情况：1995年上半年，在武汉市有20多家由各行各业投资建立的社会寻呼台，武汉市电信局针对众多的竞争者，采取了对BP机持有者免费进入电信局寻呼台网络而同时提高市话价格的行为。武汉市电信局所采取的这种行为实际上就是一种典型的内部业务间交叉补贴战略，这种不公平竞争行为曾引起了20多家社会办寻呼台的强烈抗议。这从反面说明了对电信产业不同性质业务分别采取相应的价格管制政策的必要性。

电信产业的管制价格可分为两大类，一是使用者消费最终电信服务的价格,即最终消费价格;二是电信企业之间的接入与联网价格,即中间价格。对于最终消费价格,在长途电话、移动电话业务领域形成有效竞争格局后,竞争机制和社会监督机制会自动促使企业降低价格,因此,价格管制的重点是本地电话业务。而对于企业间的接入与联网价格,由于企业之间在电信网络规模方面存在很大的差异,具有垄断力量的主导企业必然会对竞争对手制定垄断高价,以排斥其竞争企业。而且,由于联网价格是企业间的交易关系,不会引起消费者和社会公众的关注,因此,难以形成社会监督机制对联网价格的外在约束。这些都决定了对接入与联网价格的管制将是电信价格管制的重点内容。只有把联网价格降下来,才能大幅度地降低最终消费价格。我们可用表 4-5 对上述价格管制分类政策作简要总结。

表 4-5 电信产业的主要业务与价格管制分类政策

主要电信业务	现行定价制度	价格管制政策
本地电话	政府定价	实行较严格的价格管制,采取政府定价
长途电话	政府定价	逐步放松价格管制,采取政府指导价格
接入与联网业务	政府定价	实行较严格的价格管制,采取政府定价
移动电话	政府定价	分阶段放松价格管制,采取政府指导价格
IP 电话	竞争性定价	逐步取消价格管制
无线寻呼与增值业务	竞争性定价	逐步取消价格管制

第五节 协调政策

政府制定电信产业协调政策的基本目标是,在市场结构重组、实行分类管制的条件下,政府通过一定的政策措施,以协调不同经济利益主体间的关系,兼顾公平与效率,实现电信产业的持续快速发展。本节将探讨本地电话竞争政策、不对称管制政策、价格与质量管制政策、联网管制政策、电信普遍服务政策这五个较为重要的协调政策。

一、本地电话竞争政策

在中国电信产业的本地电话业务领域，目前，虽然已有中国电信、中国网通、中国联通和中国铁通这四家经营企业，但后两家企业市场份额很小。而且，对原中国电信实行南北分割后，中国网通主要经营北方10个省市的本地电话业务，中国电信主要经营其余南方省市的本地电话业务，在本地区范围内还属于垄断经营。因此，与最终消费者密切相关的本地电话市场的竞争效果，除了发展中国联通和中国铁通的业务外，关键是取决于中国电信和中国网通这两家企业南北相互渗透的效果，需要政府制定促进有效竞争的协调政策。对此，美国本地电话的竞争政策能给我们一定的启示。[①]

1984年，美国法院根据美国电话电报公司(AT&T)的反竞争行为，将AT&T的本地电话业务分割为7个本地电话公司和一个长途电话公司。这样，美国本地电话市场结构的基本格局是：AT&T分割后形成的7个本地电话公司基本控制了美国的本地电话市场，而且，它们各自在规定的地区范围内实行垄断经营。虽然在美国本地电话市场上存在一大批小规模的电信企业，但这些企业实际上没有什么竞争力。可见，美国本地电话市场结构是一种特殊的垄断性市场结构。它既不是完全垄断市场结构，因为它存在多家本地电话公司；但它也不是经济学上所描述的寡头垄断市场结构，因为这些本地电话公司“划地为牢”，基本上不存在相互竞争关系，这就是美国本地电话竞争政策制定者所面临的现实问题。美国本地电话竞争政策的目标，主要反映在1996年

---

① 详见王俊豪：“美国本地电话的竞争政策及其启示”，《中国工业经济》2002年第12期。

颁布的《电信法》的立法目标上。该法虽然涉及许多内容，但它的一个重要立法目标就是促进本地电话市场竞争，并制定了相应的法律条文以实现这一目标：[①](1)该法消除了进入本地电话市场的法律障碍，取消了原来在特定地区范围内由一家企业特许垄断经营的体制。(2)强调原有企业必须与进入本地电话市场的新企业实行联网。(3)对长途电话公司和本地电话公司实行不对称管制。总之，美国在1996年颁布的《电信法》为新企业进入本地电话市场提供了法律制度保证，并提供了多种进入途径，如新企业可以建立自己的电信基础设施并与原有的本地电话公司实行联网而提供本地电话业务；也可以租用原有本地电话公司的部分电信基础设施(即网络要素)与自己的部分基础设施相结合而提供本地电话服务；还可以向原有本地电话公司批发电信服务而向最终消费者零售电信服务。

通过上面对美国本地电话竞争政策的分析，可以得到一些启示，以有利于中国制定科学的本地电话竞争政策。

第一，单纯的地区性分割政策不能在本地电话市场上形成竞争机制。美国的经验教训充分说明了这一点。如前所述，1984年，美国对当时在本地电话市场占垄断地位的AT&T实行分割政策，AT&T的本地电话业务被分割为7个地区性电话公司，这7个公司分别在政府规定的地区范围内提供本地电话服务，它们之间不存在竞争关系。这种地区性垄断经营本地电话的格局维持十多年之久，直到1996年，美国政府颁布了新的《电信法》，决定打破这种垄断经营状况，并采取一定的政策措施，逐渐在本地电话市场上引入竞争机制。中国对原中国电信实行南、北分割，成立了新的中国电信和中国网通这两家主要本地电

① 详见 William P. Barr, 1999, "Damn the Torpedoes: Full Competition Ahead!" in Gregory Sidak (eds), *Is the Telecommunications Act of 1996 Broken*? Washington, D.C.: The AEI Press, pp. 69—76。

话经营企业,但只是把原来本地电话市场的全国性垄断变为南、北地区性垄断,并没有在中国本地电话市场上产生竞争。可见,美国与中国的实践都表明,仅仅运用地区性分割政策并不能在本地电话市场上形成竞争机制。笔者认为,地区性分割政策是政府在短期内实行的市场结构重组政策,其目标是通过重组与调整市场结构,把原有的一家或极少数家企业垄断经营的市场结构改造成为多家企业经营的市场结构,以形成有利于有效竞争的市场结构框架,但要最终形成有效竞争格局,就必须通过南、北地区性本地电话公司相互渗透,并放松进入管制,允许多家企业进入本地电话市场。

第二,政府应以有效竞争为导向制定本地电话竞争政策。随着通信技术的快速发展及其应用,许多经济学家认为,在电信产业中,移动电话、长途电话等已逐渐成为竞争性业务领域,但本地电话还基本上属于自然垄断性业务领域。本地电话的自然垄断性意味着本地电话业务具有显著的规模经济性,在一定的业务量范围内应由一家或极少数家企业经营,但垄断经营会使企业放松管理,缺乏创新动力。因此,只要竞争带来的效率增长收益大于因竞争而丧失的部分规模经济收益,即使本地电话是自然垄断性业务领域,政府也应当鼓励竞争,但这种竞争是规模经济与竞争活力相兼容的有效竞争。根据前面的分析,美国的本地电话竞争政策就是以有效竞争为目标导向的。虽然,美国政府允许新企业在特定的本地电话市场上兴建自己的本地电话通信网络,但更强调原有的本地电话公司对外开放其网络要素,并与新企业实行联网,其目的是为了尽可能减少重复建设,以维护原有本地电话通信网络的规模经济,又不失竞争活力。特别是在本地电话竞争的初期,由于新企业难以在短期内建立自己的通信网络,因此,充分利用原有企业的通信网络实现有效竞争就显得更为重要。

第三,政府应采取多种有效形式放松对本地电话市场的进入管制。

从美国的实践看,政府允许进入本地电话市场的新企业建立自己的通信网络,购买、租用原有企业的通信网络要素,批发转售本地电话业务。新企业可以根据自身的条件,理性地选择一种或多种进入方式,这就大大降低了新企业进入本地电话市场的进入障碍。同时,美国政府也允许不同类型的企业进入本地电话市场,主要有:(1)长途电话公司。长途电话与本地电话属于同一性质的业务,因此,长途电话公司进入本地电话市场只是延伸其"产品线"(product line),增加服务项目,所需资本和人力投资较少,成功率高。(2)有线电视公司。在美国,大约有90%的居民家庭使用有线电视,允许有线电视公司利用其网络提供本地电话服务,既能避免重复建设,又能以较低的价格提供本地电话服务。(3)电力公司。电力公司利用其早已进入千家万户的输电网提供本地电话服务,也能避免重复建设,降低成本价格。此外,美国政府还允许移动通信公司、卫星传输公司等提供本地电话服务。美国采取多种形式鼓励新企业进入本地电话市场的做法非常值得中国借鉴,但对中国来说,目前需要解决的主要进入障碍不是通信技术问题,而是管理体制问题。因此,中国迫切需要深化电信管理体制改革。

第四,强调联网管制是促进本地电话竞争的重要条件。为促进本地电话竞争,美国政府加强了对联网的管制,在 1996 年新的《电信法》第 251 条及其实施细则对所有电信公司(特别是本地电话公司)明确规定应承担的一系列联网义务,并以完全履行联网义务作为本地电话公司有资格经营长途电话业务的一个前提条件。对中国来说,虽然信息产业部在 2001 年 4 月已颁布了《公用电信网间互联管理规定》,但在联网成本价格和其他联网条件等方面还有许多实际问题需要解决。

第五,政府应以法规的形式为促进本地电话竞争提供政策保证。美国在 1996 年颁布的《电信法》把促进本地电话竞争作为一个重要的立法目标,并通过制定新的法律条文,消除原有的进入本地电话市场的法律障碍，强调经营本地电话业务的原有企业必须承担与新企业实行联网的义务，允许新企业采取多种形式进入本地电话市场。同时，新的《电信法》还授予FCC对本地电话的优先管制权，以防止地方保护主义现象。FCC则根据《电信法》有关促进本地电话竞争的法律条文制定了详细的实施细则。这些法规都为促进本地电话竞争提供了重要的政策保证，使有关电信企业有法可依。随着中国电信体制改革的不断深化，促进本地电话竞争必将成为一个重要的改革内容，借鉴美国的经验，中国应在着手制定的《电信法》和其他有关法规中，明确规定促进本地电话政策目标和具体政策措施。

二、不对称管制政策

由于新企业进入电信产业或某一业务领域之初，与原有企业之间的竞争是一种在竞争能力上存在很大差别的不对称竞争，因此，为在电信产业或某一业务领域培育竞争力量，要求政府对原有企业和新企业实施不对称管制政策，即对原有企业实行严格的管制，而对新企业提供各种优惠政策，以帮助新企业在较短的时期内形成相当的竞争实力，从而在原有企业与新企业之间形成势均力敌的竞争格局。在电信产业实行不对称管制政策是许多国家的通常做法。例如，英国政府根据1981年颁布的《电信法》，授予莫克瑞电信公司(Mercury Communications)经营全国性通信网络的特许权，成为英国电信公司的第一家竞争企业。同时，通过采取一系列管制政策，帮助新企业快速成长，以培育市场竞争力量，实现有效竞争。为此，英国政府在1983年11月实行了“双寡头”垄断政策，规定在此以后的7年中，只有英国电信公司和莫克瑞电信公司拥有经营全国性通信网络的特许权，以形成“双寡头”垄断竞争格局。同时，英国政府还要求英国电信公司向新企业(莫克瑞电信公司)以较低的成本价格提供市内电话通信网络服务，以帮助莫克瑞电信公司抵消在长途电话经营中缺乏规模经济的劣势;此外,允许莫克瑞电信公司采取"取脂战略",选择通信业务量最大的线路和地区作为其经营范围,以较低的成本取得较高的利润。这样,莫克瑞电信公司从1983年起就同时提供英国国内长途电话和国际长途电话业务、伦敦市内电话业务;1986年起提供基本网络服务(包括出租通信线路);1991年后又提供移动通信业务。在较短的时间内成为英国的第二大电信企业,提供全方位的电信服务,成为英国电信公司的一个有力竞争者。1990年11月,为期7年的"双寡头垄断政策"期满后,英国政府便对这一政策作了评价与调整。根据新的进入管制政策,有线电视公司不需要与英国电信公司或莫克瑞电信公司合作,就可以运用其有线网络直接提供通信服务,但任何电信公司在10年内不允许在通信网络上经营电视服务。显然,这一规定使英国电信公司和莫克瑞电信公司不能取得通过电话线路提供电视服务的范围经济。这一管制政策的理由是:如果允许英国电信公司提供电视服务,那么,没有一家有线电视公司能与该公司相竞争,也就不可能在英国电信公司占主导地位的市内电话通信服务市场上培育一种十分重要,也是非常必要的竞争力量。简言之,禁止英国电信公司进入电视娱乐市场,是为了帮助新的竞争者进入原来由英国电信公司所垄断的本地电话服务市场。新的进入政策实施以来,有线电视公司所提供的通信服务出现了迅速发展的势头,几年后,它就成为英国电信公司在本地电话市场上的重要竞争力量。与英国相类似,如前所述,美国政府为促进本地电话市场竞争,也采取了不对称管制政策,以培育本地电话市场新的竞争力量。

从中国电信产业的政府管制实践看,在电信产业改革开放之初,并没有实行不对称管制政策。例如,1994年中国联通成立时,国务院对中国联通规定的主要经营范围是:(1)对铁道部、电力部等专用通信网进行改造、完善;在保证铁道、电力专用通信需求的前提下,向社会提供长话业务;在公用市话网覆盖不到或公用市话能力严重不足的地区开展市话业务;(2)经营无线通信业务(包括移动通信业务);(3)经营电信增值业务;(4)承接各种通信系统工程业务;(5)与主营业务有关的其他业务。这就是说,中国联通获得了长途电话、市内电话和各种无线通信等业务的特许权,从而使中国联通成为中国第二家获得有线通信经营特许权的企业。但是,从国务院的上述规定可见,中国政府在向新企业提供"进入帮助"方面似乎缺乏力度,因为当时国务院对中国联通所规定的业务范围是,在保证铁道、电力专用通信需要的前提下,将剩余能力向社会提供长话业务;在公用市话网覆盖不到或公用市话能力严重不足的地区,可开展市话业务。即中国联通不能像英国莫克瑞电信公司那样可以采取"取脂战略",以在较短的时期内对中国电信形成强有力的竞争力量。这可能与中国联通进入电信产业的曲折过程有关,当时,中国政府更多地是考虑允许中国联通进入。但到后来,政府对中国联通的支持力度不断增加,如向中国联通颁发了移动电话的经营许可证,成为中国联通的经营主业,这也使中国联通成为中国第一家全业务电信经营企业;又如,国务院指定中国联通从美国独家引进 CDMA 先进通信技术,大大增强了其竞争优势;再如,允许中国联通可以低于中国移动10%—20%的收费价格与中国移动争夺顾客。此外,2000 年 6 月和 2002 年 10 月,经国务院和有关政府部门批准,中国联通分别在中国香港、纽约和国内上市,从国内外资本市场上募集了大量的发展资金,等等。通过一系列优惠政策,中国联通已发展成为一个具有相当经营规模和经济实力的电信企业。

目前,中国主要电信经营企业的市场份额还存在较大差别,而且,放松进入管制政策实施的必然结果是新企业不断进入电信产业的各业务领域,电信企业力量对比的不平衡永远存在。那么,将来如何实行不对称管制政策,把谁作为扶持的对象以及采取什么扶持政策?这些都是电信管制政策制定者不可回避的问题。当然,不对称管制政策是一种短期政策,当电信市场基本处于有效竞争状态时,就应取消不对称管制政策。特别是中国加入 WTO 后,要求在电信企业间实行公平竞争,政府不能对外资电信企业采取歧视政策。这些都要求政府在一定时期后,尽可能减少不对称管制政策。

三、价格与质量管制政策

在需求一定的情况下,价格决定企业利润。因此,在中国电信产业利益主体多元化的背景下,价格管制政策自然成为重要的协调政策。这要求政府以经济原理为基础,制定合理的管制价格,以促进公开、公平的有效竞争。但在中国电信产业的价格管制长期实践中,基本上没有采用价格管制模型,价格管制者主要以定性的方式决定管制价格的,最终价格的形成通常是管制者与被管制者讨价还价、有关利益集团多方协调的结果,缺乏客观性。而且,作为定价主要依据的是企业的实际成本加上一定的投资回报,即还是采取传统的投资回报率定价。而投资回报率价格模型存在许多缺陷,正因为如此,英国在 20 世纪 80 年代电信产业民营化改革时,为了克服投资回报率价格管制模型的不足,英国政府请李特查尔德教授设计出一个最高限价模型(即 RPI－X 模型,其中 RPI 表示零售价格指数,X 表示企业的生产效率增长率),并被英国政府所采用,广泛用于电信、电力、管道煤气和自来水供应等自然垄断产业。美国政府认为,英国的最高限价模型及其成功应用是对价格管制的一大创新,1989 年,在对英国的价格管制模型作了一些修改后,也“仿制”了一个最高限价模型,并应用于通信产业中,即:

$$\mathrm{PCI}=I-X\pm E$$

在上式中,PCI 表示最高限价指数(Price Cap Index);I 表示通货膨胀率(inflation),美国不像英国那样以零售价格指数来衡量通货膨胀率，而是以国内生产总值价格指数（gross domestic product price index，简记为 GDP－PI）计量通货膨胀率；X 表示企业生产效率增长率；E 表示外部成本变动因素（exogenous cost changes），以反映被管制企业不可控制的外部成本变动情况，作为对最高限价的修正值，在没有重大外部成本变动时一般不作考虑。[①] 这样，如某企业本期的价格为 P_t，则下期的管制价格（P_{t+1}）为：

$$P_{t+1}=P_t(1+I-X\pm E)$$

这与英国的最高限价模型具有相同的功能，即能刺激企业自觉降低成本，提高生产效率。因此，采取这种最高限价模型也被称为激励性价格管制方式。显然，中国电信产业应放弃投资回报率管制模型，构建符合中国特点的电信价格管制模型。[②]

由于电信服务质量与成本有关，如果在电信价格管制的同时，不实行质量管制，被管制企业就会产生降低电信服务质量水平的刺激。这在英国电信管制实践中得到印证：英国电信产业实行民营化改革后，英国公众对电信产业的服务质量十分关注，他们担心企业的管理导向从为公众服务转向追求利润后会导致服务质量下降。民营化后，英国政府起初没有对英国电信公司的服务质量实行明确的管制，同时，英国电信公司在民营化后停止公布服务质量指标。这些都受到公众的广泛批评，特别是在 1987 年，发生了工程技术人员罢工和一次严重的风暴，影响了通信服务质量，引起了公众更为激烈的批评。英国电信管制办公室经调查发现，英国电信公司在维修、及时安装通信设施和正常运转的公共电话亭比率等方面的服务质量虽然没有像公众所批评的那么差，

---

① 参阅 Michael Noll，1998，The Cost of Competition：FCC Telecommunication Orders of 1997，*Telecommunications Policy*，Vol. 22，No. 1，pp. 47—56。

② 其基本思路可参考王俊豪：《政府管制经济学导论——基本理论及其在政府管制实践中的应用》，商务印书馆 2001 年版，第 110—115 页。

但在现有的技术进步条件下，该公司的服务质量确实没有达到应有的水平。为此，电信(管制)总监督促英国电信公司以每6个月为期，公布服务质量统计信息，并针对低劣的服务质量采取一定形式的经济制裁。具体的方法是，把一些服务质量指标纳入管制价格模型，使管制价格水平和服务质量水平挂钩；对低劣的服务质量实行固定形式的处罚与强调合同义务相结合的制约形式。后一种方法主要适用于诸如拖延维修、安装通信设备等方面，其中，对居民个人用户实行标准的赔偿方法，而对企事业则按照所造成的损失程度给予更大的赔偿。但对于那些不能一次就通话之类的情况，让英国电信公司提供赔偿是不现实的，这主要是靠道德压力和作为下一轮管制价格调整的参考等方式来促使该公司提高服务质量。对服务质量的管制产生了较好的实际效果。如根据英国电信管制办公室1992年的年度报告，国内电话一次性通话失败率从1987年的4.3%下降到1992年的0.3%；同期，在两个工作日内，通信故障排除率由74%上升到98%。

英国政府1992年颁布的《竞争和服务法》对1984年的《电信法》作了一些修改，授予电信(管制)总监新的权力，以监督英国电信公司的服务质量，并授权为有关通信服务经营者建立业务标准和赔偿办法。[①]此外，电信管制办公室在1996年10月还专门公布了一个咨询文件，[②]通过广泛征求社会各方面的意见，以完善消费者组织和个人对通信服务质量的监督机制。

近几年来，中国也十分重视对电信服务质量的管制。例如，为加强对电信企业服务质量的管制，维护电信用户的合法权益，使电信服务质

---

① 详见 Rovizzi, L., and D. P. Thompson, 1992, "The Regulation of Product Quality in the Public Utilities and the Citizen's Charter", *Fiscal Studies* 13(3): pp. 74—95。

② OFTEL, 1996, *Meeting Consumer Needs in Telecoms—The Role of Consumer Representation: A Consultative Document*, London: Office of Telecommunications.

量管制系统化、规范化，中国信息产业部在2000年1月11日发布了《电信服务标准》(试行)，并自2000年7月1日起开始施行。除了制定通用服务规则外，信息产业部还分别对固定电话、电话信息、数字蜂窝移动电话、无线电寻呼、数据通信、租用电路等业务都制定了服务质量标准和通信质量指标。2001年1月11日，信息产业部又专门发布了《电信服务质量监督管理暂行办法》。上述两个文件的制定与实施，是中国电信服务质量管制的一大进步，为实行电信服务质量管制提供了法律依据，这必将促进中国电信服务质量的改善和提高。

四、联网管制政策

由电信产业的技术经济特征所决定，由于现代通信技术的快速发展与应用，通信网络的可变成本较小。因此，原有通信网络的使用者不仅会因新的使用者增加而支付较低的价格，而且，这会增加用户之间通信的方便性，产生在使用者之间的通信网络正外部性或网络经济性(即需求方的规模经济性)。这也是政府对电信产业实行联网管制，促进各竞争企业的通信网络进行联网，以获得网络规模经济的基本理由。

但是，由于电信企业间在电信网络规模等方面存在很大的差别，已建立了庞大通信网络的主导性企业完全有能力通过拒绝与其他竞争企业联网而排斥竞争企业，或者通过制定尽可能高的联网价格而使竞争者无利可图。我们可以通过AT&T和美国微波通信公司(MCI)在联网问题上的争斗，中国电信与中国联通两家市话网在天津市联网的曲折过程为案例，以说明主导性企业对竞争者的反竞争行为。

1969年，美国联邦通信委员会曾批准美国微波通信公司(MCI)的申请，建立独立于美国电话电报公司(AT&T)有线通信网络的微波通信网络,并向公司客户提供通信服务。但是,刚刚萌芽的有线通信市场竞争遇到一个难以逾越的障碍:美国电话电报公司既拥有长途有线通信网络又控制市话有线通信网络,而新生的 MCI 公司只拥有长途微波通信干线。在这样一种市场结构下,美国电话电报公司的长途电话业务与市话业务相接通非常容易,因为这是"自家人"的相联相通;但 MCI 公司的长途电话要接通客户就必须经过美国电话电报公司的市话有线通信网络。这样,一方面,MCI 公司无法在短期内建立自己的市话通信网,而它的长话业务离开了市话网就无法接通客户;另一方面,美国电话电报公司怎么会违背"理性",向竞争对手开放自己的市话网,帮助 MCI 公司来与自己争夺长话市场?当时解决这一矛盾的唯一办法就是通过行政协调。根据美国联邦通信委员会的要求,MCI 公司只要付一个公平的价格就可以接入美国电话电报公司的市话网。这或许就是全世界电信业"公平接入、互联互通"法例的起源。不过,仅靠行政协调来解除垄断企业对竞争对手的歧视并不容易。尽管美国电话电报公司可以承诺美国联邦通信委员会的条件,但是什么叫"公平的价格",什么叫"方便的接入",那就是难以测度与识别,行政协调成本极其昂贵的事了。独家拥有市话网的美国电话电报公司,有的是办法和技巧来"揉搓"MCI 公司。这一矛盾的根本性解决,就是对美国电话电报公司实行分割政策,即将该公司分割为 1 个长途电话公司和 7 个地区性电话公司。①

与美国相类似,中国电信和中国联通两家市话网在天津市的联网也经历了一个十分曲折的过程:天津市是国务院确定的中国联通经营市话业务的试点城市之一,1997 年 7 月 18 日,联通天津市话网就已建成,并实行内部开通。此后,与邮电(中国电信)市话网迟迟不能互联互

① 详见周其仁:"分拆垄断公司与形成电信竞争",《经济学消息报》1998 年 3 月 26 日。

通,这使中国联通此项5亿的投资每天的损失大约20万左右。不能与邮电市话网互联互通,联通公司的市话网就是一张死网。早在联通建网时曾与原邮电部门就如何互联互通问题进行过接洽,而此时,天津邮电局既是联通公司的竞争对手,又是它的主管部门。针对联通市话网内部开通后迟迟不能与邮电市话网联网的问题,由原国家经贸委、原计委、原体改委组成的受国务院委托促进电信体制改革的调查小组,在1997年11月向国务院递交报告,明确提出"力争联通天津市话网在年内开通使用"。可是,1997年年底,联通市话网并没有开通。对此邮电方面的解释是要等原邮电部下达有关互联互通的技术规范。鉴于联通网与邮电市话网不能如期联网,原三委调查小组于1998年1月28日再次到天津进行协调,要求不超过3月底实现联网。天津原邮电部门认为,他们是支持联网的,但如何落实技术问题,这是一个很复杂的问题,有难度。而联通公司感到很困惑,他们认为,天津邮电管理局每年建成几十万门交换机的能力,有好几个局,每年要分几批开通,开通起来都非常快。联通一共不到十万门,怎么就如此难?国家经贸委经济运行局副局长马力强一言中的:"这个互联互通的主动权是掌握在天津邮电手上,所以说至今没有实现互联互通,天津邮电应该是最清楚其中原因的。"直到一年后的1998年7月18日,联通市话网和邮电市话网才实现最后联网。①

其实,上述案例具有普遍性,例如,在20世纪80年代刚进入英国电信产业的莫克瑞电信公司与英国电信公司在联网问题的矛盾同样十分复杂,最后不得不采取强制性联网政策。②

---

① 详见中央电视台《焦点访谈》报道:"联通投下5亿元市话还是联不通",《文汇报》1998年4月16日。

② 详见王俊豪:《英国政府管制体制改革研究》,上海三联书店1998年版,第122—124页。

由上述案例可见，一方面，新企业进入电信产业后，与产业内原有主导性企业之间的竞争效果，关键性地决定于企业之间的联网条件。但另一方面，主导性企业为了维护自身的利益，会本能地采取一系列拒绝联网的反竞争行为。因此，联网条件的决定权不能掌握在主导性企业手中，而应当纳入政府管制的范围。政府对联网管制的目标是，拥有通信网络的企业必须与其他企业进行合作，对各自的通信网络实行完全联网，使任何一家企业的顾客可以同另一家企业的顾客进行通话，以增强通信网络的正外部性，同时，这使新企业尽管只有相当有限的通信网络，仍能在全国甚至国际范围内提供通信服务。为此，政府管制者需要制定有关联网的管制价格，并从政策上保证有关企业有同等权利使用通信网络。

因此，美国和英国等经济发达国家都十分重视制定与实施电信产业的联网管制政策，以促进电信企业之间的有效竞争。[①]

鉴于联网管制的重要性，中国政府（主要是信息产业部）制定了多项有关联网管制政策的法规，现行的主要法规有：2000 年 9 月 20 日国务院颁布实施的《中华人民共和国电信条例》，它是其他联网管制法规的基础；信息产业部在 1999 年 8 月 18 日发布，1999 年 10 月 1 日开始实施的《电信网间通话费结算办法》（试行）；信息产业部在 2001 年 4 月 29 日发布实施的《公用电信网间互联管理规定》；信息产业部在 2001 年 11 月 8 日发布，2002 年 1 月 1 日开始实施的《电信网间互联争议处理办法》。这些法规为实行联网管制提供了法律依据，但其实施效果还取决于其他许多因素。

---

① 对美国和英国的联网管制政策可分别参见王俊豪等：《美国联邦通信委员会及其运行机制》，经济管理出版社 2003 年版，第 183－189 页和王俊豪：《英国政府管制体制改革研究》，上海三联书店 1998 年版，第 122－127 页。

五、电信普遍服务政策[①]

电信普遍服务(universal telecommunication service)是指电信经营企业应承担为广大用户提供普遍的基本电信服务的责任和义务。其主要内容包括:(1)对任何人在任何时间、任何地点都必须提供电信服务;(2)对所有用户没有价格和质量的歧视;(3)应制定用户可承受的电信服务价格。

对电信经营企业来说,在不同地区经营电信业务,在同一地区经营不同类型的电信业务,其利润水平存在很大的差别,如在中国经济较发达的东部地区经营电信业务,其利润水平较高,而中西部地区的利润水平较低,在一些山区、农村和边远地区经营电信业务还会造成较大的亏损。同样,在同一地区经营不同电信业务也存在类似情况,如经营长途电话,其利润率较高,而经营市内电话,其利润率就较低,提供公共电话亭服务、通信地址服务、紧急通信服务等则往往发生亏损。

在电信管制体制改革前,中国电信产业是由原中国电信独家垄断经营的,政府通过两种主要方式对原中国电信承担普遍服务进行补贴:一是政策补贴。即中国政府对电信产业所采取的一系列优惠政策,如市话初装费政策、加速折旧政策、三个"倒一九"政策等。二是内部业务间的交叉补贴政策。即政府允许电信经营企业在不同种类的业务之间、在不同地区的业务之间实行交叉补贴,以利润率高的业务补贴利润率低甚至亏损的业务,以赢利地区的业务补贴亏损地区的业务。长期以来,政府对电信服务实行价格差别政策,即对长途电话(特别是国际长途电话)、办公电话等实行高价政策,而对广大居民经常使用的住宅电话(市内电话)实行低价政策。在原中国电信独家垄断的情况下,不

---

① 参见王俊豪:"中国电信普遍服务面临的问题与对策",《经济管理》2002年第2期。

是按各种业务、各地区业务的实际成本定价，而是按照所有业务、所有地区的平均成本，以整个电信网络总体核算为基础，采取"算总账"的形式制定电信价格的，这就使电信经营企业通过内部业务间的交叉补贴，不仅能补偿亏损业务的成本，而且能取得一定的利润，保证电信经营企业具有提供电信普遍服务的能力。这些都为中国电信产业长期以来存在东部地区补中西部地区、国际电话补国内电话、长途电话补市内电话、城市电话补农村电话提供了经济基础。

但随着中国电信管制体制改革的不断深入，政府原来给予电信经营企业的一系列优惠政策先后取消。同时，继1994年中国联通成立以来，在电信产业已出现了多家竞争企业，如在原来利润率较高的长途电话业务领域，已有中国电信、中国联通、中国移动、中国网通和中国铁通等电信企业共同竞争，而且，还有多家IP电话运营商经营长途电话业务。特别是中国加入WTO后，根据市场开放原则，中国的电信服务领域必须逐渐对外开放，如根据2001年12月国务院颁布的《外商投资电信企业管理规定》，外商投资电信企业可以经营基础电信业务、增值电信业务。新的电信经营企业进入中国电信产业后，按照利润最大化的商业原则，将首先选择业务量大、利润率高的业务和地区作为其经营领域，由于市场竞争的不断加剧，原来利润水平较高的业务和地区被多家企业所瓜分，而且，竞争的结果还将导致价格下降，最终将趋向于按包括正常利润在内的平均成本定价。此外，随着新的电信经营企业不断进入中国电信产业，原中国电信的主导地位逐渐削弱，特别是继1998年对原中国电信按业务实行纵向分割，将移动通信业务和寻呼业务等剥离出来后，2002年又对原中国电信实行横向分割，将原中国电信划分为南、北两个部分。这样，中国电信就很难说仍是中国电信产业的主导企业。事实上，即使在原中国电信南、北拆分前，中国移动的年利润额已超过原中国电信的利润额。

以上种种因素都使中国原来支持电信普遍服务的传统方式失效。目前，中国已没有一个电信经营企业能通过其内部业务间的交叉补贴向社会提供电信普遍服务。各电信经营企业在利益最大化原则下，都不愿意经营利润少甚至亏损的业务，更不愿意到贫穷落后的农村和边远地区发展电信业务。但是，从政策层面看，提供电信普遍服务是中国政府推行的一项重要电信政策，也是中国缩小东部和中西部贫富差距、各社会阶层贫富差距的重要政策措施。从现状看，在中国农村74.2万个行政村中，东部地区农村通电话比例高达95.4%，中部地区为80%，西部地区仅为47%，全国农村未通电话的行政村约16万个，比例达22%。同时，中国的农村电话和西部11个省的本地网仍处于亏损经营状态。[①] 可见，从政策目标和现状分析，中国应加大提供电信普遍服务的力度。

中国加入WTO后，随着电信产业的不断对外开放，将出现多种所有制的电信企业，它们具有经营自主权，其经营行为主要是商业行为，有补偿成本并取得合理利润的正当要求。因此，在原有电信普遍服务成本补偿机制失效后，如果没有必要的政策干预，完全让电信企业按照市场经济原则自由选择经营对象，就没有企业愿意到贫穷落后的农村和边远地区去经营电信业务，也没有企业去经营那些政策性亏损业务，从而造成市场失灵，不能实现电信普遍服务。

诚然，作为一种权宜之计，政府可以通过财政补贴的办法以资助电信经营企业提供电信普遍服务。但笔者认为，这不符合市场经济原则，这是因为，随着中国电信产业管理体制改革的不断深入，电信产业正从自然垄断产业向竞争性产业过渡，电信服务产品已从准公共产品转变

---

① 参见张晓铁："关于建立电信普遍服务成本补偿机制的探讨"，《电信软科学研究》2001年第2期。

为一般性产品，不少社会公众还抱怨电信服务价格过高，一些电信企业拥有垄断利润。所以，按照公共财政理论，就整个电信产业来说，已不是国家财政资助的范围。因此，在中国加入 WTO 后，电信产业将有多种所有制企业并存的情况下，政府应采取公开、公正、透明的原则推行电信普遍服务。本着这一原则，建立电信普遍服务基金将是解决中国电信普遍服务的基本政策思路。而且，这也比较符合国际惯例，例如，美国早在 1983 年就建立了电信普遍服务基金，在 1984 年才决定分拆美国电话电报公司（AT&T）；在电信市场开放前后，欧盟在 1998 年对电信普遍服务作了规定，对所有成员国都有约束力；英国在 1997 年就着手在电信产业建立电信普遍服务基金，对人口稀少的边远农村地区提供电信服务，对难以支付一般电话费用的低收入居民家庭提供特殊价格折扣，以及对提供公共电话亭服务等政策性亏损服务项目进行资助，以体现公平分配、平等竞争的原则。当然，在中国建立电信普遍服务基金需要解决许多具体问题，主要包括：

1. 电信普遍服务基金的来源。世界各国对电信普遍服务基金的征收来源有多种做法，如有的向用户、新电信企业单独收取，有的向所有电信经营企业收取等。笔者认为，鉴于中国电信产业已基本形成多家企业竞争的格局，而且，中国加入 WTO 后，电信经营企业还将不断增加，企业之间的竞争也将加强。因此，为了营造一个公开、公平、公正的竞争环境，所有电信经营企业都应履行电信普遍服务义务，根据其业务量（如营业额、话务量等）的大小，按一定比例交纳电信普遍服务税。这不仅能体现“谁使用谁交税，谁使用多谁交税多”的公平原则，而且有利于保证税源稳定，增强电信经营企业的普遍服务意识。

2. 电信普遍服务基金的使用。这首先需要明确电信普遍服务基金的使用范围，包括地区范围和业务范围。就地区范围而言，由于中国各地区经济发展水平很不平衡，需要界定相对贫困落后地区的范围，作为电信普遍服务基金资助的主要对象。就业务范围而言，又要明确以电信网络建设成本高、居民家庭使用较多的本地电话为主要资助业务。同时，还要规定选择电信普遍服务提供者的方式。传统的观点认为，应由电信主导企业提供电信普遍服务。笔者认为，在新形势下，这种观点不可取：一是因为经过对原电信主导企业(原中国电信)的两次大规模分割，现有中国电信的主导力量已大大削弱；同时，随着新电信企业的进入和不断发展，又在相当程度上动摇了原有主导企业的地位。谁是将来的电信主导企业要由市场来选择。二是即使存在电信主导企业，由政府指定电信主导企业提供电信普遍服务，这必将造成新的垄断，导致低效率。因此，一个更有效率的方式是通过招投标，选择成本最低、效率最高的企业提供电信普遍服务，并保证提供电信普遍服务的企业能补偿成本并获得合理的利润。更为重要的是，这将为电信经营企业营造一个公平竞争的市场环境。

3.电信普遍服务基金的管理。做好电信普遍服务基金的管理工作是电信普遍服务基金有效运作的基本保证。这首先要求制定《电信普遍服务基金的管理办法》或类似法规，明确每个电信经营企业都具有承担普遍服务的法定义务，并按规定交缴电信普遍服务税；规定电信普遍服务基金资助的地区范围和业务范围；明确该基金使用的原则，通过招投标选择电信普遍服务提供者的程序等内容。并按照法规设立专门的、具有相对独立性的电信普遍服务管理机构，该机构应由电信管理专家、经济学家、法学家等组成，按照公开、透明的原则，依法具体实施对电信普遍服务基金的管理工作，包括制定与修改电信普遍服务政策，对电信普遍服务成本的核算，选择高效率的电信经营企业提供电信普遍服务，对普遍服务质量实行监督、检查和奖罚等。

由于中国尚未制定明确的电信普遍服务管制政策，也就不存在这方面的管制实践。因此，上述讨论充其量只能是为政策制定者提供一些思路。

第六节 电信管制机构

电信管制政策的实施效果,关键性决定于电信管制机构的执行效率。这就首先要求有一个高效率的电信管制机构。但由于多种原因,中国的电信管制机构在不少方面还需要通过改革加以完善。这里,我们将借鉴美国联邦通信委员会(Federal Communications Commission,简称 FCC)等经济发达国家电信管制机构的经验,着重讨论有关中国电信管制机构改革的三个重要问题:即建立一个符合国际惯例的电信管制机构;新型电信管制机构要适应"三网融合"的管制体制;建立与完善对电信管制机构的社会参与和监督机制。

一、建立一个符合国际惯例的电信管制机构

从国际惯例看,电信管制机构必须具有明确的法律地位,并得到法律的授权,在管制活动中具有相当的权威性。而且,电信管制机构的权力、职责和义务都应十分明确,能够独立地行使权力、承担责任。这些都为公平、公正、公开地开展管制活动提供制度条件。例如,美国在 1934 年颁布了第一部《通信法》,该法在第一章就明确规定:为保证有效地执行本法,特此设立 FCC,它负责贯彻执行本法的所有规定。该法对 FCC 的管理体制,包括 FCC 委员和主席的产生、组织机构的设置和职能、预算、向国会的报告制度和基本运行规则都作了明确的规定。该法还授予 FCC 广泛的权力;包括依法制定并实施有关管制法规、颁发与修改通信经营企业许可证(进入管制)、制定公正合理的管制价格、发布并执行有关企业的赔偿命令、根据需要对通信企业所拥有或使用的全部或部分资产进行评估、有权要求通信企业提交年度报告并接受

FCC的质询。可见,FCC不仅具有准立法权,而且具有广泛的准司法权,是一个全方位的、综合性的政府管制机构。有关通信企业如果不服FCC作出的命令与裁决,可以向法院申诉,否则,就必须完全接受,违反FCC的命令与裁决,就等于违反了《通信法》,就有可能被加重罚款,甚至被吊销其经营许可证。这些都保证FCC在管制实践中具有相当的独立性和权威性。英国在电信产业民营化改革时成立的英国电信管制办公室,也具有与FCC相类似的性质。

在相当长的一段时期,中国电信产业一直是由原邮电部垄断经营的。原邮电部既是电信政策的制定者,又是电信业务的直接经营者,实行典型的政企合一的管制体制。在1994年,原邮电部实行机构改革,把原来主管部内外电信工作的电信总局从原邮电部机关行政序列中分离出来,并在1995年办理了企业法人登记,企业名称为"中国邮电电信总局"(简称"中国电信")。与此同时,成立了电信政务司,作为电信产业的管制机构,从而在形式上实行了政企分离。但由于原邮电部在政企分离方面没有进行实质性的改革,电信政务司作为一个部属机构,它首先必须服从原邮电部的意志,因此,电信政务司很难独立化,摆脱原邮电部的束缚。事实上,电信政务司也不具备仲裁资格,显然,当原邮电部系统外的电信经营企业(如中国联通)与中国电信发生矛盾时,肯定不会自愿选择原邮电部所属的电信政务司去申请仲裁。因为电信政务司没有获得此项授权,即使它有仲裁权,由于它属于原邮电部,因此,也难以推翻其上级的决策。这意味着中国电信产业缺乏一个真正意义上的专门管制机构。

1998年,在国务院政府机构改革过程中,在原邮电部和原电子部的基础上,组建成立了信息产业部,作为中国电信管制机构。按照改革目标,信息产业部不从事电信业务经营活动,实现管制职能与电信业务的完全分离。这是对中国电信管制体制的重大创新。信息产业部成立后,积极从事一系列管制活动,并取得了相当的成效。如制定了20多项重要的电信管理法规；实行不对称管制，支持中国联通的发展，支持中国网通、中国铁通等新企业进入电信市场，以培育新竞争企业，在电信产业引入并不断强化市场竞争机制；按照国务院的统一部署，对原中国电信先后两次实行重组，以形成竞争性市场结构；与国家计委共同举行电信价格听证会，接受公众参与和监督。但从国际惯例看，信息产业部还是一个存在明显不足的电信管制机构。主要表现在：

第一，信息产业部缺乏明确的法律地位。虽然在1998年信息产业部成立时，国务院对信息产业部规定了十六项主要职责，国务院在2000年9月公布实施的《中华人民共和国电信条例》第一章第三条规定："国务院信息产业主管部门依照本条例的规定对全国电信业实施监督管理"。但是，由于中国至今还没有一部《电信法》，以国务院"三定方案"形式授权的信息产业部，在电信管制过程中就必然缺乏明确的法律地位，也不可能得到法律的充分授权。信息产业部只是国务院的一个工作部门，而不是一个符合国际惯例的、法律授权明确而充分的政府管制机构。

第二，信息产业部缺乏专业管制职能。符合国际惯例的电信管制机构的主要职能是专门对电信产业（或通信产业）的市场进入、价格、服务质量、投资、制定有关法规等实行综合性管制。而中国的信息产业部则不仅管理具有自然垄断性的电信产业，而且管理电冰箱、洗衣机等完全是竞争性的电子信息产品制造业。同时，信息产业部不仅是这些产业的"裁判员"，而且也是这些产业的"教练员"，承担着"指导产业结构、产品结构和企业结构调整，指导国有企业重组、组建企业集团"等职能（信息产业部主要职责之九）。

第三，信息产业部缺乏相对独立性。根据英美等经济发达国家的经验，电信管制机构应该具有相对独立性，以有利于公平、公正地开展管制活动。但信息产业部既受国务院的直接干预，电信产业的一些重要项目(如中国联通独家引进采用CDMA技术等)都由国务院拍板定音;也受国家计委等横向政府部门的直接制约,如国家计委对电信价格调整等具有更大的决定权。这就使信息产业部难以独立地对电信产业的市场进入、价格、服务质量、重大投资等实行综合性管制。

第四,信息产业部缺乏必要的权威性。电信管制机构必须具有权威性,这是保证管制效率的一个前提条件。可是,信息产业部缺乏必要的权威性,这固然与信息产业部缺乏明确的法律地位有关,但更为重要的是,这和信息产业部与国有大型电信企业的干部任免制度具有密切的关系。根据现有的干部管理体制,不仅信息产业部的主要领导,中国电信、中国网通、中国移动、中国联通等中央直属企业的主要领导都由中央组织部统一任命,随着相当一部分信息产业部的领导和这些大型国有电信企业的领导互换岗位,管制者与被管制者的关系也发生转变,这使信息产业部难以对实际上具有较高行政级别的国有大型电信企业采取有力的管制措施,管制者与被管制者一对一的没完没了的“讨价还价”,很难维护管制者的权威性。特别是在省级层次,在政企分离的过程中,许多原有省级邮电通信管理局的主要领导成为中国电信、中国移动等大型电信公司省级分公司的负责人,这就使省级电信管理局更难在这些大型电信公司的省级分公司前面具有权威性。正如国外一些报纸戏言:“猫想捉老鼠,老鼠比猫大”。

要从根本上解决上述问题,中国需要在制定《电信法》的基础上,组建一个具有法律地位的,由电信产业的技术管理专家、经济学家和法学家等组成的电信管制机构,它可以称为“国家电信管理委员会”或其他类似名称,其基本职能包括:(1)根据电信产业的特点,以《电信法》为依据,制定具体的电信管制法规;(2)审核电信经营者的资格,根据电信产业的需求规模,发放与修改电信业务经营许可证;(3)对电信服务价格和服务质量进行管制;(4)协调和仲裁电信企业之间的矛盾;(5)监督与制裁电信企业的不正当竞争行为;(6)接受并处理消费者投诉,等等。根据开展电信管制活动的需要,“国家电信管理委员会”可下设政策法规、通信网络管制、经营许可证管制、价格管制、通信技术、企业公平交易、消费者事务、法律咨询、行政事务、国际事务等部门。

二、新型电信管制机构要适应“三网融合”的管制体制

美国在1934年设立FCC的一个重要目的,就是为了改变在通信产业存在的政出多门、相互分割的状况,把美国电话通信、无线电广播和有线电视等领域的管制权力集中于FCC,对整个通信产业实行一体化管制。美国1934年的《通信法》不仅确立了FCC的法律地位,而且对FCC的管制范围作了明确规定,如美国《1934年通信法》第II篇、第III篇、第VI篇分别对公共电信、无线电通信和有线电视通信作了较为详细的规定;《1996年电信法》第I篇、第II篇和第III篇又分别对电信服务、广播服务和有线电视服务作了新的规定;美国《联邦法典》第47篇作为《通信法》的实施细则,分5册对电信、广播和有线电视作了更为详细的规定。显然,美国对电信网、计算机网(即INTERNET网)和广播电视网实行“三网统一”的管制体制,这三种通信网络都纳入美国FCC的管制范围,由FCC实行统一管制。

但对中国来说,目前还存在电信网、广电网(广播电视网)和计算机网(INTERNET网)相互独立的状况,而这种“三网分割”的实质问题是由于体制原因,电信网与广电网相互独立。在现有的体制下,信息产业部承担着对电信部门的管理职能,而广播电视总局承担着对广电部门的管理职能。根据现有的国家政策,广电部门不能经营电信业务,电信部门也不能经营广电业务。虽然广电网络可利用其现有的宽带接入提供计算机上网服务,但因政策限制,难以取得ISP经营许可证。同样,电信网在解决宽带接入后,完全可以传输广电的视频节目,但因政

策限制无法开展广电业务。其结果是广电部门不仅垄断经营广电节目的制作与播放，而且垄断着广电节目的传输；而电信部门则基本垄断着电信业务。彼此割据市场的部门垄断，既损害社会公共利益，也不利于相关企业在竞争中发展壮大。因此，在中国实行“三网融合”是电信管制体制改革的一个重要内容。

“三网融合”是指电信网可以同时提供电信业务、广电节目传输业务和 INTERNET 业务；同时，广电网和计算机网也可以同样提供这三类业务。这就是说，三网融合是在电信网、广电网和计算机网独立或相对独立存在的前提下，各自提供多样性业务，彼此间开展业务竞争。因此，更确切地说，“三网融合”就是“三网业务融合”。从表面上看，三网融合的障碍是电信部门和广电部门的利益之争，但根本原因是电信部门和广电部门分别属于两个政府主管机关——信息产业部与国家广播电视总局，两者对“三网融合”有不同的观点，各说各的理，很难协调，国务院目前只能采取折衷办法，即实行“井水不犯河水”的政策，双方互不进入，各自垄断经营。但这只是权宜之计，既不利于优化配置通信资源，也不利于运用竞争机制，影响社会主义市场经济体制的建立与完善。因此，笔者认为，要从根本上消除“三网融合”的障碍，一种较优（或许不是最优）的政策选择是建立“三网统一”的管制体制。对此，主要政策思路是：

1. 在中国正在制定的《电信法》中明确规定实行面向“三网融合”的统一管制体制。如美国的《通信法》对电信、广播电视、计算机网络业务都作了统一规定，并鼓励三者在业务上相互渗透，形成交叉竞争。从而为实行三网统一的管制体制奠定了法律基础。

2. 设立超越部门利益的，具有相对独立性的电信管制机构。新的电信管制机构是一个直接向全国人大或国务院负责的机构，具有相对独立性，与部门利益无关，不存在偏向某个部门的色彩。需要强调的是，广播电视节目的制作和播放，对意识形态和文化传统的影响很大，现阶段也未纳入对外开放的范围，因此，广电部门在实行“台网分离”后，国家广播电视总局应对广播电视节目制作与播放加强管理，确保中国意识形态的良性运行，维护中国的文化传统和特色。而广电网络业务经营者可进入“融合”后的电信市场，开展电信业务活动，参与市场竞争，并归入新的管制机构的管制范围。

3.促进“三网融合”，充分发挥竞争机制的积极作用。“三网融合”的主要特点是，在保留电信网、广电网和计算机网独立存在的前提下，鼓励三者在业务上相互渗透，形成有效竞争。值得注意的是，对于电信网与广电网在业务上相互渗透的问题，中国争论的焦点是：双方应该是不对称准入，还是应该对称准入？主张不对称准入的观点认为：广电网具有特殊性，它不是一般性的信息传播娱乐工具，更不是赚钱的商业机器，不允许由于技术上的原因引起政治上的差错，正是由于这种政治上的极端重要性和广播电视的公益性，决定了广播电视目前不存在商业意义上的竞争，也必须有一套高度安全稳定的信号传输系统。所以，目前最好的制度安排是不对称准入，让广电网单方面进入电信市场。而主张对称准入的观点则认为：三网融合是电信网与广电网在业务上的融合，广电网的业务主要是传输广电节目，而不包括制作与播放广电节目。因此，“三网融合”绝不意味着把广电网并入电信网，而是在广电网独立存在的前提下，通过台网分离，使广电网经营企业能够独立出来，成为电信市场新的竞争主体。同时，实行对称准入，应允许电信网络经营企业进入广电市场，传输广电节目。笔者认为，允许广电网经营电信业务，这是打破垄断（主要是本地电话垄断）的最有效形式，但如果采取不对称准入政策，在打破电信垄断的过程中，就必然会助长广电更大的垄断权力，即广电网络企业在经营电信业务的同时，还垄断着对广电节目的传播。这就为广电网络企业采取反竞争的内部业务间交叉补贴战略提供了潜在可能性和客观条件。市场经济是一种竞争经济，市场经济体制的建立与完善,要求全面打破各个领域的垄断,而不是在打破某种垄断的同时,产生或强化另一种垄断。显然,电信网与广电网对称准入,才能同时打破电信和广电的垄断,全面引进并强化市场竞争机制。

三、建立与完善对电信管制机构的社会参与和监督机制

由政府管制者(机构)的"有限理性"(bounded rationality)所决定,为了制定与实施科学的管制政策,需要各方面的社会公众向管制机构提供信息,参与管制政策的制定与实施过程。同时,管制机构是由具体的管制人员组成的,这些管制人员也是"经济人",也具有私利的特性,因而存在管制者被受管制者(主要是企业)"俘虏"的潜在可能性,为了尽可能避免这种潜在可能性转化为现实性,这就要求社会公众、法院和其他政府机构对某一特定管制机构进行监督,以形成制衡关系。因此,建立并不断完善社会参与和监督机制,是政府管制机构公平、公正、公开地制定与执行管制政策的制度保证。

在社会参与和监督机制方面,FCC 为我们提供了许多经验。FCC 鼓励社会公众参与的主要途径包括:(1)FCC 通过其网站、图书馆、每日文摘、举行公开会议等方式,让公众有机会能充分获取有关 FCC 的信息。(2)鼓励社会公众按照一定的程序参与管制法规的制定,使管制法规能够比较全面地反映社会各方面的利益。对 FCC 的社会监督则包括更多的层次,如通过举行各种听证会,对 FCC 制定通信管制价格等进行监督;消费者、企业等社会公众如果认为 FCC 在制定与实施管制政策过程中有失公平,可以向法院申诉,实行司法监督。(3)在更高层次上,国会要求 FCC 向其提供年度报告和预算报告等,国会对 FCC 的各种报告进行审查,有时还组织人员对 FCC 进行调查,评估其管制绩效。国会对 FCC 的监督会直接影响 FCC 的预算经费和管制规模,甚至影响 FCC 的命运。正是通过上述社会参与和监督机制,促使 FCC

努力改进管制工作，提高管制效率。

中国信息产业部成立以来，在电信产业的社会参与和监督方面有了很大的进步。如在社会公众获取有关信息方面，信息产业部建立了自己的网址（http://www.mii.gov.cn），并在网站上设有“新闻速递”、“政策法规”、“行业管理”、“体制标准”、“电信资费”、“统计信息”、“科研成果”和“用户申诉”等栏目，供社会公众查阅；又如在电信价格（资费）方面，信息产业部和国家计委已联合举行了几次大规模的电信价格听证会和座谈会，邀请部分人大与政协代表、专家学者、消费者和电信企业等社会各界人士参加；又如在制定电信管制法规过程中，信息产业部也吸收部分电信技术专家、法学家、经济学家等参与，并鼓励参与者从不同角度提出意见。在社会监督方面，社会公众可以向信息产业部直接投诉，促使其实行自我监督。社会公众如果对信息产业部的有关管制政策和裁决不满，也可以向法院提起申诉，要求法院实施司法监督，这些都表明，中国电信产业在社会参与和监督方面已有相当的成效。

但由于中国目前的社会主义民主与法治制度需要完善，政府管制机构自觉要求社会参与和监督的管制理念需要形成与强化，在这种大环境中，在中国电信产业的社会参与和监督方面难免存在不少问题，如价格听证会至少存在两方面的缺陷：一是听证会缺乏广泛性和代表性，参加听证会的人员由政府主管部门指定，实行封闭式听证，难以充分代表社会各方面的利益；二是缺乏反馈性，通常是举行一次性听证会，没有将有关信息进行反馈就制定最终管制价格。又如对于管制法规的制定，尚未建立鼓励社会公众参与的程序，社会公众参与面小且不深入。此外，中国对管制机构的司法监督十分薄弱，这一方面受原有体制的影响，法院系统没有将对管制机构的司法监督作为自己的职责范围；另一方面也受法院业务知识的限制，客观上难以对具有较强专业技术的电信管制机构实行司法监督。

可见,中国在社会参与和监督方面已经率先迈出了第一步,并取得了一定的成效,但许多社会参与和监督途径还处于探索阶段,而且相互间缺乏联系。这意味着在中国尚未形成对电信管制机构具有系统性的社会参与和监督机制。

中国电信管制机构社会参与和监督机制的建立与完善,需要社会公众、法律部门、政府和电信管制机构本身的密切配合,形成一种系统合力,其主要思路包括以下几个方面:

第一,多渠道地让社会公众充分了解有关电信管制信息。社会公众充分了解电信管制信息,这是他们参与和监督电信管制活动的前提条件。因此,电信管制机构应通过因特网、报纸、杂志、广播、电视等信息传递载体,及时、高效地将有关电信管制信息传递给广大社会公众。在因特网日益发展和普及的今天,电信管制机构特别要重视自身的网站建设,让社会公众能快速地浏览、收集有关信息。在这方面,虽然信息产业部与其他许多政府机构相比较,其网站的内容比较丰富,但与美国 FCC 的网站(http://www.fcc.gov)相比,无论在信息的广度还是深度方面,尚有相当大的差距,仍须作出很大的努力。

第二,确立社会公众参与制定有关管制法规的程序。管制法规的制定程序不仅是社会公众参与的制度保证,也是社会公众对制定管制法规过程实行监督的重要依据。其主要目的是让社会公众在确定具体法规的立法目标、形成法规框架、拟定法规草案、修改定稿等主要环节都有机会充分发表意见。

第三,对事关社会公众利益的重要管制问题举行听证会。中国对电信管制价格(资费)调整曾举行价格听证会,并在各方沟通信息,缓解信息不对称方面取得了一定成效,但在听证会参与者的广泛性,代表性和听证程序方面仍需要完善,以更好地发挥听证会的作用。除了价格听证会外,在重要管制政策的制定与调整、电信企业间重要争端的仲裁等方面也可举行听证会。

第四,建立对管制机构的司法监督制度。法院介入电信、电力、铁路等自然垄断产业的管制活动,实行司法监督,这是许多经济发达国家的做法。其特点是司法监督既具有强制性、权威性,管制机构除了上诉,必须服从法院的判决;同时,司法监督也具有严密性、程序性,法院在作出判决前,要对有关事件按照严格的法律程序进行深入细致的调查、取证和审理,并以法律为依据作出判决。这些都决定了司法监督具有不可取代的作用。虽然中国电信管制机构和电信经营企业之间的纠纷也有通过法院解决的案例,但极为少见,而且往往是一些企业违法经营某种电信业务的案件,监督的主要对象一般是企业,法院对电信管制机构的监督作用很小。因此,鉴于司法监督的重要性和中国目前缺乏司法监督的现状,中国应建立对包括电信管制机构在内的政府管制机构的司法监督制度,明确法院在司法监督中的法律地位和效力。

第五,建立对管制机构的绩效评估制度。美国国会十分重视对 FCC 的绩效进行评估,国会要求 FCC 提交年度绩效报告,作为评估 FCC 绩效的基础,同时,国会还专门组织人员,对 FCC 的绩效进行调查,并以绩效评估结果作为一个重要依据,决定 FCC 的预算、职员数量等。这种绩效评估制度有利于促使管制机构按照公共利益目标,高效率地实施其管制职责。美国的这种绩效评估制度无疑对中国有重要的借鉴意义。中国在建立对电信管制机构的绩效评估制度时,需要确定评估的主体,它既可以是全国人大常委会,也可以是国务院,这决定于整个政府管制体制。

第六,加强电信管制机构的自我监督。社会公众监督、司法监督和政府高层监督都是外部监督,为了及时发现问题和解决问题,电信管制机构应重视内部监督,即电信管制机构的自我监督。为此,电信管制机构可以设置一个专门的监督部门,以履行自我监督职责。这一监督部门可以在电信管制机构的网站上设置"欢迎监督"之类的栏目,作为广泛吸收各种外部意见和内部建议的重要途径。在掌握大量信息的基础上,这一监督部门应检查是否存在过时的、低效率的电信管制法规,如果存在,则建议取消;同时,建议制定社会呼声较高,能有效提高管制效率的新法规;此外,认真处理社会各界对电信管制机构的投诉意见,督促某些部门改进工作作风,提高管制效率和服务质量。

第五章　电力产业

电力产业也是中国垄断性产业中管制体制改革较早，在某些方面改革较为深入的一个产业。本章将在讨论电力产业的基本特征与主要业务类型的基础上，分析中国电力产业的市场结构重组政策，着重探讨中国电力产业的分类管制与协调政策。

第一节　基本特征与主要业务类型

从技术特征的角度看，电力产业是由若干个电力系统互联而成的。所谓电力系统，是由发电厂、输电网、配电网和电力用户组成的整体，是将一次能源转换成电能并输送和分配到用户的一个一体化系统。输电网和配电网统称为电网，是电力系统的重要组成部分。发电厂将一次能源转换成电能，通过电网将电能输送和分配到电力用户的用电设备，从而完成电能从生产到消费的整个过程。电力系统还包括保证其安全可靠运行的继电保护装置、安全自动装置、调度自动化系统和电力通信等相应的辅助系统。

电力系统中所有用电设备所消耗的功率称为电力系统的负荷。电力系统负荷随时间而不断变化，具有随机性，其变化情况可以用负荷曲线来表示，根据其反映时间长短可分为日负荷曲线、月负荷曲线、年负荷曲线。其中，日负荷曲线是将电力系统每日 24 小时的负荷绘制成的曲线，其最高点称为高峰负荷，最低点为低谷负荷。高峰负荷与低谷负荷之差称为峰谷差。峰谷差越大,电力系统调峰的难度也就越大。根据日负荷曲线可求出日平均负荷。最小负荷水平线以下部分称为基荷;平均负荷水平线以上部分为峰荷;最小负荷与平均负荷之间部分称为腰荷。电力系统的供电水平和质量可通过负荷曲线反映出来。

电力系统的运行包括四个垂直相关的阶段:发电、输电、配电和供电。发电是由发电厂完成的。根据能源投入物的不同可分为火力发电、水力发电、核能和风能、太阳能、海洋能、地热能等其他能源发电。电能生产出来后,还要通过输电和配电环节才能到达电力用户。输电和配电统称为电力运输,两者的差异在于前者运输的是高压电力,后者运输的电压相对较低。输电是通过输电网来完成的。输电网是电力系统中较高电压等级的电网,是电力系统中的主要网络,起到电力系统骨架的作用,所以又可称为网架。作为配电载体的配电网是将电能从枢纽变电站直接分配到用户区域的电网,它的作用是将电力分配到配电变电站后再向用户供电,也有一部分电力不经配电变电站,直接分配到大用户,由大用户的配电装置进行配电。在电力系统中,电网按电压等级的高低分层,按负荷密度的地域分区,不同容量的发电厂和用户应分别接入不同电压等级的电网。大容量的电厂应接入主网,较大容量的电厂应接入较高电压的电网,容量较小的可接入较低电压的电网。配电网通常按地区划分,一个配电网担任分配一个地区的电力以及向该地区供电的任务。因此,它不能与邻近地区的配电网直接进行横向联系,若要联系应当通过高一级电网来完成,即配电网之间通过输电网发生联系。不同电压等级的电网的纵向联系通过输电网逐级降压形成,而且它们之间要避免电磁环网。各个电力系统之间通过输电线连接,形成互联电力系统。连接两个电力系统的输电线称为联络线。

就经济特征而言,电力产业在总体上具有较为显著的规模经济性和自然垄断性。在电力产业的发电、输电、配电和供电这4个业务领域中,有关理论与实践证明,发电具有一定的规模经济性,太小的发电单位是低效率的。如有的专家曾估计,矿物燃料发电厂的最小经济规模大约为40万千瓦发电量。若考虑到多部门经营的经济性,发电厂的最小经济规模大约为80万千瓦;①而原子能发电厂的最小经济规模至少是矿物燃料发电厂的两倍。但即使是在一个独立的区域性电网内,也不能只建一家电站,仅仅从供电的安全和可靠性角度考虑,也需要对电源结构和布局做多源化安排。因此,电力生产显然不具有自然垄断性。但输电和配电领域具有自然垄断性,因为输电和配电是通过物理电网进行的,如果有两家或两家以上的企业分别建设电网,这就会造成低效率的重复建设。当然,输电和配电的自然垄断性也存在明显差别的,由于输电网是电力系统的主要网络(即网架),因此,输电领域具有显著的自然垄断性。而配电网是一种区域性的电网,它从高压电力输送网中取得电力,然后把电压降到适宜工商企业和民用所需的水平,然后输送给最终用户,因此,配电领域的自然垄断性并没有像输电领域那样显著,在美国的一些城市甚至存在两张配电网并存的现象。对于供电领域,虽然通常的做法是配电与供电实行垂直一体化经营的,但没有经济理由说明电力供应必须由该地区的配电企业提供。至少从原理上讲,大批量采购电力、电力营销、账单服务等业务可以由该地区配电企业以外的企业来提供。如果任何企业能以合适的条件自由运用配电网,那么,电力供应业务就不是自然垄断性的。但从总体上而言,电力产业是一个具有自然垄断性的产业。

电力产业的另一个经济特征是各业务领域具有紧密的垂直关系。

---

① Joskow, P. L., and R. Schmalensee, 1983, *Markets for Power*, Cambridge: MIT Press, p. 53.

发电、输电、配电和电力供应业务共同组成一个“电力产业供应链”，从发电到电力最终消费，各业务环节缺一不可。因此，根据经济学的“木桶原理”，[①]为保证“电力产业供应链”的增值能力和运行效率，必然要求各业务领域协调发展。

外部性是电力产业的又一个经济特征。从电力产业的正外部性而言，电力产业作为国家的先行产业与国民经济发展及其他产业具有密切的相关性。电力产销适度增长是国民经济持续、快速、顺利发展的前提。其作用主要体现在以下三个方面：一是为各行业提供动力支持，保障供给。二是通过电力建设带动相关产业的发展。电力产业对国内的机械制造业牵动作用很大。三是通过推行合理电价，降低国民经济运行成本，提高各行业产品在国际市场上的竞争力。电力产业的负外部性问题主要是环境成本问题。由于电力产业主要的能源投入物是煤、石油、天然气等矿物燃料和原子能、水力、风力等。所有主要能源都涉及环境成本问题，如矿物燃料除了存在不可更新，将来会用尽的问题外，燃烧矿物燃料还会释放二氧化碳、二氧化硫和氧化氮等污染物。这些污染物会导致温室效应和酸雨，造成重大的环境污染。有效地控制环境污染需要进行投资（如脱硫设备）以排除污染物，或者以污染较小的天然气和非矿物燃料代替煤作为发电原料。核事故则会对环境造成灾难性的破坏。利用水力发电固然能避免上述许多环境问题，但利用不当也会影响生态平衡。

从电力产业的技术经济特征分析可见，电力产业的主要业务类型是发电、输电、配电和售电业务。其中，发电业务和供电业务具有竞争性或可竞争性，但发电业务存在一定的规模经济性，特别是核能发电和

---

① “木桶原理”是指，以特定数量的木材制作一只木桶，木桶的容积是由最短的一块木材决定的。意指在整体和局部的关系中，有时局部往往对整体具有决定性作用。

火力发电。输电业务和配电业务则具有自然垄断性，两者的区别是，输电业务具有强自然垄断性，而配电业务则属于弱自然垄断性。虽然电力产业还包括发电能源供应、各种电力设备的生产和销售等业务，但这些业务属于一般性的竞争性业务，因此，这些业务不是本书讨论的主要内容。我们可用表 5－1 简要描述电力产业的主要业务及其性质。

表 5－1 电力产业的主要业务及其性质

主要电力业务	业务性质
发 电	可竞争性
输 电	强自然垄断性
配 电	弱自然垄断性
售 电	潜在竞争性

第二节 加入 WTO 对电力产业的影响

中国电力产业是较早对外开放的一个垄断性产业。早在 1984 年，深圳沙角 B 电厂就采用中外合作经营方式兴建。合资中方为深圳特区电力开发公司（A 方），合资外方是一家在香港注册专门为该项目成立的公司——合和电力（中国）有限公司（B 方）。它于 1984 年签署合资协议，1986 年完成融资安排并动工兴建，并在 1988 年建成投入使用。深圳沙角 B 电厂的总装机容量为 70 万千瓦，由两台 35 万千瓦发电机组成。项目总投资为 42 亿港币，被认为是中国第一次使用 BOT 融资概念兴建的基础设施项目。1995 年广西来宾 B 电厂作为国家计划委员会的实验项目，运用 BOT 方式与法国电力联合体合作，取得圆满成功，被认为是中国第一个通过国际正规的方式竞争投标的 BOT 项目。此外，还有多家外资企业进入中国电力市场。

虽然在已签署的 WTO 协议中，尚未有专门对中国电力产业提出承诺要求的条文，但 WTO 关于开放市场，进行公平贸易等的原则，从长期看，必将逐渐波及中国电力产业的各个方面。加入 WTO 后，中国电力企业首先要面临与外国企业的竞争，主要体现在以下几方面：

1.加剧电力市场竞争。首先是电力设备的市场竞争。中国的电力设备行业市场开放较早，世界上各大高压开关制造商早已进入中国，占领了国内一定的市场份额。其次是电力生产的市场竞争。外国企业一旦进入中国电力市场，必将冲击国内发电市场，发电市场的竞争将会加剧，电价相应会出现一定的下降，对电力生产企业的整体赢利状况会有一定的影响，在竞争中，逐步淘汰机组规模小、发电效率低的小型电力企业。因此，拥有小机组的电力生产企业要么转型退出发电领域，要么加快对技术的改造以及扩大装机规模，以求得在市场中生存的可能性。从总体情况来看，国内市场份额的让出不可避免。三是电力供应与销售的市场竞争。加入 WTO 后，由于外商进入发电市场展开竞争，电厂上网电价将会有下降趋势，迫使供电企业购网电价下调。但由于售电市场的放开，由上网电价和过网费构成的到户电价随着竞争的加剧也只能降低，最终使用电客户受益。因而，供电企业的利润空间变小。电网经营企业面临着政府定价机制的变革，随着定价原则、办法、程序的改变，以及发电、售电两侧市场的放开和过网费用的限定，只能通过强化管理、降低成本以增加利润。四是电力辅助产业的市场竞争。电力工业主辅分离后，设计、检修、安装进入辅助产业。这些属于竞争性的产业，加入 WTO 后，直接面对国外企业的竞争。

2.电力技术与人才的竞争。电力产业是一个技术性较强、技术变化较快的产业，而当前中国电力产业的许多技术，主要是依靠技术引进和改造，落后于世界先进水平。因此加入 WTO 后，外国企业的先进技术会给中国电力产业带来冲击。同时,外国企业进入中国电力产业后,必然要同中国电力企业在人才方面展开竞争和争夺。

3.电力企业管理方面的竞争。中国加入 WTO 后,会有更多的外国企业到中国投资,这些企业具有现代生产管理技术,较高的生产经营效率。而长期以来,中国电力产业由国有企业垄断经营,缺乏现代管理理念和先进的管理制度,管理水平较低,效率不高。这将使中国电力企业在与外国企业竞争中处于劣势地位。

第三节 市场结构重组政策

一、电力产业市场结构重组面临的基本问题

如前所述,电力产业主要包括发电、输电、配电和供电这四大业务领域。各业务领域内企业的数量及其相互关系决定了电力产业的市场结构,从而决定电力产业的垄断和竞争状况。由电力产业的技术经济特征可知,输电和配电业务具有自然垄断性,发电和供电业务具有潜在竞争性,但这 4 种业务之间需要高度协调。这是因为,电力的整个生产供应系统具有特殊性,发电企业(G)把电力卖给电力购买企业(B),并不是把电力由 G 所在地输送到 B 所在地;而是 G 把一定量的电力从一个接口(node)投入总的供电系统,B 从另一个接口取得所购数量的电力。这样,在任何时候,许多发电企业在多个接口向供电系统投入电力,大量的消费者从无数个接口接收电力。电力是按照以阻力最小的物理法则进行输送的。这决定了在整个供电系统中,电力供应与需求要保持连续性平衡,否则就会发生断电现象。这种供求平衡还有赖于电力生产和输电与配电业务的高度协调。这也是这些业务通常实行垂直一体化的主要理由。如果电力生产和输电与配电之间具有显著的范

围经济性，那么，尽管发电本身不具有自然垄断性，但这些业务的紧密结合就存在自然垄断成本状态。[①] 因此，电力市场结构重组政策的一个中心问题是，在电力生产者之间的竞争中获得的利益是否超过因失去电力生产和输电与配电业务之间的紧密协调性而造成的损失。这在相当程度上决定于对电力生产和输电与配电业务实行垂直分离的条件、这些业务之间的协调状况。在电力产业形成后的很长时期里，世界各国基本上都对电力产业实行垂直一体化的市场结构。但从 20 世纪 70 年代开始，许多国家都逐步认识到，电力产业效率低下的根本原因是在于缺乏市场竞争机制，并试图在电力产业引进与不断强化市场竞争机制的积极作用。

在电力产业运用市场竞争机制，就必然要求改变电力产业原有的垂直一体化垄断的市场结构。这样，政府对电力产业实行市场结构重组就面临着两方面的主要问题：一是垂直重组问题，即在现有技术条件下，是否将自然垄断性业务（输电和配电业务）和竞争性的发电、供电业务相分离，这种分离应达到何种程度并如何逐步推进。二是水平重组问题，即政府如何通过制定放松管制政策以提高各种业务领域（特别是发电和供电业务领域）经营企业的竞争效率，同时防止低水平竞争。这包括对电力产业原有企业的重组和对新企业进入的管制。通过对电力产业原有企业的重组，以形成规模经济与竞争活力相兼容的有效竞争格局。同时，通过放松进入管制，使新企业的数量和规模都适应电力产业的动态需要，在动态上保持有效竞争状态。

---

① 有关电力生产与输送之间存在范围经济性的实证研究可参阅：Kaserman，D. L.，and J. W. Mayo，1991，“Determinants of Vertical Integration：An Empirical Test”，*Journal of Industrial Economics* 33：pp. 483－502；Kerkvliet，J.，1991，“Efficiency and Vertical Integration：The Case of Mine-mouth Electric Generating Plants”，*Journal of Industrial Economics* 34：pp. 467－482.

二、经济发达国家对电力产业市场结构重组的实践

在20世纪80年代,英国对电力产业的市场结构进行了较大幅度的重组,并取得了相当的成效,而且,它为新西兰、澳大利亚、荷兰、挪威等国家所仿效。因此,我们以英国为例,讨论经济发达国家对电力产业市场结构重组的问题。[①]

英国在电力产业政府管制体制重大改革以前,在英格兰与威尔士的国有电力产业被分为两大部分,中央电力生产局负责电力生产和高压电力输送,12个地区电力局负责配电,把电力供应给最终顾客。所以,中央电力生产局垄断了电力批发市场,而各地区电力局则在本地区内垄断了电力零售市场。为了促进竞争,首先需要改变电力产业的这种垄断性市场结构。

英国政府对电力产业市场结构重组的中心内容是,把原来的中央电力生产局从横向和纵向划分为四个部分。从横向看,中央电力生产局原有的电力生产资产分别划拨给国家电力公司、电力生产公司和原子能电力公司(Nuclear Electric)这3个新组建的电力生产企业。当时,这3个企业的电力生产能力在总发电能力中所占的比重分别为:国家电力公司占52%,电力生产公司占33%,原子能电力公司占15%。从纵向看,中央电力生产局原有的电力输送资产转给新组建的"国家电网公司"(National Grid Company),原来的12个地区电力局改组为"地区电力公司"(Regional Electricity Company),它们共同拥有国家电网公司。这样,电力输送与电力生产实现垂直分离后,又与电力配送(即配电)实行了垂直一体化。这后来被许多人批评为英国电力产业市

---

① 对英国电力产业市场结构重组更为详细的讨论,有兴趣的读者可参阅王俊豪:《英国政府管制体制改革研究》,上海三联书店1998年版,第206—211页。

场结构重组的不彻底性。

三、中国电力产业的市场结构重组政策分析

像电信产业一样，中国电力产业的市场结构重组政策也包括放松进入管制政策和对原垄断企业的战略性重组政策这两方面的主要内容。

1.放松进入管制政策。[1] 改革开放以前，中国电力产业一直实行政府垄断经营、高度集中的管制体制。这种体制严重阻碍了电力产业的发展，导致电力产业长期处于紧运行状态，电力短缺成为制约国民经济快速发展的主要因素。显然，单靠中央政府财政拨款建设电厂，发展电力产业远远不能满足社会对电力的加速需求。因此，需要放松进入管制，动员社会力量集资办电。

为了调动地方政府、企业、外资等方面的积极性，从1985年开始，中央政府在电力产业推行以“电厂大家办，电网国家管”为指导方针的集资办电政策，并对新建电厂实行“还本付息”的电价形成机制，以保证投资者的收益。同时，中央政府逐步放松对电力产业的进入管制和价格管制，对地方政府下放管制权限，实行省为经营实体的管制体制。这一放松进入管制政策改变了原来单一的中央政府投资电力产业的格局，中央和各级地方政府、国有和集体企业、外国投资者都参与电力产业的投资，基本形成了投资主体多元化的格局。其政策效应十分明显，大大推动了电力产业的快速发展，电力装机容量每年以新增1000万千瓦的速度递增。到1995年，全国电力装机容量突破2亿千瓦，基本解决了全国性电力短缺的矛盾。

---

① 参见中国基础设施产业政府监管体制改革课题组：《中国基础设施产业政府监管体制改革研究报告》，中国财政经济出版社2002年版，第91—92页。

2. 对原有垄断企业的战略性重组政策。在深化电力产业管制体制改革的过程中，为实现政企分开，1997 年 3 月，根据国务院国发 48 号文件，成立了国家电力公司，由它经营管理原电力部直属或管理的全部电力企业集团公司、省级电力公司及其他电力企业的股权，而各省级电力公司又拥有绝大多数的地区配电公司，这样，国家电力公司实际上就拥有全国半数以上的发电能力和绝大部分的输电、配电供应网络，这就决定了它是一个对发电、输电、配电、供电实行资产和经营垂直一体化的巨型垄断企业。在中国没有另一家电力企业能与它开展平等、有效的竞争。虽然国家经贸委等部门提出要实行“厂网分开，竞价上网”等改革措施，但由于国家电力公司实行发电、输电、配电和供电垂直一体化经营，在这种垄断性市场结构下，“厂网分开，竞价上网”在很大程度上就成为国家电力公司的内部管理问题。进一步说，由于国家电力公司完全拥有电网，作为同一个所有者和利益共同体，国家电力公司很难避免偏重本系统的发电单位，而歧视本系统以外的独立发电企业。这就必然使“厂网分开，竞争上网”的改革效果大打折扣。

根据上述分析，笔者曾撰文指出，①为在中国电力产业有效地运用市场竞争机制，借鉴国外电力产业政府管制体制改革的成功经验，就必须对中国电力产业现有的市场结构实行战略性重组，改革的基本思路就是把中国现有的垂直一体化垄断性市场结构转变为竞争性市场结构。而当前首要的改革内容就是要对具有很大垄断力量的国家电力公司实行纵向和横向分割。在纵向上，把国家电力公司的资产按发电、输电和配电供应分割为三大独立的领域。在横向上，由于发电领域是一个竞争性领域，根据规模经济和电力产业需求，可组建多家独立的电力生产企业，这些企业与现有国家电力公司以外的独立发电企业处于平

① 详见王俊豪：“对国家电力公司实施双向分割”，《经济学消息报》2000 年 6 月 9 日。

等竞争地位，真正实行竞价上网。在输电领域，由于存在自然垄断性，可组建一个国家电网公司，由于中国地域广阔，可在各大区建立国家电网公司的子公司，这也有利于采取“区域间比较竞争理论”，以考核比较各大区子公司的电网运行绩效，提高电网的整体运行效率；同时，应允许电力大用户与电力生产企业签订合同，实行直接供电，对电网公司形成外部竞争压力。而在配电供应领域，由于自然垄断性并不明显，在各地区可存在1—2家独立的配电供应企业，而且，应该借鉴英国等国家的改革经验，从法律上规定任何一个地区的配电供应企业都应以合理的收费，向其他地区的供电企业提供配电网络，以便电力消费者根据价格和服务质量，有权选择电力供应企业，从而在配电供应领域较充分地运用市场竞争机制。这样，才能在中国的发电、输电和配电供应领域有效地运用市场竞争机制，以提高中国电力产业的经济效率，不断降低电价，使广大电力消费者分享到因效率提高而带来的经济利益。

根据国家对电力产业改革的总体部署，国务院于2002年3月份正式批准了《电力体制改革方案》，并决定由国家计委牵头，成立电力体制改革工作小组，负责组织电力体制改革方案实施工作。电力体制改革的总体目标是，打破垄断，引入竞争，提高效率，降低成本，健全电价机制，优化资源配置，促进电力发展，推进全国联网，构建政府监管下的政企分开、公平竞争、开放有序、健康发展的电力市场体系。

电力体制改革的主要内容是，为在发电环节引入竞争机制，首先要实现“厂网分开”，将国家电力公司管理的电力资产按照发电和电网两类业务进行划分。原国家电力公司管理的发电资产被直接改组或重组为规模大致相当的5个全国性的独立发电公司，将逐步实行“竞价上网”，开展公平竞争，它们是中国华能集团公司、中国大唐集团公司、中国华电集团公司、中国国电集团公司和中国电力投资集团公司。以2000年的财务决算数为依据，这5家发电集团公司的资产规模、质量大致相当，地域分布基本合理，在各区域电力市场中的份额均不超过20%，平均可控发电容量为3200万千瓦，权益容量为2000万千瓦左右。详见表5-2：

表5-2 五大发电集团公司的基本情况

发电集团	中国华能集团公司	中国大唐集团公司	中国华电集团公司	中国国电集团公司	中国电力投资集团公司
可控容量（万千瓦）	3797	3249	3134	3078	3015
权益容量（万千瓦）	1938	2121	2116	2045	2222
可控资产（亿元）	1264.62	721.03	760.35	735.48	801.20
权益资产（亿元）	572.68	447.66	497.63	459.95	588.75
职工人数（人）	37712	73368	78448	77305	73847
已拥有独立发电公司	华能国际电力开发 51.98% 华能国际电力股份 42.58%	北京大唐股份 35.42%	山东国际电源开发 35.42%	国电电力股份 34%+9.9%	中电国际 100% 上海电力股份 76.27%
进入的水电流域公司	澜沧江水电开发 56%	龙滩水电 65%	乌江水电开发 51%	清江水电开发 34.20% 大渡河水电开发 90%	黄河上游 87.1% 玉凌水电 56.25%
进入的上市公司	浙江东南股份 25.57%	广西桂冠 54.54% 湖南华银 48.03%	黑龙江电力股份 40.19%	湖北长源股份 37.64%	山西漳泽电力股份 41.27% 重庆九龙电力股份 26.48%

资料来源：姜诏俊，"电力业公司化改革后的公司治理调研报告"，载迟福林主编：《处在十字路口的中国基础领域改革》，中国经济出版社2004年版，第52—53页。

电网环节分别设立了国家电网公司和中国南方电网有限责任公司。国家电网公司下设华北、东北、华东、华中和西北5个区域电网公司。国家电网公司主要负责各区域电网之间的电力交易、调度，参与跨区域电网的投资与建设；区域电网公司负责经营管理电网，保证供电安全，规划区域电网发展，培育区域电力市场，管理电力调度交易中心，按市场规则进行电力调度。区域内的省级电力公司改组为区域电网公司的分公司或子公司。而中国南方电网有限责任公司的经营范围为云南、贵州、广西、广东和海南。

此外，还成立了中国电力工程顾问集团公司、中国水电工程顾问集团公司、中国水利水电建设集团公司和中国葛洲坝集团公司等4家辅业公司。这11家新组建的大型电力公司在2002年12月正式挂牌成立。同时，为加强对电力企业的有效管制，成立了国家电力监管委员会，它是中国垄断性产业中第一个具有专业性的政府管制机构。

中国在电力产业实行的放松进入管制政策，特别是对原国家电力公司的战略性重组政策，为形成有效竞争格局奠定了重要的基础。

深化中国电力产业改革的目标是实现发电、输电、配电和售电业务的完全分离，通过放松进入管制，最终在各业务领域形成规模经济与竞争活力相兼容的有效竞争格局。实现这一目标的基本政策思路是：在对原国家电力公司重组后成立的五大发电集团公司的基础上，培育一批独立发电企业，形成对这五大发电企业的竞争力量。在输电业务领域，国家电网公司下设5个区域电网公司，区域内的省级电力公司改组为区域电网公司的分公司或子公司，从而形成从全国输电网到区域输电网，再到省级输电网的垂直一体化输电网络。而中国南方电网有限责任公司则在南方5省市形成类似的输电网络。在配电和售电业务领域，实行配售业务分离，成立省内地区配电公司，专司配电业务；而售电业务则由许多电力零售公司竞争性经营，它们从配电公司采购电力，然后销售给最终电力用户。这样，通过对中国电力产业的战略性重组，将来中国电力产业市场结构模式为：以5家发电集团公司为主导、存在多家独立发电企业，两大输电公司下垂直一体化的输电网络，许多家省内地区配电公司和大量电力零售企业。

第四节 分类管制政策

电力产业主要包括发电、输电、配电与售电这四大业务领域，这些业务具有不同的规模经济性或成本弱增性，从而决定其不同的自然垄断性或竞争性。在电力产业市场结构重组后，政府需要对不同业务领域实行分类管制政策。由于政府管制的重点是进入管制与价格管制，因此，本节的核心内容是讨论在电力产业市场结构重组后，政府对电力产业的进入管制与价格管制分类政策问题。

一、电力产业的进入管制分类政策

就总体而言，在电力产业放松进入管制，运用竞争机制能提高电力产业的经济效率。但由于电力产业的发电、输电、配电和售电这4个业务领域存在不同程度的规模经济，这就要求政府对电力产业实行进入管制分类政策。

1.发电业务领域。从理论上说，发电业务属于竞争性业务，因此在发电领域引入竞争机制有利于刺激企业降低成本，积极进行技术改造和创新。但电力生产存在一定的规模经济性，若完全放松进入管制，会吸引许多竞争者进入电力生产领域，导致生产能力过剩，这就可能由一种形式的市场失败变成另一种形式的市场失败。因此，政府为了维持发电领域的有效竞争，保证生产效率，就要设置一定的进入壁垒。同时，由于电力生产电源的多样性，不同电源发电厂具有不同的技术经济特征，要促进经济持续发展，应做到各种发电方式之间具有合理的比例结构。政府在制定电力发展规划时，不仅要考虑到发电成本，还要注重新能源的开发，电力产业的长远效益和持续发展。政府可通过制定限制或优惠的进入管制政策，以促使本国电源结构合理化。可见，对发电业务领域实行进入管制的基本内容是:(1)根据国民经济对电力的现实需求和未来需求状况,既要控制新进入发电企业的规模,防止小规模企业进入,避免规模不经济问题;又要控制新企业的数量,使发电能力与电力需求保持动态平衡,以防电力供不应求或过度竞争,这需要政府管制者对电力需求具有较强的预测能力。(2)进入管制政策要与能源政策相协调,政府管制者应让利用水力和那些污染小、可再生能源发电的新企业优先进入,以实现电力产业的可持续发展。对此,将是下一节讨论电力产业环境管制政策的主要内容。

同时,2002年对电力产业原垄断性企业——国家电力公司实行战略性重组后,在发电领域组建了5个大型的发电企业,形成寡头垄断市场结构。为此,政府管制者应实施一定的管制政策,以防这些寡头企业采取合谋行为,以操纵发电市场。对此,英国的做法有一定的借鉴意义。英国在发电领域采取的进入管制政策的特点是,强制具有垄断地位的发电企业向新企业(包括竞争企业)出售一部分电力生产能力,以促进发电领域的市场竞争。如前所述,英国政府在1989年对电力产业实行市场结构重组后,除原子能电力生产外,国家电力公司和电力生产公司实际上构成不对称的(前者的规模明显大于后者)双寡头垄断状况。因此,在这种过于集中的市场结构下,很容易产生严重的低效率现象:从短期看,现有垄断企业可能利用其垄断力量,获取超额利润,从而导致分配低效率;从长期看,丰厚的电力生产利润会诱使过多的企业进入产业,最终扭曲生产效率。为此,英国电力管制办公室在1994年2月要求这两家电力生产企业在以后的两年内,向新企业或其他竞争性电力生产企业分别出售具有400万千瓦和200万千瓦的发电能力的,以煤或石油为发电原料的电站。出售600万千瓦的发电能力(相当于6个大型发电站的发电能力)的电站,将使这两家企业以外的电力生产企业的发电能力提高一倍,这能在很大程度上提高发电领域的竞争程度，从而有利于抑制发电企业制定高于竞争水平的价格行为，并能为电力消费者提供更大的选择空间。[①]

对中国电力产业来说，由于新组建的 5 家大型发电公司规模大体相当，目前还没有迹象表明它们之间会采取合谋行为，但对政府管制者来说，应防患于未然，控制这些大型企业的规模，扶持其他独立发电企业的壮大，以在发电领域形成更具竞争性的市场结构。

2. 输电业务领域。对原国家电力公司实行战略性重组后，在输电业务领域成立了国家电网公司和中国南方电网有限责任公司，并分别划定了各自的经营地域范围。由于输电业务具有强自然垄断性，因此，输电业务领域进入管制政策的重点不是允许一批新的输电企业进入，而是建立模拟竞争机制的管制机制，对输电企业实行激励性管制(这将是后面讨论价格管制的主要内容)。同时，通过建立一个由发电企业和大型电力用户以双边合同的形式进行直接交易的电力批发市场，为大型电力用户提供选择供电商的渠道，从而打破输电企业在输电业务领域的垄断。在发电、输电、配电和售电实行垂直一体化经营的情况下，电力批发业务必须通过输电企业垄断经营的电力批发网(即输电网)进行，这样，由于在电力批发市场上不存在竞争，必然缺乏对控制电力批发市场的输电企业提高效率的刺激。因此，建立一个新的电力批发市场，有利于在电力批发业务领域引进与强化市场竞争机制，迫使垄断性的输电企业提高电力批发业务的运作效率，以减少经营成本，降低收费价格，向用户提供更好的业务。为此，2004 年 3 月，国家电力监管委员会、国家发展和改革委员会共同制定并实施了《电力用户向发电企业直接购电试点暂行办法》(以下简称《办法》)，根据该《办法》，参加试点的

① 详见王俊豪：《英国政府管制体制改革研究》，上海三联书店 1998 年版，第 221－222 页。

单位原则上应处于电力供需相对宽松的地区，且具备以下条件：(1)参加试点的“大用户”(指较高电压等级或较大用电量的电力用户和独立核算的配电企业)、发电企业(含内部核算电厂)、电网经营企业，应当是具有法人资格、财务独立核算、能够独立承担民事责任的经济实体。(2)符合国家产业政策、用电负荷相对稳定、单位产值能耗低、污染排放小的大用户，可申请参加试点。(3)符合国家产业政策、并网运行的发电企业，原则上，装机容量 60 万千瓦及以上且单机容量 30 万千瓦及以上的火力发电企业(含核电)，装机容量 20 万千瓦及以上或单机容量 10 万千瓦及以上的水力发电企业，可申请参加试点。

根据该《办法》，试点的主要内容包括：(1)电网公平开放。在电网输电能力、运行方式和安全约束允许的情况下，电网经营企业应当提供过网输电服务。(2)自主协商直购电价格。大用户向发电企业直接购电的价格、结算办法，由购售双方协商确定，并在相关合同中明确。(3)合理确定输配电价。输配电价由政府价格主管部门按“合理成本、合理盈利、依法计税、公平负担”的原则制定。近期暂按交易所在电网对应电压等级的大工业用电价格扣除平均购电价格的原则测算，报国务院价格主管部门批准后执行。国家出台新的输配电价政策后，按新的政策执行。(4)规范直购电合同管理。参加试点的大用户、发电企业和电网经营企业应签订相关合同(协议)，并严格执行。电量直接购售合同(协议)的主要内容应包括负荷、电量、供电方式、生产计划安排、计量、结算、电价、调度管理、违约责任、赔偿以及争议的解决方式等。(5)专项和辅助服务。电网根据可靠性和服务质量标准的要求，负责提供专项和辅助服务。发电企业和大用户根据合同约定对电网经营企业提供辅助服务。专项和辅助服务价格标准执行国家有关规定。(6)加强调度管理和调度信息披露。发电企业、大用户应当服从电力统一调度，并及时向电力调度机构报送电力直购和过网供电服务相关信息、报表。

电力调度机构应当按照“公平、公正、公开”的原则和有关合同(协议)进行调度,并及时向发电企业、大用户披露电力调度信息。

该《办法》还规定,大用户向发电企业直接购电,一般通过现有公用电网线路实现。确需新建、扩建或改建线路的,应符合电网发展规划,由电网经营企业按投资管理权限报批、建设和运营。大用户已有自备电力线路并符合国家有关规定的,经省政府有关部门组织电网经营企业进行安全校验,并委托电网经营企业调度、运行,可用于输送直购电力。非配电企业的大用户直购的电力电量,限于自用,不得转售或者变相转售给其他用户。配电企业销售直购的电力电量,要严格遵守国家有关政策。参加试点的发电企业和大用户,应按电力统一调度的要求,在电网紧急情况下,参与调峰、错峰、避峰用电。

该《办法》对中国电力产业全面强化竞争机制,特别是打破电网经营企业独家垄断的格局,探索输配电业务分开、电网公平开放的有效途径,加快建立竞争、开放的电力市场,建立合理的输配电价形成机制等方面,将产生积极的推动作用。

不难预料,该《办法》的实施,并在总结经验的基础上扩大实施范围后,将在输电网以外建立一个新的电力批发市场,这就形成两个具有竞争性的电力批发市场,一是由输电企业经营的电力批发网,它在电力批发市场上仍具有主导地位(至少在近期内);另一个是输电网以外的电力批发市场,交易双方主要是发电企业和大型用户,它们将以合同的形式建立较为稳定的电力供销关系。

3.配电业务领域。配电业务的物质基础是配电网,尽管美国等少数国家的一些城市存在两张配电网,但这不是普遍的做法。因此,虽然配电业务不像输电业务那样具有强自然垄断性,但至少具有弱自然垄断性。前面讨论的在大用户和发电企业之间建立新的电力批发市场,这种放松进入管制方式虽然对配电业务领域的地区性垄断有冲击,但主要是为打破输电业务领域的垄断。因此，如何通过有效的放松进入管制政策，以打破配电业务领域的地区性垄断，这是电力管制者面临的难题。显然，在中国目前的技术经济条件下，在同一地区内建成两张配电网缺乏经济合理性。这样，一个可供选择的政策思路是地区配电公司的相互进入，形成有效竞争。对此，英国政府在电力产业已作了探索，值得我们借鉴：[①]英国在供电领域采取进入管制政策的特点是，通过逐步废除各地区电力公司在本区域范围内供应电力的垄断权，允许区域内和区域外企业进入，实行竞争性供应电力。根据在1989年建立的电力产业政府管制体制，在1994年4月前，在电力零售市场上由各地区电力公司实行特许垄断供应，其范围包括电力最大需求量小于1000千瓦时的消费者，他们只能由当地的地区电力公司独家供应。而在电力最大需求大于1000千瓦时的消费者市场上存在竞争，他们有权选择本地区电力公司以外的电力供应企业。这些电力供应企业包括其他地区的电力公司和地区电力公司以外的独立电力供应企业，它们被称为"第二层次供应者"(second tier suppliers，第一层次供应者是指各地区电力公司)。当时就有27个这样的"第二层次供应者"。因此，在电力最大需求量1000千瓦时以上的电力零售市场上，已在相当程度上发挥了市场竞争机制的作用。

按照在1989年电力产业政府管制体制改革时所建立的法律框架，在1994年4月1日后，将各地区电力公司在电力零售市场上的特许垄断供应范围缩小到电力最大需求量在100千瓦时以下的消费者，到1998年，将完全取消地区电力公司的特许垄断经营权。在1998年，地区电力公司对电力最大需求量100千瓦时以下的用户的特许垄断供应

① 详见王俊豪：《英国政府管制体制改革研究》，上海三联书店1998年版，第223—229页。

权取消后，第二层次电力供应企业就对所有的用户开展竞争性供应。为了在向全面竞争过渡时期中有效地保护电力消费者和竞争企业的利益，需要在政府管制方面作出适当的安排。因此，电力管制办公室重申了电力供应企业的职责和义务：14个地区电力公司(英格兰与威尔士的12个地区电力公司和苏格兰的苏格兰电力公司与水电公司)应该执行两种基本职能，一是每个企业在本地区内应高效率、经济地操作和维护配电网络系统，使其他供应企业能有效地运用其配电网络；二是每个企业作为电力供应者，按照其经营许可证规定有权向最终电力消费者供应电力。为了使电力零售供应市场上的阶段性竞争供应安排具有法律保障，电力管制办公室又分别在1997年1月和1997年6月公布了两个有关修改地区电力公司经营许可证的文件，对这些电力供应企业的有关权利与义务作了部分调整。[①] 同时，特别强调指出，任何地区电力公司都必须向其他竞争性企业充分开放其配电网络系统，否则，就不能以第二层次供应企业的身份向其他地区的用户提供电力服务。

通过上述在各地区相互进入的政府管制政策措施，英国的电力供应领域就成为一个竞争性领域。

以上可见，英国是实行配电与售电一体化的体制，而根据前面讨论的中国电力体制改革的目标模式，实行配电与售电相分离的体制。英国的电力体制能取得配电与售电之间的范围经济性，但牺牲了在可竞争的售电业务领域充分发挥竞争机制的机会。相反，中国的电力体制目标模式实行配电与售电相分离，这虽然在近期内会牺牲两者之间的范围经济性，但能为配电和售电业务领域充分运用竞争机制创造制度

---

① 详见：OFFER, 1997. *The Competitive Electricity Market from* 1998：*Overview of Draft Electricity Supply Licences and Codes*；*The Competitive Electricity Market from* 1998：*Standard Amendments to Public Electricity Supply Licence*, Birmingham：Office of Electricity Regulation.

条件，因而能取得长期经济效率。正因为中国和英国在配电和售电业务领域实行不同的体制，这决定了中国不能搬用英国的做法，而需要在配电业务领域独立的前提下，设计一种放松进入管制政策，以促进配电业务领域的竞争。笔者认为，在配电业务领域的竞争至少可以采取两种形式：一是运用“区域间比较竞争”（yardstick competition）理论，[①]通过比较不同地区配电公司的成本，以效率较高的地区配电公司的成本为基准，制定配电管制价格，以促进不同地区配电公司之间的竞争。但这种竞争形式是间接的，不存在进入管制问题，还往往会受到不同地区不可比因素的干扰，而剔除这些不可比因素在实践中存在较大的困难。二是打破配电公司的地区垄断权，各地区配电公司在不同地区间可相互进入，相互渗透。这要求各地区配电公司的配电网以合理的收费价格向外开放，成为“只收过路费的高速公路”。这种竞争方式应成为电力管制政策制定者的第一选择。当然，在管制实践中，也可以结合第一种竞争形式，即在开放各地区配电公司的配电网，制定合理的收费价格时，可运用区域间比较竞争理论，比较不同地区配电公司的绩效。

4. 售电业务领域。在配电与售电业务相分离的情况下，在电力产业四大业务领域中，售电业务领域将成为最具竞争性的业务领域。因此，在售电业务领域放松进入管制的政策目标是，培育相当数量的电力零售企业，形成较为充分的竞争格局。在配电与售电的分离过程中，通过资产剥离，将在各地区范围内首先成立若干家电力零售企业，在此基础上，通过放松进入管制，允许一批新企业进入售电业务领域，成为新的竞争主体。放松管制政策的主要内容是对新进入者的资质进行严格

---

① 对这一理论的详细讨论，可参阅王俊豪：《政府管制经济学导论——基本理论及其在政府管制实践中的应用》，商务印书馆 2001 年版，第 170—175 页。

审查,在明确新进入者数量后,可以实行特许投标的办法,让资质好的企业优先进入售电业务领域。同时,应鼓励民营企业和其他各种所有制企业参与竞争。最终在售电业务领域形成多元化的竞争主体。

综合上面对电力产业的发电、输电、配电和售电业务领域进入管制政策的讨论,我们可用表5-3对电力产业的进入管制分类政策作简要总结。

表5-3 电力产业的主要业务与进入管制分类政策

主要业务类型	现有经营企业	进入管制政策的重点
发电	中国华能、中国大唐、中国华电、中国国电和中国电力投资等5家集团公司,多家独立发电企业	继续放松进入管制,水电和新能源发电企业优先进入
输电	国家电网公司、中国南方电网有限责任公司,这两大公司下的多家区域性和省级输电公司	通过电力大用户与发电企业直接购买,形成输电网外的电力批发市场
配电	省、市、自治区内各地区配电公司	允许地区配电公司相互进入,交叉经营;运用区域间比较竞争管制方式
售电	配电与售电业务尚未分离,目前还缺乏独立的电力零售企业	配电与售电业务分离后,放松进入管制,形成多元化的竞争主体

二、电力产业的价格管制分类政策

在讨论中国电力产业的价格管制分类政策之前,有必须认识对原国家电力公司重组前的电价管制体制。[①] 1985年以来,为缓解电力产业长期存在的供需矛盾,政府采取多家办电政策,为使中外合资、外商独资、集资等独立发电企业能补偿成本,并取得预期的收益,实行多种电价制度,即各省或省级以上电力公司购电的价格因电厂而异(有时甚

① 参考刘世锦、冯飞主编:《中国电力改革与可持续发展》,经济管理出版社2003年版,第34—36页。

至因机组而异)，取决于该电厂的投资来源和电厂的建设日期，这些价格通常称为“上网电价”。1985年以前，主要利用政府拨款建设的所有电厂，以及1985年至1992年期间利用补贴的政府贷款建设的电厂或电厂的一部分，它们的售电价格以原电力部和国家计委每年颁布的目录电价表为根据。这些电价包括直接的运行成本，特别是劳动工资、燃料和维修费用，不包括基建成本(只有适当的折旧、利息和投资的偿还)。对于1986年至1992年期间建设的非中央政府投资的电厂和1992年以后建设的所有电厂，购电价格以“新电新价”的政策为依据。按照这项政策，这些电厂以财务上可偿还债务的价格向省电力公司售电，获得足够的收入用以偿还包括利息的贷款。一般为十年内还贷。这些价格每年由省电力公司确定并呈报省物价局和国家计经委批准。“新电新价”的政策使上述发电厂的平均售电价格大大提高。近期投产的电厂的平均售电价格要高出老电厂售电价格的65%至100%。因此，在发电环节，价格管制制度覆盖范围不全，电网直属发电厂没有独立的价格，独立发电厂有独立的价格，实行“一厂一价，一机一价”。在输配电环节，除个别跨网联络线核定了输电价格外，电网输配环节基本无独立价格，其投入整体上纳入电网企业生产成本，与直属发电厂和独立电厂购电一起捆绑定价。而在电力批发和零售环节，批发电价或趸售电价(即独立的地区配电公司从省电力公司购电时的电价)和零售电价(即最终用户从省电力公司或独立的地区配电公司购电时的电价)，一般以省为单位统一制定。省级电力零售与批发电价由国家计委制定并发布，称为目录电价。在实际中，电力用户在支付电费时，除了支付目录电价形成的费用外，还要根据各省各地区的不同情况，交纳一定的基金和附加费。我们把中国电力产业上述电价管制制度可用图5-1表示。

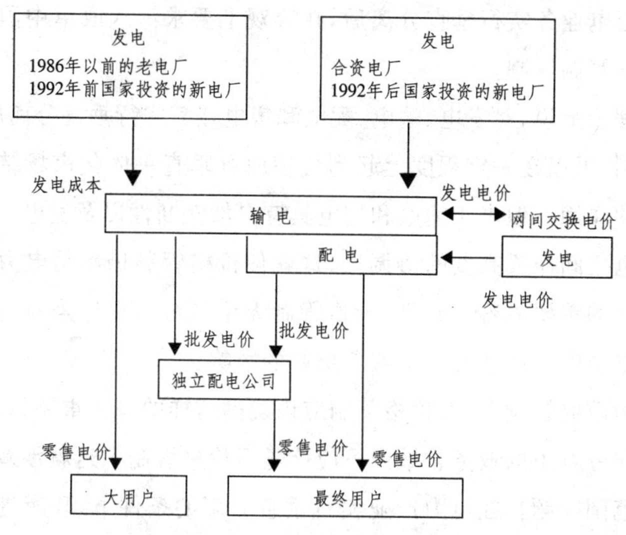

图 5－1 原有电价管制体制

1985 年以来推行的"新电新价"制度，虽然有利于调动各方集资办电的积极性，但也暴露出严重的问题：在政府管制电价的市场经济国家，新建电站可行性分析的核心内容就是预测运营后的电价能否为消费者所接受。因而项目的批准前提是政府与电力企业在未来的电价安排上达成一致，也就是先定价、后建厂。而中国的电力建设项目基本上都是建成后才由物价部门报批电价，即先建厂、后定价。管制价格在制定程序上倒置。这就造成现行的指导性电价各构成要素及其比例的规定在地区之间很不相同，甚至不同企业、不同机组之间也未能统一。管制规则的不统一显然违反了市场经济规律和市场公平的原则。再加上独立电厂的迅猛发展，机组性能容量与运行成本千差万别，电价管制与成本、项目审批等相关部门之间缺乏协调机制，导致政府对电力企业的管制能力弱化。在电价之外还要加收建设资金，使政府管制电价的职能分散，更降低了价格管制效率。因此，改革原有的电力价格管制体制势在必行。更为重要的是，对原国家电力公司实行重组，对发电、输电、配电和售电业务实行垂直分离后，在客观上要求深入改革中国电力产业的价格管制体制。

从理论上说，对发电、输电、配电和售电业务实行垂直分离后，通过竞争机制，可以在一定程度上起到代替原有垂直一体化市场结构下价格管制的作用。但由于输电和配电具有自然垄断性以及发电、输电、配电和售电之间需要高度的协调性，这就使价格管制仍然是电力产业政府管制中的重要内容。并且，价格管制无论是对用户还是对电力生产者甚至整个电力产业发展都有着重要的影响。

作为政府管制者，对价格管制应该遵循这样的一个重要原则：在实现比较充分竞争的业务领域内不应该进行价格管制。这就涉及到价格管制的范围问题。在电力产业实行垂直分离的条件下，政府进行价格管制的范围是具有或存在事实上的垄断性业务，因而对输电、配电和零售供应小顾客实行价格管制显然是必要的。但对于一些竞争性业务，如电力生产和供应大型用户是否实行价格管制或管制的程度如何，这在很大程度上取决于放松管制和市场结构重组政策为这些业务实现高效率竞争而创造的条件。

在属于竞争性的发电业务领域，价格管制的最终目标是完全实现"竞价上网"。但目前还存在许多制约因素，例如，竞价上网只有在电力比较充裕的条件下才能实现，但近期内中国存在较为严重的供需矛盾，在电力供不应求的状况下，高价电也不难出售，这就制约了竞价上网的有效实行。更为重要的是，目前，各发电企业之间存在明显的不平等竞争问题，这主要表现在：对 1985 年前建成的老电厂一般是国家投资，而且环保要求低，造价低，现行上网电价较低；而 1985 年后新建电厂实行以个别成本为基础的还本付息电价，环保要求高，而且，由于缺乏对电厂投资成本的约束和经营成本的控制，致使工程造价高，现行上网电价较高。这必然使新电厂在上网电价上处于劣势。如果新老电厂在不同基础上完全实行“竞价上网”，必然造成污染严重的老电厂发电利用小时高，而达到排放标准的新电厂利用小时低，不利于提高能源利用效率、减少环境污染，也不利于技术进步。[①]因此，“竞价上网”应是一个不断推进的过程，这需要适度放松进入管制，增加电力供应能力，也需要强制老电厂增加排污设备，新电厂降低运行成本，使新老电厂的竞争基础不断趋同。同时，在电力大用户和发电企业之间建立新的电力批发市场后，在电力供应充裕的情况下，发电企业必然竞争性地向电力大用户供电，形成竞争性的电力批发市场，这也有利于降低发电电价。总之，随着电力产业的发展，发电业务领域成为竞争性领域后，优胜劣汰的竞争规律才能真正发挥作用，那些小规模、高能耗、低效率的发电企业才能退出市场。

输配电业务领域是具有自然垄断性的业务领域，竞争机制的作用相对有限，因此，它是价格管制的重点业务领域。如前所述，在对电力产业实行战略性重组前，原国家电力公司对所属电厂、输配电和售电实行垂直一体化垄断经营，输配电网的投资和运行成本与所属发电企业的电厂成本、向独立发电企业的购电成本一起形成输配电网目录电价，输配电环节的价值包含在目录电价内，输配电业务环节没有独立的价格。因此，在电力产业实行战略性重组，发电、输电、配电和售电业务相分离后，如何对具有强自然垄断性的输电业务实行有效的价格管制，这无疑是中国电力管制者面临的一个难题。

从一些经济发达国家对电力价格管制的经验看，如英国在电力产业实行市场结构重组后，对具有自然垄断性的输电与配电业务都实行具有激励性的最高限价模型（即 $RPI-X$，在实际应用时，定价模型为

---

① 参考刘世锦、冯飞主编：《中国电力改革与可持续发展》，经济管理出版社 2003 年版，第 37 页。

$P_{t+1}=P_t(1+RPI-X)$),[1]而且,为了促使输电企业不断提高效率,X值(生产效率增长率)有不断提高的趋势,如1989年电力产业重组时,英国政府对国家电网公司的电力输送管制价格所确定的X值为0,1992年,英国电力管制办公室(OFFER)对输电管制价格进行评价,其结果把X值从0调整到3%,1996年英国电力管制办公室对输电管制价格又进行了周期性评价,将X值由3%提高到4%,即实行$RPI-$4%的最高限价模型。而英国各地区电力公司的配电价格管制模型中,1989年,X值从0到2.5%不等,如在伦敦电力公司的配电价格模型中,X值为0;南威尔士电力公司的X值为2.5%;而约克郡电力公司的X值为1.3%。这种差别主要是由于各地区的配电基础设施建设状况不同,为补偿成本,投资需要量越大的地区电力公司,其价格模型中的X值就越小,反之亦反。1995年起,所有地区电力公司的X值为2%,而从1997年后,X值增加到3%。[2]

笔者认为,在市场经济体制下,政府应该主要按照经济原理制定输配电管制价格,并以促使社会分配效率,刺激企业生产效率和维护企业发展潜力为主要定价目标。[3] 而对中国电力产业而言,由于过去没有独立的输配电价格,当然缺乏制定输配电管制价格的模型,因此,更需要明确制定输配电管制价格的原理和目标,并在借鉴经济发达国家制定输配电管制价格经验的基础上,构建符合中国电力产业实际的输配电管制价格模型。虽然英国的最高限价模型对垄断企业具有较好的激励效应,政府不需要审核企业的成本和利润,但它是以一个合理的基价

---

① 对最高限价模型的详细讨论,请参见王俊豪:《政府管制经济学导论——基本理论及其在政府管制实践中的应用》,商务印书馆2001年版,第105—110页。

② 详见王俊豪:《英国政府管制体制改革研究》,上海三联书店1998年版,第215—216、230—233页。

③ 对制定管制价格的经济原理和目标的讨论,可参见王俊豪:《政府管制经济学导论——基本理论及其在政府管制实践中的应用》,商务印书馆2001年版,第98—100页。

为假设前提的，而基价的确定必然要以成本为基础，这就决定了在构建中国输配电管制价格时不能回避成本问题。而且，英国的最高限价模型有时会抑制企业投资，影响正常投资的连续性。因此，中国在制定输配电管制价格时，可采用本书第三章第四节曾较为详细讨论的价格管制模型，即

$$P_{t+1}=\frac{C_t(1+RPI-X)}{1-r}\times Q$$

当然，在具体运用时，可根据输配电业务领域的实际情况作必要的调整。

最后，对于中国的售电业务领域，虽然它属于竞争性业务领域，从长远看，应实行竞争性定价机制，但目前还实行配电与售电一体化经营，即使在两者分离后的一定时期内，也不可能实现充分竞争，因此，在实现竞争性定价前，还需要实行价格管制，以保护最终用户（特别是中小用户）的利益。对此，英国的做法是在1989年—2000年这一过渡期内，仍对售电业务实行价格管制，虽然配电与售电实行一体化经营，但对两者分别实行价格管制，其中，配电管制价格模型在前面已作了讨论，售电管制价格模型为：$RPI-X+Y$，其中，Y为成本转移项，按下式计算：

$$Y=T+U+E+F$$

在上式中，T和U分别为输电成本价格与配电成本价格，两者分别由不同的价格管制模型确定，E为电力采购成本，F为矿物燃料税。以上各项之和约占电力供应成本价格的95%。如在1992年，以上各项构成分别为：输电成本3.9%，配电成本23.8%，向电力生产者购买电力的成本58.3%，矿物燃料税9.3%。这就是说，电力零售供应价格管制模型只对剩余5%的成本产生效果。电力采购成本是按照地区电力公司经营许可证中的“经济采购义务”（第5条）实行转移的，而矿物燃料税是以地区电力公司按照规定的义务购买一定数量的非矿物燃料

电力的一种补偿,这种税收实际上是对原子能电力的一种间接补贴,以鼓励地区电力公司采购原子能电力。在1989年,在$RPI-X+Y$的价格管制模型中,每个地区电力公司的X值都为0,1993年,英国电力管制办公室对各地区电力公司的电力零售价格进行了评价,从1994年4月开始,将售电价格管制模型从$RPI-0+Y$调整为$RPI-2\%+Y$。由于在售电价格管制模型$RPI-X+Y$中,所有输配电和购电成本等(Y)都转移到最终销售价格中,因此,X值的大小对销售价格的影响并不大。为了更好地保护消费者的利益,并促使企业在输电、配电和采购电力等环节尽量降低成本,英国电力管制办公室决定对电力零售价格实行$RPI-X$的最高限价模型,即取消了原来价格管制模型中的成本转移项(Y)。这无疑增加了电力零售供应企业的风险。这是因为,虽然电力零售企业能预测输电和配电成本(两者都受价格管制),但难以较准确地预测变动幅度较大的电力采购成本,如果电力采购成本加上各项转移成本接近或超过最高限价,企业就只能取得微利甚至亏本,这迫使电力零售企业积极寻找价格较低的电力供应企业,同时,努力提高企业的经济效率。显然,英国的做法值得我们借鉴。

我们可用表5-4对上述价格管制分类政策作简要总结。

表5-4　电力产业的主要业务与价格管制分类政策

主要业务类型	现行价格制度	价格管制政策
发电	老厂老价、新厂新价	推行"竞价上网",发电企业与电力大用户双边协商定价
输电	无独立输电价格	实行严格的价格管制;建议采取最高限价模型
配电	无独立配电价格	在配电企业实现地区间交叉经营后,可放松价格管制;建议采取最高限价模型
售电	输、配、售电一揽子定价	在过渡期内实行价格管制,当电力零售市场实行较为充分的竞争后,可放松价格管制

第五节 协调政策

由电力产业技术经济特征所决定，发电、输电、配电和售电业务具有缺一不可的垂直关系，需要高度协调。在这些业务由一家垂直一体化企业垄断经营的体制下，各业务之间的协调是企业内部的事。但在电力市场结构重组后，这些业务不仅由不同企业承担，而且，同一种业务也往往存在多家竞争者。在这种新体制下，客观上要求政府设计一系列的协调政策，以保证电力产业的正常运行与协调发展。我们将从电力市场交易规则、能源管制政策、投资管制政策、环境管制政策这四个方面讨论电力产业的协调政策。

一、电力市场交易规则

在市场经济下，从发电到最后售电消费，都是要通过电力市场交易实现的。因此，为保证电力产业的协调，客观上要求建立电力市场交易规则。电力市场交易的主要形式包括现货市场交易、双边合同市场交易和期货市场交易。各种交易类型都有不同的特点，并需要相应的市场交易规则，以规范电力市场主体的交易行为。

现货市场交易是由发电企业竞价形成的次日（或未来 24 小时）的电能交易以及为保证电力供需的即时平衡而组织的实时电能交易。在现货市场上，供电方主要是发电企业，但也可能是预计电力需求低于双边合同规定的电力零售企业和大用户；而需电方主要是电力零售企业和大用户，但也可能是发电量低于双边合同的发电企业。[①] 对中国电

① 刘世锦、冯飞主编：《中国电力改革与可持续发展》，经济管理出版社 2003 年版，第 41 页。

力产业来说，这还是一种较新的、面临许多实际问题的交易形式，但在一些电力体制改革较早的经济发达国家，已有多年的实践，有不少经验教训值得我们借鉴。例如，英国在1989年电力产业改革时，为协调电力产业主要业务垂直分离后各市场主体的利益，制定了一套现货市场交易规则，[①]后来被许多国家所仿效。这种交易规则的核心内容是建立一个批发电力网或称电力库（wholesale power pool），它是一个大批量电力交易的"批发市场"，这个电力网的经营者是英国唯一的输电经营企业，即国家电网公司。电力生产者以获取"电网采购价"（pool purchase price，简称PPP）向批发电力网供电，地区电力公司、电力零售供应者和大型用户以"电网销售价"（pool selling price，简称PSP）从批发电力网取得电源。这种大批量电力供销关系及其价格构成则是十分复杂的。[②] 每天上午，电力生产者必须向国家电网公司递交一张报单，具体说明第二天将运行的每一个发电机组和供电量，并提出供电价格。国家电网公司按照电力生产者提出的各发电机组的电价建立一个"优效秩序"（merit order，如果电力生产者的报价反映边际成本，并考虑到电耗，这就可望成为高效率的优效秩序），以此为主要依据并结合下一天电力需求估计量来分派具体的发电机组，实现电力供应成本最小化，并根据总的供电量与电力需求量，确定下一天每半小时的市场出清（即供需平衡）价格，这种价格被称为"系统边际价格"（system marginal price，简称SMP）。这是因为，如果电力生产者的报价反映边际成本，SMP就是优效秩序中边际发电机组的操作成本。此外，电网采购价还

① 详见：George Yarrow，1996，"Privatization，Restructuring，and Regulatory Reform in Electricity Supply"，in Matthew Bishop，John Kay and Colin Mayer，*Privatization & Economic Performance*，Oxford University Press，pp. 72—73。

② 详见王俊豪：《英国政府管制体制改革研究》，上海三联书店1998年版，第210—213页。

包括电力“容量费”(capacity payment)，国家电网公司在提前一天计算SMP时，电力供应和需求都存在相当大的不确定性。电厂突然运转中断或电力需求猛增都会引起电力需求超过供给而导致断电。国家电网公司要估计每半小时的“超负荷概率”(loss of load probability，简称LOLP)，因断电对用户造成的估计成本被称为“超负荷损失值”(value of lost load，简称VOLL)，1989年它被定为每千瓦时2英镑，以后随价格总水平的上升而提高。这样，国家电网公司在特定的半小时内向电力生产者支付的电网采购价可用下式表示：

电网采购价＝系统边际价格＋超负荷概率值(超负荷损失值－系统边际价格)

或简化为：

PPP＝SMP＋LOLP(VOLL－SMP)

上式右边的第二项即为电力容量费。电网采购价加上一定的增值量(uplift)即为电网销售价，因此，电网销售价可表示为：

电网销售价＝电网采购价＋增值量

或简化为：

PSP＝PPP＋Uplift

上式中的增值量包括许多因素，如采购超量的电力以稳定电力供应系统而发生的成本、电网的经营利润等。

英国的这种现货市场交易规则曾被一些欧洲国家、澳大利亚、美国加州等国家和地区所仿效。但十几年的运行结果表明，在电力产业中，以现货市场交易为主导交易形式存在不少问题。这是因为，在现货市场上，由于受供求状况等因素的影响，电价波动往往很大，与电力供需双方的预期价格与利润往往会产生较大的差异，从而影响企业利润的稳定性。同时，大型发电企业往往会利用其市场势力操纵市场。例如，1991年，英国电力管制办公室对电力现货市场的价格作了评价、检查，结果发现，主要发电企业对电力价格有相当的影响力，发电企业操纵电价的其中一种方式是在向国家电网公司提供次日的报表时，先是宣称一些发电厂不运行，但后来又宣称这些电厂可以运行。由于超负荷概率是按照电力生产者所呈报的发电容量计算的，因此，电力管制办公室认为，电力生产者的这种做法实际上是滥用其主导地位以提高电网价格。电力生产企业关闭电厂也可能是为了通过扩大超负荷概率以提高电网价格。鉴于这种分析，电力供应（管制）总监提出增加电力生产企业的经营许可证条款，以禁止其在呈报发电容量和关闭电厂方面的垄断行为，并授权其他竞争性发电企业购买主要发电企业准备关闭的电厂。电力管制办公室在 1993 年再次评价了电价，重新检查了原有的一些问题，其结论是：国家电力公司和电力生产公司拥有垄断力量，并且滥用了这种垄断力量。为此，电力管制办公室要求这两家主要发电企业向其他竞争性发电企业出售电厂，以削弱这两家主导企业在发电领域的垄断力量。但最终没有在根本上解决问题。这导致英国在 2001 年 3 月起，电力市场交易的主要形式以双边合同市场取代了现货市场。美国加州的电力危机进一步加深了政府管制者对现货交易市场可能产生风险的认识。

双边合同市场交易是指电力供需双方通过签订电力买卖合同进行的电力交易。合同价格主要以供需双方协商决定。根据合同期限长短，这种双边合同通常可分为一年及以上的长期合同和周、月、季及一年以下的短期合同。由于双边合同市场交易能避免现货市场交易的价格波动、主导企业操纵电力市场等弊端，因此，它已是许多国家电力市场交易的主要形式。特别是对中国来说，在近期内电力供需矛盾还比较紧张，更应该以双边合同市场交易为主要形式。双边合同一旦签订，供需双方必须严格履行，但由于多种原因，实际供需量和合同供需量往往存在不同程度的差异，为此，供需双方可以通过现货交易市场进行调节，以实现供需的实际平衡。可见，现货交易市场是调节双边合同市场的重要手段，可作为双边合同市场交易的补充形式。双边合同市场交易规则的重点是规范合同内容，要求合同双方在协商的基础上，应明确总电量、分阶段（如季、月、周、日）电量计划、最低与最高电力、交易价格、计量、电能损失承担、结算、违约处罚等款项，以此作为监督合同的执行及其对违反合同处罚的基本依据。

期货市场交易是指在规定的交易所，通过期货合同进行的电力交易。由于期货合同是在确定的将来某时刻按确定的价格购买或出售电力的协议，它受许多难以预见因素的影响，存在相当的投机风险。因此，在实际中较少运用这种交易形式。

在中国电力产业实行市场结构重组后，在发电、输电、配电和售电各业务领域将存在许多独立的经济利益主体，它们之间的经济行为主要表现为市场交易行为。因此，为规范各类电力企业的市场交易行为，迫切需要制定一套适合中国电力产业实际的市场交易规则。为此，国家电力监管委员会制定了《电力市场运营基本规则》（试行），并从 2003 年 8 月 1 日起试行，它对市场成员、交易类型（特别是合约交易和现货交易）、输电服务、辅助服务、电能计算与结算、系统安全和信息披露等方面作了原则规定。它是目前中国规范区域电力市场的主要政策依据。

二、电力产业的能源管制政策

发电的能源投入物可以分为煤、石油、天然气等矿物燃料和原子能、水力、风力、太阳能、沼气、地热等非矿物燃料两大类。矿物燃料不仅不能再生，而且，其使用结果会释放二氧化碳、二氧化硫等污染物，造成环境污染。而在非矿物燃料中，除了原子能发电存在潜在的核事故危险外，其他非矿物燃料对环境的影响较小，而且，其资源可以再生，不存在枯竭的问题。同时,利用水力、风力和太阳能等资源发电不需要燃料消耗,这能避免燃料价格波动的影响。此外,许多可再生能源项目规模较小,在电网上可以广泛布点,这能减小意外事故和电网故障的风险。因此,电力产业能源政策的基本目标是,政府要制定一定的优惠政策,鼓励发电企业多使用污染少、资源可以再生的非矿物燃料。

由于中国的水力资源非常丰富,因此,特别要大力发展水电。根据有关资料,①中国水电资源得天独厚,居世界第一。水电资源理论蕴藏总量达6.7605亿千瓦,可装机容量为3.7853亿千瓦,年发电量1.92万亿千瓦时。但是,目前中国水电开发的程度却很低,开发率不足17%,按发电量计算则只有9%,不但远远低于美国、加拿大、法国等发达国家,也低于巴西、埃及、印度等发展中国家。中国水电开发程度低,既有水电开发周期长、投资大的原因,也与水力资源大多位于中国西部地区有关。因此,中国一方面应加大对水电开发的投资,另一方面要重点建设"西电东输"骨干电网,并协调好中西部地区和东部地区之间的各种经济利益关系。除了大力开发水力资源外,中国政府还应重视开发风力、地热、太阳能等能源。由于风力发电能减少环境污染,而且风力取之不尽,成本低廉,因此,风力发电正在全球逐渐流行,并成为增长最快的能源。据"世界监察研究所"估计,1998年世界利用风力的发电量达960万千瓦时,比1997年增加35%,比三年前增加1倍,增长率几乎是石油能源的10倍。② 近几年来,中国也比较重视发展风电,推出第一批风电特许投标项目。同样,地热、太阳能等能源的开发潜力也很大。

---

① 参见谢然浩:"中国水电要做世界第一强",《经济日报》2000年1月15日。

② 参见"风力发电将成全球增长最快能源",《中国电力报》1999年3月20日。

根据有关资料,[1]近年来,中国的电源结构有所改善,在发展火电的同时,对控制环境污染相对有利的水力发电、核电和利用新资源与可再生能源发电都有了不同程度的发展。如水电装机容量已由1990年的36050MW增加到2000年的79350MW,增长了120%,居世界第三位;核电从无到有,目前装机容量为2100MW,已占电力装机总容量的1%以上,而且还有正在建设的核电装机容量6400MW。其他如风力发电、地热发电、潮汐发电和太阳能发电等也有了长足的发展。但相对于中国巨大的可再生资源和国际上可再生资源利用情况看,中国的可再生资源利用率还是比较低的。因此,中国政府应借鉴国外的经验,制定具体的政策措施以促进对可再生资源的开发和利用。

1. 可再生资源供电配额制。它强制性地要求每个电力供应企业在所提供的电力总量中,必须提供一定比例的,利用可再生资源发电的电力。例如,英国在1989年颁布的《电力法》中,以法律形式要求每一个地区电力公司(配售电企业)保证使用一定数量的、以非矿物燃料(即可再生资源)作为发电能源而生产的电力。地区电力公司所承担的这种义务被称为“非矿物燃料义务”(Non-Fossil Fuel Obligation)。这种可再生的非矿物燃料主要包括风力、太阳能、沼气、工农业和城市垃圾、海潮、地热等资源。按照经营许可证的有关条款,地区电力公司可以通过三种途径满足“非矿物燃料义务”:一是自己拥有并经营非矿物燃料发电厂;二是各地区电力公司分别与利用非矿物燃料发电的电力生产者签订电力购销合同;三是地区电力公司通过“非矿物燃料电力采购代理机构”作为其代理商,集中向利用非矿物燃料发电的电力生产者签订电力购销合同。地区电力公司因采购非矿物燃料发电的电力而增加的成

---

① 参见刘世锦、冯飞主编:《中国电力改革与可持续发展》,经济管理出版社2003年版,第52页。

本,可通过向电力用户征收"矿物燃料税"而得到补偿。中国在制定可再生资源供电配额制时,英国的做法值得借鉴。

2.优惠电价政策。由于利用可再生资源发电的成本往往在相当程度上高于火力发电的成本,这就使以可再生资源为能源的发电企业在"竞价上网"时处于劣势地位。为此,政府应制定优惠电价政策,以利用同一种可再生资源发电的平均成本加上一定的利润制定上网电价,并保证优先上网。对于利用可再生资源发电的上网电价和平均上网电价之间的价差,政府可通过一定的税种加以补贴。

3.税收和融资政策。政府可以采取多种税收政策,以促进对可再生资源的开发与利用。如对进口有关发电设备与技术减免进口关税,对利用可再生资源的发电企业减免或优惠增值税与所得税等。银行(特别是国家开发银行)应优先向利用可再生资源发电建设项目和有关企业贷款,并实行低息和贴息等政策,以扶持这些项目和企业的建设与发展。

三、电力产业的投资管制政策

从总体上而言,目前中国电力产业的供需矛盾比较突出,缺电现象比较普遍和严重,制约了国民经济的快速发展。因此,政府对电力产业应实行适度放松投资管制政策。但在电力产业实行市场结构重组,并将对不同业务领域实行分类管制政策后,电力产业投资管制政策的核心内容是,如何实现发电能力、输配电能力相协调。如前所述,自1985年以来,在发电领域实行多家办电、集资办电政策后,兴建了一大批各种类型的电厂,形成了多元化投资的局面。而在"电站大家建,电网国家管"的政策环境下,在输配电领域,基本上还是实行政府独家投资的体制。这导致电网投资滞后于电源投资,如以1998年为例,电源建设投资约占70%,而电网投资仅占24.6%。这种发电和输配电能力的非均衡发展,必然导致在地区之间不能调节电力余缺,不能有效利用现有的电力资源，迫使缺电的地区重复建设电站。同时，从中国的电源地区分布看，西部的电力资源十分丰富，而电力消费最大的是经济发展水平较高的东部地区。因此，为实现“西电东输”，需要加快电网建设。此外，在发电领域实现“竞价上网”的前提条件是，不仅要求电源供应充分，而且需要有大容量的电网为基础。这些都客观要求中国在进一步加强电源建设的同时，更要重视电网建设。对此，政府可采取多种投资管制政策措施，例如，在国家控股的前提下，在输配电领域放松投资管制，实行投资主体多元化政策；输配电企业通过股票上市、发行债券等形式从资本市场上大规模融资；继续实行在售电价格中加价征收电力基金政策，电力基金作为国家股，主要用于电网建设。更为重要的是，应强制性要求输配电企业在利润额中提取相当比例用于电网建设，增强企业扩大再生产的能力。

同时，电力产业的投资管制政策还应该与电源政策相适应，其目标导向是限制企业新建或扩建能耗大、污染严重的电力投资项目，特别要严格控制设备简陋，污染严重的小火电站建设。另一方面，应鼓励企业建设利用可再生资源发电的投资项目。对此，前面讨论的许多能源管制政策措施同样适用于电力产业的投资管制。此外，为了提高利用可再生资源发电项目的投资效率，对特定的建设项目可实行招投标制，以公开、公平、公正的原则选择高效率的企业作为项目的具体建设者，以降低项目建设造价，从而降低投产后的发电成本与价格。

四、电力产业的环境管制政策

虽然电能是一种清洁的二次能源，但在将一次能源转换为电能的过程中会造成环境污染。因此，电力产业的负外部性问题，实质上就是环境污染问题。由于电力产业的环境污染主要发生在发电环节，而各种发电方式对环境影响的差别很大。在多种发电方式中，火电对环境污染最为严重，电力生产过程中会产生大量的飞灰、灰渍、废水、氮氧化物和硫化物等有害气体。由于中国煤炭资源比较丰富，且长期电力短缺，而火电投资少、见效快。因此，火电在中国整个电力供应量中约占3/4的比重，也造成了较严重的环境污染问题。因此，火电是政府对电力产业环境管制的重点。而在火电中，小火电对环境的污染特别严重。根据有关资料，[①]到1996年底，全国10万千瓦以下的小火电机组装机容量达7570.2万千瓦，占全国火电装机容量的43.3%，占全国电力总装机容量的32%。1996年，小火电机组发电量为3429.2亿千瓦时，占火电机组发电量的39%，占全国总发电量的31.8%。由于技术上的原因，小火电机组存在煤耗高、可靠性差、单位电能污染物排放量大，严重污染环境等问题。这种情况至今依然存在。因此，对中国电力产业环境管制的重中之重就是要关闭一部分小火电站。同时新建和扩建一批污染小，以利用可再生资源为主的发电厂。

从电力产业环境管制政策的角度而言，为解决由环境污染而造成的负外部性问题，政府可以采取多种政策措施，我们可以把这些政策措施归纳为三大类，即行政法规政策、经济政策和利用市场机制政策。[②]

行政法规政策是控制环境污染最基本、最常用的管制政策。例如，政府可以采取行政手段，对电厂烟囱排放物的种类和数量进行限制。政府运用行政法规政策控制由环境污染引起的负外部性问题的基本政策手段是制定排污标准（emission standards)，它是由有关政府管制部门制定并依法强制实施的每一污染源特定污染物排放的最高限度，如某一电厂每日二氧化碳、二氧化硫等污染物的排放量。通常，排污标准

---

① 参见林中萍："关于当前我国电力发展中值得注意的几个问题"，《经济工作者学习资料》1999年第22期。

② 本书第三章第四节已在总体上探讨了环境管制政策，这里将结合电力产业作简要讨论。

和惩罚相联系，超过排污标准的企业将受到惩罚。

政府运用经济政策以解决电力产业环境污染的核心内容是税收和补贴。征收污染税现已成为世界各国最普遍采用的控制环境污染的经济政策措施，其特点是对排污者征税，其目的是使因环境污染造成的负外部性问题内部化，通过税收的形式由排污者承担外部成本。而污染税的标准则取决于特定经济活动所造成的负边际外部成本。同时，对于利用可再生资源等发电的企业，由于其成本高于火力发电成本，但有利于环境保护，产生正外部性，因此，政府应给予一定的补贴，其补贴额取决于特定经济活动所带来的正边际外部成本。

由于电力产业的外部性问题导致市场失灵，造成环境污染，对此，单独依靠政府干预或单独依靠市场机制都难以奏效，只有将政府干预和市场机制相结合才能有效地解决外部性问题，控制环境污染。在电力产业利用市场机制政策的一个重要内容就是实行污染权交易，每一份污染权允许其购买者可排放一单位的污染物。在特定区域内所出售的污染权数量要足以保证环境质量。而政府则可以用出售污染权得到的收入来补贴产生正外部性的电力企业。

上述三类政策各有特点，它们共同构成一个环境管制政策体系。

第六节 电力管制机构

一、电力产业政府管制机构的沿革[①]

在新中国建立后的相当一段时期里，中国电力产业基本上实行高

---

① 参考刘世锦、冯飞主编：《中国电力改革与可持续发展》，经济管理出版社 2003 年版，第 18—21 页；中国基础设施产业政府监管体制改革课题组：《中国基础设施产业政府监管体制改革研究报告》，中国财政经济出版社 2002 年版，第 268—273 页。

度政企合一、垄断经营的体制。中央政府的电力工业部门,作为国务院的行政机构,既是电力产业政策的制定者,也是行业管理机构,行使行业管理和行政执法的职能,同时,又是电力产业的垄断经营者。为改变中国电力产业长期供不应求的状况,国务院在 1985 年颁布了《关于鼓励集资办电和实行多种电价的暂行规定》,并提出了“政企分开,省为实体,联合电网,统一调度,集资办电”的改革方针,十多年后的政策效应是在发电领域打破了国家垄断经营的局面,形成了多元化投资主体,大大缓解了全国性严重缺电的问题。但这一阶段主要是对电力管制政策的调整,而电力产业政府管制机构并没有发生实质性的变化。直到 1997 年,为从根本上解决电力产业政企合一的体制问题,1997 年 3 月,成立了国家电力公司,专门从事电力生产经营活动。在电力部与国家

表 5-5 主要政府机构及其管制职能

政府机构	电力管理职能	其中管制职能
国家经贸委	·制定行业规划、部门规章,拟定政策法规 ·制定行业规范、技术标准、定额标准 ·发放和管理许可证 ·负责电力行政执法,实行行业管理与监督 ·协调电力经济关系,负责供电营业区划分与管理 ·审批电力技改项目 ·负责农电体制改革,指导农村电气化	·制定行业规范、技术标准、定额标准 ·发放和管理许可证 ·负责电力行政执法,实行行业管理与监督 ·负责供电营业区划分和管理 ·审批电力技改项目
国家计委	·提出电力专项发展战略规划 ·规划重大项目布局 ·安排国家财政性建设资金 ·审批电力新建项目 ·制定电价政策和核定电价,实施价格检查	·审批电力新建项目 ·核定电价,实施价格检查
财政部	·制定和监管电力企业财务制度 ·制定电力行业的财税政策 ·监管国有资产的保全	·监管电力企业财务制度
其他部门	环保部门负责监管环保排放标准;工商部门核定企业经营范围;技术监督部门监管电能计量标准等	同左

资料来源:参考中国基础设施产业政府监管体制改革课题组,《中国基础设施产业政府监管体制改革研究报告》,中国财政经济出版社 2002 年版,第 273 页。

电力公司“一个机构、两块牌子”合并运行一年后，1998 年撤销了电力部，组建了国家经贸委电力司，原电力部拥有的行政管理职能移交给国家经贸委。根据国务院 1998 年颁布的各部委《职能配置、内设机构和人员编制规定》，国务院许多政府机构都对电力产业有监督管理权。这就形成了国家经贸委、国家计委、财政部等政府机构对电力产业多家管制的局面。表 5－5 反映了主要政府机构对电力产业的管制职能。

从表 5－5 可见，各政府机构对电力产业都有特定的职责范围，但在实际管制活动中，由于多家管制，容易产生管制职责不分，管制方法与手段缺乏协调性等问题。为解决这些问题，同时，加强政府对关系国计民生的电力产业的管制能力，2003 年 7 月组建了“国家电力监管委员会”，它是中国垄断性产业设立的第一个专业管制机构，也是中国垄断性产业管制体制改革的一个重大创新，深受国内外关注。

二、对现行电力管制机构的批评

国家电力监管委员会成立后，作为一个新型的电力管制机构，在较短的时间内已做了许多开创性的工作。例如，制定与实施了《电力市场监管办法》(试行)、《电力市场运营基本规则》(试行)、《电力市场技术支持系统功能规范》(试行)、《关于区域电力市场建设的指导意见》等重要法规，为电力市场的运行与管制提供了政策依据。又如，开展东北电力市场、华东电力市场试点工作，在探索两部制电价模式、全电量竞争模式和区域电力市场模拟运行等方面取得了重要进展，为全国区域电力市场建设积累了经验。此外，为维护电力产业的安全生产，在全国范围内调节电力余缺，缓解电力供需矛盾等方面也做了大量的工作。但由于国家电力监管委员会是在中国垄断性产业设立的第一个专业政府管制机构，社会各界对它有很高的期望，希望在它成立后不久的将来，通过调整原有电力管制机构，使它成为一个符合国际惯例的、具有相对独立性的专业管制机构。可是，在它成立后，电力产业的原有管制体制并没有实质性变化，原来多家管制的格局依然存在。因此，由于社会各界的期望与现实存在较大的反差，许多专家学者对现行电力管制机构提出了许多批评意见，[①]综合起来看，主要有以下几个方面：

一是电力管制机构缺乏明确的法律授权。目前，电力产业的主要法律是1996年4月1日开始实施的《电力法》，该法第六条规定："国务院电力管理部门负责全国电力事业的监督管理。国务院有关部门在各自的职责范围内负责电力事业的监督管理。"可见，《电力法》没有明确各电力管制机构的具体职责和权力，缺乏明确的法律授权。国家电力监管委员会成立后，也没有及时制定或修改有关电力法规，这使新生的电力管制机构更缺乏法律地位和法律授权。这是产生下面讨论的一系列问题的根本原因。

二是电力管制职能分散。国家电力监管委员会成立后，许多电力管制职能仍然分散于国家发展与改革委员会、财政部、国有资产管理委员会等政府机构。例如，电力管制的一项核心内容是价格管制和进入管制，而根据国务院批准的《国家电力监管委员会职能配置、内设机构和人员编制规定》，国家电力监管委员会的权力只是根据市场情况，向政府价格主管部门提出调整电价的建议，最终定价权属于国家发展与改革委员会属下的价格管理部门。而对于重要的电力投资项目及其新

---

① 参见刘世锦、冯飞主编：《中国电力改革与可持续发展》，经济管理出版社2003年版，第21—23页；王梦奎主编：《改革攻坚问题：完善社会主义市场经济体制探索》，中国发展出版社2003年版，第86—88页；戚聿东主笔：《中国经济运行中的垄断与竞争》，人民出版社2004年版，第278—279页。此外，还有许多学术论文也对现行电力管制机构提出了批评意见。

企业的进入，国家电力监管委员会也没有独立的进入管制权，国家发展与改革委员会是主要的决策者。新企业进入电力产业后，企业的经营范围由工商行政管理部门核定。而国有电力企业的成本规则和财务制度则由财政部制定与监督执行。可见，国家电力监管委员会成立后，对照表 5－3，电力管制职能分散的状况没有得到多少改变，只是把原来国家经贸委电力司的电力管制职能转移给国家电力监管委员会。

三是管制职责不清。电力管制机构缺乏明确的法律授权，电力管制职能分散等的必然结果是电力管制机构管制职责不清，管制效率低下。在多家管制的情况下，由于管制边界模糊，而且存在一因多果、一果多因等复杂关系，造成各管制机构的职责不清，相互间协调成本高。由于管制机构有权无责，这容易导致权力膨胀。各个管制机构在管制的程度、方式等方面存在差别，容易被管制对象各个击破，存在较大的寻租风险，影响整体管制水平。这些都是造成管制低效率或管制失灵的重要原因。

四是现行管制机构的人员结构不合理。由于电力产业复杂多变，电力管制涉及技术、经济、管理、法律等方面的问题，这要求电力管制机构由一批技术专家、经济学家、管理专家和法学家等组成。而现行管制机构多为一般的政府行政管理人员和一些技术人员，经济、管理、法律方面的人才偏少，难以适应电力管制对政策性、专业性和时效性强的客观需要，从而影响管制水平。

五是对电力管制机构缺乏有效的监督约束机制。由于现行电力管制体制还是实行多家管制，而且管制职责不清，这就很难对管制机构的行为实行有效监督。事实上，目前中国还不存在对管制效率低下的管制机构实行有效监督的机构。在社会监督方面，由于电力产业比较复杂，新闻舆论机构和消费者掌握的信息不多，而且，社会公众直接接触的是电力供应企业，对电力管制机构了解更少，因此，社会监督的力度很有限。这些都造成电力管制机构缺乏外在的监督约束机制。

三、重构中国电力管制机构

在经济全球化背景下,特别是中国加入 WTO 后,越来越多的外国投资者将进入中国电力产业,它们要求有较为完善的电力管制法规,管制行为透明、公平、公正,管制效率高,等等。这些都以"倒逼"的形式要求深化中国电力产业管制机构改革,其基本改革目标是在电力产业建立符合国际惯例的、具有相对独立性的、精简高效的专业管制机构。为实现这一目标,根据现行电力管制机构存在的问题,需要对中国电力管制机构作较大幅度的改革,以国家电力监管委员会为基础,将其他政府机构的管制职能分离出来,形成一个新型电力管制机构,其基本特征是:

1. 具有明确的法律地位和责权关系。从国际经验看,针对电力产业的技术经济特征和管制的需要,经济发达国家都制定了《电力法》,其中一个重要内容是明确电力管制机构的法律地位及其相应的授权。如英国在 1989 年对电力产业管制体制实行重大改革时,颁布了新的《电力法》,依法设立了一个新的"电力管制办公室"(Office of Electricity Regulation,简称 OFFER),并明确赋予颁发与修改经营许可证,实行价格管制等责权,从而使它成为一个权威性的电力管制机构。美国的"联邦能源管制委员会"(Federal Energy Regulatory Commission,简称 FERC)等也具有类似性质。因此,修改中国《电力法》的一个重要内容就是明确国家电力监管委员会的法律地位和基本职责与权力,使其成为一个权威性的电力管制机构。

2. 相对独立性。在电力管制机构的独立性方面,国际上存在两种基本模式,一是英国、美国、澳大利亚等国家的独立管制模式,其特征是管制职能集中于一个管制机构,独立于政府部门。二是日本等少数国家的非独立管制模式,其特征是管制机构从属于某一政府部门,实行政监合一。根据有关资料,[1]从国际发展趋势看,电力管制机构普遍由政府行政部门直接管制向独立的、专业化管制机构方向发展。不少原来实行政府部门直接管制的国家,纷纷建立独立的管制机构。如欧盟委员会明确要求其成员国建立独立的电力管制机构。到2000年年底,欧盟15个成员国中已有12个决定设立独立的管制机构。电力管制机构的独立性,有利于避免一些政府部门为达到短期政治目的而实行行政干预。同时,也有利于避免因政府部门调整而影响管制政策的连续性。因此,借鉴国际经验,中国电力管制机构改革的一个重要内容是,将分散于政府部门的电力管制职能(特别是进入管制与价格管制职能)整合到国家电力监管委员会,国家电力监管委员会直接向国务院负责,从而形成一个具有相对独立性的电力管制机构。

3.管制职能专业性。电力产业管制体制改革的目标,不仅要求企业经营职能与政府管理职能相分离,而且要求一般的政府经济管理职能与管制职能相分离。经过改革,前一目标已基本实现。但政府的经济管理职能与管制职能尚未完全分离,表现为一些政府经济部门和管制机构既是电力产业的"教练员",又是"裁判员",制定经济管理政策和实行管制职能合为一体,即实行所谓的"政监合一"。因此,中国电力管制体制改革的一个重要目标是将电力产业的宏观经济管理职能与管制职能相分离,即电力产业的经济管理政策职能由政府有关经济管理部门承担,而电力管制机构专司管制职能。而且,一些社会性管制职能(如电力产业的环境管制职能)应主要由其他专业性管制机构(如环保部门)负责。电力管制机构主要从事经济性管制职能(如电力产业的进入管制、价格与质量管制、监督电力市场交易行为、对不正当竞争行为

---

① 参见刘世锦、冯飞主编:《中国电力改革与可持续发展》,经济管理出版社2003年版,第27页。

的管制，等等），从而使新型电力管制机构具有管制专业性的特点。

4.集中统一性。电力管制机构在中央与地方的管制权力配置上，又有两种模式：一是分级管制模式，即中央和地方都设置相对独立的管制机构，中央管制机构只颁发全国性的电力管制法规，而具体的管制职能由地方电力管制机构承担。例如，美国就是采取这种模式，在联邦层次设有“联邦能源管制委员会”，在各州设有“州公用事业管制委员会”或类似机构。二是集中统一管制模式，即设立一个全国性的电力管制机构，在地方设立派出机构，实行垂直统一领导。对中国电力产业而言，电力资源和经济发展水平在地区间存在较大差异，区域电力市场建设还属于探索阶段，电力市场交易规则还不成熟，因此，为打破地区间电力市场壁垒，在全国范围内实现电力资源的优化配置，在相当长的一段时期内，中国电力产业宜采取集中统一管制模式。国家电力监管委员会作为全国性电力管制机构，统一制定电力管制法规，并向各大电力区域市场、有关省市和自治区派出管制机构，实行垂直统一管制。

5.管制人员专业性。在特定的制度环境和管制法规下，管制效率的高低在相当程度上取决于管制人员的素质。因此，与管制职能的专业性相适应，要求电力管制机构的管制人员具有专业性。电力管制机构应拥有一批技术、经济、管理、法律等方面的专家，实行专家管制，使电力管制机构精干高效。

当然，建立具有上述特征的新型电力管制机构需要较大的制度创新，关键是要处理好政府部门的经济管理职能与管制职能的分离问题。为此，可将政府综合经济管理部门从事管制职能的部分骨干人员分流到国家电力监管委员会，以继续发挥他们的专长。努力在尽可能短的时间里，把国家电力监管委员会改革成为一个新型的电力管制机构，为中国其他垄断性产业的管制机构树立一个样板。

第六章　铁路运输产业

本章结合中国铁路运输产业的技术经济特征，在对其主要业务类型进行分析的基础上，对比分析铁路运输产业各类市场结构重组方案，重点讨论中国铁路运输产业的市场结构重组、分类管制与协调政策。

第一节　基本特征与主要业务类型

铁路运输产业是使用机车牵引车辆，用以载运旅客和货物，从而实现人和物空间位移的一种运输方式。铁路运输生产过程在长距离的连续空间带上进行，线路和车站是组成连续空间带的要素。线路是列车运行最重要的基础设施，由于列车必须沿着轨道前进，而且一条线路在一个时间段里只有一条运行线，因此线路构成了铁路运输系统的有线网络，路网的布局和管理对铁路运输的效率起着决定性的作用；铁路线路是由轨道、路基、桥梁和隧道等建筑物组成的一个整体工程结构，在技术装备不变的前提下，线路路网规模越大，布局越合理，整体性运用越充分，则运输成本越低，消费者获得的好处就越大。车站把线路连接成连续空间带，它既是铁路运输生产的基地，又是办理旅客和货物运输业务、编组和解体列车，以及组织列车始发、到达、通过等作业的铁路基层单位，车辆的技术检查、货运检查、机车换挂、乘务组换班、机车和客车给水等作业一般也在车站完成。因此，车站对外直接与铁路的服务对象（旅客和客户）发生关系，对内是铁路机车、车辆、线路、通信信号等各部门运营业务的结合点；车站按业务性质可分为客运站、货运站和客货运站。①

铁路运输点多、线长、分布地域很广，运输作业分散在铁路沿线和各个站段上，而且铁路运输必须在轨道上运行，不像航空、公路等其他运输方式那样，由多种运输工具同跑一条线，为了安全地组织铁路运输生产，客观上需要有一个迅速可靠、四通八达的通信系统，以及比较完整、统一的路网设施、调车作业系统，并且有一个权威机构对铁路线路建设做出整体规划，对线路网络协调安排，这直接关系到运输生产的效率、质量、安全等各项经济技术指标。

铁路运输和其他运输方式一样，主要任务都是实现对人和物的空间位移，铁路运输产业与其他运输方式之间存在较强的相互替代性，旅客和客户可以根据自己的需要，选择价格低、服务质量高、时间上方便的运输方式。因此，铁路运输产业与其他自然垄断产业不同，有一个较强的外部竞争环境，旅客和客户可以很简单地从铁路运输转到航空运输、公路运输等上去。但是，与其他运输工具相比，铁路运输业有其运输能力大、速度较快、比较安全、污染少、适应中国能源结构等一系列相对优势，在中长距离的旅客运输、大宗货物运输中，仍占有十分重要的地位，能较好地适应社会对交通运输的需求。

从铁路运输产业的生产技术原理及特点，可以归纳其经济特征如下：

1. 规模经济性。就铁路运输产业整体而言，由路基、路轨、道岔、通信信号等固定设施为主要业务内容构成的铁路下部路网系统（或称调车作业系统）的固定成本高，投资规模巨大，且具有投资的不可分性和

---

① 铁路运输产业的技术经济特征的详细分析可参见王俊豪：《中国政府管制体制改革研究》，经济科学出版社 1999 年版，第 296—302 页。

资本的密集性，需要大量投资形成一定的规模才能发挥作用，具有明显的规模经济结构特征；对于在路网上营运的客货运输业（或称上部运输系统），其运作机理是借助于下部路网系统完成运输任务，规模经济性则相对较弱。

2. 范围经济性。铁路运输产业的业务范围涉及路网、客货运输、通讯、信号及其他众多附加业务，而在这众多业务中，路网是基础，其他业务都需通过路网才能完成各自的业务内容。因此，铁路运输产业的范围经济是客观存在的，上游和下游企业单独生产的总成本可能会大于纵向一体化生产企业的成本总和。

3. 网络经济性。这主要表现在消费者层面上，最主要的特征是对需求方的正外部性。增加网络结点及新建联接线路可以增加新的运输产品，为消费者提供更加便捷的运输服务，从而有利于提高原有铁路路网的运营密度。当两条互不相连的线路端线连成一体时，将大大增加两线路之间的过境运量，提高整个路网的利用效率。同时，增加网络结点及新建联接线路还可促进铁路路网的扩大，有利于更好调剂各线路负荷，提高整个路网利用程度和效率，在一定程度上增加铁路运输企业对路网使用的可选择性，从而提高消费者实现运输服务消费的稳定性和灵活性。

4. 固定成本大及成本具有沉淀性。铁路运输产业固定成本占总成本的比重很大。传统意义上的铁路企业必须自己拥有铁路线路基础设施（主要为轨道、通信信号和车站），其结果是固定成本占总成本的比重很大。有研究表明，在线路能力和通信信号系统保持不变的情况下，铁路线路的短期固定成本占总成本的比重在50%—80%之间。[①] 另外，

① 详见武剑红："竞争与管制理论在中国铁路改革中的应用"，载张昕竹主编《中国规制与竞争：理论和政策》，社会科学文献出版社2000年版，第163页。

由于铁路线路的使用寿命较长，不能移动，很难被用于其他用途，且残值较低，因此其沉淀成本也较高。尤其是线路及其通讯等基础设施的投资巨大，线路成本的沉淀性更是大大超过上部运营服务。

5. 密度经济性。一般认为，密度经济是指随着产品或服务的增加导致的对既有设施、设备和其他资源使用频率或次数的增加，从而使企业的产品或服务平均成本下降的规律。铁路的密度经济表现在当铁路路网保持不变，而客货流量增加时，铁路运输产品或服务平均成本下降的规律。铁路运输业之所以存在密度经济，是由于铁路平均运输成本不会仅因为铁路线路长度的增加而呈下降趋势，平均运输成本的下降主要起因于对固定资产的高强度使用，在固定成本一定的情况下，运量越大，则铁路企业的平均成本就越低。

6. 公益性。尽管世界铁路的改革是朝着努力使铁路经营商业化和企业化的方向进行，但是铁路运输的公益性却在相当程度上是客观存在的，铁路运输业的发展会带来巨大的外部效益。铁路提供的服务是其他许多经济活动得以进行的基础，一条铁路可带动一个地方的经济繁荣，给其他企业带来很大的经济利益，铁路的市场开拓和土地开发功能的重要性十分明显，事实证明，铁路修到哪里，哪里的经济和社会也就得以发展。此外，铁路运输在救灾物资运输、军备物资运输、学生假期运输等公益性运输中也起着重要的作用。中国目前正处在经济大开发、大发展时期，许多地区经济的发展需要铁路来带动，其社会性、公益性的问题就尤其需要引起充分重视。

铁路运输是一项综合性的业务活动，业务内容呈现多样化，除路网、信号、客货运输等主业外，还包括诸如旅客车站服务、货物装卸服务、仓储服务、货物运输代理等众多辅业服务内容，它们与铁路运输主业相互融合，共同完成运输任务。另外，铁路运输整体的专业化程度高，运输技术要求比其他运输工具严格，铁路运输的安全程度直接取决于路网、信号、道岔及机车等的质量，这也决定了铁路运输产业的设备检测、维修业务在整个运输过程中的重要性，成为为完成运输业务所必不可少的重要环节。铁路运输产业的业务类型包括由路网、道岔、信号等组成的调车作业系统，以及能提供不同类型运输服务的多产品铁路企业。铁路货运企业除了提供一般的散货运输，还完成集装箱或整车、邮政包裹和信件服务以及其他多种运输形式的综合运输服务；客运企业除经营长途客运业务外，通常还一并提供本地通勤客运业务、地区客运业务，甚至特定路线的高速火车客运；另外，铁路运输设备（路网、机车等）维护业务则直接涉及运输任务的能否顺利完成。虽然铁路运输产业还包括铁路路轨的铺建、各种运输机车、设备的生产等业务，但这些业务属于一般的竞争性业务，不属于本课题的主要研究范畴。根据世贸组织《服务贸易总协定》对“铁路运输服务项目”所作的界定，“铁路运输服务项目”的具体业务内容包括以下五类：①(1) 铁路客运（包括城市间客运、城区和郊区客运 2 小项）；(2)铁路货运（包括冷冻可冷藏食品运输、罐装液体或气体运输、集装箱运输、邮政运输和其他货物运输 5 小项）；(3)调车作业（包括路基、路轨、道岔、通信信号等）；(4)铁路运输设备维护；(5)铁路运输的支持服务项目（包括旅客车站服务、货物装卸服务、仓储服务、货物运输代理和其他服务 5 小项）。

我们把上述铁路运输产业的具体业务从产业内部的竞争性、产品（服务）消费上的排他性、溢出效应的强弱等几个方面进行划分，把有关因素放入一张综合图表中进行分析，我们会发现铁路运输产业各项具体服务内容的市场化程度差异很大，图 6－1 对这种划分进行了大致的

① 参见世界贸易组织《服务贸易总协定》及铁道部人事司、铁道部国际合作司、铁道部人才服务中心合编《铁路运输企业战略管理》，北方交通大学出版社 2003 年版，第 58—59 页。

模拟：

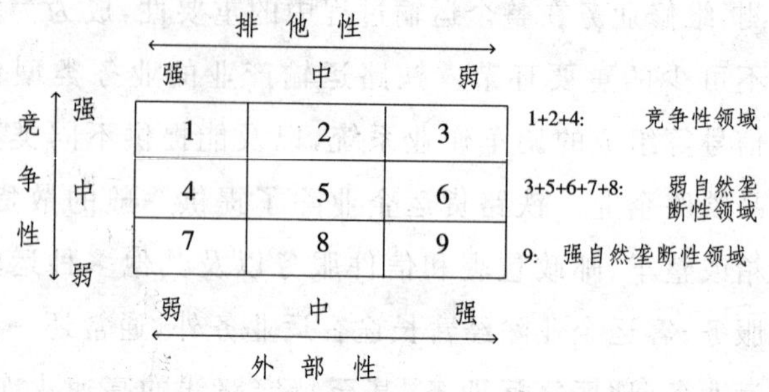

图 6－1 铁路运输产业不同业务的竞争程度

第一类：竞争性业务领域。铁路旅客车站服务、货物装卸服务、仓储服务、货物运输代理和其他服务等运输支持服务项目领域具有强排他性、强竞争性与弱外部性的特征，是明显的竞争性业务，民营企业完全可以提供生产和经营，通过营业收入筹资，形成竞争性价格；网上客货营运业务的主体部分目前虽仍由国家铁道部统一计划管理，但从业务性质看，则是潜在的可竞争业务，无论是铁路运输与其他运输工具之间，还是同属铁路的不同营运公司之间，均存在竞争的现实可能。

第二类：弱自然垄断性领域。铁路运输设备的维护业务部分因其很强的系统性、专业性及极高的技术要求，在排他性、竞争性与外部性三方面均居中，与强自然垄断产业相比，虽具有一定的竞争性，但因种种原因，客观上不适宜于充分竞争。

第三类：强自然垄断性领域。铁路的路基、路轨、道岔、通信信号等的使用具有低排他性、弱竞争性与强外部性的特征，市场的可进入性差，属于强自然垄断领域，竞争可能导致资源的浪费与效益的损失，需要实行特殊的管理机制和市场运营方式，从理论上说由一家企业提供产品与服务是最有效率的。

根据上述分析，我们利用表 6-1 把铁路运输产业的主要业务区分归类如下：

表 6-1 铁路运输产业的主要业务及其性质

铁路主要业务内容	业务性质
铁路客运	潜在竞争性
铁路货运	潜在竞争性
调车作业	强自然垄断性
铁路运输设备维护	弱自然垄断性
铁路运输的支持服务项目	可竞争性

第二节 加入 WTO 对铁路运输产业的影响

铁路运输在国际贸易中属于服务贸易的范畴，世界贸易组织的《服务贸易总协定》(GATS)是规范国际服务贸易的纲领性文件。中国加入世界贸易组织后，必将完全遵照该协定的要求，全方位、深层次地开放中国的服务贸易，包括铁路运输产业。按照 WTO 的原则及有关协议，中国承诺对外开放铁路货运及与铁路货运有关的仓储和货运代理业务，其中包括冷藏运输、罐车运输、特货运输、集装箱运输及其他运输。今后还将进一步开放客运市场，允许外商参与经营铁路客运业务。

从具体内容看，加入 WTO 后，铁路必须履行 WTO 的一系列协定，尤其是服务贸易总协定所规定的一般义务与具体义务：一般义务是指只要中国在加入 WTO 时所作的承诺涉及铁路部门，铁路部门都必须履行的基本义务。它包括履行最惠国待遇条款、履行透明度条款及中国在加入 WTO 时已作的其他承诺。根据履行最惠国待遇条款，如果中国铁路在以往签订的双边条约中有最惠国待遇的内容，在中国加入WTO时又未申请例外，就必须将这些最惠国待遇无条件地给予各缔约方。根据履行透明度条款，中国必须公布铁路运输所采取的所有与服务贸易有关或对服务贸易总协定产生影响的法律、法规、条例等措施以及有关铁路运输的国际条约，并回答缔约方提出的有关铁路运输法律法规方面的问题。铁路部门应承担的具体义务的依据是“市场准入承诺单”，它由开放市场的业务部门根据中国国情和服务贸易总协定的规范提出开放市场的准入范围及其条件，由政府协调后，提交缔约方讨论，经过多边谈判而达成，铁路部门的经营、服务活动涉及到这些义务时，也必须履行。如铁路运输的客、货运价要符合国民待遇的原则，要一视同仁，不得歧视，不允许中外有别的差别运价；当铁路部门与另一缔约方发生贸易纠纷时，如果对方向WTO的争端机构提出申诉，铁路要积极应诉并服从裁决。

从铁路开放进度看，按照《服务贸易具体承诺减让表》和《外商投资企业指导目录》附件，铁路货运的开放在加入WTO初期仅限于合资企业形式，入世后，外资可进入中国铁路的货运业务，中方在合资公司要控股51%，外资最多占49%，从中国入世第一年起算，1年后外资可以控股，6年后外资可以建立独资的铁路货运公司，中国将在2006年完全放开货运市场。2004年年初，外经贸部和铁道部联合发布文件允许外国投资者以合营方式，包括合资、合作两种方式在中国设立中外合营铁路货运公司；客运服务的开放目前还没有承诺，但时机成熟后，中国铁路客运也将对外开放；仓储服务的开放，自加入时起，仅限于合资企业形式，外资股比例不超过49%，加入后1年内，允许外资拥有多数股权，加入后3年内，取消限制，允许设立外资独资子公司；货运代理的开放，自加入时起，允许有至少连续3年经验的外国货运代理在中国设立合资的货运代理企业，但外资股比例不得超过50%，加入后1年内，允许外资拥有多数股权，加入后4年内，允许设立外资独资子公司；在国际集装箱多式联运方面,初期外资比例不超过50%,不迟于2002年12月11日允许外方控股;不迟于2005年12月11日允许外方独资。

加入WTO,在推进中国铁路市场化进程、促进铁路运输市场构建竞争格局及加快铁路技术进步的正效应的同时,也将给中国铁路产业带来巨大的冲击。对照WTO"遵循市场经济原则"和"遵循对外开放市场原则",外国铁路企业进入中国铁路运输业只是时间问题,而中国铁路产业由于存在着体制、管理、效率等多方面的现实问题,市场化程度低,竞争力弱,与国外发达企业相比差距很大,具体表现在以下几方面:

1. 中国铁路运输企业迄今尚未确立市场化运输价格形成机制。目前整个铁路运输产业实行的是刚性的报批性价格形成机制,由铁道部周期性地向国家综合政府部门申请调整铁路运输价格,然后由铁路运输企业被动地执行国家综合部门给出的刚性价格。这种价格往往既不反映运输成本,也不反映运输市场的供求关系,铁路运输企业无法随机运用价格机制来配置运输资源,调节运输市场的供求关系,进而严重影响自身的正常经济收益。

2. 内部交叉补贴过大。系统内部的交叉补贴严重制约了铁路运输企业成为规范的市场主体,使国内任何铁路运输企业都无法独立面对市场,实施完全的市场化经营。

3. 铁路经营性资产和非经营性资产混淆不清。铁路的公益性运输与商业性运输关系混淆,多数以公益性对待,政府过多承担社会职责,难以形成吸引其他经营主体和外部资本进入的条件,这有悖于市场经济体制和资本增值的要求,从而有悖于市场开放的要求。虽然中国铁路的运营在很大程度上要满足社会效益的需要,为社会经济发展提供服务,具有公益性和准公共产品属性,但绝大多数的铁路运输业务具有商业性,理应由市场调节。

4. 缺乏外部经营主体和资本进入的激励机制。多年来，中国政府一直强调引入其他经营主体和外部资本进入铁路运输产业，但实际成效甚微，一个重要的原因是铁路的政策效应和投资激励效应不到位，不利于形成竞争性的市场格局，因而很难产生其他经营主体和外部资本进入的足够动力，这使中国铁路运输产业难于扩大市场开放。

5. 铁路运输市场对外开放程度低。表现为利用外资数量少、比重低；外商投资项目少；铁路运输产业市场参与度低；铁路运输产业的国外先进技术引进、应用程度低；铁路运输市场尚未对外开放。

中国铁路运输产业市场开放后，外商外资必然会首先选择赢利性领域进入，如附加值较高的集装箱运输、特货运输、冷藏运输、快件运输及其他各种专业化运输领域，目前中国在这些领域的运输能力、管理水平、经营规模等都与世界先进水平有较大的差距，加入 WTO 后，专业化运输领域很大空间有可能为外商外资所挤占，国铁则只能被迫更多地负担起非赢利性领域的经营职责，这会加剧中国铁路运输市场的非均衡性。①

第三节　市场结构重组政策

一、中国传统铁路“大一统”市场结构模式剖析

在 20 世纪 80 年代世界范围的铁路管制改革和结构重组以前，大多数国家的铁路运输产业采用的是“纵向、横向一体化”市场结构模式，一国范围内的铁路下部路网等基础设施与上部客货运营业务构成统一的整体，由一个垄断企业既经营网络业务，同时又经营非网络的其他业

① 参见杜丹清：“对外开放条件下中国铁路体制改革与技术创新”，《科技进步与对策》，2002 年第 11 期。

务,不存在其他竞争者。参见图6-2:

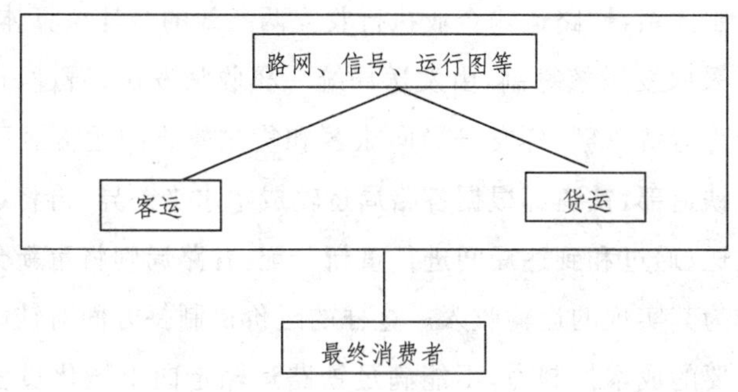

图6-2 “纵向、横向一体化”市场结构模式

在这种模式下,各国铁路一般由本国政府直接经营,铁路企业与政府之间是行政隶属关系,由独立线路构成的铁路企业只是这种铁路组织模式的一种特例。中国铁路则是在此基础上更进一步把诸如旅客车站服务、货物装卸服务、仓储服务、货物运输代理等铁路运输的支持服务项目也一并纳入政府的统一管理,从而形成了“大一统”的管理体制,这种“大一统”市场结构模式的最大优势在于,能保证铁路各部门之间的相互协调,便于集中统一指挥;能减少企业外部的交易界面,避免许多外部交易成本。但也表现出其难以避免的重大缺陷:(1)庞大的企业组织带来的大企业病以及由此产生的X—非效率,既损害消费者的利益,也导致组织内部交易成本过高;(2)不利于铁路内部引入竞争机制,产业整体竞争力薄弱,与国内其他运输方式及国外同类产业均难以进行有效的竞争;(3)内部财务清算带来巨大的公共租金,无法凭借市场产生有效的激励;(4)纵向、横向一体化的直接后果是必须在各铁路部门之上设立一个统一指挥的机构,政企难以分开,铁路无法做到企业化经营。①

① 于军:《铁路重组的理论与实践》,经济科学出版社2003年版,第79—80页。

在中国，与这种传统市场结构模式相伴而生的，是高度集中的运价制定和管制体系，铁路运输企业执行收支两条线的会计核算体系：铁路运输收入采取发送核算制，由发送局统一核收从发送、通过、直至到达各局的全程运费总额，各发送局向旅客和货主核收的运输进款收入需全部上缴铁道部，铁道部根据各路局运输成本水平差异，再将运输进款收入在发送、通过和到达局间进行重新分配，各路局则将重新分配所得的收入作为其实现的运输收入。这样的运价机制一方面对铁路运输企业缺乏必要的成本控制力，不能满足铁路运输走向市场化过程中对降低成本提出的要求；另一方面在集中运价体系下，各铁路局所记录的运输收入受定价系数和清算率的调节作用大，由于定价系数和清算率的确定与各铁路局的各项标准成本直接相关，于是后果必然是生产技术水平越高(企业标准成本越低)，相应的定价系数和清算率越低，实际收入也越低，而生产技术水平落后(企业标准成本越高)，定价系数和清算率越高，实际收入也越高。

中国传统僵化的铁路运输产业管理与运行机制面对加入 WTO 后出现的各种新情况新问题，迫切需要通过提升本国产业竞争力来实现与国际的接轨，铁路改革已成为迫在眉睫的头等大事。市场结构重组，政企分开，无疑是解决上述问题的关键，是决定竞争性市场机制能否建立的基础。铁路运输产业市场结构重组主要是指，政府以法律和行政手段，在短期内对铁路运输产业原有的市场结构作重大调整，把原有的垄断性市场结构改造成为竞争性市场结构，以形成有效竞争的格局。市场结构重组方式就是表现为把传统的、具有绝对市场垄断力量的铁路运输企业进行必要的分割，最终形成竞争性的市场结构。

本书第三章根据不同生产环节对传统垄断性产业内部的竞争性与垄断性业务作了划分，本章第一节则针对铁路运输产业的具体情况对产业整体进行了分析与归类。美国经济学家鲍莫尔(Baumol)1982 年提出可竞争性理论（theory of contestable markets）认为，判断一个产业（市场）是否具有可竞争性的基本要义有三点：一是新进入者与现有企业在产品、质量、受到的管制等方面均处于平等地位；二是不存在沉没成本；三是新企业可以确保短期内取得利润。① 在这三个条件下，现有企业迫于随时可能的竞争压力，不得不按平均成本定价，从而政府无需对其管制。判断传统一体化垄断性产业内部哪些是可竞争性业务，哪些是潜在可竞争性业务，哪些部分是强、抑或是弱竞争性业务，这是政府决定管制范围与程度的关键。威廉姆森（Williamson）的资产专用性理论也表明铁路投资具有交易频率低、专用性强的特性，这对铁路路网系统尤其明显，铁路资产规模性负效应过大，会对其他经营主体和外部资本的进入构成"陷阱"。② 为实现在国内外资本市场上的顺利融资，应将庞大的铁路总存量或增量资本进行分解，按照铁路建设和经营的特征，将资产从区域性、业务范围、项目、单条线路等方面的分解，以提高其他经营主体在企业治理结构中的地位，弱化这种"陷阱效应"。上述两方面的理论为铁路运输产业的市场结构重组提供了很好的理论依据。

在国外，即使是许多发达国家的铁路运输产业长期以来也是实行一体化的运营与管理模式，与中国一样，其庞大、臃肿的机构设置给产业效率的提高造成了极大的障碍，阻碍了产业的发展。自 20 世纪 70 年代以来，在全球范围的放松管制理论的影响与压力下，许多国家对本国铁路运输产业实行放松管制政策。例如，英国保守党在 20 世纪 70 年代末执政以后，政府管制方式的变革突出表现在，一方面放松了对企业兼并方面的管制，另一方面进行大规模的民营化改革。英、美、日等

① Baumol, W. J, 1982, "Contestable Markets: An Uprising in the Theory of Industry Structure", *American Economic Review* 72: pp. 1—15.

② 详见王辰：《基础产业融资论》，中国人民大学出版社 1998 年版，第 139—140 页。

经济发达国家对铁路运输业的改革都是与企业的民营化相伴而行的。但是从已有的经验分析看,应引起充分重视的是,所有制的变革并不就是经济效率提高的唯一原因,英国的铁路民营化改革后带来了运输安全、工人罢工等一系列麻烦问题,以至于在国内出现了要求将铁路重新纳入政府所有的呼声与要求,事实上,铁路所有制的变革若不能割断垄断的根源,是不能从根本上解决问题的,中国正在推进的铁路产业改革应充分吸取国外改革的经验教训。从本质上分析,真正能促进铁路运输业经济效率提升的是市场竞争力量,对铁路运输产业原有的市场结构模式进行改革,实施市场结构重组,最大限度地引入竞争机制,并充分考虑产业整体的范围经济性与网络经济性,进行有效的业务之间接入,是中国铁路运输产业未来发展的目标导向。

二、铁路运输产业市场结构重组的基本模式

以可竞争市场理论为代表的放松管制理论的出现,为现代政府管制理论提供了新的研究思路。由于传统自然垄断产业内部的业务可竞争程度各不相同,既存在强自然垄断业务,也存在弱自然垄断、潜在竞争与竞争性业务,产业分割成为产业市场结构重组的第一步骤,它能使特定垄断性产业的市场结构在短期内发生革命性的变化,尽快形成竞争性市场结构。

铁路运输产业市场结构重组模式有许多种,根据是否保持铁路路网的一体化,可以归纳为下部路网等强自然垄断业务与上部客货营运等竞争性业务分开的“纵向分离”和路网、客货营运等业务内部“横向分割”两大类型,“纵向分离”类型下,又可分为“纵向分离,横向一体化”、“纵向分离,横向竞争”和“部分分离,单向接入”三种市场结构重组模式;在“横向分割”类型下,又可以分为“网络分割,纵向一体化”和“网络分割,纵向分离”两种市场结构重组模式。下面对铁路运输产业的几种

主要市场结构重组模式作具体分析：

（一）“纵向分离”市场结构重组类型

在铁路运输产业“纵向分离”的市场结构重组类型下，又可分为“纵向分离，横向一体化”、“纵向分离，横向竞争”、“部分分离，单向接入”三种重组模式。

1.“纵向分离，横向一体化”的重组模式。这种模式是指在对传统的一体化的铁路运输产业进行重组时，将铁路运输产业纵向分割成两部分：由铁路路基、信号灯、路网等设施组成下部的线路公司，由客运公司与货运公司组成上部的营运公司，图 6－3 模拟显示了这种重组模式。

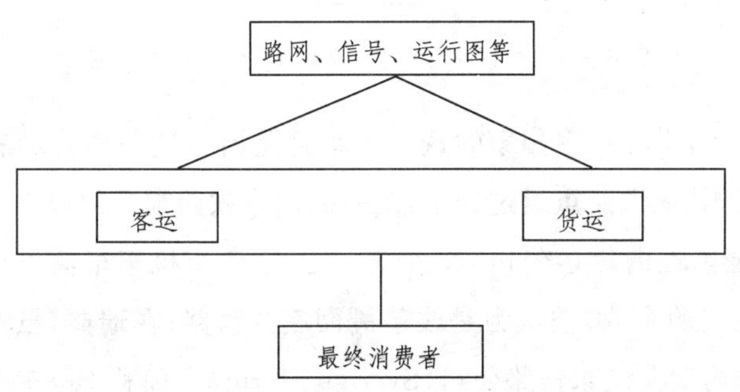

图 6－3　“纵向分离，横向一体化”重组模式

这种重组模式实施后，原有的线路基础设施部分和运营部分都各自保持一体化的形式，交易关系发生在线路公司与运营公司之间以及线路公司、运营公司与政府之间，运营公司没有可供选择的线路公司，线路公司也没有其他可供选择的购买者。这种分离模式在一定程度上减少了机构过于庞大的低效率，降低了传统一体化组织模式的弊病；但与传统模式相比，这种重组模式同样没能提供足够的市场激励，铁路公司内部仍然不存在竞争机制。因此，国外在铁路重组的过程中，都只把

这种模式当作改革起步阶段的一种过渡方案。

2.“纵向分离，横向竞争”重组模式。这种模式是指在对政府直接经营的一体化的铁路系统进行重组时，首先将铁路纵向分离，分割成下部线路部分与上部运营部分，然后再将上部运营部分进一步分割成多个运营公司的组织模式。图6-4模拟显示了这种重组模式。

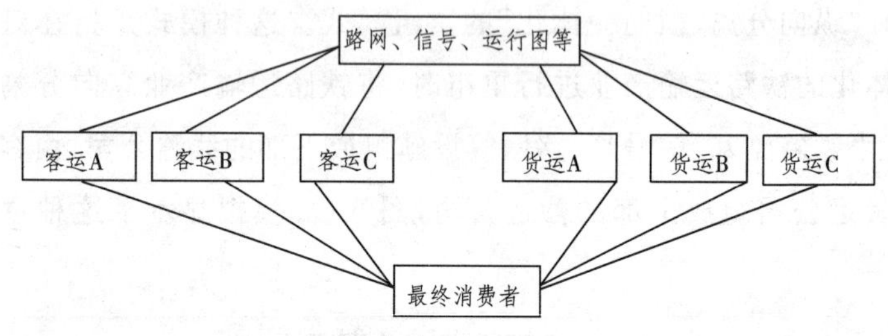

图6-4 “纵向分离，横向竞争”重组模式

事实上，世界许多国家的铁路改革都是沿着这一模式的思路推进的。如英国，在铁路重组过程中，统一的国有铁路被分割成1个线路公司、3个全国性的货运公司、25个客运公司、3个机车车辆出租公司等众多的独立的企业，被认为是改革最彻底的铁路；在瑞典，虽然目前上部运营公司瑞典国家铁路公司(Sveriges Jarnrag，简称SJ)垄断着全国的货运和大多数干线的客运，但是随着通路权的开放，它也开始面临地方运输部门和其他新进入的货运公司的竞争；德国联邦铁路股份有限公司(DEAG)在重组之初，就规定运营部分的地方客运部、长途客运部和货运部在3—5年内将成为独立的股份公司，并进一步开放通路权引入竞争。在这种组织模式下，营运公司之间有充分的竞争，有利于运价体系的市场化改革与竞争效率的提高；其可能出现的问题是，由于线路公司、运营公司与政府之间，线路公司与运营公司之间，以及实行联运时的运营公司之间均可能发生密切的交易活动，交易面广，交易关系复杂。

3.“部分分离,单向接入”重组模式。这种模式是铁路线路与某些运营公司(客运或货运)合为一体,形成一体化铁路公司,只把另一类营运公司独立出去。图6－5模拟显示了这种重组模式。

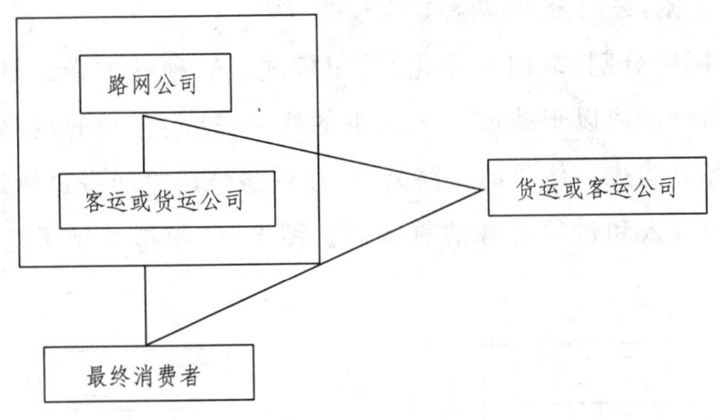

图6－5　“部分分离,单向接入”重组模式

日本铁路国内客运繁忙,承担的运量大,铁路改革实行的是“客网合一、货网分离”的重组模式;美国铁路则依据主要承担货物运输的特点,重组模式是“货网合一、客网分离”。显然,改革方案的不同是基于日本、美国各自的客货运在经济中的地位的差异,为了发挥规模效益,减少因交易界面过于复杂导致的成本上升、效益下降而采取的相应对策。在这种模式下,竞争可以是同类运输服务之间的价格与质量的竞争,也可以是客运业务与货运业务对路网资源的使用权的竞争,市场交易和契约关系存在于一体化铁路公司、运营公司与政府之间,同时也存在于一体化铁路公司与运营公司之间。这种市场结构重组模式虽能在一定程度上保留原有企业的范围经济性,但由于存在接入和财务结算,为防止垂直一体化垄断企业采取各种拒绝向竞争企业提供接入服务,即一体化铁路公司对运营公司实行价格歧视的反竞争行为,需要政府对接入价格进行管制。

无论选择上述三种重组模式中的任何一种,均须防止一体化的路网公司形成新的垄断。

（二）"横向分割"市场结构重组类型

在"横向分割"市场结构重组类型下，又有"网络分割，纵向一体化"和"网络分割，纵向分离"两种重组模式。

1."网络分割，纵向一体化"重组模式。这种模式指的是将铁路路网横向分割成以干线或区域为主的线路，这些分割的线路与其上的运营部分构成一体化的铁路公司；在铁路公司之间有过轨运输，存在着双向接入和过轨财务清算问题。图6-6模拟显示了这种重组模式。

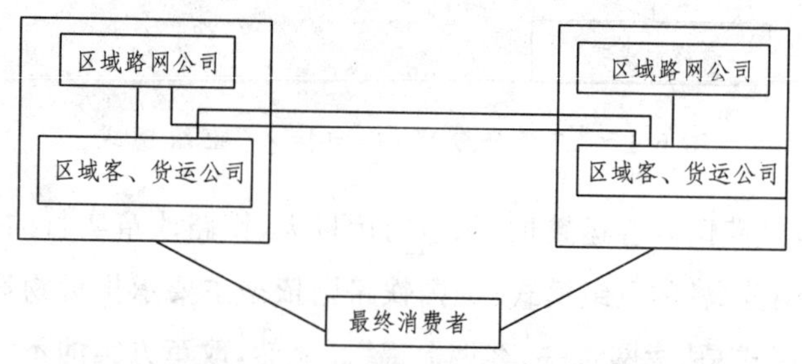

图6-6 "横向分割，纵向一体化"重组模式

铁路产业结构重组采取这种模式需要具备两个前提条件：第一，铁路公司之间的过轨运输量所占公司整个运输量的比例较低；第二，需要政府对跨区域运输的接入价格进行管制。另外，这种模式可能会导致全国范围的垄断演变成区域内的垄断，并不能真正提高运输效率。

2."网络分割，纵向分离"重组模式。这种模式是指将铁路路网与运营部分均作分割，各线路公司与运营公司间自由交易。图6-7模拟显示了这种重组模式。

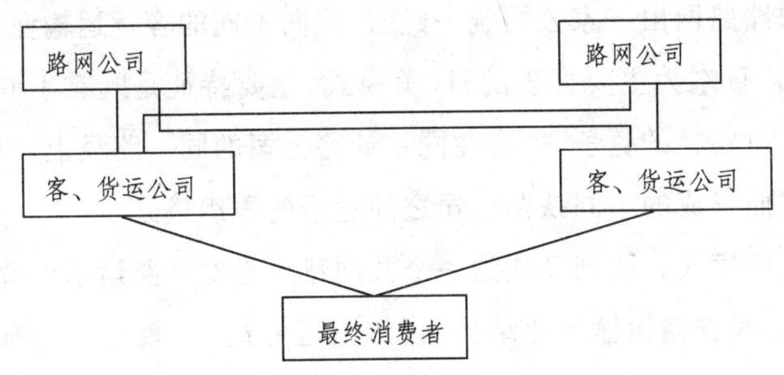

图 6-7 “横向分割,纵向分离”重组模式

这是一种最为彻底的铁路重组模式,它与“纵向、横向一体化”同为铁路企业组织模式的两个极端。但是这种完全自由化的重组模式在路网、客货营运相互之间创造出了大量的外部交易界面,既不利于交易成本的下降,也不利于路网公司规模效益的发挥,因此,至今还没有哪一个国家内部铁路的重组采取这样一种模式。这或许也意味着完全自由化竞争的组织模式对铁路来说并不是一种合理的重组模式。

值得一提的是,上述五种模式是在对铁路运输产业市场结构重组模式进行高度抽象的基础上设计的,由于铁路运输产品或服务可以进一步细分,例如,铁路运输可分为货物运输和旅客运输;货物运输可以进一步细分为散货运输、冷藏品运输、集装箱运输;旅客运输可以进一步细分为空调车旅客运输和普通车旅客运输等等。根据各种细分的运输产品,上述五种模式有可能扩展成为几十种不同的模式,这样就可能使问题更加复杂,为说明问题方便起见,我们只是粗口径地分类分析了上述五种模式。

三、世界主要铁路运输产业市场结构重组模式的归类分析

纵观近年来世界铁路运输产业市场结构重组、引入竞争机制的模式,主要可以归纳为两大类:一是以英国、瑞典为代表的欧洲模式,主要

特征是铁路路网由一家公司统一经营，但向不同的客货运输业开放；二是以美国、日本为主要代表的日、美模式，主要特征是既有不同铁路公司之间平行路径的竞争，也有在同一铁路公司的同一路径上，以开放通路权方式而形成的不同铁路公司之间竞争的重组模式。

1.欧洲模式。欧洲模式的一个共同特点是对铁路运输产业进行纵向分割，即对铁路运输产业结构实行"网运分离"。政府对原有的垂直一体化（既包括垄断业务也包括竞争业务）垄断结构按照竞争环节和自然垄断环节进行拆分，实行路网基础设施（自然垄断环节）同运输业务（竞争环节）的纵向分离，在客、货运市场引入有效竞争，对路网实行严格管制，这一方式在英国、瑞典等许多欧洲国家得到应用。

英国自 1992 年起实施铁路私有化政策，将铁路基础设施与运营分离开来，成立线路公司，负责线路、通信信号等铁路基础设施的管理；同时，又成立了一批列车运营公司，私人公司通过竞标获得经营权，到 1997 年，线路和基础设施、机车车辆以及所有的附属业务均被出售。英国铁路经过十年改革，在所有制关系上，经历了从国营转为私营；在经营模式上，经历了从横向管理向纵向管理的变革，铁路逐步走向市场。改革以后，英国铁路管理体制也发生了巨大的变化：英国铁路主要机构包括线路公司、国内客运特许经营公司、国内货运公司、国际客运和国际货运公司、机车车辆租赁公司、特种运输公司，以及为数众多的车辆、线路维修保养和相关服务公司，另有铁路调控办公室和铁路客运特许权办公室两个调控机构加以协调与管理。线路公司是线路、信号及其运营设施的管理者和拥有者，也是英国最大的私营公司。其主要业务是为列车运营者提供铁路基础设施，负责其设施和运输安全的管理，制定全国路网的列车运行图及其维护和发展，与客运及货运公司签订过轨、安全等协议并收取基础设施的使用费。线路公司不负责大的基础设施的维修和更新组织。这将促进线路维修业务方面竞争机制的不断引进。英国铁路网所有的客运线路都由 25 家铁路列车运营公司经营,它们有权经营各自的线路,许多大公司拥有一项或多项特许权。英国铁路的货运经营最初分成了 5 家公司:大宗货物运输公司、集装箱运输公司、欧洲联合运输公司、行包快递公司以及邮政运输公司,但是,从铁路多式集装箱货运业务公司分离出来的所有部门都被 EWS(英格兰、威尔士和苏格兰铁路)购买,EWS 公司试图确保铁路货运业务协调发展。英国有 3 个机车车辆租赁公司,拥有近 11500 台机车车辆,并负责新的投资和维修。获得专营权的运营者可以租用这些车辆,租金完全按商业条款来确定,使租赁公司成为有赢利的经济实体。政府的目标是要建立一个提供铁路车辆的竞争性市场。为了管理和执行特许协议,英国成立了"铁路客运特许权办公室",在铁路客运特许权办公室指导下,各列车运营公司通过竞标获得列车经营的特许权。铁路客运特许权办公室也要确保特许经营者遵守合同条款,如制定一套服务标准。经营者要实施承诺的改进措施,包括装备新列车、车内装修、改进车站安全设施以及与当地汽车经营者联合等。尽管铁路客运特许权办公室关注涉及运营协议和合同的问题,但是,颁发经营铁路资产的执照、监督路网使用协议、调查反竞争行为等是由铁路调控办公室进行的。铁路调控办公室还负责旅客的权益得到保障,保证各条线路按一个整体的路网运行。

瑞典 1988 年颁发的《运输政策法》将政府的铁路资产分成两部分,负责经营铁路客货运输的瑞典国家铁路公司(SJ)和负责管理铁路基础设施的瑞典国家铁路管理局(Banverket,简称 BV),并完整地界定了运营和基础设施维护的作用。SJ 垄断着全路的货运和承担大多数干线的客运;BV 则负责国家铁路的基础设施,维护线路结构、信号、通信服务及供电;SJ 要为使用线路付费,为了提高铁路的服务质量,增强市场竞争性,2001 年起,SJ 又按专业重组成 6 家独立的、拥有各自核心业务的公司。

上述两种做法中，瑞典铁路是“网运分离和运营商业化”，实施之初暴露出来的最大问题是，由于国家铁路公司SJ完全受制于政府，在相当多的领域又受到政府的亏损补贴，致使铁路经营性亏损与政策性亏损混淆，这种情况直至政府进一步放权，多家营运公司成立才得以好转。而英国的铁路重组代表了欧洲铁路改革的特例，对于货运，英国政府采取的政策是自由化、私营化及将既有整车货运业务重组为若干独立的竞争性实体的“三结合”政策；在客运方面，英国铁路政策是实行特许经营权转让；在车辆租赁管理方面，考虑到机车设备投资可能造成很大的进入障碍，小公司无力竞争，所以成立了车辆租赁公司及多家设备维修公司。

2. 日本、美国模式。日、美模式的主要做法是对铁路运输产业进行横向分割，即“横切”方案，实行“多区域公司”的市场结构重组。在一个国家范围内，组建多个区域性的垂直一体化公司，公司之间相互开放路网。

始于1987年的日本国铁改革推行的是“上下一体，按块分割”的改革方案。主要内容是：先把客货运业务分离，成立全国统一的货运公司，以“网运分离”的方式向客运公司租借线路，完成货运业务；客运业务维持一体化，但按95%以上的旅客在本区域流动的口径组建6家区域性的客运公司，鼓励各公司开展区域间的比较竞争，这些新公司最初是国家全额出资的特殊公司，但被要求尽早出售股份，向纯粹的民营公司转化。结果，7家公司在民营化后年均创造经常利润2000亿日元。政府按照区域间比较竞争理论对客运价格实施管制，保证价格的规范与合理性。

美国于20世纪初叶，为适应市场竞争和大宗客货流向的需要，对铁路公司进行了大规模的兼并，由于美国铁路运输业务以货运业务为主，与客运相比，铁路货运表现为高运量、高行车密度的特性，故其企业组织形式表现为“货网合一，客网分离”的模式，客运租借路网使用权，由国家铁路客运公司(Amtrak)独家经营，形成了以长大线路和区域性相结合的大型铁路公司为主的行业组织形式，成功地解决了路网整体效率和市场竞争需要之间的矛盾。尽管日本与美国铁路承担的运输任务有差异，客货运密度不同，其在“横切”的形式上有所不同，日本是客网合一，美国是货网合一，但其本质仍然具有垂直一体化的特征，尤其是主要使用者拥有路网设施的形式更强化了这一特征，只不过垂直一体化的结构被缩小到区域的范围。

3.两种重组方案的对比评析。对以上欧洲和日美两种铁路重组方案，可以从竞争效果、管制质量和成本、范围经济、投资激励、经济和社会利益等角度作综合评价。

总体上看，“网运分离”的主要优点是可以为网上运营商提供一个公平竞争的基础平台，但路网基础部分的自然垄断特点是无法改变的，特别是当路网基础部分由一个全国性的公司进行经营时，自然垄断与行政性垄断的叠加几乎不可避免，这种叠加的垄断将会具体表现在收费、服务质量等方面。“网运分离”在打破了一种垄断(网上运营的垄断)的同时，依然保留了另一种垄断(路网基础设施的垄断)，未来的管制机构能否对这种垄断形成有效约束，是这种方案成功与否的至关重要因素。“网运分离”的另一个突出弊端是，“网”和“运”之间存在较高的交易费用。在运输数量和频率上升的情况下，交易费用可能呈正相关变动。虽然可以通过协调机制的改进使交易费用有所下降，但与网运垂直一体化的体制相比，交易费用通常仍然是较高的。“网运分离”模式的第三个缺陷表现在吸引新投资者上。在路网基础设施由一个全国性公司独家经营的情况下，由于业务量大、赢利前景好的部分无法与其他部分区别开来，可能使路网整体引入投资面临新的困难。

网运合一、采取垂直一体化结构的区域公司在降低网运之间交易费用方面具有优势，因为将外部的市场交易关系转变为企业内部的结算关系。但它可能带来产业的弱竞争性问题：例如在日本，6个客运公司在各自区域内从事客运业务，相互之间不可能展开竞争，一家货运公司也不存在竞争对手，如果不存在足够的外部竞争，在网运合一公司的“领地”内可能出现较强的铁路运输的垄断。网运合一公司还有一个更明显的缺陷是其对外的封闭性，这就是所谓“通路权”问题，这类公司不向其他公司开放其拥有的路网基础设施，或者在开放时伴随着诸多麻烦，以致产生另一类交易费用。在铁路建设以民营的垂直一体化公司起步的国家，开放“通路权”，进而形成全国统一铁路网络基础设施，始终是最棘手的难题。

上述五种铁路运输产业市场结构重组模式及欧洲、美国、日本在推进铁路产业市场结构重组中的具体做法，为中国铁路运输产业市场结构重组提供了改革思路与政策借鉴。但是，不同国家与地区铁路运输产业在经济中所处的地位不同，各国国情不同，重组改革的具体环境不同，所以不能照搬照套，需要设计适合本国铁路运输产业特点的市场结构重组模式。

四、中国铁路运输产业市场结构重组的基本要求

1. 符合中国的国情。中国铁路运输产业长期受建设资金不足的困扰，计划经济体制遗留下来的僵化的投融资体制及过高的产业进入门槛不改变，国有资金的压力就无法有效地缓解，铁路运输产业的市场结构重组首先必须考虑这一基本国情，市场结构的重组目标从深层次而言，应在形成有效竞争的基本格局的基础上，为民营化改革，民间资本的进入创造积极有利的条件。

2. 符合中国铁路运输业的特定路情。与世界主要国家铁路相比，

中国大多数地区的客运与货运均表现出较高的交易数量与交易频率,目前中国铁路客货运输所占的运输市场份额极大,在全国运输市场中,尤其是在中长期运输市场中,占据重要的地位:中国铁路的货运市场份额为54.7%,而客运市场的份额也达到了37%左右;运输密度很高,高居世界之首,比位于第二位的俄罗斯高一倍多,分别是美国铁路的2.43倍、日本铁路的2.12倍和欧洲铁路的6—11倍。①

3.保证与维护全国范围内"通路权"的实现。铁路运输网络系统对运输一体化的要求极高,在中国传统的铁路组织结构与运作方式下,路网是由国家严格控制的,不会出现路网互通的障碍问题。实行铁路市场重组后,带来的最大的问题是有可能出现全国范围的路网联通问题,亦即跨路段路网的使用,如果不能解决好基础路网的全国性联通问题,整个铁路结构重组方案就不可能成功。

4.符合经济学的基本理论要求。在传统的铁路运输产业结构体系中,路网企业与网上客货运企业均属铁道部所有,是一种典型的"客货网合一"的运输组织形式,企业之间不是独立核算的经济实体,相互之间也不存在交易往来,自然也不会发生交易费用,若仅从这一角度看,现有的网运一体的结构形式是最优化的了。但正如前面所分析的,与这种优化相伴的是危害更大的有效竞争弱化及产业整体运行低效率。所以铁路运输产业市场结构重组必须能体现规模效益、范围经济的要求,市场结构重组方案的实施应更多地考虑交易费用的节约,重组成本则应尽可能降低。

除上述要求外,中国铁路运输产业市场结构重组后还应充分考虑全国范围内的各路段为完成具体营运业务所必须的协调,以及公益性

① 资料来源:武剑红:"中国铁路技术经济特性与改革模式选择",北京,2001年第二届中国基础设施产业监管改革与发展研讨会论文。

运输问题。中国地域广阔,铁路覆盖面广,一些运输任务的完成需要较长的时间,所以不可避免地会发生较多的诸如装卸、纠纷处理、送水、卫生等一系列需要各方面协作才能完成的事项;重组后垄断的路网公司可能凭借其垄断地位歧视不同的网络使用者,不能提供平等接入的机会和条件;与世界发达国家相同,中国的铁路运输也有相当部分属于公益性运输,例如救灾物资、军备物资的运送,军人、学生等客运。尤其是中国目前正处在经济大开发、大发展时期,国内许多地区的经济发展需要铁路建设、运输来带动,这些问题在铁路确定新重组方案时要加以充分考虑,使铁路运输在某些领域的社会性、公益性属性能继续体现。

五、中国铁路运输产业市场结构重组模式的设计

中国铁路特殊的发展历程及中国的国情决定了铁路运输产业的重组不可能简单搬用某一种模式。在众多市场结构重组模式中,中国铁路运输产业究竟应选择什么样的模式,这是涉及中国铁路改革成功与否的最为关键的问题。由于上述每种模式都各有其利弊,我们综合分析后建议,组建一家或极少数几家独立的路网公司和多家相互之间存在竞争关系、且与路网公司除了交易关系,在行政隶属关系上完全脱钩的客货营运公司(类似于上面分析过的"纵向分离,横向竞争"铁路组织模式,或称"网运分离"),以形成中国铁路运输产业具有竞争性的市场结构。

所谓铁路"网运分离",又可称"上下分离",是指根据铁路运输的各项具体业务的基本功能、服务类别及管理特点的区别,把铁路运输所用的设备资产、所属职工、管理职能和机构分成"上""下"两部分,即下部的基础设施(包括线路、桥涵、站场、通信信号系统和调度指挥系统等)与上部的运营部门(包括客运、货运、机车、车辆等),独立或相对独立地实行分离的生产管理与组织、财务核算、投资建设和发展规划等,其中

运营部门又可根据业务种类再做具体的细分。[①] 铁路基础部分的路网系统(路基、路轨、道岔、通信信号等调车作业)具有很强的自然垄断特性,市场进入壁垒高,需要实行特殊的管理机制和市场运营方式,而保持其适度的垄断地位可能是政府管制的有效方式;铁路客货营运业务可以通过租用机车车辆、接管原有的职工队伍等措施,降低因需要大量资本和专业技术人员而引起的市场进入障碍,其可竞争程度大于线路等基础设施部分,但是考虑到中国铁路在目前国民经济建设中的特殊地位,尤其是 WTO 背景下国内产业需要发展壮大,为使中国铁路运输产业整体稳定、协调发展,政府应采取措施维护适度竞争的市场格局,竞争不足或过度竞争均不利于中国铁路运输产业的发展;车站服务、其他附加服务等更是典型的可竞争领域,在这些领域政府只需放松传统管制,降低进入壁垒,依靠竞争机制的作用实现效率的提高;至于业务性质居于自然垄断与竞争业务领域之间的是设备检测、维修等业务兼具自然垄断与竞争特性的混合业务领域,则应区别情况,由政府与民间资本共同经营。

类似于"网运分离"的模式在中国电信、电力、航空等行业改革进程中已初见成效,铁路改革以"网运分离"为目标,把具有强自然垄断特性的路网业务独立出来,保持其独立的垄断地位,其余可竞争性业务、潜在可竞争性业务及弱自然垄断性业务的可竞争部分最大限度地进行市场化改革,同样具有巨大的优越性:

首先,路网保持适度一体化符合中国国情与路情。铁路路网公司具有明显的规模经济效应,中国地域广阔、人口众多,经济建设正处于加速发展时期,铁路运输以其"长、大、重"的独特优势,在全国大宗货物

① 参见张昕竹:《中国规制与竞争:理论和政策》,社会科学文献出版社 2000 年版,第 135—136 页。

运输方面承担着重大责任，货物与人口在全国范围内的流动性均很大，如果对目前一体化的铁路路网业务过多地进行区域性分割，例如无论采取上面“横向分割”重组模式中的“横向分割，纵向一体化”或“横向分割，纵向分离”模式，均会带来极大的通路权难题，从范围经济看，以一家企业进入最为妥当。尤其是中国的幅员辽阔，资源分布不均衡，各地经济发展水平差异很大，铁路线路的使用离不开政府统一的调度与安排，因此客观上由一家企业进入最为合理。然而单一路网公司虽说交易界面小，但是会出现由于独家垄断带来的行业完全缺乏竞争性，致使改革不彻底。为协调规模经济与竞争效率的冲突，设计对路网系统做适度分割，例如可考虑成立南北两家或三家路网公司，以便于通过相互进行成本与效率对比的方式引入竞争机制。

其次，客货运输公司与路网公司彻底分离，单独保持强自然垄断性路网公司的独立性，是最大限度引入竞争机制的优选方案。在上面“纵向分离”重组模式中，“部分分离，单向接入”铁路组织模式或把客网合为一体，或把货网合为一体，前者是日本的做法，后者是美国的经验，但事实上日本与美国的国情均与我国明显不同，日本的客运密度大，实施客网一体化模式，美国货运密度大，实施货网一体化模式，而中国目前的客货运输密度均大，两种方案均难以找到有说服力的依据，并且这两种方案也均不是彻底的重组改革方案。

第三，客货运公司保持独立，但可适当引入若干家营运公司，相互展开竞争，是运输效率提高的保证。2004 年起，中国允许外资进入控股铁路货运服务，2006 年，铁路货运将全面开放，这就要求中国尽快实施铁路客运与货运分离，并在各自的领域构筑竞争性的市场格局。

中国传统的“大一统”铁路产业市场结构的彻底打破，“网运分离”目标模式的最终实现将随着中国市场经济体制的完善而逐步推进，这一过程可能还需要相当长的时间，为实现这一发展目标，可以考虑的政策步骤如下：

1. 主辅分离，辅业剥离。目前中国铁路运输产业实行的是集中统一的运营管理体制，铁路涉及的经营业务非常广泛：铁路"主业"按运输生产构成要素来看，主要包括客货车站、机务、车辆、工务、电务、调度指挥等单位和相应的管理部门。铁路的"辅业"包括目前铁路系统的公检法、教育、卫生、工业、工程、建筑、设计和生活后勤单位和管理部门等。在这两类地位不同的业务中，属于政府管理职能的有各级法院、检察院、公安局；属社会管理职能的有中小学校、幼儿园、职业学校、医院；为主业服务的有车站餐饮、车站售货服务、客运设施保洁、旅客乘车前和下车后的社会化服务、车站小件寄存和具有独立厂房设备的铁路零部件加工、修理、修配单位，以及铁路货物、行包装卸、货物行包承运前和交付后的社会化服务、列车餐饮服务、铁路物资供应等；属基础性建设的有工程、建筑、房产、设计单位；公益性部门有防疫、检疫单位；属事业管理职能的有体育、文化部门及体育馆、俱乐部、文化宫；属生活后勤服务职能的有招待所、宿舍、食堂、公寓、采购站、商店等。从竞争角度考察，铁路运输"辅业"大多属可竞争型行业，铁路运输产业改革的首要工作应是以产权制度改革为核心，进行辅业改制，实现主业与辅业的彻底分离。由于目前中国市场经济体制尚不尽完善，彻底的"网运分离"可能导致运输过程中众多协调上的难题，可趁全面开放到来之前的一段时间先期为铁路改革轻装减负，继续深入推行"主辅分离"，把辅业彻底割离出去，形成市场化的运作机制，与铁路主业之间形成市场化的交易，为日后"网运分离"的实施奠定扎实的环境基础。

2. 培育列车客货营运领域适度竞争的市场格局。组建若干家独立的铁路客运、货运公司，与铁道部完全脱钩，相互之间展开适度竞争，客运与货运公司应是能独立核算、自负盈亏的法人实体，与路网公司只存在交易关系，营运公司向路网公司购买通路权，为避免交叉补贴、价格歧视等行为出现，政府资本应逐步从这些行业中退出，政府的职责是强化政策管制，协调营运公司与路网的关系，并对一些满足特殊需要的客货运任务实施必要的补贴。

3.完善调车作业领域的政府管制机制。调车作业领域具有强自然垄断特性，为维护其规模经济效益，建议先期组建2—3家独立的国家路网公司，暂由政府统一调配，政府实行激励性的价格管制措施，对竞争性的营运业务采取公平、公正、有效的价格接入，防止出现新的独家路网一体化公司的垄断低效率。待条件成熟，国家放权，促使路网公司逐步走上股份制改造、市场化改革及国家特许权经营之路。

第四节　分类管制政策

铁路运输产业市场结构重组后，政府需要对包括铁路调车作业、铁路运输设备维护、铁路客运、铁路货运和铁路运输的支持服务项目在内的五大业务领域实行新的分类管制政策，以解决可能出现的诸如具体业务的市场准入、竞争性价格的形成及新垄断企业能否为新进入者提供有效的网络接入服务及接入价格的合理性等一系列问题。铁路政府管制的重点是进入管制分类政策与价格管制分类政策两大类。

一、铁路运输产业的进入管制分类政策

对铁路运输产业放松进入管制，积极引入竞争机制，能有效提高产业的竞争效益。由于铁路各具体业务领域的规模效益存在着差异，需要实行相应的进入分类管制政策。按照竞争与垄断程度的不同对铁路产业进行分割重组后，需要在强自然垄断性业务领域建立起独家或极少数几家企业经营机制，弱垄断性业务特许经营机制，以及引导、促使

相关企业、资本进入竞争性业务领域，尤其是注意构建国内铁路运输产业适度竞争的市场格局。中国铁路运输产业进入管制主要是在强自然垄断领域以及部分弱自然垄断业务领域，同时，为防止其他领域过度竞争可能带来的整体竞争实力下降，同时应在客货运输等相关领域构造适度竞争的市场格局。

1. 调车作业领域。包括路轨、道岔、路基、车站信号等基础设施等在内的铁路调车作业领域具有很强的自然垄断性质，一家以上的企业进入会导致资源的低效率配置，并可能导致线路使用、协调上的众多矛盾冲突，客观上由独家企业经营是最有效率的。但是铁路路网、铁路调车作业系统从经济学角度剖析，是一类“内部弱竞争性”业务，它与同属强自然垄断领域的电力网、电信网有着本质的不同。随着技术的进步，电信的同一传输线路可以同时容纳更多的通话容量，为行业内部的竞争提供了有效的载体与平台；电力的电网可以瞬间切换以选择价格最优的发电企业，从而为竞价上网提供了可行性前提。铁路则不然，铁路同一线路的最大容量是有限的，运行图也具有稳定性，致使技术进步对塑造内部竞争格局并没有提供一个有效的途径和手段。这种业务内部本身客观存在的弱竞争性问题也是“网运分离”在世界铁路运输产业市场结构重组过程中遇到的最大障碍。上述两方面的矛盾冲突需要政策的协调。首先应明确的一点是，政府对这一领域的进入管制政策重点不是允许一批新的企业进入；其次，为解决“网运分离”后的路网系统内部因难以营造竞争的格局而出现低效率，政府应建立模拟竞争机制的管制机制，对独家企业实行激励性管制（后面价格管制部分将详细讨论激励性管制）。为保证独家路网公司的正常稳定运作，过渡期可沿用国家所有，政府直接统一经营管理的传统做法，以后逐步推行股份制改造，国家从控股到参股入股，直至以特许招标形式实现独家企业经营。

2.铁路运输设备维护领域。如果仅从业务本身分析,铁路运输设备的检测与维护业务具有竞争性,理论上说应充分引入市场竞争机制。然而这项业务有极高的专业技术质量要求,与运输安全密切相关,铁路周期性的大修则对资金要求极高,尤其是还涉及到铁路运输设备的更新改造,要求在检修的同时能最大限度地采用新技术、新工艺、新设备,加强运输生产能力,提高质量、增加品种,加速设备现代化,政府客观上不应鼓励企业过度进入相互展开竞争。英国铁路私有化改革把这一领域也全部私有化,但却因设备陈旧缺乏维护,且无人承担责任而安全事故频发,致使英国国内对铁路私有化改革产生怀疑。2003 年 10 月,英国政府同意有政府背景的"铁路网"公司(Network Rail)收回所有的铁路维护权。英国铁路改革未能对这一领域进行独立分割并采取有效进入管制,而是完全的放任不管,这是改革出现困难的关键,路网公司的麻痹大意,缺乏责任心,或是将其委托给多家维修公司,均不利于铁路系统的正常运转。政府在这一领域的进入管制应是在保证维修水平、维修质量的前提下,由运输质量监督管理机构严格审查技术标准与维修质量资格,在严格审查的基础上,以特许经营的方式让少数几家综合性的维护公司进入,为保证维修质量与技术的进步,不宜将维修业务过度细分,每年应给予维修公司考核评估,在此基础上决定下一年的特许权发放。

3.客运与货运业务领域。这一领域目前是潜在竞争性业务,新进入市场的客货运营者可以通过租用机车车辆、接管原有的职工队伍等措施,降低因需要大量资本和专业技术人员而引起的市场进入障碍,其市场的可进入性较强,可竞争程度远大于线路设施部分。目前铁路客运公司已经开始出现少量的试点企业,1999 年铁路推行资产经营责任制以来,初步确立了铁路局的市场主体地位,在昆明铁路局、呼和浩特铁路局、南昌铁路局、柳州铁路局等四个直管站段的铁路局和广铁集团相继进行了组建客运公司的试点,2000 年广铁集团客运公司正式挂牌。目前国内货运公司则仍以独家垄断的形式存在。总体说来,铁路运输产业内部的竞争格局目前还相当薄弱,铁路客货营运改革的最终目标是走向市场化之路,政府铁路市场化改革的政策取向是进一步降低进入壁垒,依靠竞争机制的作用实现效率的提高。

尽管铁路运输产业内的相互竞争较弱,但来自产业外的与其他运输方式的竞争却已相当之强。公路、航空等运输方式的快速发展,使铁路的市场份额受到巨大的冲击;同时,铁路面临的不仅是国内各种运输方式之间的竞争,而且还要同外国运输企业进行竞争。加入 WTO 后,铁路运输市场竞争将国际化,从中国铁路运输业竞争的目标模式考虑,不仅应该构造产业内部的竞争,还应从该产业对外部竞争者的竞争优势出发,考虑产业整体竞争力。既考虑该产业的国际竞争力,也要考虑面对国际竞争对手的竞争能力。与国外企业相比,国内产业资金、技术水平落后,如果完全放松进入管制,有可能导致产业零细化及过度竞争,影响本国产业安全,并由一种形式的市场失败变成另一种形式的市场失败。为保证国内产业结构系统的完整性,维持客货运输领域的有效竞争,保证运输效率,客观上需要政府设置一定的进入壁垒,允许有实力的现代客货营运企业进入,鼓励企业规模效益的发挥。铁路运输业竞争的目标模式应该是产业内部适度竞争、提高自身在产业外部的竞争能力,并不断增强产业在国内外运输市场中的竞争优势。

4. 铁路运输的支持服务项目领域。车站服务、其他附加服务等有较强的竞争性,改革的方向是逐步将其从运输产业主业中剥离,对现有的相关企业进行产权制度改革,使其成为独立的责任公司。政府应完全取消进入管制,市场全面开放,充分发挥市场机制的调节作用,同时政府加强市场宏观调控。

表6－2　铁路运输产业的主要业务与进入管制分类政策

主要业务类型	现有经营企业	进入管制政策的重点
铁路调车作业(路轨、道岔、路基、车站信号等基础设施)	国家铁道部及下属多家地方性铁路运输公司、合资铁路公司	重要线路及相关设施由极少数几家企业经营,相互进行区域间比较竞争;鼓励发展多种资金投入铁路建设,兴建地方性铁路
铁路运输设备维护	铁道部下属各地铁路设备维修公司,目前还缺乏独立的铁路设备维修公司	放松进入管制,特许若干家专业维修公司进入,培育适度竞争的市场格局
铁路客运	中国铁道部下属客运公司为主,呼和浩特、南昌、柳州、昆明4个直管站段局以及广(州)铁(路)集团试点成立客运公司,另有多家地方性独立客运企业	适度放松进入管制,严格企业进入市场的资格审查,防止过度竞争
铁路货运	中国铁道部下属各家货运公司为主,及多家地方性独立运输企业	适度放松进入管制,严格企业进入市场的资格审查,防止过度竞争
铁路运输的支持服务项目	已有多家各种类型企业进入,实行竞争性经营	逐步取消进入管制,构造充分竞争的市场格局

二、铁路运输产业的价格管制分类政策

在中国传统的“大一统”铁路市场结构模式下,铁路归国家所有,国铁运价从制定到调整的一系列权限主要集中在中央政府,现行组成铁路客货总运价的各项目中,主体部分的票价率或运价率仍严格由国家主管部门沿袭计划经济体制下对基础设施产业统一实施的“成本加成定价法”制定并实施;我国的铁路建设投资由政府统一安排在铁路运营总收入中以建设基金的名义部分回收;铁路客货运杂费也由铁道部统一规定,目前国铁客货运输企业实际的定价空间仅仅局限在一些季节性浮动权和延伸服务收费权上。铁路运输企业同时还执行收支两条线的会计核算体系:铁路运输收入采取发送核算制,由发送局统一核收从发送、通过、直至到达各局的全程运费总额,各发送局向旅客和货主核收的运输进款收入需全部上缴铁道部,铁道部根据各路局运输成本水

平差异，再将运输进款收入在发送、通过和到达局间进行重新分配，各路局则将重新分配所得的收入作为其实现的运输收入。这样的一套铁路运价机制存在着一系列不足之处："成本加成定价法"对铁路运输企业缺乏必要的成本控制能力，不能满足铁路运输走向市场化过程中对降低成本提出的要求；集中运价体系下，收支两条线的会计核算制度不利于各运输企业提高效益，增收节支；铁道部为缓和建设基金不足的矛盾，运价外征收铁路建设基金的方式扭曲了运价体系；另外，铁路运价之外的各种延伸服务收费过多过杂，致使运价秩序混乱，直接影响铁路运输在综合运输领域的竞争能力。

铁路产业分割、结构重组后，分类业务市场竞争程度的提高有利于产业价格机制趋向于合理化。然而就各具体业务而言，仍然存在政府价格管制的必要性。

1. 调车作业（路轨、道岔、路基、车站信号等基础设施）领域。这一领域在市场结构重组后，仍然存在着垄断的可能，新的价格垄断问题难以回避。"网运分离"后，由于铁路网上营运的客货运输企业对路网、路轨、信号、道岔等的依赖程度较电信和民航有过之而无不及，线路使用费的标准以及列车时刻表的确定，在很大程度上决定着运输公司的命运，而路网系统由于具有强自然垄断性，客观上应由一家企业进入，这家独立的企业无论其产权关系、所有制性质如何，因垄断可能带来的低效率都是应该防止的，针对独家的路网公司有可能继续凭借其独家企业经营的地位形成相对小范围的 X－低效率，铁路主要业务领域政府的价格管制也就必不可少了。

一种自然垄断业务价格管制的简便方法是设计一套具有虚拟市场竞争环境的，有成本约束功效的管制价格模型。正如本书第三章分析价格协调政策时已经做的分析与研究，可以借鉴英国的最高限价管制定价模型，在确定一项比较科学合理的基础价格的前提下，由管制机构根据当年的零售物价指数和政府部门核准的路网公司生产效率增加幅度确定公司的最高提价幅度：

网路收费服务当年最高限价＝基础价格×(1＋允许涨价率)＋利润＋税金

年度允许涨价率＝当年全社会零售物价总指数(RPI)－核准的年度生产效率增加百分比(X_1)

利润是以路网收费为基础，与售价利润率相乘得到的利润额，税金部分则单独计算考虑。

据此，可设计出铁路路网收费服务的政府管制价格(P_1)模型如下：

$$P_1=\frac{C_1(1+RPI-X_1)}{1-r_1}+T_1$$

其中，C_1 为下部路网收费服务的基础成本总和；RPI 为经过修正的社会零售价格指数；X_1 为路网收费服务生产效益上升率(由政府委托有关部门核定，可考虑几年调整一次)；r_1 为路网收费服务的售价利润率(可由路网收费服务根据不同线路应得的资产收益率转化得到，并保持大致稳定，避免直接以资产收益率计算利润可能带来的过度投资行为)；T_1 为路网收费服务企业应缴纳的税金。

借助于上述 P_1 模型公式，可以对铁路路网服务各年度的收费价格进行约束，在保证企业效益提高的基础上实现垄断性业务价格的尽可能合理化。

2. 铁路运输设备维护领域。“网运分离”后，铁路运输设备维护业务逐步趋向于独立，由于铁路维修对于技术与质量有极高要求，能具备进入条件的企业数量较少，为防止这少数的企业在进入后随意抬高价格，降低维修质量，价格管制重点在于质量与服务标准与合理的标底的制定。可采取政府定期(3 年左右)公开招标出让特许经营权的方式加以约束，标底价由政府职能部门、技术部门在考虑各种因素情况下共同确定，在获得特许权的年限内，管制机构需经常性地进行监督，一旦某企业有违规行为被发现，即取消下一次特许投标权。

3. 铁路客运、铁路货运业务领域。从理论上分析，客货营运业务既然归属于竞争性产业，其运价水平最终应由市场来决定，形成市场竞争价格机制。由于铁路运输在国民经济中的重要性及铁路运价过于波动可能对经济发展带来的不利影响，营运运价改革过程的推进客观上应允许有一过渡阶段，在此阶段政府继续采取措施对运价加以管制与引导，可考虑设计一个中准参照价，并在该价格模型中加入其他运输方式运价这一参数，即使各运输方式合理分流运输任务，同时也增加铁路运输企业的收入，改善其投资水平，以最大限度地保证改革宏观环境的稳定与改革措施的顺利推进。

客货营运业务的具体管制价格（P_2）模型可考虑设计如下：

$$P_2=\frac{C_2(1+RPI-X_2)}{1-r_2}\times t+T_2$$

其中，C_2 为上部营运业务的基础成本总额；RPI 为经过修正后的社会零售物价指数；X_2 为营运业务生产效益上升率；r_2 为营运业务售价利润率；t 为各种运输工具的综合运价系数；T_2 为营运业务应缴纳的税金。

在上述客货运输收费模型中，最难处理的是综合运价系数的确定，可以探讨的一条思路是在各种运输工具之间进行比质比价，即以营运成本和服务质量为依据，综合判定铁路运价水平，如果与其他运输工具相比，营运成本与服务质量变化呈同方向大体相似幅度变化时，则主要考虑营运成本差异；服务质量提高较大而营运成本上升不多时，则考虑在营运成本与服务质量差异之间选择系数；营运成本减少不多，而服务质量效用减少较大时，则以考虑服务质量差异为主。

铁路营运成本资料可以通过对各种运输工具出行成本的详细测定得到；营运服务质量情况则须通过对服务、舒适度、速度、安全性能、起始时间和到达时间等各种属于营运质量范畴的因素进行综合测评，由于它比较多地取决于营运对象个人的主观评价，所以可考虑组织有关方面专家和有经验的人士对反映质量水平的主要项目确定重要性权数，以逐项评分加权计算的方法得到。

4. 铁路运输的支持服务项目。旅客车站服务、货物装卸服务、仓储服务、货物运输代理等铁路运输支持服务项目均为竞争性业务，客观上无需政府价格管制，政府应在这一领域大力鼓励竞争，充分发挥市场机制的调节作用，提倡在市场竞争中形成合理的价格。政府的职能是加强市场监督检查，防止不正当价格竞争。

我们可用表6-3对上述价格管制分类政策作简要总结。

表6-3 铁路运输产业的主要业务与价格管制分类政策

主要业务类型	现行价格制度	价格管制政策
调车作业（路轨、道岔、路基、车站信号等基础设施）	无独立调车作业价格	政府实施激励性价格管制，并要求对新老企业接入价格一视同仁
铁路运输设备维护	无独立运输设备维护价格	实行招投标价格，特许经营
铁路客运业务 铁路货运业务	铁道部上报国家计委、国务院批准，一揽子定价	过渡期实施激励性价格管制，并逐步取消价格管制，由客运公司与用户双边协商定价
铁路运输的支持服务项目	逐步实施独立的服务收费	取消政府价格管制，注意防止出现不正当价格竞争

第五节 协调政策

铁路运输产业的技术经济特征决定了其各业务内容的密切相关性，尤其是铁路上下两部分之间的垂直关系需要高度协调。在这些业务由一家垂直一体化企业垄断经营的体制下，各业务之间的协调是企业内部的事。但在铁路运输产业市场结构重组后，这些业务不仅由不同企业承担，而且，同一种业务也往往存在多家竞争者。在这种新体制下，客观上要求政府设计一系列的协调政策，以保证铁路运输产业的正常运行与协调发展。政府制定铁路运输产业协调政策的基本目标是，在市场结构重组、实行分类管制的条件下，政府通过一定的政策措施，以协调不同经济利益主体间的关系，兼顾公平与效率，实现铁路运输产业的持续快速发展。本节将从五个方面探讨铁路运输产业的协调政策。

一、调车作业安排政策

由于铁路路网与其他电力、电信网在承担营运任务时的负载能力很不相同，后者在同一时间内可以负载弹性远大于前者，铁路路轨在同一时间里只能承受一列火车通行，因此，线路图的合理安排就显得非常重要，政府对路网使用的协调政策应主要体现在调车作业的合理分配上，保证客货运企业保质保量按时完成营运任务。

从国际经验看，美国与日本等国在线路图的安排上，有自己的特色：美国铁路路网的建设以民间投资为主，建设初期，在政府给予的无偿划拨土地、提供低息贷款等政策的扶持下，美国铁路飞速发展，在有客货运量的地域上，形成了多个独立的、相互重叠的铁路运输网。随着时间的推移，铁路公司之间的兼并重组，形成了目前以密西西比河为界，东西各两家主要 1 级铁路公司的局面。各铁路公司在一定地域内仍然互相重叠，又自成系统，同时又与其他铁路公司有机联结。以芝加哥铁路枢纽为例，有 16 家铁路公司的线路接入了芝加哥枢纽，枢纽内的 16 个编组站除一个共同编组站为多家铁路公司进行车流交换外，其余编组站都为各自公司服务。各铁路公司都设有专门的编图部门，自主编制本公司的运行图，美国铁路客运公司(Amtrak)的客车运行图由客运公司统一编制,有关铁路公司再将客车运行图纳入本公司的运行图内,在线路能力允许时给予安排,若线路能力不足时则根据实际情况进行协商。这套运作模式能降低网运交易费用,各公司之间有可能展开竞争,其运行的前提是客运不是主要业务。日本铁路改革内容主要是组建JR铁路集团,按地域分为6家客运公司,并成立了一家全国统一运行、向客运公司租借线路的货运公司。综合来看,美国、日本的铁路是多线平行,各铁路公司的网络自成体系,独立进行经营和运输组织。中国铁路对路网能力的运用,是在一张没有经过区域分割的路网图上,在运输集中统一指挥下,对线路、机车、货车进行统一指挥和运用,中国线路的利用率、客货车的使用效率均比美国与日本高得多。由于铁路在承担国家经济建设中的特殊重要地位,强垄断性的路网公司如何实现对铁路路网的合理调配与使用,保证国家经济建设的正常、顺利运行,成为政府管制的一项非常重要的内容,应该明确几个基本原则:一是保证国家重点建设任务的优先完成;二是保证公益性运输任务的完成。另外,效率优先,公平接入,也是应考虑在内的。

二、价格协调政策

铁路运输产业市场结构重组后需解决的一个新问题是,如何保证不同业务性质企业之间合理定价。如果运输业务从上游路网收费至下游最终售价层层递增,在一个综合运输市场上,势必使整个铁路运输价格缺乏竞争性,是一种低效率的定价方法,至于铁路内部,哪家企业如此加价也必然是缺乏效率的。所以铁路产业结构重组、业务内容细分后,鉴于各业务项目均是运输整体的必要环节,有必要重新协调价值链。适度竞争性市场建立后,铁路运输企业的最终价格由消费者决定,所以各环节的价格应是在最终价格的基础上倒扣确定,实际上就是各业务内容对最终售价的分配。市场结构重组后,大一统的结构转为由众多具有不同的市场力量的企业的集合体,各个企业之间事实上很难自觉达成协调价格,这就要求有一种外在的价格协调机制。从近期分析,这种外在协调机制主要是政府的价格管制政策,同时运用市场机制;而从长远的角度看,这种外在协调机制主要是市场机制,同时适度运用价格管制政策。

在社会福利最大化条件下,新进入者支付给垄断企业的接入费用应为在位垄断企业提供接入服务的边际成本,接入费用越低,产品或服务的最终价格就越低,最终用户消费的产品或服务总量就越高。但是按边际成本接入收费可能带来两项不利后果:一是新企业进入竞争型业务领域后,由于原有同类型企业已经承担了绝大部分的路网使用费,可能导致新进入者对网络"搭便车",造成竞争性市场的无效率进入;二是由于原垄断企业承担全部固定成本,因而会设法将其转嫁到具有市场势力的市场,即利用市场支配力在其他服务上进行加成,这会破坏新进入者与原垄断企业之间的公平竞争。为防止新企业进入"搭便车",新老企业之间需对路网固定的使用费做重新的分割,这是保证企业之间竞争公平性的基本要求。同时,为鼓励合资铁路的建设与发展,政府在铁路的互联互通问题上也不能听之任之,不能允许强垄断性业务对互联互通收费有决定权,必须采取有效的价格收费管制措施。

三、投资管制政策

总体而言,目前中国铁路网建设、机车质量与数量还是很落后的,难以适应国内经济迅速发展的需要,尤其是在一些偏远落后地区,经济发展对铁路建设发展的需要十分迫切。然而国家铁路建设资金投入一直紧张,缺口较大。为彻底改变国家铁路投资力度不足的难题,缓解铁路建设资金压力,必须在投融资体制上动"大手术",构建多元投资主体,利用多种投资渠道,形成多样融资方式。

铁路投资管制政策改革的具体思路可从以下几方面考虑:(1)铁路主干线可在国家控股的前提下,放松投资管制,实行投资主体多元化政策,大力吸收民营资本进入,利用股票、债券、项目融资等途径进行市场化融资;(2)积极发展合资铁路,对非主干线的铁路支线或地方性铁路,鼓励地方政府和企业投资,并让投资者直接参与经营,调动地方投资积极性;(3)主要干线客运专线和城际客运铁路等项目建设应积极利用外资,寻求境内外投资者;(4)对西部地区公益性建设项目大力推广发行国债筹资;(5)进一步完善铁路建设基金征收制度;(6)进一步扩大向银行贷款。目前除已推广使用的建设基金和银行贷款两种主要筹资方式外,今后应积极拓展其他投融资方式,将市场化融资作为发展的重点。

四、普遍服务政策

铁路运输产业普遍服务是指铁路经营企业应承担的某些普遍的铁路运输服务的责任和义务。铁路是国家的基础设施,具备相当程度上的基础性和一定范围的公益性,应注重社会效益,但同时作为企业来讲,又必然追求赢利的目标。铁路的公益性与赢利性之间的矛盾是铁路建设面临的一个根本性难题,随着运输市场竞争程度的加剧,这个问题变得更加突出。长期以来,中国铁路采用的是交叉补贴的方法,用赢利性运输服务的收入补贴公益性服务,而没有对公益性和经营性项目加以区分,这一方面使铁路经营缺乏透明度,企业因而缺乏改善经营绩效的激励;另一方面,也使竞争机制难以引入,产生典型的“撇奶油”现象,影响铁路的长期发展。

今后铁路运输仍将在相当程度上具有公益性特征,政策的协调重点在于区分不同性质的路轨铺设和不同性质的运输任务,区别对待。

政策性亏损仍应由政府财政给予必要的补贴,但在具体实施过程中应注意处理好以下几方面的问题:一是补贴对象应该是单一的,应尽可能保证补贴机制的合理性,防止客、货运公司及路网收费服务的多头补贴及把政策性亏损与经营性亏损混为一谈。二是补贴资金的来源应该是多元的,可以考虑推行铁路效益内在化政策,即由政府出面赋予投资者对铁路沿线土地定期的使用权和开发权、主要运输品类的资源开发权、减免税费等,使其收益互补。也可以借鉴有线通信业务的普遍服务基金等做法,考虑建立起运输价格补贴调节基金制度,实现产业内部的自我交叉补贴。三是享受政策性运输补贴的范围(线路及货物品种、旅客等)应该是明确的,应由国家主管部门根据国民经济发展状况和国家产业政策决定并作适时调整。四是补贴制度也应与其市场价格机制相配套,具备必要的减亏激励机制。

五、维护有效竞争政策

铁路本身具有其他运输工具所无法比拟的一系列运输优势,加之近年来中国经济大发展,客观上需要维护铁路运输产业的稳定发展,为防止铁路重组、市场化改革后可能出现的市场波动及部分业务竞争不足等现实问题,首先应强化制定旨在维护竞争的行政与法律政策。铁路管制体制改革首先需要有一个明确的法律总体框架来支持,确定明确的管制目标和管制内容,建立完善的法律框架和明确的管制规则,设立独立运作的管制机构,制定公开透明的管制程序等等。其次,为维护市场的竞争性,除可通过政府法律行为外,还可借助行业协会的作用及发挥企业自律作用等途径,发达国家铁路改革均有这样的成功例子:成立于 1877 年的美国"北美铁路协会"下设 5 个专业委员会,负责运营、法律、计算机、技术和管理工作,协会的主要职能是统一北美铁路机车、客货车、线路技术标准,制定公司间商务交易和过轨运输的规则,按周收取各铁路公司的运营、财务和安全报告，为各铁路公司之间的交易提供计算机清算平台，对违规行为进行处罚，提供运输、财政、行政区、国家的经济分析、客货运市场调查以及各铁路公司效率、效益的财务数据和分析材料。日本国铁改革时，政府颁布有《国有铁道改革法》，以后，新成立的JR铁路集团7家公司和其他铁路企业一同受《铁道事业法》制约。这些都值得中国借鉴。

第六节 铁路运输管制机构

铁路运输产业完成市场结构重组后，原来各部门之间"大一统"的组织格局转化为各独立的经济实体，它虽然克服了传统体制的众多弊病，但也易引发企业之间利益关系协调上的新困难：路网公司仍具有自然垄断性，运输路网资源的合理分配，行车指挥的公正性，基础设施有效运营的协调，路网的建设设计、维护费的支出与使用等一系列潜在问题的存在，客观上要求进一步强化线路使用费的管制；为防止过度竞争，维护适度竞争，需有专门的管制机构审批运营公司的进入和退出，制定并履行旨在保护旅客、货主利益的服务标准，评估、审批公司间的兼并和重组，防止区域垄断性运营公司实施区域垄断的法律法规；铁路安全和技术标准的规范，营运事故的调查与评估，纠纷的仲裁、协调等事项也仍需有专门的机构管理；此外，对公益性运输服务的特定管制也仍然必不可少。因此，设置切实有效的管制机构，强化市场结构重组后的管制机制，成为铁路改革必不可少的一项配套工作。

一、铁路运输管制机构的基本特征

新设置的管制部门应有别于传统的政府主管部门，体现出下列基

本特征：①

1. 管制机构应具有相对独立性。目前从世界范围看，除极少数国家（如瑞典，将铁路管制与经营职能都设置在瑞典铁路管理局）外，绝大多数国家的铁路管制机构都独立于铁路运输公司和基础设施公司（或管理部门）之外，由专业技术人员在不受外来干预的情况下独立管制，以保证对线路公司和运营公司等实行公正、有效的管制。中国铁路产业管制机构的设立也应遵循“政企分开”的基本思路，尽可能减少政府干预。

2. 以法制化手段履行管制职能。管制机构必须通过管制法律授权，依法行使管制职能：如制定管制规章、颁发企业经营许可证、价格管制、进入与退出的市场管制等，以形成高效率的管制机制，法制化可以确保管制机构的独立性。国外铁路的政府管制机构的组建及其职权都是以法律形式明确，以增加其权威性的：如英国的铁路管制办公室（Office of the Rail Regulator，简称 ORR）是根据铁路新秩序法成立的；奥地利铁路运输市场管制公司是根据铁路运输市场管理法建立的。中国也应借鉴国外的经验，在《铁路法》中明确管制机构的设置内容及基本职权。

3. 管制任务应归口集中。在对传统垄断性产业改革后的政府管制机构的设立问题上，国内一些学者担心改革一方面机构精简，另一方面众多政府部门又会以政府管制机构的身份再现，结果是每一个产业都既有一个行政主管部门，又出现一个管制部门，“婆婆”越改越多，不利于铁路市场化改革的深入。② 为防止出现多头执法、各自为政的现象，

---

① 详细内容可参阅肖兴志：《中国铁路产业管制理论与政策》，经济科学出版社 2004 年版，第 169—172 页。

② 详见戚聿东 2003 年 10 月在第五届“中国基础领域改革国际论坛”上的主题发言“中国自然垄断产业改革的现状分析与政策建议”。

管制机构的设置应注意防止管制责任的分散化带来的管制协调难度大、管制效率低等问题，在设立新的管制机构的同时，应集中各类具体的管制任务，加强统一管理。

4.透明化管制原则。管制机构在执行管制任务时，应本着管制目标公开、程序公开、方法公开的原则，尽可能使管制实施过程简单明确、具有可预测性，防止管制机构滥用职权、歧视性执法或违背管制程序。

5.管制手段应具有高效率性。管制机构应采取公平、公正基础上的激励性的管制手段，一方面保证自身高效率地运作，另一方面促使被管制企业努力提高效率，注意防止歧视性行为与人为的进入壁垒。

二、发达国家铁路运输管制机构的主要模式

各国铁路运输产业在改革与重组过程中，设立的管制机构有些是将原国营铁路中属于政府职能的部分剥离出来，重组为政府的管制机构，如德国组建了联邦铁路局；有些是单独组建独立的管制机构，如英国的铁路管制办公室和奥地利的铁路运输市场管制机构；英、美等国还根据铁路改革和发展中的需要，在原有的管制机构框架下，适时组建新的管制机构，如英国铁路战略管理局、美国地面运输委员会等。纵观世界各国的铁路管制机构与政府部门之间的相互关系，主要有以下三种情况：①

第一种，在铁道部之外构建政府授权的独立管制机构，与政府部门完全脱钩。这种管制机构设置的模式以美国为代表，故又可称为美国模式。美国政府对铁路的监管着重于安全监管和经济监管。铁路安全监管采取行业主管部门直接监管方式，主要由隶属于运输部的联邦铁

① 参阅中国基础设施产业政府监管体制改革课题组：《中国基础设施产业政府监管体制改革研究报告》，中国财政经济出版社 2002 年，第 423 页。

路署(FRA)负责;经济监管主要由美国地面运输委员会(STB)承担。美国地面运输委员会是在原美国州际商务委员会(ICC)撤销后,于1996年1月1日成立的一个独立监管机构,由美国民主党、共和党两党成员组成,机构设在运输部内,共有140名工作人员。决策机构是理事会,由主席1人、副主席1人、专员1人共计3名成员组成,由总统提名,参议院审议通过,任期5年。美国地面运输委员会直接向总统负责,拥有对铁路、公路、水运、管道等州际地面运输方式的经济监管权,但主要监管对象是铁路;它采取委员会制,是执行国会政策的特殊手段,国会直接决定机构的目的、工作程序及其权力,通过规定政策目标,定期检查管制机构的行为,向其授权,管制机构则因长时期专注于某产业而将熟知产业的特征,能产生专业化经济。[①] 铁路管制部门的主要工作内容是负责审批铁路公司的联合、兼并等事宜,并且在核定运价的合理性、跨网运输中维护货主利益、要求铁路公司向第三方开放枢纽、新建铁路、承担公益性运输任务等方面发挥重要的管制、协调职责。

第二种,在政府相关部门之下设立相对独立的管制机构。其中最典型的就是英国在20世纪90年代起推行的铁路管制体制改革。1994年4月,英国新的铁路法案正式生效。按照这一法案,英铁将被拆分为近100家企业并出售给民营部门以相互竞争。同时,在提高铁路服务质量的目标下,新的监管机制也得以确立。这一时期的监管机构主要有以下几个:

1)客运特许经营办公室(Office of Passenger Rail Franchising, OPRAF),由特许总监领导,授予特许经营权以及提供补贴;

2)铁路总监办公室(Office of Rail Regulator, ORR),由铁路总监

---

① 〔美〕丹尼尔·F.史普博:《管制与市场》,上海三联书店,上海人民出版社2003年,第87页。

领导，其总监由英国负责铁路运输产业的国务大臣任命，下属基础设施建设、经济管制和执行部、铁路市场的准入和管理部及合作部在ORR的统一领导下，各司其职；

3）铁路用户咨询委员会（Rail Users' Consultative Committees, RUCCs），在铁路总监办公室的指导下对铁路服务与设施的用户进行保护。

整个运营与监管机构的运作模式如图6－8所示：[①]

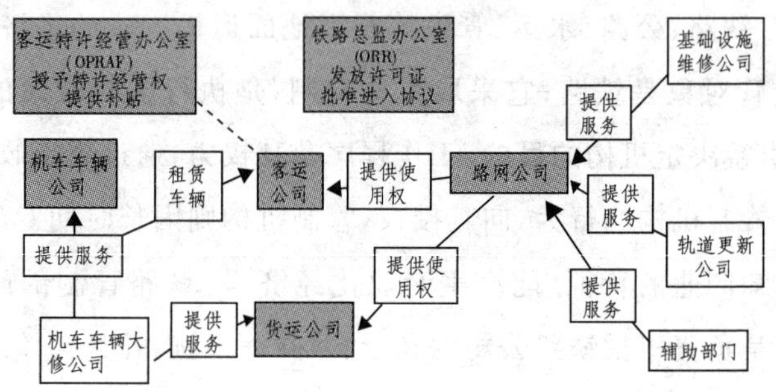

图6－8　1994—1999年的英国铁路运营与监管结构

由于最初的改革方案的推行引发了一系列问题，1999年英国政府组建了铁路战略管理局（Strategic Rail Authority, SRA），目的在于加强对路网公司和客货运公司的监督和协调，同时负责制定和组织实施铁路发展规划，并享有约30亿英镑的融资能力，以支持对铁路的投资。新的客运运营与监管结构模式如图6－9所示。

在新的客运监管架构中，铁路战略管理局也是代表政府的行政管理部门，主要负责战略规划，协调日常运输，铁路战略管理局的各项目标、条例与指导的制定者，为各地区客运部提供资金，代表政府管理铁路，目的在于促进各种运输方式的协调发展、改善环境、保持和提高安全运营水准等。顾客满意程度以及客运公司服务水平的监督则是由铁

①　图6－8和图6－9参见WWW. opraf. gov. ok/Passenger-about/about-main. htm.

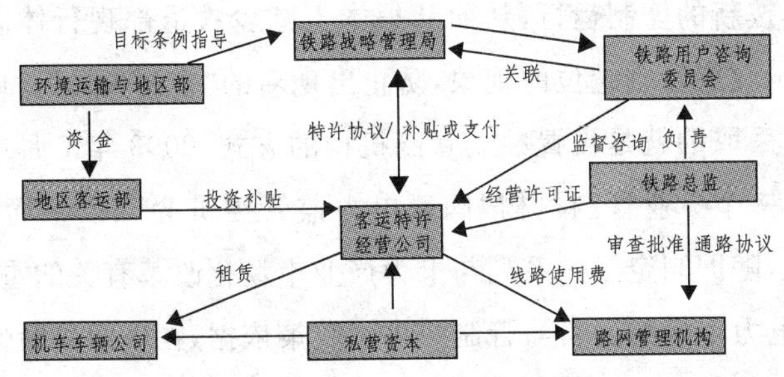

图 6－9　1999 年以后英国新的客运监管结构

路用户咨询委员会负责，该委员会由各行业的用户组成，由铁路总监任命。

根据上述机构设置情况，ORR 与 SRA 实际上均在相当程度上代表政府行政部门行事，所以设立英国模式的管制机构，客观上要求管制权力在管制机构与政府相关部门之间有一定程度的分割。

第三种，由政府部门直接承担垄断产业的管制职能。这种机构设置模式最为典型的是日本的运输省，它与日本其他三个政府管理机构财政部、建设部、地方政府一起，完成政府对铁路运输产业的全面管制，在日本，政府部门既是主办者又是管制者，通过审批、发放铁路企业经营许可证、审批运价、协调各部门利益、批准铁路企业兼并或破产等许多方面发挥直接的作用。

三、中国铁路运输管制机构的设计

管制机构集立法、行政、司法权力为一身，其权力、责任重大，管制机构的设置状况关系到能否通过有效的监督控制以确保管制政策目标的实现。管制机构设立的理想形式应是使其具有独立性，其利益独立于被管制对象的利益，在行使权力和职能(如制定管制政策)时不受政治力量的控制和利益集团的影响，以保证实现管制的公正性。在中国铁路运输产业设置独立管制机构的主要优点在于，新组建的管制机构可以完全按新的体制运行,从而从根本上减少铁道部现行体制惯性的干扰,减少政府管制越位的现象,防止出现新的"管制失灵"。中国电力产业改革采取的就是设置独立管制机构的方式,2003 年 7 月中国垄断性产业第一个专业管制机构"国家电力监管委员会"(以下简称"电监会")成立,随即制定了一系列与电力产业市场化改革有关的重要法律、法规,为电力市场的运营与管制提供了政策依据,在中国垄断性产业设立独立管制机构方面开创了先河,作了许多有益的探索,值得其他产业借鉴。

中国铁路运输产业管制机构的设立可参考"电监会"的做法,并借鉴英美等国管制机构设立的模式,在以下两种管制体制下做出选择:一是建立独立的委员会制管制机构,如"国家铁路监管委员会"(以下简称"铁监会");二是建立准独立的首长负责制(单一制)管制机构,如"国家铁路监督管理局"(以下简称"铁监局")。单一制管制机构稳定性强,与中国传统管理体制有一定衔接,且操作相对简便,但仍有可能受行政及个人主观意志的影响;从管制机构行使权力的独立性与公正性上分析,独立的委员会制应更具有长远性与合理性。在对铁道部进行改组的基础上,目前应积极创造条件,组建独立或准独立的管制机构"铁监局"或"铁监会",局长或委员会主任由国务院任命,直接向国务院和人大负责,通过对公共利益方面的有效管制,为消费者创造良好的运输服务,并提高运输服务效率。

需要引起重视的是,管制机构组织模式的选择与管制权责范围界定密切相关。管制权责范围越大,设置独立的管制机构的可能性就越大,铁路管制机构权力越小,管制机构与政府行政管理部门的联系势必越紧密,越不容易清晰界定两者的权责,独立的管制机构的设立难度就越大。正如我们在上面有关电力管制一章中已经探讨的,管制机构的设立需防止如目前"电监会"普遍存在的缺乏明确的法律授权、管制职能分散、管制职责不清、管制人员结构不合理及缺乏对管制机构的监督与约束机制等实际问题,要科学合理地界定管制机构与政府其他部门的权责,这是建立新的铁路管制体制的重要基础工作。

从中国实际出发,并借鉴国外的成功经验,可以考虑把管制权责在管制机构、政府主管部门、其他部门之间做以下划分:管制机构权责主要在于价格管制、市场准入管制、互联互通管制、铁路运能资源配置管制等;政府主管部门权责主要在于制订铁路改革重组方案、铁路产业发展政策、规划管理、行业法律及制度规章、安全管理等;其他部门权责具体化,例如财税部负责财税管理,环保局负责环保体制等。而管制机构具体职能则主要包括以下几方面:(1)会同有关部门审批重大铁路建设项目,保证铁路发展总体目标的实现;(2)审批核定客货运价及其他费用;(3)制订铁路产业市场准入标准,审批、发放进入许可证;(4)审批产业内涉及企业重组的诸如兼并、破产等事项;(5)对铁路资源配置的管制,具体是在行车作业安排方面,保证资源利用效率的最大化;(6)不同铁路运输企业之间互联互通管制;(7)协调铁路产业内相关企业之间的关系。

为确保新的管制机构的法律地位,在管制机构设立之前,有关部门应根据中国铁路改革和发展的需要,抓紧出台相应的法律法规,并根据需要适时调整管制机构和管制内容。国外在独立的管制机构设立问题的研究中,往往担心管制机构能否背负起既代表国会(或总统)履行权力,又公正行事,遵循既定的法律程序的双重的任务。中国的《铁路法》也应对政府管制问题做出明确的规定,不仅要通过法律、法规规范被管制者的行为,而且要通过法律、法规,规范管制机构、管制者的行为,对管制者的以权谋私、钱权交易等行为予以法律的制裁。通过民主、公开、舆论监督来规范管制机构的行为,形成法律规范机制,使管制活动有法可依。国家铁路监管委员会应作为全国性的铁路管制机构，统一制定铁路管制法规，并向各主要铁路结点派出管制机构，实行垂直统一管制。为完成上述职能，“铁监会”内部客观上需要设置高效率的组织机构，当然机构建立初期许多职能难以一步到位，需要在政府的引导与扶持下，随着铁路市场竞争的逐步形成，职能逐步到位。

独立的“铁监会”的形成是铁路管制改革的终极目标，从改革平稳发展、合理过渡的目标出发，也可以考虑分步推进策略，实施过渡期铁路管制机构设置方案，过渡期先期在铁道部下设立政府所属管制机构，受铁道部统一领导，待条件成熟再走向独立。这一方案主要是考虑到目前中国铁路传统行政管制的条块分割，多头管制盛行，一步到位地撤销铁道部而把管制权力统一集中于独立的管制机构，可能会出现诸如因剥离难度过大导致管制缺位，尤其是考虑到中国铁路运输企业长期作为政府机构的附属物，铁路与政府之间存在着千丝万缕的联系，自我独立能力很弱，在铁路市场竞争机制尚不完备，配套的法律、法规均不完善的情况下，即使完成了产业结构分离与重组，政府一时也难以立刻割断与企业的所有的联系，实现彻底的退出。所以第一步可考虑设置隶属于铁道部的政府铁路管制机构，借助于政府的力量逐步汇总目前分散于各部门的管制职能，一种较为普遍的做法是在铁道部下设监管局，监管局以下再具体设置诸如基础设施监管部、客运监管部、货运监管部、安全与技术标准监管部、协调与仲裁部、公共运输监管部等具体职能部门，分别履行管制职能，经过3—5年的过渡，待条件成熟，撤销铁道部，监管局完全独立。有过渡期的管制机构设置方案的最大优点是考虑了改革的过渡性与衔接性，但须防止出现管制机构与企业（尤其是目前的国有铁路企业）混为一体，职责划分不清，产生新的“管制失灵”。

第七章　航空运输产业

本章在讨论航空运输产业的基本特征与主要业务类型的基础上，分析和评论中国航空运输产业的两次市场结构重组政策，重点探讨中国航空运输产业的分类管制和协调政策，并简要讨论如何设立与完善航空运输管制机构问题。

第一节　基本特征与主要业务类型

航空运输产业是由机场服务、航空运输服务、空中交通管制、航空保障服务、航空延伸服务、飞机维修和飞行员培训等业务构成(航空制造业是一个纯粹的工业生产部门，不在我们讨论之列)。各业务类型都有不同的技术经济特征，表现为不同程度的垄断性和竞争性。

一、航空运输产业的基本特征

1. 准公共性。航空运输产业对于改善一个国家和地区的社会经济环境有巨大促进作用，具有很强的正外部性(也有噪音等负外部性)。航空客货运输是旅游、商贸、高科技、物流和邮政等产业发展的基础，是开展国际政治、经济和文化交流的保障。航空运输产业具有一定的社会公益性和准公共性，边远和经济不发达地区的机场大都需要政府来投资经营，其航线运输也经常需要政府补贴才能得以延续和发展。

2. 准军事性。航空运输产业比其他运输方式有更强的准军事性和军事预备性。航空器、机场、通讯导航设备设施和空地勤人员都是战争中潜在的军事设施和军事力量，空中交通管制系统是国家防空作战系统的重要组成部分。在战争和国家紧急状态时，航空运输部门可随时服从国防调遣，完全转为战时军事运输体系。因此，任何国家在其颁布的《航空运输法》或《民用航空法》中，对航空运输产业的准军事性和应急状态下的强制征用办法都做出了明确的说明和规定。

3. 国际性。航空运输是一种国际化的运输方式，由于商用飞机制造技术的国际垄断性，其成本也是国际化的成本。相对于其他运输方式而言，航空运输主要承担长距离，特别是跨境快速运输，表现出较强的国际性，面对较多的国际竞争。特别是在经济贸易日益全球化、自由化的今天，“开放天空”逐渐成为一种潮流，航空运输产业的竞争也日益超越了国界。许多国家都对其航空运输产业采取了积极的扶持和保护政策，并鼓励其积极参与国际航空运输市场竞争。

4. 网络经济性。航空运输产业具有明显的网络经济特征，存在需求正外部性。对航空公司来讲，机场数量的增加将导致潜在的可开通的航线数目成倍增加，①从而使潜在的客货运输量也有巨大增加。对于机场来讲，一个机场的客货吞吐量，不仅取决于当地的经济发展水平，还取决于其他地区和全国整体经济发展水平，也取决于与其通航的其他地区机场和航班数目的现有量和增加量。由于航线网络的辐射性和联结性，居民对其他机场服务需求的增加，同时会带动对本地区机场服务需求的增加。总服务量的增加会使单个机场的边际收益递增，这就是网络经济的特有性质。②

5. 安全要求高。尽管和其他运输方式相比，航空运输的死亡率最

---

①　假设机场的数目为 n，那么潜在的可开通的航线数目就为 $n(n-1)/2$。

②　参见〔美〕刘易斯·卡布罗：《产业组织导论》（梁晶工作室译），人民邮电出版社 2002 年版，第 296 页。

低，但一旦发生事故，造成死亡的“条件概率”最高，生命财产损失巨大，在国际上造成的负面影响也最大。因此，安全是航空运输产业的生命和永恒主题。

6. 技术变革快。自莱特兄弟发明飞机以来，由于战争的强大压力和军工技术的快速变革，航空运输技术的发展突飞猛进，飞机的性能逐渐提高，速度也逐渐加快，单个航空器的运输规模也越来越大。从1926年到上世纪末，飞行速度提高了5.5倍，最大航程从400英里提高到7000英里以上，最大座位数从12座提高到450座，随着A380飞机的即将投入使用，最大座位数将达到800以上。航空技术的每一次变革都要求同时达到技术上的可行性和经济上的合理性，技术和经济的结合才能真正实现商业运营。技术变革反映在经济性能上使航空公司的运营成本降低，效率提高。同时，由于技术的快速变革会带来飞机的“精神损耗”，这对航空公司降低成本、回收投资提出了更高要求，促使航空公司努力提高飞机客座率、日利用率和货物载运比。

7. 运输产品不可储存、基本同质和边际成本低。与其他运输产品一样，航空运输产品的生产和消费过程是同时进行的，具有不可储存性；在同一条航线上，除了机舱服务外，由于飞机在速度、安全、正点率和舒适性上没有本质差别，所以航空运输产品基本同质；由于机场和飞机的固定成本很高，航空运输产品还具有边际成本较小的特点。由于这些特点，在航空公司设立、航线准入、运输价格和飞机购租没有严格管制的条件下，资源的流动会使航空运输服务趋于形成一个比较充分竞争的市场。当然，航空公司会利用特色服务、常客奖励制度和广告等竞争措施，尽量差别化自己的产品，以形成“市场势力”，提高盈利能力。

8. 运输季节性强，生产能力经常过剩。受旅游业影响，航空运输需求具有很强的季节性。不仅如此，每周、每天的运输需求都有很大的波动，所以航空公司的运力经常表现为相对过剩。对于机场来讲，作为公用基础设施，其规划、投资和建设时间较长，必须适度超前于社会和国民经济发展，并满足高峰时期的需要。因此，机场客货吞吐保障能力也相对过剩，这是造成大部分机场亏损的原因之一。

二、航空运输产业的主要业务类型

1. 机场服务。机场是航空运输网络的节点，是飞机起降、停靠、上下旅客、装卸货物、加油和维护修理的场所。机场设施分为空侧和陆侧两个部分。空侧为隔离区，也是飞行区，是空运作业的主要场所，核心设施是跑道（含滑行道和联结道）、停机坪和通讯导航设施；陆侧是候机楼、货站、停车场等商业设施；国际机场还有海关、移民局等口岸设施。机场负责飞行区跑道、机坪、灯光和净空区的维护和检查，负责机坪运作的组织和协调，为航空公司提供飞机起降与客货过港服务，并直接向航空公司收取一定的费用。

2. 航空运输服务。航空公司是航空运输产业的生产主体，航空运输服务是航空运输产业的核心业务。航线是航空运输网络上的网线，沿航线有许多通讯导航设施，航空公司通过航线飞行把各机场的节点连接起来。航空公司的主要职能是保障航空器的安全飞行，进行客货源组织，实现客货在既定时间内和空间上的快速位移。航空公司一方面是航空运输服务的供给方，另一方面又是机场服务、空管服务、油料、航空信息、飞机维修等航空保障服务和延伸服务的需求者。

3. 空中交通管制。空中交通管制是航空运输产业的生产调度和空中交通指挥的安全保障部门。空管部门向航空公司和机场提供航行情报、航路气象信息和通讯导航服务，并对空中交通实行流量控制。任何航空公司的飞机从关闭舱门起飞到降落，选择或更改航路都必须得到空管人员的预先许可。空管部门是整个航空运输产业的中枢神经系统，对全行业的安全运营起到至关重要的作用。

4.航空保障服务。航空油料供应、航材进出口和航空信息(含客运订座、货运订舱、客货进出港、行李自动分拣、货物跟踪查询等信息系统和会计结算系统)是航空运输产业的保障服务部门,对全行业的正常运转、高效经营和服务质量提高起到十分重要的作用。

5.航空延伸服务。航空客货销售代理、地面客货集散运输、客运值机、货物进出港处理(包括装卸、分拣、仓储、拼拆箱、打板和报关、清关、转关等理货业务)、飞机配载、飞机配餐、候机楼商业零售、环境绿化、清洁和垃圾处理、机场保安、广告、停车场、酒店等是航空运输产业的延伸和下游服务部门。这些延伸服务具有相当的竞争性,可以由机场来承担,也可由机场和航空公司分别承担。中国香港和一些发达国家的机场都采取了特许经营招标的方法,广泛地吸收了包括航空公司在内的各种专业公司来分别提供这些航空延伸服务。

6.航空维修服务和飞行员培训。航空维修服务部门为航空公司的飞机提供定期检查检测和修理服务;飞行员是要进行严格专业技术训练、身体素质要求较高的专业人员。一个学员进入飞行学院四年本科毕业后,通常要在飞行实践中再经过 5 到 8 年(2700 到 3500 飞行小时以 上)的培养才有可能成为代飞机长,这中间每年都需要模拟飞行、常

表 7-1　航空运输产业的主要业务及其性质

主要业务类型	业务性质
空中交通管制	强自然垄断性
机场服务	自然垄断性
航空运输服务	可竞争性
航空保障服务	可竞争性
航空延伸服务	可竞争性
飞机维修服务和飞行员培训	可竞争性

规训练和到国外复训。鉴于飞行员培养费用很大,其培训也成为航空运输产业一个辅助服务部门。目前,中国飞行员逐渐实行了有偿培养制度,航空公司通常要承担飞行员大学期间和后来训练的全部费用。

根据航空运输产业的主要业务及其性质,用表7-1进行简要概括。

第二节 加入WTO对航空运输产业的影响

加入WTO,标志着中国航空运输产业将直接或间接地与国际市场接轨,逐步实现全面开放。加入WTO不仅对中国航空运输产业,而且对中国民航管理部门都会带来巨大的影响。

一、《关税及贸易总协定》(GATT)中关于《民用航空器贸易协议》

该协议是GATT 1979年4月于东京进行的第七轮多边谈判的成果之一,后来又经过几次调整。该协议不同于其他WTO协议,不属于一揽子接受的范畴。WTO成员可以接受,也可以不接受。对于接受它的成员国形成约束,对于不接受它的成员国不构成约束,既不享有权利,也不承担义务。它们被称为“诸边”贸易协定(Pluralateral Trade Agreements),而不是“多边”贸易协定(Multilateral Trade Agreements)。该协议的宗旨是通过取消和降低关税,最大可能地消除或减少贸易限制,实现航空器、航空器配件及有关设备的贸易自由化。协议规定,各签约国不得用与GATT规定相抵触的方式使用数量限制(进口配额)或进口许可证要求,来限制民用航空器的进口(符合GATT的进口控制或许可证制度的除外)。反之,各签约国也不得用与GATT规定相抵触的方式使用数量限制、出口许可证和其他类似要求,以限制民用航空器向其他签约国出口。在WTO中,《民用航空器贸易协议》

中的“民用航空器”不仅包括所有民用航空器、民用航空器零配件与附件，也包括地面模拟机及其零配件和附件。迄今为止，已有美国、加拿大、法国、英国、德国、荷兰和其他欧共体等为数不多的发达国家签字接受了该协议，它们对民用飞机及零配件实行零关税，而大部分发展中国家均没有参加该协议。中国在加入 WTO 时对民用航空器的进出口贸易也没做出具体的承诺。

二、《服务贸易总协定》(GATS)中《航空运输服务附件》

1994 年 4 月，在 GATT 第八轮多边谈判——乌拉圭回合谈判中签署了《服务贸易总协定》，共包括 29 条和 8 个附件，《航空运输服务附件》(以下简称《附件》)即为其中之一。《服务贸易总协定》的宗旨是通过市场准入、国民待遇、最惠国待遇和透明度四条原则来逐步促进服务贸易的自由化。市场准入的方式有 4 种，即跨境交付、境外消费、商业存在和自然人流动。乌拉圭回合允许成员通过特别承诺对市场准入和国民待遇附加一定的条件限制。

《附件》并没有触及到航空运输权(简称航权)——这一制约航空运输国际化和自由化的根本问题。《附件》中明确指出:服务贸易总协定，包括解决争端的程序不适用于不论以何种方式给予的航空运输权，或直接与行使航空运输权有关的服务(根据《芝加哥公约》，航空运输权由双边或多边航空运输协定所规定)，并免除对航空运输权沿用最惠国待遇条款。

《附件》规定了 GATS 适用于航空运输服务的范围，只涉及到国际航空运输管理的一部分内容，即飞机维修与维护服务(不包括所谓的过站维护)、航空运输营销服务(不包括对空运服务的定价)、计算机订座系统服务这三项，并对这三项业务的内容和“航空运输权”等名词进行了具体解释。此外，《附件》还指出服务贸易理事会定期(至少每 5 年一次)审议航空运输产业的发展状况以及该附件的运作情况,并考虑未来扩大服务贸易总协定适用于其他航空运输服务的可能性。

三、中国加入 WTO 对航空运输服务所作的具体承诺

中国在入世议定书"附件 9——服务贸易具体承诺减让表"中对航空运输服务中的航空器维修和计算机订座系统(CRS)两个服务领域作出了承诺。[①]

表 7-2 中国加入 WTO 时对航空运输服务市场开放承诺减让表

部门或分部门	市场准入限制	国民待遇限制
C:航空运输服务 D:航空器的维修服务(CPC8868)	不作承诺 没有限制 允许外国服务提供者在中国设立合资企业,营业许可需进行经营需求测试 除水平承诺中内容外,不作承诺	不作承诺 没有限制 中外合资航空器维修企业有承揽国际市场业务的义务 除水平承诺中内容外,不作承诺
计算机订座系统(CRS)	(1)A. 外国计算机订座系统,如与中国空运企业和中国计算机订座系统订立协议,则可通过与中国计算机订座系统连接,向中国空运企业和中国航空代理人提供服务;B. 外国计算机订座系统可向根据双边航空协定有权从事经营的外国空运企业在中国通航城市成立的代表处或营业所提供服务;C. 中国空运企业和外国空运企业的代理直接进入和使用外国计算机订座系统须经中国民航总局批准 (2)没有限制 (3)不作承诺 (4)除水平承诺中内容外,不作承诺	没有限制 没有限制 不作承诺 除水平承诺中内容外,不作承诺

服务提供方式:(1)跨境交付;(2)境外消费;(3)商业存在;(4)自然人流动。

① 详见《中国加入世界贸易组织法律文件》,法律出版社 2002 年版,第 742—743 页。

四、加入WTO对中国航空运输产业的影响

《航空运输服务附件》只涉及国际航空运输管理的很少一部分内容，特别是由于航空运输与国家主权和军事安全密切相关，因此，《附件》对制约航空运输服务国际化和自由化的主要壁垒——航权方面，尚没有形成约束。在WTO《服务贸易总协定》中，中国只承诺开放飞机的维修保养和计算机订座系统服务这两项。因此，尽管中国已经加入WTO，但国内航空运输市场短期内将不会受到太大的直接影响，更多的影响是来自间接方面。从长期看，这种间接影响也是深刻的、全方位的，机遇与挑战并存。

(一)加入WTO给中国航空运输产业带来的机遇

1.加入WTO有利于推动中国经济增长，从而促进航空运输产业更快地发展。据世界银行估计，加入WTO将使中国在全球贸易中的份额增长3倍，达到10%，成为世界第二大贸易国，同时使中国年经济增长率提高0.5—1个百分点。从国际经验来看，一国航空运输需求对经济增长的弹性值大约为2，国民经济增长快，航空运输产业就会有更快的发展。

2.加入WTO会推动中国与国际间的政治、经济和文化交流，推动旅游业等相关产业发展，引致出更多的人流和物流，为中国国际航空运输创造出更多的市场需求和发展机会，进而推动中国航空运输产业的跨越式发展。

3.虽然中国加入WTO时，没有签字接受《民用航空器贸易协定》，但随着中国关税整体水平的不断降低，航空器及其零部件的进口关税也会逐步降低，这有利于中国空运企业降低飞机和航材进口成本，有利于航空运输产业的发展。

4.加入WTO可为中国航空运输产业的引进外资进一步打开通

道。随着金融和保险业的对外开放，中国民航将在飞机融资、租赁和保险等方面直接受益。2002年7月，国家民航局等三个部委联合发布了《外商投资民用航空业规定》，鼓励外商投资中国的民用机场、运输航空公司、通用航空企业和与航空运输相关的项目（如飞机维修、货运仓库、航空食品等）。在对民用机场的投资上，取消了外商投资最高不超过49％的股比限制，只要求中方相对控股即可。在对航空公司的投资上，允许外商投资参股中国的公共航空运输企业，每家投资比例不超过25％即可。这是中国在加入WTO的背景下对外商投资国内民航运输产业所做的重大政策调整，符合WTO倡导的贸易和服务全球化、自由化的宗旨。

5.根据中国加入WTO的承诺，允许外商在中国境内设立合资、合作经营的航空器维修企业（目前已有好几家）。这有利于引进国外飞机维修技术和管理经验，提高自身维修水平，使中国空运企业能从境内就可获得合格的飞机维修服务；在计算机订座系统上，与外国计算机订座系统联网，可以为中国空运企业和销售代理人提供广泛的分销服务。

6.加入WTO使中国航空运输产业置身到更大的国际市场空间，有利于促进民航管理体制改革和民航现代企业制度的建立。从这个意义上来说，加入WTO是中国民航改革的催化剂和加速器。

（二）加入WTO对中国航空运输产业提出的挑战

1.根据中国加入WTO时所做的承诺，中国要在航空器维修服务和计算机订座系统两个方面对外放开，这将对中国航空器维修市场和计算机订座系统的发展造成一定的冲击。因为在航空器维修方面，目前中国许多企业的维修质量还有欠缺，维修成本也偏高。而在计算机订座系统尤其是货运信息系统的开发上还处于起步阶段，功能不健全，缺乏市场竞争力。

2.尽管《航空运输服务附件》并未涉及到与航空公司关系重大的航

权问题，也没有触及到通航地点、运价和运力等国际航空运输管理的核心问题，但并不意味着这些问题将来一定会排除在《服务贸易总协定》的范畴之外。从已有的实践来看，航空运输全球化和自由化的趋势日益加强，航权等问题进入 WTO 条款越来越有可能。例如，欧共体已在成员国之间逐步实行了天空开放，美国已与几十个国家达成了天空开放协议，并致力于建立多边自由的航空运输服务体系。

近年来，中国周边的日本、韩国、泰国和台湾等国家和地区都先后与美国达成了开放天空协议。2002 年 10 月，中国香港地区也对美国开放了第五航权，使美国和香港间直飞的航机数量成倍增加，货机航班量从 2002 年的每周 8 班增加到 2005 年的 64 班，客机航班量从每周 28 班增加到 56 班。美国的航班还有经过香港机场到第三国经营客货运输的权利。由于香港与珠三角地区属于同一个航空运输市场（特别是在国际货运上），这样，香港开放航权对中国内地的航空运输市场就形成了较强的冲击，迫使内地也要逐步实现航权开放。

2003 年 3 月，国际民航组织召开了第五次全球航空运输大会，自由化和全球化成为新的主题。在此背景下，中国在涉及国际航空运输管理的核心——航权问题上，也必须逐步实现开放。2002 年 11 月，中国对新加坡航空公司开放了第五航权，又于 2003 年 5 月对上海和海南的两个机场部分开放了第三、四、五航权。在此基础上，2004 年 7 月中国和美国达成了新的《中美航空运输协定》议定书，使中美间的航权走到了前所未有的开放程度。其主要内容为：(1)增加承运人。在双方各自目前拥有 4 家承运人的基础上，可在未来六年内分阶段再分别指定 5 家承运人进入中美航空运输市场。(2)增加客货运力。允许各方航班数量由目前每周 54 班在未来六年内分阶段增至每周 249 班，增加 4 倍左右。(3)扩展通航地点。中美指定的航空公司将被允许飞往对方的任何城市，而不像过去那样只能在仅有的几个通航点之间进行选择。

(4)允许符合条件的航空货运企业在对方国家建立货运枢纽,并在航权上给予相当宽松的安排等。

从中国逐步开放航权和大幅度扩大对外运营航班量的情况看,国际航空运输业的发展要求中国不仅在 WTO 规则内,而且在 WTO 规则之外,加快航空运输产业走向开放的步伐。在未来几年,中国航空运输产业将受到来自发达国家竞争对手越来越大的冲击。这要求中国一方面要积极对航空运输产业实施市场结构重组,并根据不同部门的产业性质,进行分类管制和统筹协调,积极培养航空运输企业活力和国际竞争力;另一方面,必须加快民航管理体制改革,清除制约航空运输产业发展的制度障碍,使其尽快适应加入 WTO 的开放环境。只有这样,才能促进中国航空运输产业的健康、快速和协调发展,为中国社会经济的全面发展服务。

第三节　市场结构重组政策

改革开放以来,随着中国各个垄断性产业市场化进程的不断加快,中国航空运输产业已经从政企合一、高度垄断、准军事化管理的超大型国有企业,逐步成为实行市场化运作的一个产业部门。中国航空运输产业实际上已经历了两次市场结构重组方面的改革。

从 1980 年开始到 1987 年以前的改革,严格地讲,还不是市场化改革,因为这些改革只是把民航从军事建制中脱离出来,只是部分改变了管理体制,并没有真正实行政企分开。民航总局既是主管民航事务的政府管理部门,又是以“中国民航(CAAC)”名义直接经营机场服务、航空运输和通用航空服务的超大型垄断企业。下面在简要评论 1987 年开始的第一次民航市场化改革和市场结构重组政策的基础上,重点探讨 2002 年开始的第二次民航市场化改革和市场结构重组政策,并提出相关的政策建议。

一、中国航空运输产业的第一次市场结构重组

从1987年到2002年,中国航空运输产业进行的第一次市场化改革和市场结构重组,是从民航政府管理部门、机场和航空公司三分开改革的基础上展开的。这次改革是对“中国民航”这个大型国有企业高度垄断的市场结构进行的第一次战略性重组,通过对具有高度垄断力量的“中国民航”实行纵向和横向业务分割,把民航垂直一体化的垄断性市场结构改变为具有初步竞争性的市场结构。

这次市场结构重组,在纵向上,把民航业务链条分割为空中交通管制、机场服务、航空运输服务、航空保障服务、航空延伸服务和航空维修服务几个主要的业务部门。在横向上,由于航空运输服务具有可竞争性和一定的规模经济性,这次重组对航空运输业务进行了区域分割,相继组建了中国国际、东方、南方、北方、西北、西南、新疆和通用这八大具有独立法人地位的经营性航空公司;在机场服务领域,许多机场都相继进行了独立经济核算和企业化经营,成为相对独立的经济实体;空中交通管制业务由于自然垄断性的存在,在这轮改革中被以空中交通管理系统的名义相对独立出来,继续保持政企合一、高度垄断和集中统一的行政管理体制(直到2002年,还有41个机场的航管业务仍与机场业务融为一体经营,此后才彻底分开);在航空保障服务领域,相继分割和组建了中国航空油料、中国航材进出口和中国航空信息这三大航空保障服务公司。

以上这些重组改革都是政府通过行政分割手段实行的静态战略重组。与此同时,由于政府放松了对航空公司设立和航线进入的限制,航空运输服务内部的市场结构也发生了动态重组。在此期间,有上航、川航、深航、厦航、中原航、浙江航、贵州航、武汉航、长安航、新华航、海南

航、山东航等一大批地方航空公司相继设立(1998年后,由于运力相对过剩和国家骨干航空公司的大规模亏损,国家停止审批新航空公司进入),并发生了航空公司间的兼并现象。同时,许多地方政府(如深圳、珠海、厦门和上海等)开始以多种融资方式自主投资建设机场和机场延伸服务设施,并实行自主管理,开始了机场属地化管理的积极尝试。

这一阶段的市场化改革和市场结构重组是以政府在静态上的纵向分割、横向分割为主,带动了市场结构的动态重组而逐步展开的,确定了民航企业化和市场化改革的框架和方向,基本上解决了中国航空运输产业不能适应国民经济快速发展要求这一突出的矛盾,使中国航空运输产业迅速跃上了一个崭新的台阶。但是,这次市场结构重组,没有涉及产权方面,横向分割的改革也不彻底,民航总局仍是以国有资产出资人身份对全国绝大部分机场和主要骨干航空公司的人事、财务、资产和经营业务进行集中统一管理,没有真正实现政企分开、经营主体和行政管理主体分开。

二、中国航空运输产业的第二次市场结构重组

2002年开始的民航改革是对1987年以来第一次市场化改革的深化,重点是对国有航空公司进行结构重组和对机场实行属地化管理,这与1987年民航第一次市场化改革和其他垄断产业的市场结构重组都有较大的不同。

(一)航空运输服务领域的重组

在静态上,对于航空运输服务领域的重组不是通过市场分割,而是通过横向合并手段,在短期内大规模地调整原有市场结构,并对骨干航空公司实行航线资源的区域性划分政策,使航线结构更加合理化。

这次重组前的中国航空公司主要是由民航总局直属国有航空公司(国航、南航、东航、西北航、西南航、北方航、中国航、新疆航和云南航)

和地方航空公司(上航、川航、海航、厦航、深航、山东航等)多家组成。民航总局直属的九大国有航空公司在不同程度上都存在着机型混杂、资产负债率过高、管理机构臃肿、人/机比例过大和航线配置不合理等现象。这些问题造成了航空公司的经营成本太大,经济效益不高和管理涣散等问题。因此,有必要优化国有直属航空公司的机队结构和航线资源进行航空运输市场结构的第二次战略性重组。

这次的市场结构重组主要是考虑到航空运输服务的规模经济和范围经济,采取了航线资源的区域性划分政策,实行了"大三角"形的重组模式。即国航联合西南航和中国航空总公司(其主要运营公司为浙江航空公司),南航联合北方航和新疆航,东航联合西北航和云南航分别组成新的国航、南航和东方航空集团。这三大集团依托中国经济最发达的京津环渤海湾、珠三角和长三角地区,分别以北京、广州和上海机场构建主枢纽基地,以成都、昆明、沈阳、西安、乌鲁木齐等机场构建次枢纽基地,初步形成了国家骨干航空公司中枢辐射式航线网络布局。总之,这次战略重组对于完善国家骨干航空公司的航线网络,合理配置运力,优化机队结构,降低航材储备和机务维修成本,降低管理费用和营销成本起到了一定的推动作用。至此,中国已经初步形成了以国家骨干航空集团为主导、地方航空公司为补充、干支衔接、中枢辐射、适度竞争的航线网络布局。

与此同时,民航总局把这三大新航空集团的资产全部移交国资委管理,人事权也移交给中央组织部门。这样,国家民航总局对航空公司只行使政府行业管理职能。真正做到了政企分开、经营主体和行政管理主体的双分开,从产权关系上也对垄断经营的"大民航"实现了战略性重组。

然而,这种重组也存在明显的不足。首先,这是以政府为主导的静态重组,是通过行政命令来实现的,而不是通过市场力量引起的自发性重组，本质上是一种资源的重新“组合”，而不是通过市场优胜劣汰过程产生的资源“整合”。重组后需要相当长的磨合期，各部门才可能有机地结合起来。其次，关于航空公司是否存在规模经济、最优经济规模的大小始终是国内外民航界争论不休的话题，无法给出肯定的逻辑证明和统计推断，许多中小型航空公司也不乏成功经营的实例。企业的最优规模毕竟不是政府行政长官能够判断的，应该是市场不断选择的结果。再次，在这次战略重组中，尽管民航总局把三大航空集团的资产交由国资委管理，由国资委统一行使出资人的权利，但在产权安排上仍有待于进行更深层次的改革。目前这三大航空集团的产权制度在不同程度上都存在一定的缺陷。主要是：(1)产权不清晰，国有产权的实现缺乏明晰的主体；(2)产权结构不合理，基本上是国有独资或者是国有股一股独大、绝对控股；(3)产权流动困难；(4)产权制度的设置不能使航空运输企业的领导者得到相应的产权激励和风险约束。

根据上面的分析，中国航空运输产业下一步应该是积极推进以建立现代产权制度和现代企业治理结构为重点的改革。具体改革措施包括：逐步实现三大航空集团的整体上市；积极引进国内外战略投资者，逐步降低国有股比重；在航空运输企业内部建立较为完善的法人治理结构，建立科学的决策机制、激励机制、风险控制机制和选人用人机制，真正把中国航空运输企业改造成为自主经营、自负盈亏、自我约束、自我发展的现代企业。在动态上，中国民航业可通过加快放松市场准入，促进航空运输服务的市场结构重组。主要措施是：(1)允许民营资本和中外合资设立新航空公司。2003 年以来，国家民航局先后批准新成立了春秋、奥凯、鹰联、华夏、捷辉等多家地方和民营航空公司。2004 年 10 月，国家民航总局还批准德国汉莎货运航空公司与深航合资成立了国内第一家中外合资货运航空公司——“翡翠国际货运航空公司”。这些新公司的成立标志着中国航空运输产业对民营资本和外资的大规模开放。(2)放松航线准入限制。允许航空公司在外场设立过夜基地,经营非离达本基地城市的航线,与其他公司开展竞争。如南方航空集团在北京设立了自己的基地,并且可以经营过去主要由国航经营的北京到上海等地的航线。这些新航空公司的成立和原有航空公司对新基地、新航线相对宽松的进入已经从动态上对中国航空运输原有的市场结构进行了调整和重组,促其形成自由竞争的市场新格局。此外,与通过行政手段进行的静态重组和放松市场准入限制产生的动态重组相伴随,中国航空运输产业近两年也发生了市场自发的兼并浪潮,这也是一种动态上的重组。如东航和某民营企业收购和兼并了武汉航空公司,海南航空公司近几年接连兼并和收购了新华、长安和山西航空公司,并由此获得了共计 98 条航线的经营权等。随着中国航空运输产业市场化改革的不断深化和对外资、民营资本开放的步伐不断加快,这种以收购和兼并形式为主的动态市场结构重组将越来越成为较为普遍的形式。

(二)机场服务方面的重组

在静态上,2002 年国家开始对机场实行了属地化管理,即把除首都机场和拉萨机场之外的原民航总局直属的 129 个民用机场(民航总局直接管理的 84 个,地方管理的 35 个,民航与地方联合管理的 5 个,军民合用的军用机场除外)全部交由地方政府管理。民航总局不再从人、财、物和业务经营上对机场进行直接管理,只对其行使行业管理职能。这也是民航总局对机场服务从产权关系和行政隶属关系上,通过行政手段实行的战略重组,是对机场服务进行的横向分割。

2002 年的民航改革以前,有不少地方政府投资建设的机场(如深圳和厦门等)已经实行了属地化管理的试验。中外航空运输实践表明,对机场进行属地化管理有利于充分调动地方政府投资建设机场的积极性(美国与中国国土面积差不多,但到 2000 年,美国已有 19281 个机场，其中定期航班运输机场就有651个，是中国的4.5倍[①]）；有利于地方政府协调海陆空等各个方面的运输关系；有利于改善机场的财务状况；有利于促使各个机场之间开展一定程度的竞争；有利于机场开展多种商业经营，实行集团化发展战略；有利于机场公司加快股份制改造步伐，建立现代企业制度，并充分利用资本市场，增强融资能力。

在动态上，机场之间通过资产收购、联合和兼并已经形成了新的机场经营格局。2002年开始的机场属地化管理和公司化经营改革后，各地机场都相应地成立了企业化运作的机场公司或机场集团。这些机场集团有些联合了地方辖区的几个机场（如广州白云机场集团包括了梅州、湛江和汕头机场），有些通过收购兼并间接控制了许多机场的资产和经营管理权（如北京机场集团兼并、收购和重组了天津滨海、沈阳桃仙、武汉天河、重庆江北等多家机场，最近又大规模地收购兼并贵州省的5个机场，目前首都机场集团的成员机场已近20家[②]），这是中国机场属地化管理改革以来在机场服务市场结构上发生的动态重组。

关于机场之间的重组和兼并，国际上有成功的范例和成熟的经营模式。如国际上最大的机场管理公司——英国机场集团(BAA)，除在英国本土拥有并经营8家机场以外，还控股澳大利亚墨尔本机场和朗彻斯顿等机场（共管理了8个国内机场、9个国际机场）。[③] 在美国，机场被定位为公用基础设施，政府对机场没有盈利要求，只要求其盈亏平衡，也不向机场课税。所以美国的机场没有发生这种大规模的兼并和重组现象。

中国机场属地化管理改革后，机场收购、兼并和重组的步伐之所以加快，是因为机场作为特殊的准公共事业，绝大多数地方政府缺乏这方

① 参见王志清、宁宣熙："中美机场管理模式比较"，《中国民用航空》2003年第1期。

② 参见"国际财经观察"，2004年第9期，转载自《中国民用航空》2004年第9期。

③ 参见王长清："中国机场管理——困境与出路"，《中国民用航空》2004年第9期。

面的管理经验，而大型机场集团在管理上具有优势。地方政府需要大型机场集团来参与当地机场的经营管理，而这些机场集团通过兼并和联合，则可以向中小型、管理水平较低的机场输入先进的管理经验，拓展机场服务的市场空间，以求获得稳定的收益。

尽管机场间的兼并和重组对现阶段中国机场的经营管理有积极的正面作用，但是如果管制不当，也会产生很大的副作用。因为作为基础设施，大规模的机场兼并和重组更容易造成垄断的发生，容易损害航空公司和公众的利益，这其实是对机场业务横向分割改革的一种倒退。英国机场的兼并和重组较为特殊，BAA 的成立是在 1986 年英国撒切尔政府对英国主要国有企业进行私有化改造的结果。但政府在 BAA 中持有“金股”，①政府对机场公司仍有最高管制权。并且每隔 5 年，国家“垄断与企业合并委员会”还要对 BAA 的经营行为和收费标准进行审查。中国机场属地化改革后，由于地方机场的经营管制机制尚未有效建立起来，国家对机场甚至整个自然垄断产业的管制法律法规很不健全，政府在地方机场的经营管制上处于软约束甚至是缺位状态，所以对目前出现的机场兼并和重组浪潮要持非常谨慎的探索态度。当前急需建立明确的地方机场经营管制机制，出台相应的法规条例，来规范机场间的兼并、重组和联合行为。机场毕竟不是一般的产业，它首先是城市经济和社会发展的基础设施，然后才是一个企业。美国是市场经济最为发达的国家，但在机场经营上却显得较为保守，政府并不追求机场的赢利性，也没有对机场进行私有化改造（私人机场除外）和公开上市。这种定位和经营模式值得我们反思和借鉴。

---

① “金股”就是政府在股份公司中只有象征意义的一股，但这一股具有完全的表决权，足可以对公司的重大经营决策做出肯定或否定的选择，起到一股定音的作用，体现了政府在准公共产业上的管制权威。

第四节 分类管制政策

如前所述，航空运输产业是由空中交通管制、机场服务、航空运输服务、航空保障服务、航空延伸服务、航空维修服务和飞行员培训等业务构成，各种业务具有不同的技术经济和市场结构特征。因此，必须实施分类管制政策。

政府对航空运输产业进行分类管制改革的目标就是要建立规模经济与竞争活力相兼容的市场结构格局，以提高生产效率和社会分配效率，管制的重点是在市场准入和价格上。本节以各种业务垄断性的强弱为序，分别讨论进入与价格管制分类政策。

一、航空运输产业的进入管制分类政策

总体而论，只有放松航空运输产业的进入管制，才能增加行业内部的竞争力量，提高全行业的生产效率和服务水平。

1. 空中交通管制。空中交通管制是航空运输产业的生产调度、空中指挥和安全保障部门，其职能相当于“交通警察”，在整个行业中处于支配地位，起基础保障作用。由于航路建设中的通讯导航设施设备的投资巨大，回收缓慢，资产专用性强，沉淀成本多，技术更新快，导航台、航站、进近和区域管制中心的建设又成网络型分布，不存在重复建设的经济合理性，所以该业务具有明显的自然垄断性。另外，由于许多国家的空管设施最初都是由空军承建，后来由空军移交给民航，或者是军民合用（战时由军方接管），国家的空域管辖权也在军方，所以该业务还具有国家垄断性、准军事性和军民协同运作的特点。

由于空管服务存在自然垄断性，空管领域进入管制改革的重点应该是在保持现有空管系统高度垄断专营、集中统一管理的基础上，对空

管服务业务进行企业化改革，同时强化价格和服务方面的管制，并建立行业内部的激励机制，提高整体运作效率和服务水平。

发达国家的空管模式有很大区别。在美国，空管系统归联邦航空管理局（Federal Aviation Administration，FAA）统一实行事业化管理，下分为9个大区局和若干个航站。FAA负责通信及导航系统的技术开发、设备订购、安装、维护和检查，确保国家空域安全与高效使用。美国空管系统对航空公司、私人和军用航空器提供航行情报、气象、导航、飞机调度等方面的免费服务，经费来源于联邦政府拨款与航空信托基金。近年来，美国在讨论要对空管系统进行公司化改组的问题；英国空管系统由英国民用航空管理局（Civil Aviation Authority，CAA）统一管理。但是，CAA把它进行了公司化改组，于1996年成立了国家空中交通服务有限公司（National Air Traffic Services Limited，NATS）。NATS是CAA的全资附属机构，负责为英国民用航空和军方飞机提供收费性管制服务。英国还准备推行更为激进的改革，要把NATS改组为公私合营的服务公司。尽管如此，空管服务垄断经营的性质没有变，各国对其都进行了严格的准入管制。

中国空管系统的建设和改革借鉴了美国模式，实行了高度集中统一的公共事业化管理体制。1989年，民航总局把华北、华东、中南、西南、东北、西北六个地区管理局的空中交通管制业务相对独立出来，成立了航务管理中心。1994到1995年又把航务管理中心改革为民航总局空中交通管理局，六大地区民航管理局也分别成立了地区空中交通管理局（简称地区空管局），并在各个机场成立了空管中心或航务管理站，①初步形成了统一规划、统一建设、统一管理、统一运行标准的空中

① 珠海进近管制中心是为了解决珠三角机场密集、空域紧张、航路繁忙问题而在机场区域外成立的空中管制机构。

交通管制体系。

2002年开始的民航改革，进一步强化了民航总局、总局空管局对全国空管体系的统一指挥和管制功能，将全国41个机场具有区域管制任务的空管中心(站)与机场彻底分离，建立了民航总局空管局、地区空管局和空管中心(航务管理站)三级一体、高度集中统一的空管体系。这种改革基本符合空管服务的产业性质，但仍存在一些问题，主要是：(1)空管服务部门已经成为半官僚机构，效率不高，服务意识淡薄；(2)设备设施投入严重不足，技术进步缓慢，远远落后于发达国家的技术和服务水平。例如，国内机场典型高峰小时的航班起降保障量大大低于美国和其他发达国家水平，许多机场和航路仍沿用传统的程序管制，没有实行雷达管制。这种落后，有技术上的原因，也有军、民航在空域和航路管理体制上的原因，已经成为制约中国航空运输产业快速发展的瓶颈之一。随着中国航空运输需求的快速增长，空域和航路资源将更加紧张，空管部门必须深化改革。应考虑像一些发达国家那样把空中交通管制部门改组为专业化的空中交通管理服务公司，建立中性服务机制。与此同时，国家要对空管服务制定必要的法律保障，确保其滚动发展和健康运营。

2.机场服务。机场服务处于航空运输生产链条的上游环节，是航空运输产业的基础部门。机场投资巨大，回收时间长，资产专用性强，成本沉淀大。由于土地资源的稀缺性，一个城市一般只能有一二个主要机场，①不存在重复建设的经济合理性。在一定的机场设施条件下，

① 较早的城市规划理念主张特大型城市应该有不只一个机场。随着中枢机场概念的提出和现代物流业的发展，现代城市规划理念认为一个城市最好只用一个机场，这样可以充分节约人流、物流的接驳时间，降低中转成本。根据此理念，美国丹佛机场的设计旅客吞吐量达到了1亿人次。中国北京目前没有选择再建一个新机场，而是准备在目前首都机场的基础上进行扩建，主要也是根据此理念做出的抉择。

只要没有达到饱和临界点，航班起降越多、客货吞吐量越大，单位航班、旅客和货物的过港成本就越低，因此，机场属于自然垄断业务。当然，对于长距离运输，尤其是国际航线来讲，机场间也存在一定的竞争性。不过从机场对客货的辐射范围来讲，[①]表现出的主要是垄断性。

尽管从整体上可以认为机场服务具有自然垄断性，但它又可细分为许多不同的业务类型。除了为航空公司提供飞机起降和停场服务、为旅客和货物提供进出港服务以外，还有像航空客货销售代理、地面集散运输、客运值机、货物处理、仓储、飞机配载、飞机配餐、商业零售、环境绿化、垃圾处理、保安、广告、酒店等多种机场陆侧服务，这些都是航空运输产业的下游接入和延伸服务部门，可以由机场直接经营，也可以由航空公司或其他专业公司分别经营。这些业务属竞争性业务。机场垄断的技术经济基础是跑道、停机坪、候机楼等基础设施，但这不代表机场可以利用它在上游垄断的基础设施来进一步垄断所有的下游服务业务。关于机场服务上的进入管制问题，我们分两个方面来讨论。

(1)机场的投资和建设(机场整体设施的准入)。机场是一个城市和地区重要的公共基础设施，是一个特殊的、具有自然垄断性质的企业，所以机场的建设和运营必须符合国家对机场的统一规划布局，适应并适度超前于城市和区域经济发展的要求。机场设施的建设不能重复，必须根据机场的规模经济、土地和空域使用情况、净空条件、集疏运条件、环境保护要求、流量设计和投资规模等各方面的限制，进行严格的进入管制。作为基础设施，机场的主要投资应由政府来承担。作为准公共产业，机场的运营必须服从政府强力的约束。随着国家基础设

① 美国有关专家认为机场的辐射半径是100公里，否则，旅行边际时间太多，削弱了航空运输在节约时间上的优势。

施领域对民营资本和外资的逐步开放，机场的投资主体也在逐步走向多元化。可以通过吸收部分民营资本、外资，或通过发行债券、股票等形式募集资金来投资机场建设，实现机场的产权多元化和部分私有化。由于机场的基础设施作用，即使在发达国家，经营定期航班、对外开放的商业性机场基本上都是由政府投资兴建的，机场的准入管理也较为严格。当然，不排除私人在商业机场内投资建设货站和各种商业设施，也不排除私人资本在机场占有一定的股份。美国、加拿大和许多欧洲国家都有不少私人投资建设的小机场，但大都是私人农场自用或经营通用航空业务。中国 2004 年 10 月批准了国内第一个私人投资建设的机场——黑龙江绥芬河市阜宁机场的运营资格，该机场占地 13 万平米，是经营通用航空业务的小型直升机场。这是中国机场投资领域对民营资本开放的一个积极尝试。

(2)在现有机场设施的前提下，各种地面服务(简称地服)项目的准入。在航空运输整个产业链条中，机场服务是上游垄断业务。因此，政府必须对机场各种地服项目的进入进行管制。为了防止机场公司利用上游垄断势力对下游服务项目独占，防止其权利过于集中或进行交叉补贴，降低生产和分配效率，必须在地服领域引入竞争机制，吸引包括航空公司在内的社会资本和各种专业公司共同进入。不仅如此，由于航空公司是航空运输生产主体，保持航空公司“空地一体化”的整体服务链条有利于其提高经营效率和服务质量。因此，在一个城市的航空市场规模达到一定程度时，必须把值机、配餐、配载、货物处理等该由基地航空公司承担的地服业务交由它们自己独立完成，机场不能强行包办。

由于机场所固有的自然垄断性，发达国家和地区都在不同程度上对机场地服项目的进入实行管制。

以美国为代表的管理模式把机场定位为公用基础设施和社会经济

发展的平台，机场全部交由地方政府成立相应的机场管理机构专门管理。[①] 各地政府都制定了管理当地机场的专门法规。政府不追求机场的赢利性，也不向它征税，只要求其盈亏平衡。不仅如此，机场还可以向联邦政府和州、县政府申请补助（如联邦政府的航空信托补助金）。航空公司在机场地服项目的进入和经营上有较大的自由和独立性。航空公司可以在机场范围内自行建设和经营各种商业设施，也可由机场建成后租赁给航空公司使用，航空公司向机场管理机构上缴设施使用费。大型航空公司在其基地机场都建有自己独立的货运和各种商业设施，甚至有自己独立运作的候机楼。与航空公司关系不密切的其他机场地服项目如酒店、租车行等则用特许经营招标的办法吸收各种专业公司进入，展开竞争。机场管理机构向这些经营公司收取专营权费，并在安全标准和服务质量上对其进行必要的监督。

1986 年，英国政府对英国机场管理局和英国航空公司都进行了私有化改造，英国机场管理局管理的 7 个大型机场被改组为英国机场公共控股有限公司，通过公开上市实现了私有化。政府通过"金股"对机场公司的重大决策进行管制，并且每隔 5 年，国家"垄断与企业合并委员会"要对 BAA 的经营状况和收费标准进行审查。英国机场公司的私有化改造后，成为追求经济效益的经营性服务公司，管理了大部分地面服务业务，但并不直接参与经营。在机场地面服务项目的进入上，BAA 广泛地使用了特许经营招标竞争的管理办法，吸引了众多的专业公司参与，达到了尽可能促进竞争的目的。

截止到 2004 年 7 月，中国民用机场基本上都实行了属地化管理和公司化经营。尽管机场已经从"大民航"集中管理的模式中脱离出来，

---

① 作为特例，首都华盛顿的两个机场由弗吉尼亚、马里兰州和哥伦比亚特区政府派出的委员会组成机场管理局进行管理。

但在地服业务上仍然沿用传统的“全面经营模式”，机场几乎包揽了全部地服业务，仍实行高度垄断和上下游一体化的经营模式。在许多机场，像配餐、值机、配载、货物处理等该由基地航空公司独立操作的业务，也都由机场包办。

这种“全面经营模式”的弊端是：(1)机场容易利用其垄断地位损害航空公司和公众利益。由于机场服务属于航空运输产业的上游垄断业务，位居下游的航空公司和各运营商在地面服务的许多方面都要服从于机场的意志和安排，这容易造成机场对不同航空公司和运营商在服务甚至价格上产生差别对待，造成市场效率降低、竞争不公正和地面服务质量难以提高，容易损害航空公司、旅客和货主的利益。(2)满足不了航空公司“空地服务一体化”的要求。对于一些航空业务量较小的机场来讲，由于航空公司的业务量较小，不便于单独经营像货物处理、配餐、值机等地面业务，这种服务模式还有规模经济的合理性。但对于业务量较大的机场，尤其是存在航空公司以其为基地的机场来讲，这种“全面经营模式”却容易破坏航空公司空中和地面服务链条的统一性，不利于航空公司创造服务品牌，提高整体服务质量。(3)容易造成政企不分，产生行政垄断。目前，中国机场都采取了企业化经营，但机场同时又承担了许多像土地使用、地服项目准入管理等政府职能，它已经从一个自然垄断企业走向行政垄断企业，对市场效率的提高和机场外部社会经济利益的实现非常不利。(4)增加管理成本。对一些大型机场来讲，随着机场各种业务的迅速扩大，内部管理机构越来越复杂，管理愈加困难，机场很难在各种服务上做到更加专业化，内部管理成本也会上升，效率降低，对安全运营也造成了隐患。

基于以上原因，在中国机场进行属地化管理和公司化经营改革后，地服项目的准入政策必须进行改革。机场公司不能再一直包揽全部的地服业务，不能在垄断上游产业的同时，对许多下游接入和延伸的地服业务也全部垄断;机场必须在地服的经营上引进竞争机制,逐步进行以特许经营招标为核心的改革,尽快实现从“全面经营型”向“管理型”机场的转变;机场必须发挥其平台作用,通过走专业化的道路吸引包括航空公司在内的各种专业公司共同进入地服市场。

在机场地服业务的特许经营权招投标改革上,建议借鉴伦敦和法兰克福等机场的管理和经营模式,选择北京、上海、广州、深圳、成都这几个经济相对发达地区和业务量较大的机场,从试点开始改革,逐步推广。具体操作上,要根据不同地服业务的性质区别对待:(1)对于属于基地航空公司自有、航空公司有能力并且愿意承担的地服业务,如客运值机、货物处理、飞机配载、航空配餐等项目可以通过专营授权的方式授权基地航空公司自己独立经营,并向机场公司上缴专营权费。(2)对于其他像商业零售、广告、地面运输、环境绿化、垃圾处理等非基地航空公司自有的市场资源、航空公司没有能力或不愿意独立承担的地服业务,可以通过特许经营权招标竞争的方式广泛吸收各种专业公司共同进入。(3)在机场进行特许经营权试点改革时,机场不能既是运动员,又是裁判员,凡进入特许经营权改革的项目,机场公司都要退出经营。机场公司不能一方面收专营权费,另一方面又自己参与经营和竞争,这样有悖于市场公平竞争的原则。(4)在机场地服业务的产权安排上,可以吸收外资和民营资本更大比例地进入,发挥其在经营管理上的“鲶鱼效应”。

3.航空运输服务。航空运输服务是航空运输产业的核心业务,航空公司是航空运输产业的生产主体,其职能是实现旅客、货物和邮件在空间上的快速位移。关于航空运输服务的业务性质和市场结构特征一直存在较多的争论。

上世纪早期的观点笼统地认为航空运输产业是自然垄断产业,具有较强的规模经济性,因此政府必须对其进行严格管制。美国 1938 年颁布了《民用航空法》,规定航空公司的成立、进入或退出某一航线市场,以及价格制定都要得到政府的批准。其后,美国民用航空委员会(Civil Aeronautics Board,CAB)一直代表政府行使这一职能。从1938到1978年,由于CAB的严格管制,除了当时的23个承运人以外,没有新的骨干航空公司被授予航线经营权,这成为美国放松管制者批评政府阻止新航空公司进入主要航线、不顾公众利益、削弱竞争、保护低效率航空公司的有力证据。这种官僚僵化的管理体制导致了美国航空运输产业效率不断降低,亏损严重。

20世纪70年代,有不少美国学者对航空公司的规模经济情况做了一系列实证和经验分析,得出的结论是航空运输业务不具有自然垄断性,认为它是一个接近于垄断竞争的行业。因为:(1)随着社会经济发展,航空运输服务逐渐成为人们的生活必需品,需求大幅度增加,需求价格弹性也变小。在一定的城市对航线、一定的航空运输网络或一定的市场上,需求的增加使得市场需求曲线向右移动,超出了垄断企业的规模经济范围。(2)技术进步导致生产成本不断降低,长期平均成本曲线下降的同时,可能使有效的生产规模也同时下降,从而使自然垄断的边界发生变化,使一定的需求容易超出规模经济性的范围。(3)来自高速公路、高速铁路等其他替代运输方式的竞争也使航空运输产业的垄断性逐渐降低。(4)设立航空公司需要的资金虽然巨大,但成本沉淀并不多。飞机虽然昂贵,可以在国际市场上通过融资租赁(干租甚至湿租[1])来获得,也可以通过租赁或抵押来迅速转让,因此航空公司的进入和退出并没有太多成本沉淀。(5)航空公司提供的基本上是同质产品,消费者对航空运输产品的信息也比较充分。因此,航空公司之间完全可以开展充分竞争。正是因为航空运输产品基本同质,进入和退出

---

① 干租是指纯粹的飞机租赁,湿租是指把飞机连同机组人员一同租用。

市场的成本沉淀也不大，所以根据可竞争理论，[1]任何一家航空公司在一条航线或一个市场上试图采取垄断价格来获取高额利润时，都会遭到潜在进入者的威胁，进入威胁可以起到与实际进入者同样的约束作用。事实上，在1978年以前，美国大量的中小型航空公司，如太平洋航和西南航实际上比美利坚航和联合航空这样的大型航空公司有更低的平均成本，他们票价比大型航空公司低32%—47%。

基于上述观点，美国国会通过了航空公司《放松管制法》(Deregulation Act)。美国政府从1978年10月开始对航空运输服务逐步实施了放松管制，取消了CAB对航空公司成立、航线进入、退出和票价变动的管制权力。CAB也于1985年1月被撤销，其他职能转交到政府的其他部门。《放松管制法》的实施，实际上是对航空公司在经营上实行了放任主义，其特点是在航空公司设立、航线准入和价格制定这三个主要方面同时实行了放松管制。放松管制对航空公司产生了深远的、不可逆转的影响，使航空公司生存和竞争的政策环境发生了重大变化。迫使航空公司采取新的竞争战略，调整自己的航线结构(中枢辐射式航线结构逐渐取代了城市对航线结构)，积极进行管理创新(计算机收益管理系统的开发应用)，降低运营成本(优化机队结构、降低人工成本)，加强市场拓展(常客奖励计划)，建立航空联盟(代码共享计划)，提高服务水平(改善头等舱和公务舱服务)，以适应新的生存环境。放松管制促进了航空公司之间的激烈竞争，导致了许多航空公司的倒闭、兼并和破产(像美国最大的泛美航空公司和老牌的东方航空公司也未能幸免)，同时也不断有新的航空公司加入竞争。一直到了1993年美国航空运输产业复苏以后，航空公司的市场集中度才有所上升(到1989年，前八大航空公司的市场份额已从1983年放松管制高潮时的73%上升

---

① 参见王俊豪:《政府管制经济学导论》，商务印书馆2001年12月第1版，第141—148页。

到94%)。[①] 放松管制使航空公司的经营成本大幅度降低,尽管油价不断上涨,但机票价格仍不断下降(从1978到1991年,美国平均机票价格下降了15%)。票价降低和飞机客座率的不断提高,增加了消费者剩余。有研究表明,美国放松管制后的10年间,旅客获得的消费者剩余总额在1000亿美元以上。[②]

根据美国2004年8月《财富》杂志(中文版)有关文章的分析:[③]中小型低票价航空公司目前已经占据了美国1/4的国内客运市场,并造成了巨大的价格压力,这使大型航空公司即使在业务繁荣时也不敢大幅度提价。在美国的1000多条国内主要航线上,大约有80%面临着低票价中小型航空公司的竞争(捷蓝、American West 和 Frontier 等)。大型航空公司根本不可能像以往繁荣时期那样只要提价就可以盈利。可见,目前美国国内航空运价是由中小型低价航空公司所决定的,不存在主导厂商的价格领先情况。这些中小型低价航空公司之所以敢于低价参与竞争,主要还是他们比大型航空公司有更低的生产和经营成本。这种现状说明了航空公司的成本与其规模并没有直接联系。

总之,世界航空运输发展的实践表明,航空运输产业是一个适合于充分竞争的产业。因此,逐步放松对航空公司市场准入管制有利于提高航空运输产业的生产效率和社会分配效率。然而,航空运输产业毕竟是一个资本密集、高技术和高管理要求的产业,产品服务和经营管理毕竟也存在一定差别,再不管制也不可能得到完全竞争的市场结构,它最可能达到的是类似于汽车、钢铁、石油等行业出现的寡头或垄断竞争

① 参见王爱民:《转型时期中国民航业的市场结构与经济绩效——一个实证分析》,复旦大学博士论文,2002年5月,第66页。

② 参见王爱民:《转型时期中国民航业的市场结构与经济绩效——一个实证分析》,复旦大学博士论文,2002年5月,第67页。

③ 转载自《中国民用航空》2004年第9期。

的市场结构。科斯在《企业的性质》一文中指出的,“由于企业内部交易的边际费用也是递增的,企业的规模最终会停止在企业内交易边际费用等于市场交易边际费用的那一点上”。[①] 因此,航空运输产业市场结构的变动和企业规模的大小归根到底还是取决于由技术和管理决定的交易费用的大小。试图用高度集中的经济模式一统航空运输产业的观点是错误的,也是不现实的。

中国航空运输产业一直处于政府高度管制状态。几年前,支持强力管制观点的有关人士认为,由于国有产权关系不明晰,风险约束和激励机制没有建立,放松市场准入管制会造成毁灭性竞争,最终会损害航空运输产业的健康发展。随着中国经济改革的深入,继续对民航运输产业实行严格管制的观点受到了大多数人的谴责和摒弃。

与美国一样,中国对航空公司的经济管制也基本包括航空公司设立、航线进入和运价这三个方面。1987 年的民航市场化改革以来,中国一直在尝试对航空运输业务实行放松管制,但与美国不同,中国对航空运输业务的放松管制不是一步到位,而是表现为一个渐进的过程。放松管制的重点由放松进入管制逐渐过渡到放松价格管制,从放松对地方民航企业的进入管制逐渐过渡到对放松民营企业和外资的进入管制。以 2002 年开始的新一轮民航改革为标志,中国航空运输产业开始了更大规模的放松管制改革尝试。尽管带有很强的探索和试验性质,但这种改革无疑代表了市场化改革的方向。不过,在放松进入管制上,仍需要结合中国的实际,制定好相关的配套政策。主要政策建议包括以下两个方面:

第一,做好航空运输市场的宏观调控,防止出现运力过剩。应当注意到,中国与美国实行放松管制政策的背景不同,在航空运输产业的市场规模、产权结构和法制环境上都有很大的区别,尤其是要注意到中国与美国

① 参见盛洪:《现代制度经济学》上卷,北京大学出版社 2003 年版,第 15 页。

的空运企业在产权安排和风险约束机制上存在着本质差异。因此，要引导社会资本(包括国有资本、民营资本和外资)对航空运输产业的理性投入，做好运力安排上的宏观调控，防止航空运输产业出现大起大落和经济疲软时期的恶性竞争。相对于一定需求水平来讲，总运力规模是航空运价形成的基础。因此，对总运力的调控也应成为运价调控的主要手段。

第二，在航线进入上要引导机场和航空公司逐步建立起中枢辐射式航线网络结构。美国放松管制后，航空运输产业发生的一个重大的创新和变化就是中枢辐射式航线网络结构逐步代替了城市对航线结构。中枢辐射式航线网络有效地利用了航空运输服务的范围经济性，优化了航线资源的配置。在中国航空运输产业逐步实行放松进入管制的情况下，要采取一定的政策导向，积极引导航空运输企业适应这一变化趋势。在机场的规划布局上，对大型中枢机场(京沪广)、经济发达地区的次中枢机场(深圳、成都、厦门、武汉等)和边远地区的中心机场(西安、乌鲁木齐、昆明等)都要按照中枢辐射式航线网络的流量来规划和设计；在航空公司的基地建设和航线准入上，要引导航空公司逐步建立起干支衔接、机型相宜、辐射全面的中枢辐射式航线结构。

4. 航空保障服务。航空油料供应、航材进出口、航空信息是航空运输产业的保障服务部门，对航空运输产业的高效运转和服务质量提高有着重要作用。

1987 年开始，中国民航把为航空运输主业提供保障服务的辅助业务从民航主业中分离出来，先后组建了中国航空油料总公司(通过设在各机场的分支机构为航空公司提供加油服务)、中国航空器材总公司(从事飞机和航材进出口)和中国民航信息股份有限公司(主业在香港上市，为国内外航空公司、机场和销售代理商提供电子分销、离到港信息和代理结算、清算方面的服务)。2002 年的民航改革，把中航油、中航材、中航信三大集团公司的资产移交到国资委管理，民航总局对其只行使行业管理职能。应当指出,这三大保障服务业务尤其是航油供应也具有一定的自然垄断性,政府需要对其进入进行管制。

虽然航油服务具有一定的自然垄断性,但这并不能成为在航油服务的各个环节上都实行垄断经营的理由。航油业务又可细分为加注(检测、储存、加注)和供应(采购、运输、销售)两个环节。在加注业务上,航油的储存设施和加注管线不存在重复建设的经济合理性,具有自然垄断性,但在航油供应环节,即采购、运输和销售上又具有可竞争性,完全可以实行多家进入共同竞争。中国加入 WTO 时曾经承诺,在 2004 年底和 2006 年底之前分别开放成品油零售市场和成品油批发市场。因此,中国完全可以也必须尽快进行航油市场准入方面的改革。

许多发达国家和地区的航油服务都实行了加注和供应分离的航油经营体制。美国的航油经营实行的是市场竞争下的专业经营模式,各大石油公司都有从炼油厂到机场油库的供油经营权,加油公司则拥有油库、油管和地井设施,专门从事加注业务。一些大型航空公司(如美联航)油料消耗量巨大,具有自己独立的油料供应体系,在一些机场也建有自己专用的储存和加注设施,并开展航油套期保值期货业务,以最大努力降低其燃油成本。香港机场的航油加注设施对外公平开放,任何一家航油供应商只需支付一定的佣金就可以使用其设施。

中国的航油服务较为成熟的改革思路,是把中国航油总公司分拆为中航油供应公司和中航油基础设施公司。在航油供应环节上,要放开市场准入限制,引入航油供应上的竞争机制,允许符合条件的国内外航油供应商(如中石化、中石油、中海油或其他民营企业[①])与中航油供

---

① 2003 年 1 月,国家经贸委发文,允许民营企业有权申请航空燃料的进口配额,这意味着民企可以成为航油供应服务商之一。2003 年 9 月 27 日,民营企业湖北天发股份公司发布公告,声称其已经获得了商务部颁发的成品油批发经营批准证书,可以经营汽油、煤油和柴油批发业务。另外,在香港经营多年航油的华润集团也准备与海航联合开拓国内航油市场。

应公司一起开展竞争，通过招投标获得供油合同，共同经营航油供应业务，通过竞争来达到降低油价、提高服务的目的；在航油的加注环节上，中航油基础设施公司在各机场的加注设施（油罐、油管、油井）要向具备准入资格的航油供应商提供非歧视性、平等的中性服务，使其成为所有供油公司共同参与、平等接入的平台。同时，还要强化民航总局对具有自然垄断性的航油加注服务上的定价职能，建立国内航油供应与国际航油价格的联动机制，最大限度地降低航空公司的燃油成本。

中国的航空信息服务也是由一家公司垄断。目前，航空客货销售代理公司使用中航信的计算机订票终端每月收费达 2400 元，造成了许多中小型代理公司用不起终端，只能与别人合用终端的现象。过高的航空信息使用费还造成了非法代理四处蔓延、市场难以管制的情况。目前，国际上最大的经营计算机订座系统的四家公司是世傅（SABRE）、伽利略（CALILEO）、艾玛迪斯（AMADEUS）和沃德斯班（WOR LD SPAN）。中国加入 WTO 时，曾经承诺计算机订座系统（CRS）对外开放。在此背景下，可以考虑从国外的这几家专业公司中引进一家与国内资本（如动员一部分航空公司参股）合资，再成立一家新的航空信息服务公司，与目前的中国民航信息公司开展竞争，除了开发计算机订座系统外，重点开发货运信息系统（这是国内的薄弱之处），这将有利于提高航空信息产品的服务质量，降低价格，并推动国内这一产业的技术进步。

关于航材进出口业务，在进入方面管制改革的建议是：其一，逐步放开对大中型航空公司在航材进出口业务上的限制，[①]允许他们自己独立经营航材进出口业务，充分降低航材的市场交易成本；其二，对中国航空器材进出口公司进行产权多元化和股份制改造，允许三大航空

---

① 目前，国家已经赋予国航、南航和东航三大航空集团的航材独立进出口权，在未来的改革中，这种权限应该逐步扩大。

集团和其他航空公司共同参股，实现航材进口企业与航空公司的利益分享、风险共担的机制。

5. 航空延伸服务。航空客货销售代理、地面客货集散运输、客运值机、货物进出港处理、仓储、飞机配载、飞机配餐、候机楼内外的商业零售、环境绿化、垃圾处理、机场保安、酒店、广告等是航空运输产业的下游和延伸服务，具有较强的竞争性，应该逐步放开市场进入方面的限制。但是，在现实中，由于居于上游产业的机场具有自然垄断性，这些延伸部门的市场资源往往会被机场公司所控制，在中国的大部分机场，民航延伸服务业务基本上由机场公司的下属公司来经营，也表现出明显的垄断性，但这种垄断是典型的行政垄断。在机场的延伸服务中有不少是属于机场地服业务，其进入管制的放松问题，在前面已经讨论过。下面重点讨论航空客货销售代理业务的放松管制问题。

航空销售代理公司在西方被称为“无飞机承运人”，作为航空运输市场的媒介和中间人，他们比航空公司有更多的市场信息，更了解客户的需求。特别是在现代物流业务的开发中，代理人是承运人和生产商、服务商和最终用户之间的桥梁，能提供更专业的门到门及时服务。在航空运输发达国家，通常出现了代理商协会决定航空公司航线和航班计划，航空公司跟着代理人走的局面。

航空客货销售代理公司的投资相对较小，几乎没有成本沉淀，属竞争性业务，未来的改革方向应该是完全放开，变目前的审批制为审核制。目前中国航空销售代理分为两种。一种是一类代理，能够经营国际和地区（港澳台）航线的销售代理业务，需要经过民航总局和外经贸部的联合审批，才能取得经营牌照；另一种是二类代理，只能经营国内航线的销售代理，需要民航地区管理局的审批。2004 年 7 月《行政许可法》实施以后，中国许多行业的审批制已改为审核制，民航局也正在研究取消航空销售代理人的审批制度。这种不必要的审批制度，降低了市场效率，滋生了许多腐败现象。航空销售代理人的审批制度取消后，民航政府管理部门在这部分业务上的工作重点应该转向对销售代理人的规范化管理上来，采用的主要手段应该是充分发挥代理人协会的职能，加强行业自律，提高商业诚信度，但要防止通过代理人协会形成价格同盟，垄断客货源的情况出现。

6.航空器维修和飞行员培训。中国的航空维修市场对外开放较早，截止到2002年上半年，中国共有363家飞机维修企业，既有年销售收入在10亿人民币以上的大型合资企业，也有年收入不足100万的私有企业。[①] 中国目前最大的飞机维修企业——北京飞机维修工程有限公司(Ameco)为国航和德国汉莎技术有限公司合资建设(国航占股份60%，汉莎占40%)，已成功地为中外航空公司提供了15年的服务，目前已经签署了第二期合作协议，再注资1亿美元，合作期限为25年。另外一家大型合资企业——广州飞机维修技术有限公司(Gameco)为南航股份公司(占股50%)、美国洛克西德·马丁公司(25%)与和记黄埔(中国)有限公司(25%)合资组成。这两家大型企业都能进行飞机大修、发动机和附件大修服务；另外还有厦门的Taecohe和四川Snecma这些专业维修企业；除此之外，还有一些中小型的维修企业只能承担有限机型或某些零件的维修任务。一些航空公司的分公司、地方航空公司在其基地都设有维修厂或维修公司，但只能承担C检以下的检测和常规维修项目。

随着中国航空运输产业的快速发展，航空维修市场将随之崛起。飞机维修业务具有可竞争性。未来进入管制的改革应该是在安全技术水平严格管制的前提下完全放开市场准入，鼓励国内航空公司、国内维修企业与国外专业化的维修公司进一步资产合作，并鼓励其走综合化

① 参见余建民："国内维修企业的竞争战略"，《中国民用航空》2003年第2期。

和专业化的道路。在中国加入 WTO 承诺书中,航空器维修行业是对外开放的行业,但合资企业有承揽国际市场业务的义务。

飞行员对身体素质、心理素质和技术水平要求都很高,需要花费大量费用进行基础理论教育和专业培训。中国航空运输产业发展迅速,飞行员的培养一直赶不上航空公司运力快速扩张的需要,飞行员短缺一直是制约中国航空运输产业快速发展的瓶颈问题之一。目前,国内飞行员的培养主要是靠中国民航飞行学院和中国民航学院来提供。另外,南京航空航天大学和国外高校合作也联合培养飞行员,南方航空集团和澳大利亚有关机构联合在澳大利亚也建立了飞行员培养基地,但仍赶不上需求的快速增长,民航每年都要吸收一些从军队转业的飞行员,复训后承担航班飞行任务。由于飞行员短缺,一些地方航空公司正在尝试直接雇佣外籍飞行员加入航班飞行(深航目前已经招收了 30 多个外籍飞行员)。飞行员储备不足,飞行员不能跨公司流动的管理体制是目前飞行员人才市场上存在的主要问题。

表 7-3 航空运输产业的主要业务与进入管制分类政策

主要业务类型	现有经营企业	进入管制政策的重点
空中交通管制	国家事业化或企业化经营	实行严格的进入管制
机场服务	国家、地方政府、外资、民营企业	适度实行进入管制(一个城市独家或两家经营)
航空运输服务	国家、地方政府、外资、民营企业	放松进入管制
航空保障服务	国家、中外合资和民营企业	对自然垄断性业务实施进入管制;竞争性业务放松进入管制
航空延伸服务	国家、地方政府、外资和民营企业	放松进入管制
飞机维修服务和飞行员培训	国家、中外合资或民营企业	取消进入管制

在美国等发达国家，飞行员的培训市场基本上是放开的。这些国家的私人飞机和公务飞机已经大量出现，通用航空飞行和商务飞行非常普遍，这无形地刺激了飞行员培训市场的发展，形成了大量的飞行员储备。中国要解决飞行员短缺问题的途径应该是尽快放开飞行员培训市场，引进国外专业化培训机构进入国内，与航空运输企业、民航院校联合办学。另外，通过国际劳务市场大量引进外籍飞行员加入中国航班飞行也是解决这一问题的积极尝试。

我们用表 7-3 总结上述主要业务的进入管制分类政策。

二、航空运输产业的价格管制分类政策

在中国传统的"大民航"的管理体制和经营模式下，民航是一个系统化和整体性垄断产业，其内部系统的交换不通过价格来反映，全部的价格体系都表现为最终产品的价格即航空运价，并且这个价格也是由政府统一制定。1987 年开始的第一次民航市场化改革实现了航空运输产业的垂直分割和市场结构重组，出现了民航内部业务的交易价格。除了机票价格以外，还出现了空管服务价格、机场各种服务的价格、航油价格和机务维修费用等组成的综合价格体系。2002 年的市场化改革，对主要民航业务再次进行了横向市场结构重组，原有垂直一体化的价格管制在逐渐放松，但由于空中交通管制、机场服务和航空保障服务领域存在着自然垄断性，难以在这些领域实现市场准入方面的竞争，这使价格管制仍然是政府管制的内容。但是，这种价格管制与以往的全面价格管制有根本的区别，所遵循的原则是：根据不同业务的市场结构来决定价格管制的范围，尽可能减少价格管制。即在自然垄断领域，需要继续实行价格管制，而在可竞争领域，政府应该通过放开市场准入等手段，促进这些业务的横向竞争，最终走向完全的市场定价。我们根据不同的航空业务类型，分别讨论其价格管制政策。

1.空中交通管制。目前中国对空管业务实行事业化管理,设备投资和技术改造也靠民航局事业拨款解决,空管单位尚没有进行严格的成本核算,还没有形成合理的空管服务价格体系。空管服务的价格由民航局统一规定,从1992年以来一直没进行过调整,基本上是亏本经营。由于空管业务没有实现企业化,价格信号基本没有发挥作用。

从国外情况看,美国对空管业务也实行事业化管理,空管系统由FAA来投资、建设、维护和经营,近3万名空管人员均由政府雇佣,占FAA雇员总数的80%左右。美国把空管系统定位为航空业发展的基础设施,为国防飞行、商业运输、私人飞机、通用航空和政府公务提供免费服务,主要资金来源是联邦政府的财政拨款和"机场与航路信托基金"。美国这种完全公益化的空管体制为航空业发展提供了良好的服务平台,但也带来了投资缺口大,联邦预算不稳定,新技术开发、采购和普及手续繁琐等问题。英国、澳大利亚和新西兰的空中交通管制系统都进行了公司化或民营化改造,实行国家特许授权经营,空管服务的价格受政府严格管制。政府既保证其获得稳定的平均利润率,又防止其制定垄断价格。

中国的空管系统在未来的改革取向上存在较多争论,一种观点是主张实行美国式的完全公益型经营模式,另一种观点主张实行英国式的公司制和有偿服务型的经营模式。由于航路和空域管制与国防服务密切相关,从目前的情况看,中国采取哪一种模式都面临不少困难,较为普遍接受的观点是实行公益型和有偿服务相结合的管理模式。目前需要解决的问题是:(1)行政事业拨款满足不了空管部门设备投资和技术更新的资金要求;(2)空管服务的价格不合理,难以弥补空管部门的经营成本,制约了空管服务的技术进步和业务发展(目前国家对空管服务的收费很低,如指挥一架B737飞机起降只收取300多元的管制费）。解决这些问题的政策建议是：首先，尽快进行空管部门的成本核算，采取对垄断性产业通用的管制定价方法，[①]适当提高空管服务的收费标准；其次，建立健全航线资源的有偿使用制度，通过航线资源的收费成立专门的基金（美国的机场与航路信托基金是通过国家征收机票税、货运单据税、航空油料税和起飞税等形成），为空管建设和发展提供强大的资金支持。

2. 机场服务。根据国际民航组织的统计，目前机场起降费及其他相关收费占航空公司总成本的平均比例为 4.1%。[②] 1987 年的民航改革后，机场和航空公司成为相对独立的利益主体，机场的收费价格从此成为航空公司最关注的焦点问题之一。2002 年的民航改革对机场进行了属地化管理和公司化经营，机场的收费结构和收费标准就更加关系到机场和航空公司的盈利状况，也成为政府价格管制的重点。目前，中国机场对航空公司的收费大致分为两个部分，一是直接与航班起降有关的机场空侧（飞行区）服务项目的收费（如飞机起降费、停场费、夜航灯光费、安检费、旅客过港服务费、登机桥与摆渡车使用费等），这类项目的收费由国家民航局在对机场分类的基础上来制定统一标准，实行严格的价格管制；另一类收费是对机场陆侧服务的收费（如客运值机费、货物进出港处理费、候机楼设施租赁费、停车场收费等），民航总局对这类收费只起到一定的协调和指导作用，收费标准通常由各机场根据其投资成本和市场需求状况来自行决定，在许多情况下是机场与航空公司相互协商、谈判甚至是行业主管部门或地方政府协调的结果。我们把

① 目前有人提出了对空管服务实行预算定价法，即根据空管部门对来年投资预算和流量预测，来确定空管收费的价格，这是一种新颖的定价思路，值得探讨。但缺点也很明显，就是价格会随投资预算一起产生较大的波动。

② 资料来源：《香港机场收费标准》，香港机场管理局内部材料，其根据 1998—2001 年《The World of Civil Aviation》有关数据整理。

第二种收费看成航空延伸服务项目的收费，随后讨论。在此，重点讨论由国家民航局管制的机场飞行区服务项目的收费问题和改革思路。

国际航空运输协会(IATA，主要代表航空公司利益)认为，机场的经营具有相对垄断优势，各国政府需要建立独立的管制机构来约束机场的收费行为。根据国际民航组织(IACO)有关机场定价指导政策，经济发达国家和地区的机场(如美国、英国和香港等)大都制定了机场收费的定价原则，主要是：(1)管制性原则。即机场具有垄断性质的各种设施、设备和服务的收费都应该受到管制。(2)成本定价原则。即机场各种设备、设施和服务的收费定价要以成本为基础，并考虑市场需求和投资方的合理回报。(3)非歧视性原则。即对所有国内外承运人的收费标准要一致。(4)透明性原则。即机场的所有收费要保持成本和价格上的透明，并使用国际通用的会计准则。(5)协商原则。即应建立机场管制机构、机场、航空公司和其他机场用户的充分协商机制，使机场的收费标准和种类不会急升，达到双赢和多赢的局面。(6)精简高效原则。收费种类尽量精简，以促进机场运作的快捷有效。

经济发达国家和地区机场的收入大致可分为航空主业收入和非主业收入两部分。前者主要来自于机场空侧服务的飞机起降费(按飞机的吨位收取)、飞机停场费(按停场时间收取)、旅客服务费(按过港人次收取)、高峰时刻附加费、噪音附加费等；后者主要来自于机场陆侧有关设备设施的租用费和地服收费(配餐和商业零售等)，非航空主业的收费通常由机场向第三方服务提供商以特许经营费的形式收取。

中国目前机场收费种类和标准是按国内和国外飞机(含港澳台)分别执行的。国内飞机是按照 2002 年 9 月国家民航总局、国家计委和国家财政部联合下发的《关于调整国内机场收费标准的通知》中所确定的标准执行；国外飞机按照 1995 年 10 月民航局下发的《关于调整外国飞机机场、航路费收取标准的通知》和《关于调整对外地面服务费收取标准的通知》中规定的收费标准执行。机场收费的定价方法基本上采取成本加成定价法，并考虑不同级别机场的服务需求差别。

目前中国机场服务价格管制方面的问题和政策建议是：(1)机场收费的市场化程度较低，不能反映并调节对机场服务的需求变化，不能促进机场间开展一定竞争。随着中国航空运输产业的快速发展，不少航路、机场空域、跑道和其他地服设施都呈现出拥挤状况(早上八九点的高峰时段和节假日期间更是如此)。因此，机场收费管制改革的方向应该是积极推进机场收费上的市场化改革。在坚持政府对机场收费的基准价格严格管制的前提下，可允许地方机场对基准价格采取一定的折扣，以满足和调节淡旺季、高峰时段和冷清时段不同的服务需求，并通过价格杠杆促进各机场在一定程度上开展竞争，降低机场运营成本，提高服务质量。(2)与国际民航组织倡导的收费原则不一致。目前，中国机场收费的定价方法并不透明，航空公司很难了解机场各种服务的实际成本；国内外承运人的收费标准不一致，国外飞机的起降费通常比国内飞机高出几倍；机场地服的收费项目过于庞杂(国外许多机场通常根据飞机的最大起飞全重一次性收取终端服务费)；收费结构也不合理，有些服务项目的收费明显偏低。这些都不符合国际民航组织倡导的透明性、非歧视性和精简性原则，需要认真研究，积极加以改进。(3)陆侧垄断性服务项目的收费缺乏管制。目前，在中国机场陆侧收费项目上，一些收费如货物处理费、候机楼各种设施设备租用费等大都是由各个机场自己定价，地方政府和民航主管部门都缺乏管制手段，造成许多垄断收费的管制缺位。改革的重点是要加强地方政府对机场陆侧垄断性收费的管制。(4)机场与航空公司、其他运营商之间缺乏沟通协调机制。改革的重点是要建立机场与航空公司之间的协商机制，促进机场和航空公司之间的双赢。例如，可以通过立法或政策规定，机场调整陆侧收费标准前，必须与航空公司积极磋商，必须报当地物价管理部门或民航管理机构批准，并提前三个月通知航空公司和各运营商，航空公司可以单方面终止与机场的地服代理协议关系、也可以单方面改变代理人等。

3. 航空运输服务。航空运输最终产品的价格即航空运价（机票价格和货物运价[①]）是民航价格管制的重点，与消费者利益直接相关，受到公众的广泛关注。

就美国的经验看，1978 年美国对航空运输产业放松管制后，从 1983 年起，民航委员会全部失去了对运价的管辖权，航空运价自由竞争，政府对市场运价不再干预，依靠《反垄断法》进行平衡。另外，从 1987 年开始，许多欧盟国家根据“欧盟市场一体化”的要求，相继对航空运价实行放松管制政策。

从国外航空运输产业改革实践可见，政府在放松管制时，对航空公司设立、航线准入、运价放开甚至与产权改革几乎是同时进行的。运价改革必须和市场准入改革、产权改革相配套，才能真正建立充分竞争的市场机制。

经过多年运价改革的反复实践，中国航空运输服务目前已经初步形成了竞争性的定价模式。2004 年 4 月，国家发改委和民航总局发布了《民航国内运输价格改革方案》，规定航空公司可以在机票基准价格基础上，通过一定幅度的浮动来调整机票价格，浮动的上下限分别为 25％和 45％。[②] 这个基准价格是由发改委和民航总局根据航空公司的

---

① 在民航统计中，每位旅客的飞行重量按平均 75 公斤计算，于是在旅客的机票价格确定后，货运价格即可相应地参考决定。因此，我们在讨论航空运价时，只是着重讨论客运价格，对包括航空快递在内的货运价格不予讨论。航空快递业由于货物的时间价值巨大，定价不能仅以成本为主，更多地是要考虑市场需求因素。

② 《民航国内运输价格改革方案》中并不是规定所有的航线都可以实行上浮 25％、下浮 45％的价格管制政策。对一些由单个航空公司独家经营的垄断航线，国家民航总局仍然要实施上限管制；对一些旅游航线和相邻省份间的短途航线，《方案》规定可以实行市场调节价格。

运营成本、现阶段的国民收入水平和市场需求状况、其他运输方式的竞争价格等因素来综合考虑确定的。在实践中,事实上早已突破这个限制。尽管近期航油价格不断上涨,但在市场的淡季经常可以买到4折甚至3折的机票。这种现象与美国刚实行放松管制时期的情况相同,即伴随着航油价格不断上涨,机票价格却一路走低。这一方面反映了中国民航基准运价定位过高的现实,另一方面反映了由于航线和运价限制的解除,航空公司之间的竞争不断加剧的事实。由于航空运输服务的不可储存性和边际成本很小,只要在"保本点"以上,航空公司就愿意出售。应当指出,目前中国基准航空运价和折扣幅度的形成是通过听证会形式来实现的,只能作为中国航空运价完全放开前的一个过渡办法。由于航空运输产业上游的机场服务、航空油料、航空信息等产品的价格仍属于国家垄断定价,所以,航空运输最终产品的机票和货运价格在短期内还难以形成一个合理的定价机制。

基于以上讨论,中国运价管制改革的基本思路是,在对总运力投放继续实行宏观调控的前提下,与航空公司产权改革和航空运输服务进入放松管制改革相配套,逐步推进运价的放松管制改革,以目前的折扣幅度管理为过渡,最终达到运价管理上的完全放开。从长期讲,民航运价改革的目标应该是逐步建立起竞争性价格形成机制。由于中国民航现代企业制度和产权制度的建立需要一个过程,渐进式运价改革模式对中国更有现实意义。

应当注意到,在目前中国航空运价逐步放开后,许多同飞一条航线的航空公司为了避免竞争,通过直接和间接的、有形和无形的协议,制定了许多"联营航线"的"协议价格"(如深圳到北京航线,同飞的六家航空公司多次进行过航线联营,规定不能以低于8折出售)。这是一种反竞争行为,是一种航线"卡特尔"和价格同盟,严重降低了市场效率,损害了消费者利益,需要国家民航主管部门和价格行政主管部门采取一定的行政和法律手段加以纠正和禁止。这种现象也说明了中国出台《反垄断法》的必要性和紧迫性。

4.航空保障服务。尽管目前中国对航空运价开始实行了放松管制，但是航空运输上游保障服务的价格仍然是实行垄断定价，航空公司对独家垄断的这些保障服务价格没有任何选择权。这种定价体制严重影响了航空运输产业市场化改革的整体进程。以航油为例，现在的航油垄断经营体制和管制软约束的状况造成了国内航油价格普遍高于国际市场。例如，在 2004 年 4 月，新加坡航油的入机价格折合人民币为 2630 元/吨，香港地区为 2770 元/吨，而国内中航油的入机价格达到了 3790 元。[①] 中国的航油成本占航空公司总成本的比例高达 21.4%，而国外航空公司的平均航油成本只占到航空公司总成本的 9.78%。[②] 航油垄断价格过高是航空公司难以降低生产成本，进而造成航空票价过高的重要原因之一。

对航空保障服务价格管制改革的前提是要放松市场准入限制，并进行配套的产权改革。尽管航空保障服务具有一定的自然垄断性，但在许多方面都可以竞争，有必要进行以业务分离为中心的经营体制改革和股权多元化为中心的产权改革。在航油经营领域，可以通过航油供应和加注业务的分离，实现航油供应业务的竞争性市场定价；在航油的储存和加注环节，由于存在自然垄断性，可以进行政府管制定价。可以利用简单的成本加成或其他对垄断产业定价方法来决定航油存注设施的租赁价格。定价的原则是，既要考虑航油存注设施的投资成本，保证投资商的合理回报，又要有利于提高航油基础设施经营部门的生产效率和服务质量。

---

① 参见曾子祥、高正刚："剥离固物，打破坚冰"，《中国民用航空》2004 年第 4 期。

② 参见黄玮如："机票打折中的公共选择理论"，《改革》2003 年第 4 期。

在航空信息服务上，由于其并不具有自然垄断性，完全可以通过国内航空公司或其他民营资本与国际上大型航空信息开发公司、航空公司合作，再合资建立一个新型的航空信息开发公司，提供以航空物流为重点的信息服务，通过有效竞争，形成和发现航空信息产品的市场价格。短期内，在目前航空信息服务垄断经营体制下，民航主管部门要加强航空信息产品的价格管制，降低由于航空信息价格垄断对生产效率、技术进步、成本控制、服务质量等方面带来的负效应，使这个中性信息平台更好地为航空运输生产服务。

5.航空延伸服务。航空运输产业的下游延伸服务具有较强的竞争性，在逐步放开市场进入限制的基础上，价格管制也应该同时放松，要从政府定价为主逐步过渡到特许经营定价和竞争性市场定价。对于一些机场陆侧垄断服务项目(如客运值机和货物进出港处理等)，由于各机场在这类设施上的投资成本差别也很大，所以民航总局对这类收费只能起到一定的指导和协调作用。比较切实的做法是把这类服务的收费管理权交给地方政府，由地方政府根据各地的实际情况进行管制。对这类延伸服务项目，另一种价格管制改革的建议是先实行政府指导下的折扣管理，然后根据各种服务在各机场进入情况和市场竞争程度再逐步放开。折扣管理就是民航总局在对机场分类的基础上制定一个行业标准价格，允许各机场在一定范围内浮动。各机场根据其陆侧各种设施设备的投资成本、各地物价水平和市场需求状况，制定一定的折扣标准，上报民航主管部门和地方政府物价主管部门批准后实施。在机场的各种收费价格的管制上，从未来的发展趋势看，应该是民航总局管制机场空侧服务项目的收费，而机场陆侧服务项目的收费，应该主要由地方政府根据当地的实际具体管制。特许经营定价也是机场陆侧服务项目定价改革的方向。

航空销售代理业务具有完全的竞争性。中国目前对航空销售代理企业制定的代理费率是总代理收入的3%。随着行政许可法的逐步实施,民航销售代理审批制即将取消。在消除市场进入限制的情况下,代理费率的管制也要完全放开。航空代理服务应该走向市场定价,由航空公司和代理公司根据市场变动情况自行决定代理费率的变化。

6.航空维修服务与飞行员培训。飞机维修属于竞争性业务。中国航空维修领域对外开放较早,维修市场的发育也比较成熟,目前基本上形成了市场化价格形成机制。飞机维修行业与汽车维修行业一样,存在信息不对称和道德风险问题,因此,也需要政府实施价格管制之外的其他管制措施。

随着中国航空运输和通用航空事业的快速发展,飞行员培训市场必须开放。目前中国对飞行员基本上是实行委托培养、有偿使用的管理体制,还没有形成真正的飞行员培训市场和竞争性培养价格。改革的方向是逐步通过市场放开,建立各级别、各机型飞行人才培养的价格体系,这也有助于从根本上解决飞行员不能跨公司流动的雇佣体制。

表7-4 航空运输产业的主要业务与价格管制分类政策

主要业务类型	现行定价制度	价格管制政策
空中交通管制	国家统一定价	实行严格的价格管制,实行成本核算,试行预算定价
机场服务	国家统一定价	实行基准价格管制,允许一定的浮动
航空运输服务	国家统一制定基准价格,可进行一定的折扣浮动	竞争性定价
航空保障服务	国家统一定价	垄断业务政府定价 其他业务竞争性定价
航空延伸服务	国家和地方政府指导定价	特许经营下的政府指导定价或竞争性定价
航空维修服务和飞行员培训	市场定价和政府指导定价	竞争性定价

第五节　协调政策

在中国航空运输产业高度垄断经营的体制下，民航各部门之间的利益冲突并不明显，内部的利益关系都可以通过行政手段来协调。经过两次市场结构重组后，民航业务被分割为若干部分，分别由不同企业或利益主体来承担，利益冲突变得非常明显。所以在航空运输产业实行市场结构重组和分类管制的条件下，政府需要制定一系列协调政策来协调各民航业务部门之间的关系。

与电力和电信产业不同，航空运输服务没有表现出电力产业中发电、输电、配电和售电那样严格垂直一体化的“单向性产业链条”，也没有电信产业中本地电话、长途电话、移动电话和电话增殖服务那样两两互接的“网络型产业链条”。由于航空公司是航空运输生产的核心部门，其余部门都是以它为中心提供支持服务，所以航空运输产业呈现出一个以航空运输服务为中心的“向心型、支持性产业体系”。民航各部门的协调关系主要表现为航空公司与空管、航空公司与机场、航空公司与航油、航空公司与飞机维修等部门之间的业务协调。另外，机场属地化管理以后，还有一个在机场行政管理上的协调问题。

一、民航主管部门与地方政府对机场管理上的协调政策

民用机场实行属地化管理和公司化经营后，民航主管部门（总局、地区管理局、安监办）把对机场管理的重点转移到对机场规划布局上的协调，行业法律、法规、行政规章的制定和对机场运行进行安全监督。由于民航主管部门不再从人、财、物等方面对机场的经营活动直接实施管理，而目前地方政府在对机场经营的管理上又缺乏有关法律法规依

据和相应的手段。因此机场属地化管理后,在对机场经营活动的管制方面,国家民航主管部门和地方政府其实都处于软约束甚至缺位状态。这方面急需制定相关的协调政策,出台相应的法规和条例,以建立民航主管部门和地方政府相互衔接的管理和协调机制。属地化管理后,地方政府在机场的规划、投资、建设、安全运营、土地开发、环境和净空保护、机场设施租赁、商业零售、各种地服项目的准入和收费标准、服务质量监督等各方面如何进行管理,都是急需探讨和解决的问题。对此的政策建议是:

1.尽快出台新的《民用机场管理条例》。在新条例中,要根据机场属地化管理后的新情况,明确民航主管部门和地方政府各自对机场的管制权限,建立民航主管部门和地方政府对机场管理的协调机制。可借鉴美国的机场管理模式,民航主管部门侧重对机场安全技术上的管理,地方政府侧重对机场的规划建设、安全运营和经营活动上的管理;在对于机场服务的准入上,民航主管部门侧重机场总体基础设施的进入管理,地方政府侧重地服项目的进入管理;在机场收费价格管制上,民航主管部门侧重机场空侧服务项目的价格管制,地方政府侧重机场陆侧服务项目的价格管制。

2.在各地政府(有机场的话)建立诸如机场管理委员会之类的政府职能部门,统一实施机场在发展规划、投资建设、土地使用、商业招租、环境和净空保护、各种地服项目的准入和价格制定等方面的管理职能。① 各地还可以根据地方特点,在《民用机场管理条例》的框架

① 上海机场1998年进行属地化管理以后,上海市成立了由主管副市长担任主任的机场管理委员会。几年来,上海机管委在机场的规划建设、土地开发、业务拓展、市场准入、机场和航空公司间的业务协调、航权开放和日常运营管理上发挥了巨大的作用。在上海机管委成立的同时,上海市人大还制定颁布了《上海机场管理条例》,使对上海机场的管理迅速转移到法制化管理的轨道上来,创造了公平健康的市场环境,吸引了众多的国内外航空公司加盟到上海空运市场,促进了上海空港的繁荣。

下，制定出适合本地实际情况的地方机场管理规章，逐步做到依法管制。

二、空中交通管制部门与航空公司之间的协调政策

空中交通管制部门的职能是提供通讯、气象、导航等飞行支持服务，并从安全要求出发，对空中交通流量进行管制。为了进行有效的流量管制，避免撞机事件和危险接近，航空公司的飞行计划和航班时刻安排必须经过空中交通管制部门的统一协调。由于在一定时间内、同一条航路上通过的飞机流量是有限的，所以航班时刻（起飞和着陆时刻）就成为一个稀缺的资源。特别是在流量较大的机场和航路上，空域资源的稀缺经常使各个航空公司在航班时刻的安排上产生很大冲突，需要空管部门认真协调，因为空中交通同样会出现城市交通那样的高峰拥挤时段。① 因此，在中国航空运输产业实行了市场结构重组后，航班计划和航班时刻的合理安排就成为空管部门和航空公司之间业务协调的重要内容。

在这方面，美国经验教训是，在大部分主要机场，着陆权（Slots）问题已成为放松管制后影响航空公司之间开展有效竞争的重要壁垒，因为航空公司只有在一个较好的时点起飞和降落才有望得到更高的客座率。根据FAA在1985年制定的关于着陆权的有关规则，航空公司的着陆权可以自由转让。这样，着陆权就成为航空公司有偿使用的巨大无形资产。美国这种对航班时刻的协调政策，在一定程度上调整了航空公司之间在航班计划和时刻安排上的利益冲突，但却造成了大型航空公司对航班着陆权的囤积，成为其排斥竞争对手的主要手段。在芝

① 例如航空公司早上航班起飞的最佳时刻是8到9点之间，过早安排航班会造成客座率的降低。而安排过晚不仅会造成客座率降低，还会造成飞机日利用率的下降，这些都会严重影响航空公司的经济效益。

加哥奥海尔国际机场，购买一个时刻较好的着陆权需要花费500万美元以上的代价。[①] 由于大型航空公司实力雄厚，所以往往占有许多较好时点的着陆权和航班时刻，这种表面的平等其实隐藏着经济实力的不平等。为了改善这一状况，美国不得不用扩大机场和航管设施设备投资，增加空域和航路保障能力来解决航空公司在着陆权上的利益冲突。

中国的航班计划和航班时刻安排是通过每年两度（夏秋和冬春航班）的"航班协调会"形式，用行政手段来实现的。航班时刻的确定需要经过总局空管局或地区空管局的严格批准。这种计划配置航班时刻资源的办法造成了空管单位与航空公司以及航空公司之间的许多矛盾，产生了航空公司虚占航班时刻、浪费机场和航路资源的现象，也容易滋生腐败。为此，改革的政策建议是：在空域紧张、航路繁忙、比较拥挤的大型机场和机场群，实行航班时刻的公开招投标和有偿使用制，并通过相关的政策措施，严格禁止航空公司虚占航班时刻。这样，就使空管服务逐步成为各航空公司公平接入的中性服务平台。航班时刻有偿使用获得的收入，可以并入相关的民航产业发展基金，用于航路建设和空管设施设备的更新改造。

三、机场与航空公司之间的协调政策

从本质上讲，航空公司和机场的业务性质具有很大区别。机场就如一个汽车站，主要是为航空公司提供飞机起降、停场和地面服务，而承担空中运输的航空公司才是民航运输服务主体。但是，机场和航空公司又是相互依存的关系，二者只有密切配合、有机衔接才能迅速完成

---

① 参见［美］Mark S. Kahan：《美国航空放任主义的回顾与检讨》（王献平编译），国家民航总局体改法规司1995年8月编印，第62页。

客货的空间位移。然而，机场又是人流、物流十分密集的地方，机场和航空公司在地服业务上又有许多交叉之处，它们会为这些业务的交叉和衔接而产生矛盾，为争夺一定的地服市场资源而冲突。

中国民航在完成了市场结构重组，特别是机场实行了属地化管理和公司化经营后，机场和航空公司成为完全独立的利益主体，矛盾愈加突出，需要制定相关的产业政策加以协调。机场和航空公司业务的接入和交叉点还是在地服业务上，在地服业务的进入和价格上制定并实行严格的分类管制政策是做好它们业务协调的前提。机场服务毕竟不是航空运输产业的终端业务和中心服务环节，其中心任务仍然是为航空公司提供支持服务。机场可以采取企业化运作，但它不是一般的企业，它首先应该是一个基础设施，然后才是一个准公共企业。要协调好机场和航空公司之间的业务关系，机场的定位必须准确，机场服务的公共平台作用必须得到充分体现。属地化管理以后，中国机场必须尽快实行从全面经营型向管理型机场的转变，这是协调机场和航空公司业务关系的根本前提。

正是由于机场和航空公司具有不同的业务性质，所以对于航空公司和机场之间相互参股和相互投资必须进行严格控制，[①]要从市场准入的源头上防止航空公司利用机场的自然垄断优势谋取垄断利润，进行交叉补贴，并对其他航空公司的服务进行种种歧视或区别对待；正是由于机场服务的公共性，所以机场必须对所有航空公司保持中性服务，这是机场和航空公司业务协调的关键原则。因此，小到登机廊桥和机位的使用，大到航空公司基地的建设，机场提供的必须是公平、公正、开

---

① 作为特例，海南航空公司近年来相继参股控制了三亚凤凰、海口美兰、宜昌、满洲里等机场，这其实是对民航市场结构重组政策的一种否定。

放的中性服务平台。[①] 公平地引导航空公司开展有效竞争是我们倡导的理念，否则，将有悖于放松航空管制政策的初衷。

四、不对称管制政策

为促进中国航空运输产业的协调发展，发挥它对社会经济发展的基础作用，对航空运输产业有必要采取不对称管制政策。在 1987 年的机场、航空公司、地区管理局三分开的民航改革中，为促进新疆和云南少数民族地区航空运输事业尤其是其支线航空运输的发展，国家对新疆和云南地区的航空运输产业保留了政企合一的管理体制，允许新疆航空公司和乌鲁木齐等机场、云南航空公司和昆明等机场合并经营，并授予新疆航进出新疆航线的独家垄断经营权。这是中国民航早期的不对称管制政策，直到 2002 年的民航改革前夕才正式结束。这项政策对促进少数民族地区航空运输事业的发展发挥了积极的作用。2002 年的民航改革后，航空公司进行了战略重组，在航线准入和运输价格上，国家对航空公司都实行了平等的竞争政策。但在新的形势下，为迎接加入 WTO 后航空运输全球化和自由化的挑战，中国仍然可以在一定程度上对航空公司实行某些不对称管制政策。

目前，航空运输越来越表现为自由化和全球化的趋势，开放航权已经成为潮流。面对这种挑战，中国航空公司的国际竞争力表现为严重的不足。到 2004 年年底，中国只拥有民航运输飞机 754 架，其中大中型飞机只有 675 架，还比不上美国一家大型航空公司的运力，也没有形成中枢辐射式航线网络，航空公司的管理和营销水平与国际上一流航空公司

---

① 美国曾出现大型实力派航空公司为了排斥竞争，用高额租金长期租下机场的一些登机门和登机桥，造成一些航空公司没有登机门使用，而许多登机门又处于长期闲置和锁闭状态的丑恶现象。这和强行霸占着陆权和虚占航班时刻一样，是人为地制造进入壁垒，是严重的反竞争行为。

的差距甚大。在此背景下，当前实行不对称管制政策的重点，一方面是积极引进民营航空公司进入空运市场，增加市场活力；另一方面是实施集团化发展战略，对国航、南航和东航三大集团实行政策倾斜，在枢纽航线网络建设、国际航线进入、运力安排和上市融资等方面给予更多支持，鼓励它们积极参与国际竞争，并以此带动民族航空运输产业的发展壮大。

同时，由于航空公司的投入品市场如航油、机场服务、航空信息和航空器材进口都是垄断的，而航空运输服务是竞争性的，所以，在对航空运输产业的不对称管制政策上，可以考虑一方面放松对航空公司的管制，另一方面要加强对航空运输产业上游垄断部门的管制，尽可能降低投入品价格，降低航空公司的经营成本，为中国航空运输企业积极参与国际竞争营造良好的发展环境。

五、普遍服务政策

航空运输产业具有社会公益性，政府应该制定有关协调政策，促进航空运输产业的全面发展，保障普遍服务的实现。2002 年的民航改革以前，由于中国航空运输产业没有完全实现政企分开，经济不发达和边远地区机场的投资建设、亏损补贴、政策性航空运输任务的经费（如抗洪救灾、人工降雨、医疗救援、国际援助等），主要靠民航总局的行政拨款来解决，有些是靠交叉补贴来实现（如对新疆地区支线机场建设、机场和航线亏损靠新疆航垄断经营进疆航线来部分弥补）。1993 年，为了解决机场、航路和空管基础设施建设资金不足问题，国家决定开始收取民航专向基金，即“机场管理建设费”和“民航基础建设基金”（“非典”时期曾经减免）。这项政策的实施使民航基础设施建设步伐大大加快，“八五”和“九五”期间占全国旅客吞吐量 90％以上的主要机场设施都得到了改善，机场建设投资由“七五”期间的 39 亿元分别增长到“八五”和“九五”期间的 41 亿元和 211 亿元，其中专项基金分别投资了 41 亿元和 130 亿元。这些投资还发挥了引致投资的作用，带动了 308 亿元的地方政府对机场设施的投资和 243 亿元的银行贷款，[①]大大改善了中国航空运输发展条件。到 2004 年 7 月，中国已经全部完成了机场属地化管理的交接工作，航空公司也进行了战略重组，全民航系统的政企分开工作也全部完成。在这种新形势下，需要政府民航管理部门采取符合市场经济的方式来保障民航服务的普遍实现。这方面的主要政策思路是：

1. 建立民航普遍服务发展基金(或基础设施建设基金)。该基金的主要来源为：(1)继续执行“机场建设费”政策；(2)建立健全航线资源和航班时刻的招投标和有偿使用制度。该基金主要用于边远和经济不发达地区的机场建设、机场亏损和政策性运输任务的补贴，也用于民航安全、空管、科技、信息等设施的建设，并适当向中西部地区的机场和航路设施倾斜。

2. 建立中央政府和地方政府相配套的机场投资政策。可以考虑在国家宏观规划指导下，地方政府投资建设的新机场(尤其是边远和经济不发达地区)在运营的前三年，机场建设费全部返还给地方机场(目前地方机场征收的机场建设费要上缴给中央财政 50%，地方机场留下 50%用于机场设施改善)；在经济不发达和边远地区的地方政府投资建设或改扩建机场时，也可以考虑由中央财政或民航局拿出一定比例(比如 20%)相配套，发挥中央政府投资的引致和拉动作用。

3. 大力发展支线航空运输和直升机通用航空业务。在中国，支线航空运输是指运距在 500 公里内，飞机座位数在 60 以下的短途航线运输。中国地域辽阔、地貌丰富，支线运输在边远和经济不发达地区和旅游业发达的山区(如新疆、云南和四川等)有广阔的发展前景。

---

① 参见王志清、宁宣熙：“中美机场管理模式的比较”，《中国民用航空》2003 年第 1 期。

发展支线航空运输，有利于提供普遍的航空运输服务。中国已经出台了一些政策来扶持支线航空运输的发展（如支线旅客的机场建设费为10元，而不是50元），但力度还不够，可以从机场收费等方面上给予更多的优惠。直升机通用航空业务的种类达100多种，对于提供特殊的航空普遍服务意义重大，也需要出台相应的产业政策来积极扶持它的更快发展。

第六节　航空运输管制机构

一、中国目前的民航管制机构

2002年的民航改革，简化了政府管理的层次，撤销了民航省局，政府管理机构由民航总局、民航地区管理局与民航省局的三级管理转变为民航总局和地区管理局的二级管理，同时在一些省和客货流量较大的城市（如深圳、厦门等）设立了民航地区管理局的派出机构——民航安全监督管理办公室。除了民航管理部门外，国家发改委、财政部、工商总局、对外贸易部、外交部等国家机关和地方政府都从不同方面、在不同程度上承担一些民航业务的管理职能。

1. 民航总局。按照国务院2002年3月批复的民航管理体制改革方案，民航改革和重组后，民航总局不再代行民航企业的国有资产所有者职能，只是国务院主管全国民航事务的直属机构，主要行使民用航空的安全管理、空中交通管理、市场管理、宏观调控和对外关系这五方面的职能。具体的职能包括起草和制定行业的法律、法规和管理规章；制定民用航空安全技术标准；依照《中华人民共和国民用航空法》等法律、法规、规章及安全技术标准，对民用航空活动实施安全管制，确保飞行和空防安全；主持重大飞行事故调查和参与特大飞行事故调查；实施空中交通管理；制定行业发展总体规划；对民航运输产业进行宏观调控；管理监督航空运输市场，维护公平竞争；代表国家处理涉外民航事务等。在民航总局的这些具体职能中，有相当一部分属于经济管理和宏观调控职能。

与此职能相适应，民航总局下设了12个综合和业务司局，即办公厅、政治部、航空安全办公室、规划发展财务司、政策法规司、人事教育司、国际合作司、运输司、飞行标准司、航空器适航司、机场司和公安局。其中承担经济管理职能的主要司局为政策法规司、规划发展财务司、运输司、机场司和国际合作司。空中交通管理局是民航总局下属的、一个相对独立的空中交通管制机构。

2. 民航地区管理局。根据国务院2002年批复的民航体制改革方案，民航总局下设华北、东北、华东、中南、西南、西北和新疆7个正司级地区管理局，负责对所辖地区的民用航空事务实施行政管理和监督。民航地区管理局为国家民用航空管理的执行机构，主要职能是贯彻国家民航管理的法律法规和行业规章，负责辖区的民航行政执法；对辖区内机场和航空公司实施安全管理；参与处理重大飞行事故和应急事件；对辖区内的航空运输市场监督管理。其中航空运输市场监督和管理是其最重要的经济管理职能。

3. 民航安全监督管理办公室。根据国务院2002年批复的民航管理体制改革方案，民航七大地区管理局在全国共设置了26个派出机构——民航安全监督管理办公室。这26个派出机构，大部分是在原来民航省局的基础上改制而成（如民航江苏省安监办），有些是在航空运输较为发达的城市单独设立的（如深圳和厦门安监办）。这些派出机构的主要职能有两个，一是对辖区内机场和航空公司进行安全监督，二是对辖区内航空运输市场，主要是航空销售代理市场进行管理。

4. 空中交通管制机构。根据2002年的民航管理体制改革方案，空中交通管制体制进行了更加集中化的改革，建立和完善了由民航总局空管局—地区空管局—机场空管中心（航站）为一体的空管体系。民航总局空管局对全国民航空中交通管制实行统一指挥，对空管的规划、建设、标准、设备选型和人员培训实行统一管理。空管系统按事业单位性质管理。地区空管局对本地区分管空域的飞行活动实施指挥和管理。各空管中心（航站）对其分管空域的飞行活动实施指挥和管理。

二、中国民航管制机构改革的设想

中国民航 2002 年管理体制改革的指导思想是：根据中央完善社会主义市场经济体制的总体部署，从中国民航运输产业的实际出发，按照市场取向，实行政企分开，打破行政垄断，克服过度分散，规范市场竞争，发挥市场对民航资源配置的基础性作用，建设符合社会主义市场经济要求的新民航体制，保障飞行安全和运输生产的正常进行，促进民航事业健康发展。

2002 年的民航管理和经营体制改革，基本上适应了中国经济体制改革的形势，满足了中国航空运输产业现阶段发展的基本要求。但是，改革是永无止境的，社会经济的发展对民航管理体制改革会不断提出新的要求。同时，改革是个体制创新过程，又是分为阶段性的，这是保持稳定和发展的前提。根据经济发达国家航空运输产业发展改革的经验和中国航空运输产业飞速发展的形势，中国未来民航管理机构改革的基本政策思路是：

1. 成立全国运输部或交通运输委员会，设立综合性、统一性的大交通管制机构。改组民航总局为美国 FAA 或英国 CAA 那样的管制机构，对航空运输产业只行使安全技术方面的管制职能，把目前承担的经济管理职能交由运输部或国家交通运输委员会统一行使。这种管制机构设置的优点是:民航主管部门不直接涉及民航企业的经济利益关系,可以独立、中性地从事安全技术上的管理,有利于提高航空运输产业的安全管理水平;[①]而运输部或国家交通运输委员会可以发挥其在交通规划和综合运输管理上的协调职能,便于协调各方面的运输关系,促进综合运输体系的全面发展。

2. 在全国逐步建立起军、民航通用、合用、技术和管制标准统一的空中交通管制机构和管制体系。可以考虑在适当的时机,把全国空管系统改制成为由政府控股,各机场、航空公司和社会资本共同参股的专营服务公司,其安全技术标准由民航总局统一管制,经营行为交由全国交通运输管制机构统一管制。这种管制机构设置的优点是:可以协调空军和民航对空域和航路的管制权限,优化空域和航路结构,提高飞机放行数量,减少空中交通拥塞,提高空域和航路资源的配置效率;空管系统公司化改组的优点是,有利于消除空管部门的官僚作风,增强空管服务意识,提高空管的服务水平,提高空管设施设备的使用效率,降低管制成本,加大空管技术的研发投入,促进空管技术进步。

3. 在各地方政府建立类似于"机场管理和发展委员会"或"机场管理局"的地方政府管制机构。这种机场管制机构设置的优点是:有利于各地政府结合本地的实际情况,加强在机场规划建设、土地使用、业务发展和商业运营上的规划、协调、管理和服务职能,有利于在机场这一

---

① 美国实行放松管制和民航政府管制机构改革时,许多人都担心政府的放松管制会不利于航空安全,后来的航空运输实践逐渐消除了这种担心。因为美国政府在放松经济管制、撤销民航委员会的同时,强化了FAA安全管制的专业职能,反而有利于FAA更专心从事安全技术方面管理。放松管制和政府民航管制机构重组后,美国每10万次航行的事故率,从1978年的0.10逐年下降到1997年的0.037和1998年的0.00。当然,后来的"9.11"事件属于国家安全问题,就另当别论。不过,这一事件的发生促进了全球航空业对机场安检和空防的严格管理。

垄断行业的管理上彻底实行政企分开，有利于地方政府协调好各方面的运输关系，发挥好机场在地方社会经济发展中的平台作用。

第八章　邮政产业

邮政产业是至今中国垄断性产业中改革进展缓慢，在中国未加入WTO以前就已受到国内以及国际快递公司竞争的强烈冲击，在加入WTO后所受影响将非常巨大的一个行政性垄断产业，其改革深受国内外的普遍关注。本章将从规模经济与范围经济的角度，从邮政产业的业务结构、网络关联性方面来分析邮政产业的性质，讨论加入WTO后对中国邮政产业的影响，分析中国邮政产业的市场结构重组政策，并着重探讨中国邮政产业的分类管制与协调政策，最后讨论邮政管制机构问题。

第一节　基本特征与主要业务类型

邮政产业是通信产业中产生最早，并且一直以来是实行严格的政府管制体制的一个垄断性产业。邮政产业与其政府管制体制主要源于邮政通信与国家统治的息息相关，同时，邮政也承担着公众通信的责任，邮政业务的经营长期处在行政特许的专营体制中。

一、邮政产业的基本特征

邮政通信网络由邮政运输网、邮件处理中心和投递网三个互相连接的环节构成。邮政运输网实质上是一个物流运输网，邮件处理中心负责邮件路由的交换，投递网络则与电信本地用户接入网类似。全国邮政通信网按照邮区中心局体制，实行三级邮区中心局的网络结构。到2001年，建成了以7个一级中心局，70个二级中心局，124个三级中心局为节点的全国邮政通信网络。

邮政产业的经济特征主要表现在弱规模经济性和范围经济性、明显的服务外部性和低进入壁垒。①

1. 弱规模经济性。首先，对于邮政本地网络，由于本地邮件传递量不大且生产组织并不复杂，加上本地运输工具和投递组织的替代性也很强，进入障碍非常低。邮政从一开始面临的就是来自同城快递公司的竞争，后来又有报纸绕开传统的邮政发行渠道而自办发行，这些都说明了本地邮政业务不具有自然垄断性。其次，邮政产业在长途信件与小包件传输领域表现出较弱的规模经济性。邮政产业没有固化的道路网络，其服务网络与生产规模的扩大主要体现在运输工具与生产人员机动性范围的扩大，从而产生服务对象与业务量增加的规模效果。在一定的用户服务规模范围内，由于受到电信等替代服务的影响，邮政业务量并不一定与邮路长度成正比，其网络规模增量的产出弹性由于需求量的约束并不明显。因为邮运网络具有物流运输的特点，其成本曲线与产量增加之间没有持续的下降关系。

假定邮运网络当前运能为 Q_{01}，单位设备（车辆）的运能为 q，每单位设备的平均固定成本为 C_{f0}，单位运量的平均可变成本为 C_Q。我们有运量为 Q 时的单位运量成本：$C_Q = Q_{01}/q \cdot C_{f0}/Q + C_Q = N C_{f0}/Q + C_Q$。$N$ 为完成运能 Q_{01} 所需的设备台数，考虑到单位运量可变成本主要取决于运输距离，这里为了研究方便，可变成本取平均值而忽略其随运量的变化而带来的成本的不确定性（主要是由运输配载量的

① 详见陇小渝、陆伟刚："邮政产业属性界定及其政策含义"，《中国工业经济》2004年第7期。

固定性及在装卸上所表现出的不随运量变化而支付的变动成本)，这一点与生产性企业随总产量增加带来采购成本下降从而降低可变成本有明显差别。显然，单位运量成本在运量达到最大运能 Q_{01} 时最小，它在运量区间 $1 \leqslant Q \leqslant Q_{01}$ 内是随运量的增加而减少的，具有规模经济性，并且其主要表现为对固定成本的分摊效应，见图 8-1 中的曲线 1。

如果需求一旦高于原有最大运能 Q_{01}，由于物流运输的刚性使得生产能力的扩大不大可能在原有系统内以范围经济的方式或者兼容性技术得到有效解决，必须扩大运输网络的规模，单位运量成本就会增加，而不是随着产量的增加而持续下降。

假定业务量增加将使运能增加到 Q_{02}，运能增加量为：

$\Delta Q_0 = Q_{02} - Q_{01} = k\,Q_{01}$，

总成本增量为：

$C_T(k\,Q_{01}) = \lambda \cdot k \cdot C_T(Q_{01})$，

考虑到网络的规模经济因素应有 $\lambda < 1$，即有 $C_T(k\,Q_{01}) < k \cdot C_T(Q_{01})$ 存在，则在运量 $Q_{01} \leqslant Q = Q_{01}(1+d) \leqslant Q_{02}\ (d > 0)$ 区间内，其单位运量成本为：

$C_Q = C_T(Q_{01})(1 + k \cdot \lambda) / Q_{01}(1+d) = C_{Q01} \cdot (1+k \cdot \lambda)/(1+d)$

显然，在 $d < k \cdot \lambda$ 即运量增量小于 $k \cdot \lambda Q_{01}$ 的范围内，单位成本均高于扩容前的最小成本 $C_T(Q_{01})/Q_{01}$；在运量增量大于 $k \cdot \lambda Q_{01}$ 的范围内，单位成本才低于扩容前的最小成本，见图 8-1 中的曲线 2。这说明，即使考虑到网络的规模经济性($C_T(k\,Q_{01}) < k \cdot C_T(Q_{01})$)，邮运成本仍然可能随运量的增加而上升。如果市场出现替代性需求分流邮政业务量而使得 $Q < Q_{01}$，则网络扩容以后的邮运成本反而会高于扩容以前，如图 8-1 中的曲线 3 所示。

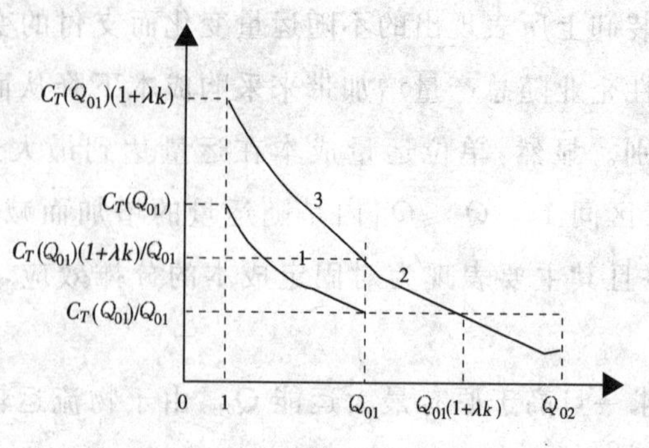

图 8－1　邮政产量成本曲线

邮政网络中的邮件处理环节，由于邮件分拣设施的多业务兼容性，信件与小包件都可以共用部分或全部自动分拣设施，具有较强的规模经济性，特别是在长途邮件的处理方面就更是如此。但一方面，这个兼容性带来的成本优势依然受到邮件市场容量的严格约束，另一方面，该环节占邮政网络总成本的比例较小，并不能强化邮政网络整体的规模经济性。

体现邮运网络规模效应的包裹业务，从 2000 年到 2002 年占邮政总收入比重一直在 4％－5％之间徘徊，收入额出现波动，2002 年只比 2000 年多 0.47 亿元，而比 2001 年还下降了 2.97 亿元，图 8－2 比较直观地描述了包裹业务收入在总收入中占比所发生的情况。

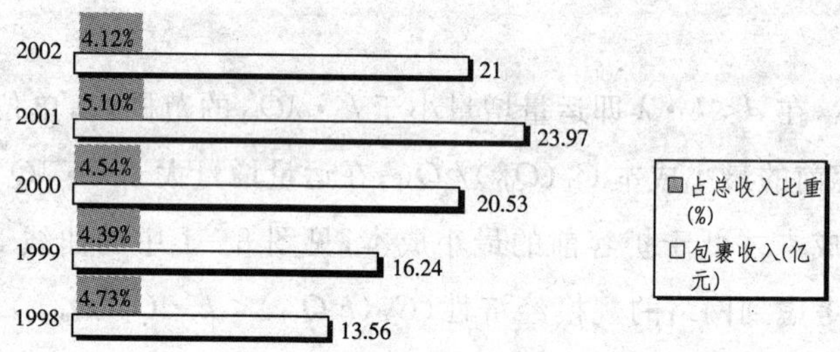

图 8－2　中国邮政包裹业务收入及占总收入比重变动[①]

① 资料来源：中国国家邮政局网站，《发展概况—2002 年》，www.chinapost.gov.cn。

从包裹业务收入的波动可以推断邮运网络并不比其他运输网络具有成本优势,因而也就不一定具备显著的源于网络的规模经济性。随着航运业、铁路和高速公路的发展,邮政在长途生产网络上原有的规模优势日益受到挑战。从逻辑上看,如果邮政产业确实存在着显著的规模生产优势,那么竞争对手也完全可以通过联合作业的组织形式来获得规模优势。铁路、民航与经营大件货运甚至小件货运公司的不断发展,反证了邮政产业规模经济性的脆弱。再次,邮政电子汇兑网与实物配送网也由于规模经济的一些基本假设,如市场容量约束与技术条件约束的变化而使进入壁垒不断降低。市场经济的发展使储蓄业务(邮政绿卡)与包件业务获得了相当快的发展。中国邮政在异地运输与本地同城配送方面虽具有来自名址与邮路设施两方面的竞争力,但对潜在进入者却并不具有阻止其进入的规模经济优势。相反,中国邮政的庞大组织运行系统在实物配送业务方面由于缺乏对185/183、实物配送网以及邮政绿卡的有效整合,还不能与其他规模较小的企业展开有效的竞争。名址与邮路中的竞争力主要是借助普遍服务而获得的无序竞争。大件包裹由于体积容量与传统邮路的分拣系统和运输配载量不具有兼容性,要从事此类实物配送业务邮政还需增加投入要素。邮政电子金融网络虽然具有规模经济优势,但与银行的电子业务网络属同一性质,对邮政产业的规模经济性没有增量贡献。

2. 弱范围经济性。对邮政范围经济的讨论,需要考虑到中国邮政垄断的特殊性,这就需要分析中国邮政产业范围经济的生成基础和"三网"关联性这两个基本问题:(1)范围经济的生成基础。形成垄断的根源不一,决定了纵向垂直一体化性质的差异。中国邮政产业的范围经济生成基础的根子在于完成法律规定的普遍服务义务。由于技术进步与替代品的供给,邮政普遍服务需求无论是范围还是数量总的呈现下降趋势。从世界其他一些国家来看,也存在着邮政专营权范围缩小的现象。按一般经济学分析，函件业务已处在产业发展的成熟期，其业务量受到电子通信强烈的替代性冲击而不断下滑，原有邮路设施、人员会形成能力过剩，这在客观上为邮政产业发展新的业务提供了条件。但这个条件只是充分条件，必要条件还在于需要补贴普遍服务的亏损，当财政不能为其因供给服务而导致的亏损提供补偿时，就只能另谋在企业内以交叉补贴的方式来加以解决。这样，普遍服务与竞争性业务共用一些投入要素，出现了不同性质业务的混合经营，无法确定各自的真实成本，因而也就无法判定其竞争性业务的定价是否有违竞争规则。可见，邮政产业范围经济的基础主要源于法规义务的赋予，而不是网络内生的。(2)"三网"关联性。邮政"三网"(信函传递、实物配送、邮政汇兑)并行，很长时间被视为是体现范围经济的天然网络优势。一般的解释是：邮政物流的天然优势在于邮政可借助185/183的信息平台，把"三网"合一。邮政可利用信函传递网的商业信函与185/183实时查询业务为邮政从事BtoB和BtoC的门户服务提供信息流支持；而邮政汇兑网可为邮政从事物流提供快捷方便的资金结算支持，而借助信息流与资金流的网络平台，邮政又可从事实物配送的电子商务。除邮政产业外的任何一家企业，似乎均不具有集资金、信息、实物"三流"于一身的优势。资金流、信息流、实物流这三流合一的网络优势是邮政产业从事物流竞争性业务的竞争优势。但是通过对邮政13年的业务发展分析，几乎看不到"三网"之间的关联效应。在函、包、汇、发四大传统邮政业务中，邮政的范围经济效应并不显著。邮政函件与包件核心业务的发展呈现出波动，业务量增长缓慢甚至下降，非核心的储蓄业务增长较快。

邮政"三网"的范围经济不明显，其关键原因除了邮政业务容易被替代分流，使得多业务共享设施的成本节约受到需求减少的强烈冲击之外，也可以从邮政的实物流生产特点得到进一步解释。运输网络的产出与业务共享的兼容性受到运输能力的刚性制约，业务量与网络能力基本上呈现正线性相关关系。由于实物传输网不可能像电信网那样采用兼容性技术，当信函与包裹的处理总量超过邮政网络生产能力的时候，就必须对邮政网络的各个环节包括邮运网络、分拣处理与投递网络进行投资以提高生产能力，显著提高成本。因此，邮政产业的范围经济表现有很强的局限性。

3. 邮政产业的外部经济性。邮政产业中的邮递网络主要提供函件特别是普通信函的传递服务，普通信函以及小包件业务是邮递网络乃至整个邮政供应链的核心产品，是邮政承担的普遍服务义务的基本内容。邮政普遍服务决定了邮递网络效应不是借助网络使用数量的增加，使边际成本小于平均成本而使网络呈现出规模经济性，而主要借助于邮政为履行普遍服务义务所提供的设施数量来实现。邮路总长度由1990年的161.8万公里增至2002年的279.6万公里，函件业务量增长近2倍，这体现出函件业务量随邮递网路长度的增加而增加。但邮路业务的增加并不一定导致边际成本出现下降，特别是当邮路延伸至人口稀疏的边远地区时就更是如此。因此，邮政通信网的正外部性主要不是规模经济性的体现，而是主要体现在普遍服务的社会效益方面。虽然电信业务已对邮政的传统信函业务产生了强替代，但在农村与边远地区，邮政信件、包裹、报刊（也许还应该包括汇兑服务，边远地区银行服务的退出使得邮政汇兑成为唯一的金融服务渠道）仍然是人们基本的通信服务，这些服务是电信服务以及其他的邮政竞争者所不能替代的。

4. 邮政产业的进入壁垒。沉淀成本是产业自然垄断可维持的重要经济条件，它构成了产业的进入壁垒。沉淀成本与高资本密集性通常构成通信产业的经济性进入壁垒。本地固定电信网络成本占电信网总成本的60%到70%，构成了很高的进入障碍，因而本地固定电信网具有很强的自然垄断性。沉淀成本除了存量巨大之外，还有其用途的不可改变性。但是，邮政网络设施的沉淀成本与一般意义上的沉淀成本并不完全相同，这主要表现在邮政沉淀成本用途的部分可转移性方面。除了邮件处理设备具有较强的专用性外，其他如邮运设备、房产等的专用性都很弱。邮政产业的进入壁垒如果存在，也只是存在于长途公众信件与小型包件领域，它主要表现为网络性生产组织与邮政竞争对手的分散性生产组织相比在长途传输领域所具有的组织优势，而不是其沉淀成本的规模与先发的技术优势。

另一方面，邮政用于普遍服务的资产又确实具有用途的不可改变性。邮政产业为履行普遍服务义务，在农村、边远和人口密度稀疏的地区沉淀了大量的诸如局所房产、运输车辆以及其他相关资产，还有相当数量的职工。这些资产由于当地邮政业务需求的低数量和很高的运营成本而不可能保值和增值，邮政必须履行的普遍服务责任又决定了这些资产不可能被用于其他赢利性经营，邮政竞争对手出于“撇奶油”的经营考虑根本就不愿进入非赢利的邮政普遍服务领域。因此，在邮政普遍服务领域，邮政沉淀成本即使具有资产的专用性，也不可能构成进入壁垒，因为这里根本就没有竞争性的进入。沉淀成本实际上构成的是邮政产业的退出壁垒，而非进入壁垒。

二、邮政产业主要业务类型

邮政主要提供基于全程全网生产过程的信函与包裹的传递、邮政汇兑、报刊发行这四项传统业务（函、包、汇、发），同时还经营邮政储蓄业务和属于政府严格管理的独家垄断业务——邮票发行。

邮政函件业务包括普通信函、给据信函（挂号）和商业信函（邮送广告）。此外，如果按照信函的定义，专门进行档案、文件原件传递服务的机要通信业务也属于信函服务。此外，还有一类结合传统邮政技术与现代电信技术的电子邮件业务，在发信端和收信端采用传统的邮政生产形式，而信件传递则采用电信传输，提高了信件传递速度，但收到的信件已不是原件。邮政是公众函件业务的主导运营商，因为该领域是邮政普遍服务的核心部分。

邮政包件业务就是通常称谓的包裹业务。邮政提供各类重量、不同时限的实物包裹的传递服务。目前，在国内包件市场，邮政在小包裹的公众服务市场占据主要地位，而在商业包裹以及大包裹市场，由于邮政资费缺乏弹性以及缺少更多的直达邮路，在与国内包件货运公司的竞争中处于下风。在国际包件业务领域，面对敦豪(DHL)、联邦快递(FeDEx)以及联合包裹公司(UPS)等国际快件业巨头的国际空运网络竞争优势，邮政业务量日趋下滑。

邮政特快专递业务(EMS，Express Mail Service)有着更高的服务质量和资费标准，服务内容跨越了信件和包件两个业务范畴。在邮政自己的业务分类中，出于生产组织、资费以及赢利性的考虑，EMS 业务是独立计量的。EMS 业务已经成为邮政业务收入的主要来源，是邮政不多的赢利性业务之一。在公众快递信件领域，邮政 EMS 占主要地位；但在商务快件特别是在国际业务领域中面对激烈的竞争，邮政 EMS 业务增长缓慢，市场占有率逐年下降。

邮政汇兑业务凭借邮政相对较多的服务网点，并借助于邮政绿卡网与邮政储蓄业务，在边远地区具有一定的竞争优势。但本质上，邮政汇兑与储蓄业务与各银行的相关业务完全同质，没有差异性。

邮政发行业务就是报刊杂志的订户收订与投递业务。现在已有许多本地报刊与一些全国范围发行的报纸脱离邮发渠道自办发行。但在多数全国性报刊的发行方面，邮政凭借其声誉和广泛的投递网络，仍然占有主导地位。

此外，邮政产业还经营物流配送服务。

根据以上分析，我们可以得出邮政业务分类的性质，见表 8－1。

表 8－1 主要邮政业务及其性质

主要邮政业务	业务性质
普通信函与小型包件	行政或法规垄断性
快件	潜在竞争性
大型包件、商业信函	竞争性
汇兑与储蓄	竞争性
报刊发行	弱企业垄断性
物流配送	竞争性
邮票发行	行政特许

第二节 加入 WTO 对邮政产业的影响

2001 年年底，中国正式加入世界贸易组织。中国加入 WTO 的有关承诺，对中国邮政产业的发展以及现有产业结构将带来巨大影响，从而引起邮政产业从结构、管理体制到管制政策的进一步改革。

一、加入 WTO 对邮政产业的有关承诺

有关邮政和速递业务开放，在《中华人民共和国加入议定书》附件 9 和《中国加入工作组报告书》中作了如下规定：

1. 中国承诺开放速递服务。中国承诺开放速递服务，但同时声明："现由中国邮政部门依法专营的服务除外"。邮政部门专营的业务在《中华人民共和国邮政法》第八条规定为"信件和其他具有信件性质的物品的寄递业务由邮政企业专营"。《中华人民共和国邮政法实施细则》第四条规定"信函是指以套封形式传递的缄封的信息载体，其他具有信件性质的物品是指以符号、图像、音响等方式传递的信息的载体"。

迄今为止，中国政府从来没有对外承诺开放信件寄递市场。因此，无论速递信件，普通寄递信件，还是公函、私人信函，均属邮政专营业务。中国承诺对外开放的只是物品快递服务。国际速递公司进入中国速递市场，应当严格执行这一条款。

2. 中国未承诺开放的邮政服务。邮政服务涉及国家主权、信息安全和邮政普遍服务保障等重大问题。在 WTO 谈判中，中国保留了对重要的服务贸易部门的管理和控制权。其中，未承诺开放的邮政服务包括：

(1)与信函有关的邮政服务。国家邮政部门提供的服务，包括寄往国内外的信函及报纸、杂志、期刊、小册子、书籍以及类似的印刷品的收寄、运输及投递等服务。

(2)与包裹有关的邮政服务。国家邮政部门提供的服务，包括寄往国内外的包裹等的收寄、运输及投递等服务。

(3)邮局柜台服务。邮局柜台所提供的服务，诸如，销售邮票；处理保价邮件(信函、小件邮包)和挂号邮件(信函、小件邮包)以及其他邮局柜台服务。

(4)其他邮政服务。信箱租赁服务、存局候领业务以及其他没有分类的邮政服务。

对以上邮政服务中国未承诺对外开放，即不允许外国企业在中国经营或参与经营这些业务。此外，国务院 2002 年 3 月 11 日批准发布的《外商投资产业指导目录》中，有关禁止外商投资的产业中明确包括“邮政公司”。

3. 速递服务的管制部门是国家邮政局。中国在加入 WTO 法律文件中确认：“对于包括在中国具体承诺减让表中的服务部门，相关管理机关将独立于其所管理的任何服务提供者，且不对其负责，但速递和铁路运输服务除外。”对此，国务院法制办公室文件《关于印发(加入

WTO涉及中国法律、法规修改和有关制度调整的具体承诺）的通知》（国法办2001年8号）中明确解释为“除邮政（速递）和铁路外，管理其他各服务产业的管理机关与所管理的服务提供者实行政企分开”。这说明，中国在入世时已经对各成员国申明，中国对速递服务现在实行政企合一的管理体制，速递业务的主管部门是国家邮政局。

二、加入WTO对邮政产业的影响

1. 对邮政快递业务的影响。在加入WTO的邮政服务开放承诺中，表面看起来开放的程度不算很高，邮政服务的控制权还掌握在中国邮政手中。但事实上，开放承诺对中国邮政产业的影响巨大。原因在于未开放业务在邮政业务收入中的比例并不高，而开放的（物品）速递业务对邮政专营的邮件业务的冲击很大，因为邮政快递业务（EMS）在邮政业务收入中占居比例高，且其收益率也高。在速递业务领域，根据中国现有政策规定，外资快递巨头只允许开展国际快递业务。近年来，DHL、FedEx、TNT、UPS纷纷在中国组建股份在49.5%以下的合资公司开展此项业务，中国邮政EMS业务的市场份额不断缩小。但一些外资快递公司已开始突破有关速递开放承诺现有政策的规定，如属于德国邮政的敦豪公司（DHL）从2003年9月起，开始在北京、青岛、成都、南京、上海、杭州等18个城市从事国内快递业务。为避免正面与邮政EMS的冲突，敦豪公司推出了2—30公斤24小时包裹递送和30—1000公斤48小时递送，价格90元起，以此来避开同城快递与小件快递上的要求和信件快递相应的自有网络的限制；另一方面，敦豪（DHL）公司投资2.15亿美元建设三个快递物流中心和16个战略备件中心。在2003年10月，DHL首席执行官藏恒表示在今后5年，将新增投资2亿美元，用以完善在中国的服务网络；增设14个分公司；增购1200辆作业车辆与增聘2100名员工。另外三家外资物流公司对此也给予了高度关注。[①]可见,速递业务领域开放扩大化的冲击已经显现。从图 8-3 的数据可以看出,邮政快递业务收入占邮政业务总收入的比例从 1998 年以来,一直在 10%左右徘徊,业务收入增长缓慢,2002 年甚至出现收入下降。[②]

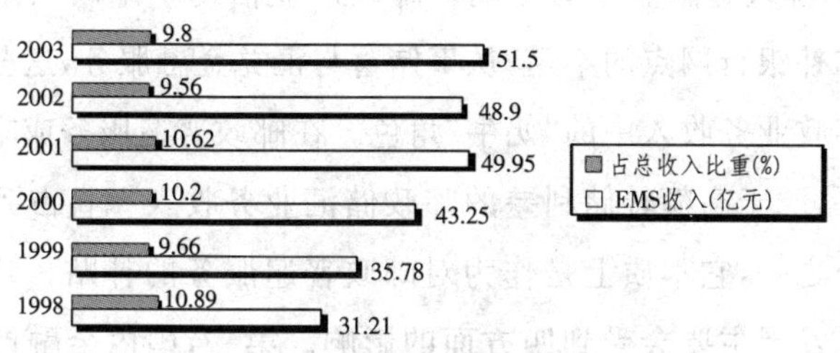

图 8-3 中国邮政快递业务收入变动

更需要关注的是:第一,对内开放是对外开放的前提。对内开放将会促使竞争性业务与政策性业务的分离。第二,未承诺开放的包裹业务,只能视为外资企业不能参与邮政体系内的经营。因为物品速递的开放承诺实质上使不开放邮政包裹业务的承诺受到质疑,毕竟包裹与物品之间是很难界定其差异的。第三,开放将加大对邮政专营权范围的冲击,从而直接影响到邮政的专属收益。速递业务本身界定在体积、重量、资费三个关键构成要素与分拣处理系统与运能兼容导致的范围经济上。但当体积、重量、资费变动以后,外资公司、国内民营公司的效率会更高,其小件物品的体积与资费甚至重量都是可以灵活改变的。此外,邮政专营的信件性质的物品一直存在界定不清的问题。这样就很容易导致在开放物品快递时,邮政专营权也受到挑战。第四,包裹收

① 参见徐昙:“DHL,又一个家乐福”,载《中国经营报》B11,2004 年 5 月 24 日。

② 资料来源:中国国家邮政局网站,《发展概况—2003 年》。www.chinapost.gov.cn。

寄未必需要在邮局柜台进行才可为服务使用者提供便利。这样，规定物品重量等级的专营权的设置基础也会被动摇。有关承诺规定，使用一种或多种形式的运输，经营包括寄往国内外的信函、小包裹和包裹的上门收寄、运输及投递等速递业务可由竞争方式来进行。

2. 对邮政金融业务的影响。邮政产业借助于邮政网络与服务网点优势弥补银行网点的不足，从事储蓄与汇兑金融服务，这些业务一直扮演着邮政业务收入中的“奶牛”角色。在邮政普遍服务成本核算不清的环境下，源于高额转储利差的邮政储汇业务收入一直占到邮政总收入的三分之一，它本质上是作为对邮政普遍服务的补贴。邮政金融业务的未来发展主要会受到四方面的影响。第一，国内金融产业的市场化改革使得邮政多年享有的政策性的高额转储利差在 2003 年已经下调，且邮政储蓄调控经济生活中的物价水平功能由于金融调控日趋于央行票据业务等回购业务而日趋淡化，相关政策性优惠也渐趋降低，最终将使基于政策性的转存金融业务转向经营性的资产负债业务，从而明显影响邮政业务总收入；第二，银行结算网对邮政储汇业务的完全替代性，大大分流了过去在公众汇兑领域一枝独秀的邮政业务量，影响到邮政金融业务的成长；第三，中国加入 WTO 对于金融服务业开放承诺的一项重要内容就是使银行业的资产规模扩张的成本趋向于可核算，取消各种财政扶持，这将使得邮政金融业务在中国金融业对外开放的进程中，政策性扶持日益减弱，从而回归市场化经营的本义；第四，在邮政普遍服务成本核算清楚的前提下，随着竞争性业务与普遍服务业务的剥离以及邮政普遍服务基金的建立，将可能导致具有补贴使命的邮政金融业务从邮政脱离而独立经营。

3. 对邮政普遍服务的影响。尽管普遍服务义务严格意义上不构成邮政产业业务的独立单元，但它渗透在邮政传统的函、包、汇、发四大业务中。在现有体制下，普遍服务义务是借助于垂直一体化格局中的竞争业务与专营权业务的交叉补贴的方式实现的，实现主体是带有浓厚行政色彩的国家邮政局。显然，这种履行普遍服务义务的实现方式，既与邮政产业基于明晰成本边界上的自身发展要求相背离，也与WTO的公开、透明原则及有关服务贸易的开放承诺相违背。按现有的普遍服务实现机制，既不利于普遍服务基金的征集与有效使用，也不利于竞争性业务的有序展开，这就意味着在加入WTO以后，现有普遍服务实现机制必须改革，重新架构新的实现机制。

我们还应该看到，WTO要求成员国做出的开放承诺是不断变化的。只要现有各国的法规与WTO开放的基本要求相抵触，导致各国贸易纠纷不断，相应的谈判就会出现，不能认为现有未承诺开放的在以后也不会开放。另一方面，抑制开放的邮政普遍服务由于替代业务与竞争的发展，邮政的专营范围将会缩小，正在修订中的《邮政法》已对此有所反映。因此，邮政市场今后的开放范围必然会大于中国2001年底加入WTO时承诺的开放范围，对邮政产业的影响也将是长远的和动态变化的。

第三节　市场结构重组政策[①]

通常对一个产业的市场结构进行重组，主要根据该产业结构的技术经济特征采取对现有产业结构进行调整以确定该产业的基本构架，同时对产业的进入与退出也采取相应政策以进一步完善市场结构，以利于产业的公平竞争和发展。

一、国外邮政产业的市场结构重组

从世界范围来看，大多数国家都曾采用邮政电信合营的政企合一

① 陆伟刚、陇小渝："中国邮政产业结构重组目标、政策与路径"，《当代财经》2005年第2期。

体制，国外对邮政产业的重组一般也以邮电分营和政企分开为起点。欧洲国家的邮政改革开始于20世纪90年代。美国的电信产业属于私营企业，所以美国邮政产业的改革不存在邮电分营的步骤。邮政产业的市场结构重组，由于各国的邮政管理体制、政治、经济、法律等的差异，因而有着不同的重组模式，概括起来有以下四种。

1.德国、荷兰的重商主义模式。这种模式倾向于政府大力支持本国邮政在改革中做大做强，政府认为对邮政有利的也就是对国民经济有利的。因此，在政府主导下，通过制定有限度、分阶段放开邮政业务市场的结构调整政策，鼓励和帮助本国邮政通过股份制改造和资本运营，在技术和国际化发展方面获得竞争优势。德国邮政从1989年宣布进行改革到1995年1月以股份公司形式正式登记注册，历时5年从一个政府部门转变为股份制公司。从1995年到2000年这5年时间，德国邮政通过资本运作，一方面大力调整国内邮政生产网络，另一方面开始国际化扩张，1997年进入欧洲市场，1998年入股DHL(25%)。2000年德国邮政成功上市，借助融资进一步加快其全球扩张的步伐，2002年全面收购DHL，并通过收购美国Global Mail公司进入到最大的物品配送市场——美国，德国邮政国际竞争力大大增强。[①]

2.市场为基础的模式。以芬兰、新西兰和瑞典为代表，其目的是以市场为基础取消邮政垄断，迫使相关运营商去适应竞争的环境。邮政应该迎接国际化和技术方面的挑战，加强竞争性，提供优质服务并努力实现盈余。在这种模式下，邮政市场化改革一步到位，完全放开，使得邮政面对全面的竞争。这种模式适用于市场规模小、邮政普遍服务量不大，因而改制成本较低的国家。但在邮政产业改革的发展进程中，本国邮政由于缺乏一定程度的过渡期保护，在市场全面开放的环境下面

① 参见邮政科学研究规划院："国外邮政改革综述"，《特参信息》2004年第1期。

对国际快递业巨头的竞争处于弱势地位，最终将只能采取合作发展的模式。新西兰和瑞典邮政都在寻求与国际快递业巨头 DHL 和 UPS 的合作。

3. 公用部门模式。以加拿大、美国为代表，把社会目标放在优先考虑的位置。在这种模式下，邮政的改革进程相对缓慢，邮政的发展与政府政策密切相关，公众要承担这种选择的经济费用。采取这种模式的国家幅员辽阔、人口分布广泛，其邮政产业通常都承担着巨大的普遍服务量，普遍服务在邮政业务中占了很大的比例，而且成本高昂。在这种模式下，国家对邮政市场采取较严格的进入管制，同时对邮政实施公司化改造持审慎态度，最大的原因就是出于对邮政普遍服务的保护和邮政员工的安置。在这种政策导向下，邮政虽然面临诸多竞争对手和电子业务的替代，其经营效益主要依赖于政府邮政资费政策的调整，在亏损与盈利间获得平衡。不过，美国邮政持续恶化的经济表现使得关于政企分开和邮政公司化改造的呼声也越来越高，美国邮政总局在国会要求下于 2002 年 4 月拟订了改革方案，方案包含着三种选择：私有化、回到 1970 年以前由政府补贴的公共机构形式和商业化的公共企业。美国邮政总局认为把邮政改革为商业化的公共企业更能被美国民众所认可，这将是保护提供价格合理、使用方便的邮政普遍服务这一基本权利的最好方案。这样，美国邮政将建成为一个国有企业，大体上同私有企业一样提供邮政及其他相关业务。这将使美国邮政处于商业化环境之中，并使其在经营中充分利用私有企业的管理手段和商业的灵活性。当然，这同时需要进行重大的立法改革。[①]

4. 混合模式。以澳大利亚和英国为代表，即在邮政部门转化为企业的改革方面、自由化方面和放松管制方面采取了一些措施，来解决竞

---

① 参见美国邮政总局局长 John E. Potter 访谈，《万国邮联》，2002 年第 2 期(季刊)。

争方面的目标问题。政府对邮政市场分阶段放开并逐渐缩小邮政专营权，但这种模式的最终取向是邮政市场的完全开放，可以看成是第二种模式的一个中间模式。

总体来看，以上第1、2、4这三种模式，其主要差异在于市场化进程速度和政府在改革中的作用不同，但邮政市场化的改革导向是一致的。邮政市场结构的重组，主要采取了赋予邮政较改革前更小的专营空间以确保普遍服务，对邮政业务的进入采取特许经营的方式以推动竞争，同时逐步缩小邮政专营权范围，最终实现邮政市场的完全开放。第3种模式专注于邮政普遍服务的保护，并受到邮政改革高成本的制约，对于邮政普遍服务市场的开放持谨慎的态度，邮政产业的政企分开和公司化改革虽然成为大家的共识，但离立法运作还有一段距离。

二、中国邮政产业市场结构特征

邮政产业市场结构受邮政行政管理与邮政物流运输网经济特点的综合影响，具有在行政特许专营权下的垂直一体化特征。

1.行政性。行政性使得邮政产业突出表现为政企、政资及企监三合一特征。

政企合一。具体表现为国家邮政局既是政府行政管理部门，同时又是一个全国性的邮政服务企业，采用在国家邮政局领导下的全程全网作业方式。各省邮政局的财务与经营至今也并未因物流与速递专业公司的建立而形成产权明晰的企业边界，存在着普遍服务业务与经营性业务不分的问题。业务性质的交叉重叠决定了在原有体制总体格局的条件下难以去生成出一个具备占有、使用、处置剩余控制权的独立经营实体，即不可能以法人财产限度决定企业的盈亏。事实上，交叉补贴的存在注定了不可能成长出真正具有竞争力的独立于行政权的市场主体。

政资合一。国家邮政局既是行政管理机关，同时也是邮政产业国有资产所有者的代表，承担着全网国有资产的保值增值责任，也承担着大量离退休职工的生活保障。财政投资是邮政国有资产形成的重要渠道。在邮政全行业面临亏损的情形下，国家财政分别从 1999 年到 2002 年四年中给中国邮政总计 170 亿元的财政补贴，即所谓的 8531（四年分别给予 80 亿、50 亿、30 亿和 10 亿元的财政补贴）。这种政资合一体制使得邮政产业主要借助高成本的投入来获得业务收入，且由于父爱关系的财务软约束的存在，使邮政产业的投入缺乏产出效益分析，导致网络运行成本居高不下。

企监合一。国家邮政局不仅负责全行业发展规划、产业政策及一级干线固定资产投资的管理职责，同时也承担着市场准入和资格认定与价格管制等监管职能。企监合一的体制又进一步强化了政资合一。

2. 特许专营权。中国邮政的特许专营权体制，其最初用意是保障相关法律赋予公民的基本通信权利。这种权利的维持由于存在着信息的不对称性与交易的频率及交易的费用，使得借助分散化的垂直结构安排或水平结构安排都很难满足法律规定的需要。这样，就由政府把该产业领域的经营权交由一家机构来承办。中国 1986 年的《邮政法》规定“信件及具有信件性质的物品的寄递业务由邮政企业专营”，1990 年颁布的《邮政法实施细则》进一步对邮政专营作了明确界定，规定“信函是以套装的形式传递的缄封的信息载体”，其他具有信件性质的物品是指以符号、图像、音像等方式传递的信息载体。专营权的界定虽然主要是在信函业务领域，但它显然把政策性的普遍服务与商业性的经营业务混在了一起。这样，当商业性业务的竞争来临时，特许专营权很容易利用交叉补贴来换得竞争性业务的成本优势，进而利用固有投递网络来获得范围经济。或者干脆借助业务性质界定上的模糊，把本属于竞争性或潜在竞争性的业务划入不该属于的特许权范围内。

3. 垂直一体化。邮政被认为是最具有全程全网特性的产业，网络的切割会招致范围经济损失的代价。在邮政业务单一的信函传递及在社会或外代传递路由并不十分通畅的时期，上述认识是有道理的。可是，今天的邮政已远不是单一的普通信函服务，它包括着一些不具有垂直一体化范围经济的邮储业务（邮储虽具有全程全网的特性，但已不是关联经济产生的范围经济，即与信函业务不具有明显的关联经济效应，储蓄产品交由邮政经营显示不出比交由银行经营更为经济的特性），也包括着速递业务与大件包裹业务及物流业务。如果说，普通信函的规模经济需企业垂直协调，那么，其余的业务由市场协调更为合理。按多数人的理解，信函是平安家书，它的交易频率是很低的，即每单位中的交易成本很高，存在着为每个交易合约重新构筑的沉淀成本；而速递业务不是平安家书，托运人接受该业务对价格的敏感性大。按经济学常理，敏感性大的产品交由市场协调是最为理想的。另外一个方面，邮政这几年并非把经营的注意力放在其核心的普通信函业务，而是更为关注在不合理利差下的邮储业务与物流业务。邮储收入占总收入的比重一直高于30%，2002年末的邮政储蓄存款余额7369亿元，市场占有率为8.48%，位居四大银行之后列第5位。[①]显然，为邮政收入带来生机的这两项业务并不是专营业务。在专营业务设施里经营非专营业务，很难使邮政在参与竞争时真正体现出竞争力，当其他非邮政的物流公司借助于邮政设施进行配送时，邮政可以保护其手下的物流公司以较低或零价格接入使用其设施，从而排斥竞争对手或削弱其物流竞争力。这样一种缺乏产业紧密关联的垂直一体化，显然缺乏范围经济的必要基础，而且也易使邮政产业陷入多角化经营误区。

可见，行政特许经营权下的垂直一体化的邮政产业市场结构，既不利于普遍服务义务的开展，也不利于邮政产业的战略目标定位，更不利

---

① 参见刘世锦等："中国邮政金融体制改革研究"，《中国经济时报》2003年12月1日。

于在竞争性业务领域建立起适应 WTO 开放要求的规范、有序、公平的竞争格局。

三、邮政产业市场结构重组政策

邮政市场结构重组的基本内容就是对现有中国邮政业务的调整和对邮政业务市场进入的管制政策制定。邮政产业市场结构重组政策应该与邮政产业重组目标相一致，重组目标又与 WTO 对邮政产业的要求和影响相联系。

(一)邮政产业重组目标

邮政产业的市场结构重组是邮政产业发展的关键，邮政产业市场结构重组的基本目标应该是在竞争性业务领域建立起适度、有效的市场竞争格局，而在普遍服务领域通过专营方式维护邮政普遍服务义务的实现。

邮政产业最重要的产业特征就是传递以实物为载体的信息，这是邮政产业的核心竞争力，也是其他通信产业不能完全替代的。无论信息时代如何变化，电信相关业务也不可能完全替代邮政饱蘸浓浓情感的通信方式，邮政普遍服务的要义就在于此。因此，邮政资源应优先应用于其核心竞争力领域，对那些虽能一时给邮政产业带来竞争力但与其核心竞争力提升相抵触的那些经营业务，应从邮政产业中退出，形成以普遍服务和确实能形成全程全网范围经济的业务为其战略定位的市场结构重组目标。

(二)邮政市场结构重组政策

如何实现市场结构重组目标，需要有一个有效的重组政策。对垂直一体化的邮政市场结构重组，可以有以下三种不同的政策。

1. 网运分离的纵切政策。对原有的垂直一体化(既包括垄断业务也包括竞争业务)的垄断结构按照自然垄断环节和竞争环节进行重组，实行路网基础设施同竞争性业务的分离,并对路网环节的业务实行严格的管制。该模式能有效消除路网设施的拥有者对竞争性公司进行歧视的动机,减少破坏竞争秩序的行为,是促进竞争的一个较为理想的政策思路。这主要有三方面的原因:一是,一旦垄断业务受到管制,并且垄断环节的拥有者不得从事竞争业务,那么路网公司会有尽可能向竞争性公司开放路网的激励,并改进服务质量。竞争业务通常可以在不同的路网供给中选择较为理想的路网,如邮政承运的第三方物流。二是,对欲进入路网的竞争性公司而言,也会存在更为激烈的竞争,这反过来又促使路网的提供者提供不同的服务。如目前的中国邮递公司与非邮政速递公司之间就存在广泛激烈的竞争。非邮政速递公司的电话配送网络大大削弱了邮政实物投递网的名址优势,因为后者所提供的物品更快捷,邮政物流更多的可能是进行第三方物流。因此,这种方案将大大降低管制中信息不对称的可能性。三是,在网运分离结构中,需求的上升会给路网改造提供激励。垂直一体化的公司通常不希望增加路网新能力的投资。因为在垂直一体化中,只要能满足本公司竞争业务的需要而无须考虑是否会对竞争对手形成供给瓶颈。而在网运分离模式下,销售路网是收入的唯一来源,现有的邮政企业因邮政替代品使得邮政产品需求的不确定性增加,而不得不对原有网络进行重新优化设计。

当然这种方案也存在缺陷:一是不能适用于强自然垄断性产业。在多产品联合生产关联和技术关联较强的产业,对垂直一体化的纵向切割会明显牺牲范围经济;二是这种所有权分离的重组政策会带来极高的实施成本或分割成本。

2.组建区域性公司的横切政策。在不打破垂直一体化结构的基础上,组建多个区域性的垂直一体化公司,这种重组政策称为接入管制政策。其最大的优点是维护了范围经济,避免巨大的分割成本或实施成本。但这种横切政策的缺陷也是明显的:其一,它极易导致各自为政。

邮政发挥全程全网优势，专门成立了中国邮政物流有限责任公司。从体制设计的用意看，它是在维护全程全网的纵向一体化结构。但从具体的实施来看，由于物流领域在邮政产业中的业务属性界定不清，导致各省局及支局利用本地一切可以利用的物流货源组织物流，邮政服务性企业蜕变为邮政经营性企业，出现了什么赚钱就干什么这种违反全程全网作业方式的现象。这容易使各级邮政企业偏重于维护各自的局部利益而忽略了网络建设、技术发展、流程设计和生产作业管理，中国邮政的全网整体效益也就很难实现。广东邮政成立的YCC（黄帽公司即邮政物流公司）既经营物流又参与属于普遍服务的信件与包件业务的运营，随处可见的邮政企业的跨界揽收邮件等，显示了横切对全网总体效益的不利影响。其二，横切政策也很难形成平等的竞争环境。受管制的垂直一体化公司通过控制其他竞争厂商对垄断设施的使用，在接入价格上可以采用歧视性做法。对于网络性企业的竞争而言，网络兼容度优势、技术优势和价格优势是获取竞争优势的三个关键要素。在网络兼容上设卡或在价格上采取歧视性做法，就无法形成合理、公平的竞争格局。比如较弱小的竞争对手如果利用中国邮政的投递网络，就可能被邮政以高的接入价格排斥或者以低于邮政业务的服务质量进行生产。其三，横切政策增大管制成本。横切政策的目的在于维护范围经济的存在，而范围经济是一个技术认定比较复杂的领域，对联合生产中的成本的劣加性认定因关联的复杂，使管制者难以获得有效管制必需的成本与价格信息。通常情况下，被管制者可以不断地把本不相关的业务进行联合生产，生产品种越多就越有利于在真正的管制业务与非管制业务之间进行成本转移。如果该项管制业务是普遍服务，对其成本的庞大补贴将流入到竞争业务领域中，导致对两个市场的扭曲，使垄断租金随经营范围的增大而提高，从而使管制失效。对中国邮政产业而言，由于至今还没有一个独立管制机构，因此实行政事合一、政企合一的体制,管制失效的可能就更大。

可见,以横切作为重组的政策虽然考虑了范围经济与重组改革的承受力,但这种方案很容易使原有市场结构中存在的问题在进行了重组后的区域公司中依然存在,而且还会引发自身所具有的对全程全网效益的损失、优势的丧失与顽疾的存在,决定了横切不能作为邮政产业重组政策的现实选择。

3.网运分离+区域公司的混合政策。网运分离实质就是把网络资源经过经营不同性质业务的主体而使其发挥应有的效能。我们选择这种模式,主要考虑到单纯采用纵切与横切都不利于邮政产业的发展。而混合模式则既考虑到邮政专营业务所需要的纵向垂直机构安排,也考虑到本地竞争市场形成所需的基本条件。

现有邮政产业大致上可分为邮政营业网(信函业务与小包件)、邮政投递网、邮政分拣封发网(邮区中心局组成的网络)与邮运网四种基本网络元素。因为邮运网替代性竞争很充分,网运分离后邮运网与其他三个网络元素之间的关系可以与其他运输网一起按照市场竞争性的供需规律来调节,不必加以特殊的政策管制。邮政营业网的主要业务是将邮件借助其他网络元素按名址送达到接收人手中,而邮政分拣封发网则是营业网与投递网之间的网络元素,其基本功能是按邮区封发单元进行运输或中转,降低邮件传输环节上的成本支出。这三种网络元素在行政特许垂直一体化的格局中均承载着不同性质的业务或者业务流程。这显然会使对同一产业中性质不同的业务实行分类管制的难度加大,网运分离+区域公司模式,其意图就是要将这些不同性质的业务借助各自独立的网络模块来独立运行。对于业务的交叉,则通过不同网络元素之间的结算关系来协调。

通民类与通政类业务属于邮政专营的普遍服务业务,服务的广泛性决定了其所对应的网络元素主要是邮政营业网,而属于竞争性业务的物流配送（包括部分EMS、大件包裹、速递业务）对应的主要是投递网与分拣网。其中，邮政营业网下的业务主体为特许专营权下的邮政企业，它承担履行普遍服务的基本职责；邮政分拣网与投递网既可承接竞争性业务的物流配送与商业信函，也可承接普遍服务业务，但营业网必须向分拣网、投递网支付网间结算费用，费用来源为邮政普遍服务基金，也可以在投递网、分拣网本应交纳的邮政普遍服务基金中抵扣。竞争性业务的物流配送主体则直接向分拣网与投递网支付费用；同样地，投递网与分拣网中的商业信函公司进入营业网也须交纳接入费用和按交易所应交纳的普遍服务基金，具有竞争性进入的独立元素模块也可根据需要建立新的网络元素，如商业信函的收集。

这种方案等于是把垄断性产业中的一些可用于竞争性业务的网络元素向具有竞争性的区域公司，如中邮物流公司、速递公司、EMS公司、商业信函公司进行了租售，而对垄断性业务则仍然能进行垂直一体化运作。这种先把独立的网络元素从纵向限制交易的垂直一体化结构中分解出来，然后再把不同性质的业务对应各独立模块的结构重组政策，可从根本上保证各竞争性业务的公司从邮政产业中独立出来，解决当前困扰邮政产业改革中一些悬而未决的问题，为分类管制与协调政策的实施提供网络平台。

但网运分离模式在路网的经营权由一家全国性公司经营时，就会使邮政产业中的竞争性业务在破除了网上运营垄断后，又产生路网基础（使用权）的垄断。为防止这种垄断的出现，就需要在结构重组中规范进入。针对邮政产业中已经组建为中邮物流公司、中国速递公司的状况，可考虑对这些全国性经营公司实行强制性的非绑定接入政策，即要求这些企业把投递网、分拣网中的一些“元素”向其他竞争性厂商开放，也可降低邮政在这些路网中的股权比例；对拟组建中的EMS公司与商业信函公司按经济区域组建网运合一的区域公司，但必须解决网运合一中的封闭性问题,开放通网权。为了从制度上解决这个问题,修改的《邮政法》必须从法律上规定,组建后的竞争性区域公司不得以保护本公司路网经营权的独占性为由,拒绝其他非邮政竞争性公司的接入交易。对此,应从《反垄断法》的高度来进行立法。

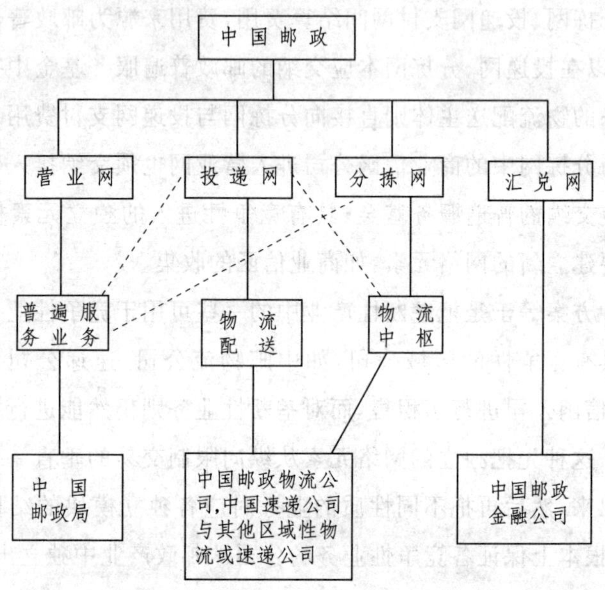

图 8-4 中国邮政产业组织结构模型

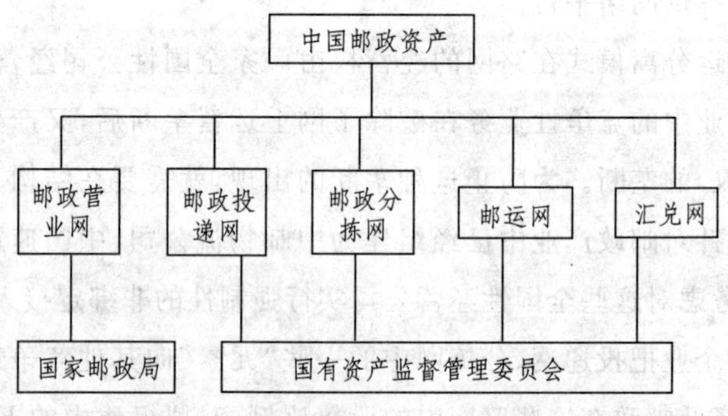

图 8-5 邮政产业资产实际管理者结构

按照混合模式的政策思路，结构重组后的中国邮政产业组织结构模型如图8-4所示。图中虚线为业务经营中的网络元素之间的交叉关系。

分离重组后的邮政产业资产实际管理者的结构如图8-5。

四、邮政产业市场结构重组的路径

第一步，政企分开。经营主体与管制主体为一体的现行邮政管理体制必然会影响到邮政市场的开放性与公平性，因此，中国邮政产业市场结构重组必须以政企分开为前提。政企分开就是要将邮政管理服务职能与经营业务职能相分离，把邮政管理部门变成公正监管、公平执法的产业公共部门，由公司化改造的邮政企业承担经营职能。

第二步，业务分离。中国邮政系统的普遍服务业务属公益性项目，按照普遍服务的定义，其定价的水平决定于服务对象可能支付得起的收入，而不是邮递服务过程中所发生各种设施成本与人工成本加上利润加成。公益性服务的定价通常小于边际成本，其亏损部分享受政府补贴。而竞争性业务属商业性业务，必须与其他非邮政企业公平竞争。中国邮政当前既经营普遍服务业务，又经营竞争性的邮政速递、票据传递、商业信函、物流等业务。因此，要对这两种不同性质的业务进行分离，让邮政企业与其他非邮政企业在竞争性业务展开公平竞争，同时让邮政企业专心履行普遍服务义务。

第三步，逐步缩小邮政专营权。邮政专营权本质上是对邮政普遍服务内容的界定，它同时也界定了邮政产业的市场结构。从严格意义上讲，属于邮政专营权的业务是政策性业务，专营权以外的业务是可竞争的商业性业务。邮政专营权的确立应该既保护普遍服务，又能促进商业性业务的竞争。一般而言，公益性服务的需求随着技术、替代品与收入的变化，会不断减少。国外邮政重组政策的发展演变也反映出这个趋势。在当今信息时代，E-mail 出现对邮政信函冲击很大，信息高速网的建设还反映在邮政传统的投递优势受到的冲击上。目前，社会各种运输公司的运能已不再仅仅为本企业产品运输配置，从产业的视角来看，这会降低为运输和投递要花费的沉淀成本，同时邮政专营权也因此受到了挑战。专营权的目的就是要用最廉价、最便捷的方式向那些需要服务的人提供服务。而如今，在某些地域由非邮政企业提供满足这些通信权利的服务成本更低，规模经济也更明显，比如快递业务就是如此。以往被《邮政法》(1986 年)所规定的那些专营权利，现在看起来已不再是天经地义的事，日益增多的违规经营本身也反映出了邮政专营权范围的合理性越来越受到质疑。

在 DHL 于 2004 年 5 月宣布进军国内快递之后仅一周，江苏邮政即将其作为重点“查处对象”。2004 年 5 月 17 日，江苏省邮政局行业管理处下发一份名为《关于对全省速递市场进行联动执法检查的通知》(以下简称《通知》)。与以往快递之争不同的是，《通知》罕见地直接点出了“重点查处对象”，DHL、申通、大田、大通等知名企业悉数上榜。江苏邮政开始“查处”在江苏境内通过的快递车辆。国内最大的民营快递企业上海申通快递已在 2004 年 5 月 28 日被江苏邮政“查处”了一次。2004 年 6 月 3 日，上海市国内快递行业协会筹备小组以及大约 60 家民营快递公司向江苏省政府、公安部递交《紧急反映》(以下简称《反映》)。在《反映》中，民营快递公司最头疼的还是有关邮政企业充当了行政处罚的主体，而按现行《邮政法》规定，处罚权应在工商部门，目前邮政执法大队往往成为处罚的主角，地方邮政的行业管理处和邮政执法大队往往是同一班人马。邮政貌似越界的执法则源自现行《邮政法》对信件类快递的界定非常模糊。邮政方面就是频频以此为名，“查处”民营和外资快递。邮政亦曾于 2002 年 2 月 4 日单独发布“64 号文”，设置 500 克以下业务专营的门槛，但在几大快递巨头的抗议声中不了了之。2002年9月5日，信息产业部、外经贸部和国家邮政总局联合下发“472号文”，要求快递企业60天内前往邮政部门办理委托手续。两个月后，外资快递四巨头向邮政总局妥协接受委托，“邮政封杀快递”风波暂告一段落。但据DHL不愿透露姓名的管理人士透露，邮政方面对DHL的委托申请往往置之不理。有意思的是，2004年5月10日，DHL高调宣布进军国内快递时，DHL仍有大约近10家分公司没有获批邮政的委托手续。显然，重重封杀仍然无法将民营和外资快递公司逐出市场。

考虑到WTO的承诺，在缩小邮政专营权上可以选择采用以下方案中的一个。方案1：邮政部门专营私人信函和国家机要通信；方案2：专营私人信函和国家机要通信及价格不超过一类信件（处于第一个重量级制且投递标准最快的那一类）价格3倍的私人信函；方案3：重量不超过400克，且价格不超过一类信件价格3倍的信件。根据中国邮政的实际，由于私人信函概念界定的模糊，方案1与方案2可能会使邮政专营权范围不适当地扩大，造成管制的困难和改革的失效；而方案3无论从邮政产业质的规定性还是从邮政产业改革发展趋向上都更便于中国邮政产业的重组。考虑到邮政目前较弱的盈利能力，特别是邮政改革所需付出的巨大的人力成本，最初可以在重量上适度放宽邮政专营权，但应制定一个逐步缩小邮政专营权的时间表，以便减小直至最后消除政策性业务过于宽泛对邮政产业开放改革带来的不利影响。

第四节 分类管制政策

邮政产业的分类管制政策是指针对邮政产业中存在的垄断性业务与竞争性业务做出不同的进入管制政策、价格管制政策和社会性管制政策，以实现邮政产业市场结构重组目标的政策体系之总和。

一、进入管制分类政策

根据前面的分析，由于邮政产业的非自然垄断性以及物流生产的特殊属性，决定了中国的邮政市场在不同的业务领域存在着不同的市场竞争结构。这就需要有不同的业务分类管制政策。

1. 邮政普遍服务业务。通民类的公众普通信函以及小包件，以及通政类的党报、党刊投递、义务兵免费信件等属于普遍服务的业务范畴。从产品的需求增长以及替代性产品的联合影响来看，其需求量在不断变小，导致邮政在规模不变的生产组织结构下的平均运营成本不断升高；另一方面，多年来履行普遍服务义务已经使得邮政产业为提供普遍服务所沉淀的成本越来越高，形成了区域性的资产专用性。由于资产专用性是一个排他性的交易合约，引入新厂商后对产业的负面影响就越大；再有，市场放开必然会使新进入者选择基于盈利导向的区域性进入策略，形成"撇奶油"行为，从而进一步恶化在亏损地区的邮政普遍服务。前已述及，邮政产业的发展定位在履行普遍服务义务，即为需要这种服务的消费者在任何时间、任何地点，提供不带有价格歧视且所有消费者都能支付得起的服务。因此，为了有效地保证邮政普遍服务的实施，对普通信函以及小包件业务应实行限制进入的管制政策。考虑到邮政普遍服务运营成本的升高趋势和已经积淀的高额沉淀成本，应该对普通信函和一定重量范围的包件(比如重量小于 400 克)给予邮政专营权。此外，对单据传递业务考虑到在邮政企业中的范围经济与其收入比重，在近期也不宜实行放开竞争。

考虑到中国邮政产业的具体特征和普遍服务的重要性，邮政普遍服务业务的分类管制政策应该赋予邮政专营权一个较长的时期(至少 5 年以上)，以便保证中国邮政能更好地履行普遍服务义务，同时又可以比较稳妥地进行邮政企业的公司化改革。实际上,对于承担如此广泛服务范围的邮政产业来讲,除了日益增加的平均运营成本和资产专用性形成的巨大的固定成本的区域性沉淀以外,劳动力密集型产业的巨大人力成本构筑的退出壁垒也是邮政必须稳妥改革的另一个重要因素。虽然中国邮政一直在优化人力资源结构,减少在岗职工人数并提高员工学历,但2003年仍然有40万职工,且年龄偏大、学历较低的一般职工超过员工总数的一半。邮政普遍服务特别是老、少、边、穷地区普遍服务的开展程度主要是由邮政职工的配置而不是设备决定。据美国邮政研究中心BernardLunar(2003年)研究,在过去30年,由于美国邮政的人力成本占总成本的比例一直维持在80%的高水平,导致了邮政经营的高成本与高资费,生产效率只增长了11.5%。在1990到1999财政年度,尽管邮政投资900亿美元以改进自动化技术和信息技术,但邮政生产效率仅增长了0.7%,在2000至2001年邮政效率增长了3.6%,但这种增长又在2002年第1季度降为1.1%。[①] 对于管制者而言,必须考虑改革中邮政职工的就业以及退休后的社会保障问题。在电信产业开放竞争程度最高的美国,其邮政产业的公司化改革步子远远落后于欧洲国家,主要源于其幅员辽阔的繁重的普遍服务义务以及与此紧密相关的巨大的邮政改革成本特别是人力成本。这方面,中国邮政与美国邮政有着极为相似之处。

2.快件与大型包件业务。对于快件与大件包裹业务领域,因为其邮件大多属于商业经营范畴(B to B),即使是公众邮件也有着较高的价格弹性,存在着可替代性,所以不存在公民基本通信权利保障义务的约束。同时,根据前面的分析,在这个领域也不存在邮政网络显著的规

---

① 参见美国NAPS2002:*Legislative Agenda* (*National Association of Post Supervisors*), www.naps.org。

模经济性与范围经济性，所以应该采取适度放开的业务分类管制政策。为了保证服务质量，应该实行特许经营的准入政策，为了区别于邮政普遍服务，要加强产业监督与检查，防止出现进入者违规经营的"撇奶油"现象。

按照中国加入 WTO 的开放承诺，目前放开的只是物品类的快递业务，属于信件性质的快件仍然属于邮政专营范畴；同时，外资企业只允许其经营国际物品快递。但从国外邮政市场的发展来看，邮政专营权有日益缩小的趋势（以英国为例，见表 8-2），欧盟国家邮政市场的全面放开时间定在 2009 年。

表 8-2　英国邮政市场开放进程

2003 年 1 月	保留 100 克限制范围 大宗邮件放开（4000 件以上）
2004 年 4 月	最后阶段投递（即扩大化后的最后一英里投递），其他运递公司向英国邮政支付网络费用，由英国邮政来投递这些公司收取的大宗邮件
2005 年 4 月	大宗邮件放开的起点进一步降低
2006 年 1 月	保留 50 克限制范围
2007 年 4 月	一个完全开放、竞争的邮政市场

资料来源：邮政科学研究规划院，《特参信息》2004 第 8 期。

因此，考虑到国际邮政市场开放对中国的影响，对物品快递业务基于行政限制而不是经济特征的限制应该逐步取消。此外，信件类的快件虽然属于邮政专营范围，但由于信件内容范畴界定的模糊以及监督检查的困难，实际上常常成为邮政限制竞争对手的手段和依据。因此，为了保证邮政竞争性业务的开放和尽可能消除邮政经营主体与管制主体不分的弊病，该业务的分类管制政策应该逐步放开业务范围限制，同时按重量而不是按内容确定业务管制范围。

3. 邮政汇兑与储蓄业务。邮政汇兑与储蓄业务与各银行开展的相关业务并没有特殊区别。邮政汇兑、储蓄业务与银行的汇兑、储蓄业务是完全的竞争替代关系。我们即使考虑到邮政汇兑与储蓄在银行网点退出的农村以及边远地区服务的必要性,也没有必要引入普遍服务的约束。对于邮政汇兑与储蓄业务,只可能实行与中国金融业改革和中国加入 WTO 对金融服务业开放承诺相一致的政策,而不可能实行与此相抵触的邮政业务分类管制政策。

邮政储蓄业务在 2003 年 8 月以前由于补贴邮政亏损的目的,其超过 4%的高额转存利差使得邮政储蓄收入占到邮政业务总收入的 1/3。但在中国金融业市场化改革的大局下,2003 年 8 月以后的邮政储蓄转存利差下调为 1.89%,邮政储蓄资金就只能通过除贷款之外的其他金融工具的运作来创造收入。

4. 报刊发行业务。由于全国性报纸的电子版地区分印方式和邮政在各地的投递网络规模优势,这使得邮政在全国性报刊的发行业务领域占有主导地位;再考虑到多数全国范围发行的报纸具有的政治与宣传意义,那么允许邮政在全国性报纸与党刊发行方面的主导地位,应该符合经济效益与政治两方面的要求。对于地区性的报刊以及虽然在全国发行但影响面有限的报刊,考虑到本地投递网络的低进入壁垒以及民众的多元化需求,应该允许竞争者进入。

5. 物流配送业务。这是有多个市场竞争主体参与的业务,也是邮政产业近期着重发展的一个业务,不应该施加进入限制。

6. 邮票发行业务。因为邮票具有资费的等价货币特征,同时邮票还具有收藏价值,具有资产的增值功能,所以邮票发行具有明显的行政垄断特性。在这个业务领域,只能实行邮政特许经营。

基于以上分析,中国邮政产业进入管制分类政策的基本思路是:在普通信函与小包件业务领域,由于其属于普遍服务的范畴,政府应该赋予邮政一定范围的专营权,以保证邮政普遍服务义务的履行和限制竞争对手的"撇奶油"行为。在快件与大型包件业务领域，由于其既没有明显的普遍服务特性，又没有自然垄断特性，可实行适度放松的进入管制政策。一方面逐步放开现有在位企业的经营范围约束，另一方面允许更多的企业进入该领域。但考虑到邮政产业非自然垄断性带来的弱势竞争地位以及邮政深化改革需要的巨大支撑，该业务领域的放开，必须有一个较长的过程。在汇兑与储蓄业务领域，邮政产业不存在与银行业不同的经济特性，因而不需要实行特殊的进入管制政策。由于邮政具有全国范围的投递网络规模优势，在全国性报刊发行领域可实行邮政为主的适度限制进入的管制政策，而在本地报刊的发行方面则可以放开竞争。我们可以用表 8－3 对上述进入管制分类政策作简要总结。

表 8－3　邮政产业主要业务与进入管制分类政策

主要邮政业务	现有主要经营企业	进入管制政策重点
普通信函与小型包件	中国邮政	严格的进入管制，明确邮政专营权的服务范围
快件	中国邮政、中铁快运、民航快运与中小国内快递公司；国际快递巨头 DHL、FedEx、UPS 等	逐步放松业务管制范围，允许多家企业进入
大型包件、商业信函	中国邮政、中铁快运、民航快运与中小国内快递公司；国际快递巨头 DHL、FedEx、UPS 等	逐步放松业务管制范围，允许新企业进入
汇兑与储蓄	中国邮政、各银行金融机构	与金融业改革政策一致
报刊发行	中国邮政、各自办发行的报刊及渠道	全国范围发行的主要报刊由若干家企业经营；本地报刊允许多家企业进入
物流配送	中邮物流、中铁快运、民航快运与中小国内物流公司等	开放竞争，质量管制
邮票发行	中国邮政	独家经营，不允许进入

二、不对称管制政策

不对称管制常被用来培育竞争型市场。在笔者看来,进入与退出是垄断性产业结构重组分不开的"两条腿"。在要求垄断性企业降低或取消进入壁垒的同时,垄断企业的竞争性业务也就有了退出的必要。这两方面形成的合力,方可打破纵向垂直关系下的垄断性业务与竞争性业务混杂所导致的限制竞争的格局。对中国邮政产业而言,长期以来,竞争性业务受到政策法规性垄断业务的庇护,因而其竞争力还不足以让这些业务从现有产业中退出。不对称管制政策可为邮政实施渐进化改革找到一条可行的路径。

对物流这类竞争性的业务,管制机构也应在网运分离后采取接入价格歧视政策,即分离出来的投递网与邮区中心局在对各竞争性的物流公司收取接入费用时,应给予从邮政分离出来的区域公司较低的接入价格。

对 EMS 这一潜在竞争性(存在事实上的竞争,但法规上并没有完全明确其业务性质)业务,可考虑在缴纳普遍服务基金上给予恰当优惠。政府容许邮政的 EMS 在规定的期限内(2—3 年为宜),可利用邮政营业网、投递网、邮区中心局的低接入费来经营,而对非邮政的快递公司的接入则不享受此项优惠。这种政策一方面有利于邮政 EMS 的成长,另一方面对于从事长途快递业务的物流巨头与主要从事本地快递的民营小速递公司,由于物流中的运输与投递不具有固化路由的特征,该接入政策对非邮政企业影响会较小。

考虑到各地竞争性业务收入的差异,不对称管制政策应延伸到不同地区。对于已经进行 EMS 独立试点的上海、广东、浙江、江苏、福建等地区,应弱化不对称管制,强化政企分开;而对于还无试点且竞争性业务开展缓慢的地区,应强化不对称管制;对于偏远地区,还应给予分离出来的竞争性区域公司一定程度的市场准入保护或税收上的减免，以有利于竞争性业务在这些地区从现有邮政产业中的顺利退出。

三、价格管制分类政策

针对不同垄断产业采取何种适宜的价格水平与价格结构管制，通常存在着相当大的难度，集中反映在如何识别形成价格和各种要素的真实的边际成本。在实际价格管制领域，应用最多的是投资回报率规制与最高限价规制这两种价格水平规制手段。投资回报率价格管制的困难在于正确确定企业的投资回报率；而最高限价把管制价格与 RPI 挂钩，困难在于生产效率增长率的确定。从应用的绩效来看，两种管制政策各有利弊。价格管制试图实现价格等于所允许的成本，然而这助长了将成本曲线上抬的动机，使价格基础得以扩大，产生 A—J 效应。阿弗奇和约翰逊指出，这种效应可以有两种方式：一是，在有机会决定如何生产产出的条件下，受管制企业要比成本最小化企业更喜欢使用资本密集型的投入组合。二是，在有机会决定为什么样的市场提供服务的条件下，企业喜欢比自然垄断核心部分供给更多的产品。[①]

这两种类型的 A—J 效应也都存在于当前的邮政产业中。突出表现在盲目引进自动分拣设备，在中心城区和高地租地区设立相关运营设施，借助普遍服务补贴的方便机制，把如物流与配送、邮政绿卡、储蓄余额参与同业拆借市场等非核心业务，不恰当地作为邮政产业重整的发展战略来看待。无论何种表征，低效率直接导源于不适当的价格水平管制。

为了改进价格管制模型，有的学者提出了新的管制模型。[②]理论设

---

① Averch, H. and L. Johnson, 1962, "Behavior of the Firm under Regulatory Constraint", *American Economic Review* 52: pp. 1052—1069.

② 参见王俊豪：《政府管制经济学导论——基本理论及其在政府管制实践中的应用》，商务印书馆 2001 年版，第 112—114 页。

计的用意是提高投资效率和生产效率,降低成本,避免管制的 A—J 效应和使消费者以较低价格满足其需求。

对邮政产业而言,由于存在着法律义务的普遍服务业务和竞争性业务,价格管制政策必须具有两套对应的体系。首先应对两种业务的边界给予确认,防止价格管制的越位与缺位所导致的错位。

1. 邮政普遍服务业务的价格管制。普遍服务是以立法授权的形式来实现的,该业务的价格形成机制基本上是政府定价,主要依据是法律上对普遍服务的支持。邮政部门必须向所有社区、所有地区的顾客提供及时、可靠、有效和就近的服务。美国邮政法还规定:不得关闭虽亏损但经营着的邮政设施。一封信函无论到哪里,必须在统一费率下进行传递。这种法律地位决定了邮政的非盈利性质。但涉及信函、物品、文件、单据这些具体业务时,就出现了普遍服务有多宽、政府定价是多少的问题。一般而言,政府定价的有效性构筑在客户需求类型的确定上,邮政服务的供给者在遵循普遍服务的原则下,所供给的服务与顾客所需要的服务之间不存在差距。价格制定者根据服务宗旨就可以制定出一个合理的价格水平。在邮政产业中,根据先期的研究,邮政专营性业务应限定在为公众提供基本通信权利的普通信函与小件物品上。对这些业务,管制者应根据消费者物价指数(CPI)与收入增长分布状况和效率指数制定出一个合理的价格水平。

2. 竞争性业务的价格管制。物品、文件、单据这些服务,顾客的需求是不确定的,如对这些服务的价格也采用政府制定的办法,难以根据需求曲线的斜率变化去制定出均衡的价格水平。而按照中国现有的《邮政法》规定,这些业务也属专营权范围,尽管在实际中被屡屡突破。这样,难免会出现"看得见的手"所制定的价格与由"看不见的手"形成的价格在同种业务的不同供给主体中的碰撞。这种碰撞又会使从事垂直一体化的企业深感竞争环境的不公平而向物价管制部门或工商部门游说，要求判定非邮政部门所从事的上述行为为非法或以不正当竞争，要求对这类企业进行处理。当游说不起作用时，则要求邮政主管部门提高政策性业务的资费，以这种高资费来进行附加服务。这些附加服务不仅是代办报刊征订、代发工资，还有更宽的其他所谓具有范围经济性的竞争性业务。价格水平管制并没有在邮政产业中起到实质性的作用。对不同种业务而言，由于边际成本难以确定，借助于费率管制也并没有对价格水平起到有效的规制。针对价格管制中的失灵，竞争性业务价格可根据邮政企业竞争力指数与社会福利效用制定出政府指导价格或由市场决定，一个更为合理的方法可能需借助反托拉斯法进行，如价格听证制度。我们可以用表 8－4 对上述价格管制分类政策作简要总结。

表 8－4　邮政产业主要业务与价格管制分类政策

主要邮政业务	现行价格管制制度	价格管制政策
普通信函与小型包件	政府定价	严格的价格管制，采取政府定价
快件	政府定价	逐步放松价格管制，最终实行市场定价
大型包件、商业信函	政府定价	逐步放松价格管制，最终实行市场定价
汇兑与储蓄	政府定价	竞争性定价
报刊发行	指导定价与竞争定价	指导性定价与竞争性定价
物流配送	竞争性定价	竞争性定价
邮票发行	政府定价	政府定价

邮政产业中由于技术、需求变动而会使原来的垄断业务演变为竞争性业务。比如在 20 世纪 90 年代以前，各大银行的结算票据送达形成邮政的专有业务，也叫红边信封业务。但随着银行内部基于电信技术的结算网的建成，红边信封业务最终退出了历史舞台。美国邮政的

个人报税税单业务也由于电子报税的替代，业务趋于萎缩。因此，作为价格水平与价格结构的管制是一个不断变化的过程，总的趋向是价格管制的领域越来越小，市场定价的范围不断扩大。

第五节 协调政策

分类管制政策的讨论基于产业中不同业务种类的不同性质，但对一个整体性产业而言，各业务之间或同种业务的不同性质边界并不是很明晰或一成不变的。从发展趋势而言，邮政产业中的竞争性服务边界不断拓展而垄断性业务范围不断缩小。就管制而言，制定管制政策就要考虑到因技术因素、市场因素而出现的产业性质的变化，这种对产业环境变动的适应性需要管制对不同业务的分类政策进行协调。本节着重讨论这个问题。

一、本地竞争政策

垂直一体化结构下，邮政产业既经营竞争性业务又经营垄断性实行重组后，如果不采取相应的竞争政策就很难实现纵横结合组目标。邮政产业的竞争政策目标包括既要取消企业内部的交叉补贴，又要防止竞争性业务的过度、无序竞争给邮政产业发展带来的不利影响，维护邮政产业的范围经济。邮政产业的竞争政策应体现有效、有序、公平、合作的本地竞争特性。

邮政产业重组的基本目标就是优化资源的配置，提高运行效率，保证普遍服务，改变邮政产业亏损状况，并通过竞争来改进邮政产业的服务水平。竞争目标服从于重组目标。如果重组目标借助竞争来实现，那么这种竞争就是有效的竞争。邮政产业在重组后，仍然具有行政或法规垄断的特征，也具有一定程度的成本弱增性的自然垄断特征，不可能把邮政产业所有功能都拿到市场上与私营部门竞争。邮政产业的重组也是分步骤进行的，不可能一蹴而就。改革是有成本的，当改革实施成本与协调成本大于控制成本时，任何一项改革都不可能获得成功。在决定把一些竞争性业务剥离到竞争性环境中与民（私）营企业进行竞争时，也是一个渐进的过程。就重组而引起的分割成本而言，邮政产业尽管是全程全网的作业方式，但各省从局到所的建网成本是不一样的，往往是业务量小的省局建网成本较高，且不同的省局在多产品联合经营下其业务范围与构成也是各不相同。在经济发达地区，商业信函、特快专递、邮政汇兑的业务量明显高于落后地区，而这三项业务收入在邮政部门中的收入比重极高。如果不加区分地一视同仁推向市场，就有失公平。在加入 WTO 后，外资具有与中资同等国民待遇，外资拥入竞争性业务市场，将无疑减弱邮政产业的赢利空间，这给邮政产业寻找竞争性业务领域的核心竞争力提出了要求。邮政产业的公平竞争应找准位置主动出击，这同时也需相应地放宽退出的竞争政策。中国邮政具有遍布全国城乡的网点，这为邮政所在地区开办各种代理项目，如代[illegible]各种公用事业费，代发养老、保险金、代办电信业务提供了实现[illegible]济的途径。邮政也具有网络优势，为邮政参与物流配送提供了网[illegible]台。当然这些业务应是在分离重组后，由具有市场竞争性主体的[illegible]结合网络范围经济而开展的业务，不同竞争主体对网络的使用是平等的，离开了这点，整个邮政产业的重组也就失去了意义。因此，邮政网络在为竞争性客户提供服务时必须是中性和非歧视性的，保证为各种试图进入本地邮政产业竞争性业务的公司提供一个公平的竞争环境，最终目标是形成一个可以市场力量取代接入管制力量的本地市场。

为形成一个有效、有序、有限、公平、合作的本地竞争市场，除了放松对竞争性业务的进入外，还可实行非绑定网络元素规制。促进竞争的具体政策有：(1)转售。要求在位者以批发价格向新进入者出售其所有在竞争性业务领域的零售服务，即开放其营业网。(2)对网络元素实行非绑定进入。由于沉淀成本的存在，新进入者无法完全复制在位者已有的网络，为了给新进入者建设自己网络提供机会，管制者应要求在位者松绑其网络，把它形成各个网络元素，在合理的价格水平下向新进入者提供。这里的元素可以包括整条服务链的所有环节，如用户数量、名址、数据库、汇兑系统等。购买元素的新进入者可以捆绑更多的不同产品和服务，借助这种办法，使原来本地市场在位企业的显著范围经济性降低，促成本地竞争市场的形成。

在促进本地竞争市场形成中，最大的障碍是邮政企业并不强大的竞争力。竞争力不只来自网络，还来自价格优势、历史销售量优势。邮政企业历来缺乏价格灵活性，竞争性业务由于服从于内部交叉补贴而不具有价格优势，而且由于邮政在多角化战略中四面出击，也没有在某项业务上创造出明显的优势，在电子政务与电子商务冲击下，文件与单据业务出现下降。综合这些因素，邮政部门在进行本地竞争的过程中，将会面临巨大压力，但这是促进邮政产业发展所必须经历的阵痛。

二、邮[illegible]

邮政产业[illegible]型的自然垄断性，但它也采取垂直一体化的市场结构，具有网络性。市场结构重组将政策性普遍服务业务与竞争性业务分离，并指定少数几家独立机构经营独立的邮政分拣网络或者投递网，而多家企业经营竞争性业务。这些经营竞争性业务的企业必须借助网络来拓展经营空间，这就存在着垄断性机构制定垄断接入价格的可能性。对邮政产业垂直一体化的纵横切割后形成的邮政部门的投资控股公司，在缺乏一个真正独立管制机构时，又可能会以一种合谋或明示的方式让垄断业务的经营机构对非邮政的竞争性企业收取较高的接入价格。在协调政策中来讨论联网管制政策的意义也在于：在推进以业务分拆为核心的市场结构重组时，它的绩效还要依赖于其他若干相关政策的协调，以消除单打独干时政策不配套形成的制度漏洞，使单项政策下难以处理的问题，诸如分割成本、管制成本、范围经济损失最小化等有良好的政策空间。网络管制的基本目标是消除借助网络从事垄断行为与不正当竞争行为的空间，使网络资源成为一个公共资源。公共物品的外部性容易导致免费乘车的拥挤现象，因此需要对网络的使用者征收一定的费用，这种费用就是接入费。接入价格的确认成为网络分离后网络管制政策中的核心之一。解决这个问题可有不同的方案：

1. 市场协调方式。即由垄断网络资源的企业与要求接入的企业谈判。网络资源是一种稀缺资源，在邮政产业中处于战略位置，谈判的天平就会掌握在垄断网络的机构手中。如果此时的网络分离后，业务并未随之确认边界，或出于重组战略而暂时还无法进行完全的剥离，通过普遍服务亏损补贴而获得的收益可以用于以低价来进行竞争性业务，这就可能出现经营竞争性业务效率较高的厂商退出竞争性市场，又转回到邮政产业重组之前的垂直一体化结构状态。

2. 政府直接制定一个价格。这种规定接入费的方法表面看起来对谁都一样，但接入的频率参差不齐，实际接入价格就各不相同。频率高的接入者其接入价格就低，反之则高，如同电信租费下调有利于刺激多打几个电话的消费者那样。另外，政府对价格的管制向来存在着信息偏在的管制俘虏问题。

3. 政府（管制机构）与市场协调相结合，采用的方式可以是特许投标权拍卖。登姆塞茨(1968)在《法与经济学》杂志发表了“为什么要管制基础设施产业”的论文，提出了让多家企业竞争某产业或业务领域的独家经营权，出价最低者获得该特权，网络接入价格由拍卖时的出价来制定。但这种协调方法也有很多问题。[①] 与特许投标相似的还有区域间比较竞争理论,但这一理论要求所有接入服务的企业经营环境是相同的。可见,现在网络管制的接入领域接入费的确定还没有找到一个更好的方法。但有一点可以肯定,对于邮政网络这样公共品的价格不能交给单纯的市场来确定,而必须介入政府管制的力量。这种力量不是单纯的行政力量,而是依照一定的法律来对接入价格施加影响的力量。目前,有多家企业的业务已进入或借助邮政网络设施来进行经营活动,特别是各种代理代办以及配送。对其接入价格难以确定,一会影响邮政产业竞争性业务的开展,二会影响到网络资源的利用,影响普遍服务的开展。基于这两方面因素,在修改《邮政法》时,应制定出有关接入费用方面的相关政策以及监督协调政策。

邮政产业重组后,将会把邮政汇兑网与实物传递网从垂直一体化结构中分离出来,那时将会出现联网管制问题。联网的基本条件是互惠,从理论上看存在着这种可能性。因为信息流、资金流与实物流总是连结在一起的,但这并不一定能保证互联的实现。一旦当三网中一方力量发生变化后,比如实物传递网做强了,邮政汇兑要想借实物传递网就不可能了。这样,原来具有的一定程度的三网合一的范围经济就会失去,这显然与改革的有效竞争设计目标(规模+适度)相悖。因此,互联的决定权不能交由主导企业而应由政府制定出相关政策,让网络双方以双方均可接受的价格实现互联。

另一方面,虽然存在着上述对邮政网络管制的可能与必要,但如果我们从前面对邮政产业与电信产业的基本差异性的分析来看,邮政网络的物流特征不同于电信网络基于用户线路的网络特征,新进入者要

---

① 参见王俊豪:《政府管制经济学导论——基本理论及其在政府管制实践中的作用》,商务印书馆 2001 年版,第 167 页。

对用户提供有效的邮政服务并不一定像电信产业那样需要网络的互联接入，电信产业中的本地网是新进入者必须接入的。而物流网一方面存在着大量的替代供给，另一方面企业可以仅仅根据业务需求的范围和路由来决定自建网络或者租用网络。因此，从这个意义上讲，邮政产业中的网络互联管制并不如电信产业那样严格和必要。

三、服务价格与质量管制政策

价格的上限管制与价格结构管制，易被企业提供服务的质量下降而抵消其积极的效应，无论是在竞争性领域还是在垄断性业务领域均会出现上述情况。如果说在价格管制中，管制者通常不拥有相关服务或要素的真实成本使管制与被管制变成游戏的话，那么管制者要想了解某项服务完成的质量如何就更难了。再加上具有垄断势力的在位者针对管制者的寻租活动，使管制者成为俘虏。而没有质量管制的管制是残缺不全的管制，因为质量背后是价格，价格背后是效用。邮政产业是满足千家万户基本通信需要的产业，如果不能有一个高质量的服务就等于违约。为此，邮政普遍服务的质量标准必须交给一个由立法者、技术专家、经济学家共同组成的独立管制委员会来拟定，并组成相应的专家委员会对具体执行结果做出评估，尤其是对服务质量下降要接受质询，充分体现出消费者的知情权。对所涉及单位，管制机构要其限期整改，否则对其进行必要的处罚。竞争性业务的经营者如果被列入整改候选名单，则应给予警告，直至由工商局注销执照。

质量管制的有效性更多的反映在对行为的规范上。发达国家非常重视邮政服务标准化建设，借助标准化推动邮政产业的信息化与自动化。服务的标准化主要体现在以下几个方面：

1. 邮政服务设施标准。1998 年 1 月 1 日开始生效的德国邮政普遍服务法令规定：在全国范围内必须有 12000 个固定邮政设施，原则上，城市居民到最近固定邮政服务的距离不超过2000米，城市地区1000米距离以内应有一个信筒。

2.开箱、投递标准。美国邮政投递频次为：城市居民区每天投递一次，商业区和企业每天投递两次，农村一般一天一次，投递非常困难的乡村每周3次。日本规定：凡三层以上楼层均应在底层安装信箱，平常邮件投入信箱，挂号、包裹投递到户。

3.邮件全程时限标准。世界各个国家在邮政全程时限标准上各不相同。美国邮政各类邮件都有不同的标准，见表8-5。

表8-5 美国邮政投递时限标准

投递时限	J+1	J+2	J+3	其他
信函(一类)	距离原寄局160—320公里以内	距离原寄局1000—1600公里以内	距离原寄局1600公里以外	
报刊(二类)广告邮件(三类)	距离原寄局240公里以内	距离原寄局480公里以内	距离原寄局960公里以外	即使邮件运递距离超过2880公里，投递时限不得超过7天
包裹(四类)		重件处理中心所辖区域内的邮件平均投递时限为2.35天	重件处理中心之间互寄邮件平均投递时限5.3天	重件投递到户。按照运递距离远近，投递时限为2—10天
优先邮件		48个州之间		除用水陆路能按规定的时限寄达收件人的邮件外，其他均用航空转运

资料来源：美国邮政服务标准2002年(United States Postal Service)，www.usps.com。

英国的幅员较小，其时限指标不分路途远近。一类邮件(即快件)全程时限要求90%在交寄第二个工作日到达；二类邮件(即非快件)全程时限要求96%在交寄第三个工作日到达；快件包裹要求75%在第二个工作日到达。日本邮政400公里以内的邮件次日投递，400公里以外的邮件第三日投递。但是如果用户在上午交寄邮件，那么400公里以内的邮件当日投递，400公里以外的邮件次日投递。80%以上的函件和70%以上的小包达到次日投递，其余部分第三日投递。日本的快递信函和快递小包已在全国范围内全部实现次日投递。

根据国外邮政产业质量管理的经验，结合中国邮政产业状况，邮政服务质量应该由普遍服务标准、产业服务标准、企业服务标准三个互相关联的体系构成，如表8-6所示。

应该指出的是，上述标准体系不只针对现有邮政企业，还包括在结构重组以后进入邮政服务的其他企业。为了使质量服务标准规范落到实处，应完善邮政服务质量的内部检查和外部监督。各级邮政企业组建一支专兼职的服务质量检查队伍，制定服务质量管理办法，纠正和查处服务中的问题，实施对违规运营企业的处罚。同时加强邮政服务外部监督，对外公布用户服务承诺，制定用户申诉处理办法，受理有关服务质量问题的申诉，负责组织对有关质量事件的调查和调解。聘请第

表8-6 中国邮政服务标准化体系

邮政普遍服务标准	邮政服务网点设置标准	邮政自办局所设置标准
		邮政信筒设置标准
	邮政基本业务资费标准	信函资费标准
		包裹资费标准
	基本业务通信服务质量标准	通邮、开箱、投递频次服务标准
		全程时限标准
		投递深度标准
邮政产业服务标准	邮政投递服务设施规范	邮政楼房信报箱建设标准
		住宅区信报箱群(间)建设标准
		用户专用信报箱标准
	邮件封装设施规范	邮政信封标准
		邮政包裹包装箱标准
		邮政印刷品包装袋标准
	业务服务标准	主要业务邮件全程时限标准

邮政企业服务标准	服务标识及应用规范	中国邮政徽标标准
		专业品牌标志规范
		邮政局所、汽车标志标准
	营业服务设施规范	邮政局所建设标准
		邮政委代办设置标准
		邮政报刊亭建设标准
		邮政营业厅服务设施规范
	投递服务设施规范	投递场地配备标准
		投递车辆配备标准
	营业服务行为规范	窗口服务规范
		上门服务规范
		信筒服务规范
	投递服务行为规范	通邮服务规范
		局内投交邮件规范
		邮件投递规范
		邮件全程时限标准
	185服务行为规范	业务咨询服务规范
		业务受理服务规范
		邮件查询服务规范
		用户投诉服务规范
	特快专递服务行为规范	揽收服务规范
		投递服务规范
		全程时限标准
	售后服务行为规范	档案管理服务规范
		邮件查询服务规范
		用户投诉服务规范
		赔偿服务规范

三方独立机构每年进行用户满意度调查，组织用户对邮政服务质量进行评价，实时掌握服务动态，定期向社会公布各运营企业的服务质量情况，以加强舆论和社会监督。

四、邮政普遍服务政策

目前邮政产业解决普遍服务的亏损问题时，基本上是沿着“以邮养邮"的思路，即以邮政产业中的竞争性业务成本借助零接入费与联网协调费来获得范围经济性，以贴补普遍性服务的亏损。甚至在财政约束软化情况下，把竞争性业务经营中的网路设施以外的其他成本转嫁到普遍服务中，夸大普遍服务的成本支出，误导政府的财政补贴，出现了在垂直一体化结构下亏损→补贴→亏损以及亏损→调高费率→亏损→调资的怪圈。这种在垂直一体化中实现的普遍服务政策走的是收支一条线方式，所进行的补贴并没有完全用在普遍服务上，邮政业的普遍服务政策必须调整。

邮政产业结构重组后，邮政产业中原来垂直一体化格局中基于保护邮政专营权的普遍服务政策也将失去作用。主要原因是：(1)实行重组后，竞争性业务是由具有符合现代企业制度独立法人资格的企业来经营。独立法人资格的最为集中表现是剩余控制权。因此，很难想象竞争性业务的企业会把剩余分给普遍服务机构。(2)即使财政有余力恢复财政补贴，但在加入WTO以后，按照国民待遇的基本原则，这一补贴政策迟早会被取消。(3)实行重组以后，路网资源掌握在国有资产委员会或其委托的控股集团公司手中，政企是分离的，企业承担最终的财产责任，政府财政不可能去违反事权统一的原则而对普遍服务进行补贴。(4)公共财政的使用渠道倒是可以用来补贴公共物品的普遍服务，但在通信替代产品不断出现时，人们的消费层次与消费领域差异化将不断增大，使用这一政策有违税赋归宿原则。(5)实行重组后，竞争性业务厂商寻利动机决定了其不会到落后地区去投资，如果采用原来的内部交叉补贴的办法，那么经济落后地区就没有补贴普遍服务的来源。(6)重组的目标是恢复邮政的公共物品定位，以邮政的一流服务和一流设施履行一个国家的公民所拥有的基本人权，显示出以人为本的执政理念。如果我们仍然沿用传统普遍服务补贴机制，一些弱势群体集中的地区的基本通信权将仍然得不到改善。可见，我们必须在普遍服务领域寻找加入WTO以后邮政产业重组格局下的普遍服务机制与相关的配套措施。

在欧洲联盟范围内对普遍服务的费用，一般采用三种补偿机制：一是保留一定范围的邮政专营业务，但必须限制在普遍服务的范围内。其目的并非是为了对普遍服务提供经费，而是为该业务的经办者确保足够的业务交换量。二是规定颁发许可证的条件，让几个邮政经营者共同承担普遍服务的义务。三是建立补偿基金，旨在必要时减轻普遍服务承担者的负担。①

借鉴发达国家对普遍服务义务的相关政策经验，并结合中国邮政现有网络优势与为一个13亿人口大国提供普遍服务的挑战，我们建议：(1)设立普遍服务基金，基金发起人为国有资产投资监督管理委员会。基金来源：民间资本(捐赠)；对履行普遍服务的中国邮政企业减免的税收以及网路接入费。在进行结构重组以后，经营非专营权业务的企业进入中国邮政的实物投递网、信函传递网、邮政汇兑网，都应缴纳接入费。接入费用按竞价上网方式进行。(2)建立财政补偿基金。财政补偿的"8531"计划的取消源于财政补贴对透明化影响的担忧。在竞争性业务与垄断(专营)性业务混合经营时，这种担忧不无道理。但在完成了邮政产业结构重组以后，就显得不那么合理了。我们建议国家财政应每年根据普遍服务实际成本与消费价格指数变动，给承担主体必要的补偿。(3)实行普遍服务基金的招投标制，打破现有的国家邮政局对基金使用的垄断权。为了在有限的基金来源下履行普遍服务义务，必须提高基金的使用效率。从目前中国邮政的运行效率而言，是很难称职地去履行这一义务或得到特许权。为此，中国邮政也需提高自身的运行效率，提高自身服务水平，以信息化、自动化建设来促进服务标准化建设。普遍服务基金使用也可采用招标方式，让现有的普遍服务各个承担主体(包括局所、员工)在企业内形成一定的竞争压力。之

---

① 参见欧盟委员会邮政业务处处长 FemanoToledano："欧盟邮政普遍服务政策"，《万国邮联》2002年第2期(季刊)。

所以说是企业内，是指在全程全网现有邮路中去找寻一个合适的普遍服务提供者。当然，也可在现有的邮政企业外选择几家愿意提供普遍服务的企业，但收支必须一条线。在近期，市场结构重组以后，如果普遍服务基金还没来得及完成，可以发展中国家的身份寻找 WTO 中的有关免责条款恢复诸如“8531”那样的财政补贴计划，但补贴应根据各局信函与小件包裹分拣量及历史平均投递成本来定。

五、地区协调政策

竞争性业务向非邮政部门资本放开准入时，也必须考虑到邮政产业的全程全网要求及各地区经济发展差异、在竞争性领域竞争力的差异及竞争性业务与垄断性业务在不同区域的不同构成等因素，采取不同的放松进入管制政策。在经济较落后地区，应强化进入管制，使其财政补贴或基金来源的不足借着限制进入竞争业务领域而能进行必要的交叉补贴；在经济发展欠发达地区，应在放松进入管制的同时，强化社会性管制，对使用网络设施的竞争业务领域的非邮政资本施加必要的限制；在经济发达地区，应放松进入管制并逐渐运用资本经营与品牌经营战略从事竞争性业务。同一业务同一主体不同区域的进入分类管制政策，有利于实现经济与社会、城乡、区域的协调发展。

第六节 邮政管制机构

邮政产业重组后的有效运行离不开邮政产业管制机构的变革。自1998 年邮电分营以来，邮政产业的管制取得了一定的绩效。邮政开辟了“185”、“183”顾客服务热线，在因特网上设立了邮政网页，设计了一些如政策法规、机构改革、国外动态、资费设计等栏目，使服务的需求者对邮政产业的运行状况有了一定程度的了解。信息产业部对于那些与

WTO要求相违背的一些旧的部门规章,按照《中华人民共和国行政许可法》进行了清理,如废止了国家邮政局《关于暂不受理外商企业从事快递业务等有关问题的通知》(国邮2001第120号)。国家邮政局也对1986年《邮政法》中有关邮政普遍服务、专营权范围、普遍服务基金设立等重要内容进行了多次修订。但是邮政产业的行政特许经营权机制,并没有根本性的改变。现行邮政部门在一定程度上仍然集行政、企业、执法、裁决和立法于一身,对系统内邮政企业的管制存在共同利益,这就必然导致对非邮政企业的管制存在利益上的竞争关系,而难以实施有效的管制。因此,为解决这些问题,应该设立一个高效率的邮政管制机构,它应具备以下特征:

一、超越所有部门利益并能实现社会福利最大化

实现社会福利最大化不是追求单个行为主体的经济剩余最大化,这应是政府在特定产业领域实施管制的最终目的。由该目的所决定,管制便成了一项公共产品,任何单个行为主体均不可能借助某项特定的管制政策来获取制度收益。对中国邮政产业而言,管制政策的实施意图就是切断竞争性业务与法规垄断性业务的成本转嫁通道,改变行政特许权机制下的垄断格局,增强普遍服务功能。笔者认为,管制机构在管制对象利益上的超然性是确保管制机构公平制定法规并运用法规所赋予的权利来实施有效管制的先决条件。否则,就会出现谁来管制管制者的问题以及利用管制公共资源为相关企业谋取不恰当的经济利益。

在相当长的一段时期,中国邮政产业一直是由原邮电部垄断经营的。原邮电部既是邮政产业政策的制定者,又是邮政业务的直接经营者,实行典型的政企合一的管制体制。在1994年,原邮电部实行机构改革,把原来主管部内外邮政工作的邮政总局从原邮电部机关行政序

列中分离出来，并在1995年办理了企业法人登记，企业名称为“中国邮电邮政总局”（简称“中国邮政”）。但由于原邮电部在政企分离方面没有进行实质性的改革，形式上实行了政企分离并不能形成一个真正意义上的专门管制机构。1998年以国务院“三定方案”形式授权成立了信息产业部，同时赋予隶属于信息产业部管辖下的国家邮政局以邮政市场的管制职能。可见，作为邮政管制机构的国家邮政局仍然实行的是政企合一的管理体制。

信息产业部与国家邮政局承担着三重职能。即(1)产业的管制者。其职责是根据有关法律或是产业条例对产业的进入、价格、服务标准等进行管制。(2)产业发展的指导者、产业重大计划的制定和执行者。其不仅承担着从宏观上调控和指导整个产业发展的职能，而且还分管对产业内重大项目研究的审批，并对有关计划执行和整个产业发展的具体业绩负有事实上的责任。(3)产业内部国有企业的实际管理者。邮政网路设计（包括中心局模式）、邮运列车、飞机的调拨、重要关键设备如分拣设备的引进、资产折旧率的确定、劳动力成本的测算，都是由国家邮政局最终圈定。这种集三种职能于一身的管制机构，其结果就是邮政产业具有强行政垄断的垂直一体化特征。行政垄断促成了管制机构与管制对象利益共同体的形成。这种利益共同体不是传统意义上的由于规制对象为寻求垄断采取的寻租与隐藏信息的行为而使管制者成为俘虏的结果，而是在一开始形成管制体系时，管制机构就与垄断企业的利益联结在一起。一直以来存在着的关于信函性质、特快专递属不属于专营权范围等重大问题的争论、现实中频频发生的邮政对其他快递企业竞争的压制等等，充分说明了当行政垄断存在时，潜在竞争性业务难以转变为竞争性业务，而竞争性业务也难以形成公平、透明的竞争环境。邮政产业管制中出现的行政垄断，表明现有的管制机构不可能实现管制的基本目标，重塑邮政产业的管制机构在邮政产业市场结构重组与业务分类管制中的紧迫性愈显重要。

我们认为，新的邮政产业管制机构应从现有的信息产业部与国家邮政局中独立出来，并切实做到三分开，即管制机构与经营机构分开、管制者与经营者分开、经营权与管制权分开。明确规定邮政产业管制机构的基本职责是维护邮政普遍服务功能，而将竞争性业务的资产如投递、报刊发行、邮政储汇等的保值增值业务转移到国资委。管制机构的基本职能包括：(1)根据邮政业务替代市场的发展状况，实行进入价格管制及质量管制。(2)根据邮政产业网运能力的变化及时调整网络进入政策。(3)处理邮政企业与非邮政企业之间、邮政企业与邮政服务需求者之间所发生的各种利益纷争。(4)通信安全管理。加强专营业务管理，保证专营的有效实施，对出入境邮件实施必要的检查与检验、检疫。

二、具有明确法律地位并能提供有效的制度安排

管制的实质是形成制度的有效供给。制度就是一组规则，这些规则确定了交易的秩序。按照诺斯等人的解释，制度是提供一些安排，这些安排使组织中的成员合作获得在安排之外不可能获得的追加收入，或提供一种能够影响法律或产权变迁的机制，以致个人或团体可以合法竞争的方式。[①] 显然，制度是外生的，而安排就是外生内在化的过程。推动这一过程的动力是初级行动团体进行创新，次级行动团体帮助初级行动团体获取收入的双方交互作用。通俗地说，就是制定出来的政策要管用，且制度供给是需求诱致型的变迁。对中国邮政产业来说，制度需求不是政府，而是企业，帮助企业在一定的结构安排下来获

① 详见诺斯等："制度变迁与美国经济增长"，载《财产权利与制度变迁》，上海三联书店1994版，第270—271页。

取制度收益。既然制度安排主体是政府，那政府如何去实现这种安排呢？

第一步是立法。法是调节初级行动主体的最为有效的方式。政府对企业的管制是依照法所赋予它的责任与权利来进行的。邮政产业在立法上已明显滞后，1986 年的《邮政法》是邮电合营时期所颁布的，而且主要针对邮政企业制定，而没有考虑到广义的邮政业务市场的发展与竞争，现在邮政产业在 WTO 环境下需要进一步地开放和重组，原来的《邮政法》根本调节不了变革环境下各相关利益主体的关系。一般而言，作为一种调节多方利益关系的法应是一个体系，就是部门法必须与一般立法同时进行，法之间不能相互冲突。在中国，《消费者权益保护法》、《价格法》、《反不正当竞争法》都是一般法。邮政产业具有自身的技术经济特点，消费者的权益很难借助《消费者权益保护法》、《价格法》以及《反不正当竞争法》而得到维护。因此，必须尽快出台新的《邮政法》与《反垄断法》，首先是《邮政法》。

但现在《邮政法》的制定，基本上是由具有政企合一双重身份的国家邮政局主持的。因此，在《邮政法》的最新修改稿中，对于多少重量以下的信件、包裹业务属于邮政的专营业务、快递业务的市场准入门槛究竟多高为宜等事关邮政产业结构重组的重大问题，国家邮政局与中国外商投资企业协会、中国对外贸易经济合作企业协会、中国国际货运代理协会、国务院发展研究中心、商务部、交通部、铁道部、中国民航的看法大相径庭，足以反映出修改中的《邮政法》并没有解决垂直限制性交易的纵向垄断问题，还是一部部门利益法制化的法，这与已经实施的《行政许可法》以及法的本质含义是不能相容的。这样一种法，自然也不能调节相关竞争主体的利益冲突。我们认为，《邮政法》的修订，应由各方面专家及相关利益代表组成，单个部门的立法缺乏服众的法律地位，最终的立法机构也应顺应需求诱致型变迁的基本规则。

第二步是设立管制机构。可以考虑由立法明确设立邮政管制委员会,并同时赋予该管制机构拥有准立法权与准司法权。这样,才能保证管制机构具有超然于各被管制方利益的性质,从而保证管制行为的公正性、权威性与高效率。而国家邮政局与被监管对象存在着千丝万缕的现实联系与历史联系。按重组方案,改组为企业型的纵向垂直机构以保持局部网络元素规模经济与范围经济的全国性组织还将存在,以便保证低成本地履行邮政普遍服务义务。这样,如果国家邮政局成为监管主体,那就会使结构重组后的邮政产业又具有监管者与运行者合一的性质。显然,监管机构的设立不应该出现在现有产业内部,它必须是一个独立的外部监管主体。这个主体必须懂得法,必须知晓部门经济,必须懂得技术。因此,邮政管制委员会这个监管主体必须由三个方面的专家来组建。这个机构除了负有在路网与运行分离以后的有关准入标准、服务规范、价格水平与结构、网运接入费、三网分离以后联网与网间结算等领域实施监管责任以外,还必须向立法机构对某些业务发展趋势提出专家性的意见。如根据技术、经济的变动对竞争性业务性质与结构的变动做出估价以及因利益关系变动对立法提出修正建议等,这样才能保证实施有效的监管。

在此,笔者不同意将国家邮政局再次演变成信息产业部的管制机构架构方案,即让国家邮政局现有邮政企业组成类似中国电信集团公司那样的投资控股集团公司,将国家邮政局变成一个专门性的监管部门,以此来解决企监合一的现行体制的方案。

三、公平、透明具有广泛社会参与性

政府管制机构的管制绩效由于受到管制信息的不对称(如管制对象中隐藏提供普遍服务的成本的真实信息)和管制者管制成本与管制收益的理性人动机的影响而难以获得与管制功能相应的结果,这一结

果就是管制领域中可能出现的管制失灵问题。解决以上问题的途径就是让管制不单纯是管制机构的事务,也是社会公众及其他相关机构的事务或权利,让管制具有广泛的社会参与度。

社会参与度的提升,首先要让社会了解邮政产业的运营状况与相关已采取与拟实行的改革信息,《万国邮政联盟》提供了对邮政服务内容、服务标准、资费确定等相关信息,让公众能够客观、公正地对邮政的服务质量做出评价,能把这些评价形成建议或投诉反馈给邮政服务的提供者。这几年来,邮政开辟了相应的网站,并在网站上设有一些栏目,供社会公众查询。但"185"与"183"也只是用户询问网,管制机构很难了解到用户的满意程度和相关建议,用户提出对管制机构有用的信息目前基本上还是空白。

中国邮政管制机构的社会参与与监督机制的完善还有以下几方面需特别强化:

第一,中国邮政网站内容建设。要增加公众反馈栏目,设立局长信箱,服务投递全程时限标准等信息应公之于众。来自于社会的评价,能给邮政企业提供全面的支持和概率性的谅解。

第二,让公众积极参与到邮政产业改革,包括《邮政法》修订的讨论中来。法从本质上是公众意志的集中体现,而集中的基础是民主,广泛听取了群众意见所制定出来的法规看起来立法成本很高,但它满足了社会对监管体系的结构性要求,因而法落到实处的可能性将有所提高。

第三,建立重大问题、重大决策的听证制度。听证制度在很多场合被证明是解决信息不对称的一个重要途径。有利于维护邮政企业与非邮政企业的协调。涉及与邮政管制有冲突的问题,邮政管制机构应采取回避制度。

第四,由在群众中有较高威望并对邮政产业发展具有相当程度了解的经济学家、邮政技术专家、邮政法专家以及随机抽选的群众代表组成考评委员会对管制机构的绩效做出恰当评估,以此来强化对管制者的约束。

四、能动态适应技术与需求的发展变化

邮政这个一直以来属于强行政垄断性产业的业务并不完全是或永远是垄断性的。随着相关替代品如电子邮件、服务需求强度、市场容量、技术或服务提供路由所发生的变化,使一些原本可以视为一家垄断经营的业务变成了潜在竞争性的业务,当这些业务的价格与法规或准入门槛发生变化时,潜在竞争性业务又可转化成竞争性业务。而且,从发展趋势来看,邮政产业的垄断性业务范围会逐渐缩小,而竞争性业务会逐渐扩大。因此,管制机构的设立与运行,必须按照业务分类管制的需求,并根据产业内不同性质业务所占比重发生的变化,动态调整管制机构主体、管制的领域以及管制的职能。

对中国邮政产业当前业务而言,传统函包业务的收入在绝对量上还占居着主导地位,成立一个具有专业化的管制机构是必需的。这一机构主要的职责之一,就是确定普遍服务的成本,在此基础上实现普遍服务基金的有效使用。还可选择普遍服务的提供者,以此来调整网络的布局,以尽可能低的成本履行普遍服务职能。在经营方式上引入一些竞争手段,给现有服务提供者以必要的压力,使监管对象对监管机构所提出的要求形成一定的响应机制。

从邮政产业近期特别是加入 WTO 以后的邮政服务贸易开放承诺的履行角度,邮政产业的潜在竞争性业务与竞争性业务的管制则必须从对传统函包类垄断性业务的管制机构中独立出来。具体内容包括:(1)物流配送业务归到商务部,由商务部制定统一的具有约束力的物流标准进行管制。(2)邮政绿卡事实上由人民银行监管着,邮政绿卡工程已接入到了银联体系中。按政策性职能与监管性职能相分离的原则,

这部分业务应由银监会监管，纳入银行业标准监管框架，使邮政金融业务在竞争性市场谋求发展。(3)特快专递业务现有的监管机构是国家邮政局，这类业务属政策界定上的潜在竞争性业务和事实上的竞争性业务。虽然暂可并入到对传统函包业务监管的体系中，但在具体监管政策上应有别于传统函包业务。当此类业务中的非物品类业务的市场容量不断增长后，应归为机构改组后的信息产业部下的专门司局，这个机构肯定不是现有的企监不分的国家邮政局。在这个问题上，无论是理论界还是实际工作者，有着不同的看法。他们认为，如果一个产业甚或一项业务都要设立一个监管机构，其制度安排的成本昂贵性是不言而喻的。笔者的主张是，对不同行业具有同样性质的业务，可以建立一个统一的监管委员会。而对于某些行业中不同于其他行业业务流程、组织方法，且具有完全不同性质的业务，才应设立一个专门化的监管机构管理此项业务。

考虑到在不同地区，邮政产业内不同性质的业务在产业中的分量各不相同，一个较可行的政策思路是：在经济发达或较发达地区，由于其业务量相对较大，宜实行二级管制的组织架构模式，即一级管制机构为从信息产业部与国家邮政总局中独立出来并经司法授权的机构，即中国邮政管制委员会；二级管制机构为从各邮区中心局中独立分化出来的管制机构，以加强对非竞争性业务的管制力度；二级管制机构在法律地位上受一级管制机构授权，制定出所在业务区域的监管实施细则；在具体监管业务上受一级监管机构的检查、评估与指导，纳入一级监管机构所定指标体系，二者为纵向垂直型的关系结构。而在经济欠发达或落后地区，因为竞争强度较小，则可实行一级管制组织架构模式。

第九章　城市公用事业:以自来水与管道燃气产业为例

城市公用事业包括自来水、管道燃气、供热、污水处理、垃圾处理及公共交通等直接关系社会公共利益和涉及有限公共资源配置等经营性产业,还包括市政设施、园林绿化、环境卫生等非经营性产业。这决定了城市公用事业涉及面广、内容复杂,与城市居民的生活质量密切相关。城市公用事业的一个显著特点是,通常以特定城市为范围,实行区域性经营与管理。长期以来,中国对城市公用事业实行政企合一、政府垄断经营的管制体制。近几年,各地对城市公用事业管制体制进行了不同程度的改革,国家建设部在 2002 年 12 月制定了《关于加快市政公用行业市场化进程的意见》,2004 年 2 月又颁布了《市政公用事业特许经营管理办法》,并于 2004 年 5 月 1 日起施行,这些法规政策将进一步推动中国城市公用事业的改革。但从总体上而言,目前还属于改革初期,而且各地很不平衡,缺乏大量的实践资料。因此,为提高对有关问题讨论的集中性,本章以城市自来水和管道燃气这两个具有自然垄断性的产业为例,主要从理论上探讨城市公用事业的市场结构重组、分类管制与协调政策问题,并最后讨论城市公用事业的管制机构问题。

第一节　基本特征与主要业务类型

一、自来水产业的基本特征与主要业务类型

自来水的主要生产供应过程是,把江河、水库等地表水资源或从地

下水资源抽取的原水输送到自来水加工厂，加入硫酸铝、氨和液氯等制水原料后，经过多道自来水加工工艺，处理消除各种污染物，制成成品水，然后通过自来水输送管道网络系统，把自来水分销给企事业单位和居民消费者。各类消费者使用后的污水又流入下水道排污系统，再抽到污水处理工厂，剔除和焚化污物后流入江河、大海，部分被用作农业肥料。在水资源比较短缺的地区，经过处理的污水还被用作原水再次制造自来水，以提高水资源的利用率。同时，也有一些污水未经处理就流入江河、海洋。因此，在水资源循环的某些阶段存在外部性问题。江河、水库和海洋会被未处理的污水所污染，地下水也可能被农药、肥料或其他有害物质所污染，这些都会增加自来水的生产经营成本。

自来水产业具有明显的地区性或区域性经营的特征，在需求上具有较强的季节性。由于受自然地理、水资源和经济发展水平等因素的影响，目前，中国自来水产业的一个特点是，因许多农村地区还没有使用自来水公司提供的自来水，所以，通常以城市为中心建立自来水公司，这就决定了城市规模的大小决定着自来水公司经营规模和经营范围的大小。各自来水公司的管道被未使用自来水的地区所分隔，各自在本地区范围内实行独家垄断经营。

自来水需求的波动性很大，在夏季达到需求高峰，而在夏季作为自来水基本原料的水资源却处于最低可供水平，在冬季情况恰好相反。对自来水需求的这种波动性，决定了自来水公司必须按照自来水的最大需求量设计自来水生产、输送能力，以保证自来水的不间断供应。而在自来水的需求淡季，自来水生产、输送设备的利用率往往较低。大多数消费者对自来水的需求价格弹性较小，但一些工矿企业只需要较低质量的水（如用作冷却机器），如果自来水价格太高，这些企业也可能自己建立供水系统，直接从江河中抽取未经处理的水或制作低质量的水，以满足自身生产的需要。

自来水产业的主要业务类型包括自来水的设备生产经营、管道网络与水厂等基础设施的建设、自来水生产(制水)、管网输送(输水)和销售(售水)等业务。显然,自来水的设备生产完全是竞争性业务,政府只需制定设备技术标准和质量标准,可在全国范围内由多家企业生产经营。自来水管网、水厂等基础设施的建设虽然具有一定的技术性,但完全可以通过招投标选择高效率的建设企业,因此,这是一个竞争性业务领域。建设一个现代化的水厂,需要装配先进的制水设备和操作系统,因此具有相当的规模经济性。但为了取水、输水的经济性和保证安全供应的需要,在一个具有一定规模的城市中,自来水生产往往由若干个水厂同时进行。在供过于求的状况下,对这些水厂可以竞争性生产和供应。所以,自来水生产业务也是属于竞争性业务。由于自来水管网需要巨额投资,资产专用性强,沉淀成本大,对城市道路等也有很大的影响。这些都决定了在特定范围内,不能重复建设自来水管网。因此,自来水管道输送业务具有强自然垄断性。自来水销售业务只需建立抄读表和结算系统,投资不大,在较大范围内可由多家企业经营,因此,这也是一个竞争性业务领域。可见,在自来水产业,除自来水管网输送业务外,其他业务本质上都属于竞争性业务。在中国许多城市现行体制下,自来水设备生产和管网与水厂建设业务已由独立企业承担,并初具竞争性。而对自来水生产、管网输送与销售业务还基本上实行垂直一体化垄断经营。因此,自来水生产和销售业务只是潜在竞争性业务。这

表9-1　自来水产业的主要业务及其性质

主要业务	业务性质
设备生产、管网与水厂建设	竞争性
自来水生产	潜在竞争性,但具有一定的规模经济
自来水管网输送	强自然垄断性
自来水销售	潜在竞争性

样，我们可用表9-1简要总结自来水产业的主要业务类型及其性质。

二、管道燃气产业的基本特征与主要业务类型

城市燃气的供应方式基本上采用瓶装燃气和管道燃气两种形式。我们在此讨论的是管道燃气。这是因为，瓶装燃气从其技术经济特点来看，其市场结构基本属于竞争性的，不在我们讨论之列。并且，与瓶装燃气相比，城市管道燃气作为一种优质、清洁、方便、高效的城市使用燃气，正越来越被广大市民所接受。城市燃气采用管道供应是现代化城市的发展趋势，也是城市燃气产业的发展方向。

城市管道燃气的生产供应是一个包括燃气生产、输送和销售在内的具有垂直关系的连续阶段。燃气产品的生产，主要包括：煤制气、油制气、液化气和天然气等，通常由制气企业将煤炭、液化气二次加工或直接开采天然气，然后将可燃气（气态或液态）加压送入管道，到达终点后调压分销给企业和居民等用户。从发展趋势来看，天然气将成为管道燃气的主要燃气产品。① 这是因为，在一次能源结构中，中国天然气仅占3%，而世界平均水平为23%。据专家预测，21世纪天然气将是消费量增长最快的能源，预计到2010年中国天然气在一次性能源的消费比例为6%，天然气在中国能源结构中的份额从目前的3%将提高到2010年的6%。② 根据天然气的开发生产特点，燃气产品可以来自国内，也可以从国外市场进入。

就整体而言，城市管道燃气产业属于典型的网络型产业，其基本特

① 2002年7月4日西气东输工程全线开工。2004年8月3日，西气东输管道工程全部焊接完工，整体工程在2004年内全线投产。如果完全以天然气为燃气产品，则城市就不再生产燃气。

② 参见裴根、张晓清："燃气行业特许经营探讨"，《城市燃气》2003年第8期。

征主要表现在以下几个方面：

1. 自然垄断性和区域性。从管道燃气运行过程的相关阶段（生产、输送和销售）来看，管道燃气产业的经营必须依赖输送管网进行，这就决定了其自然垄断性的特点。另外，管道燃气产业赖以生存的管网建设，受到人口集中程度限制，在人口高度密集的城市铺设管网是可行的，而在人口密度较小的农村地区铺设管网显然是不经济的（至少在目前的技术经济条件下是这样的）。因此，不可能建设一个全国性的网络系统，只能是以单个城市为基础的区域性网络。当然，随着天然气的大力开发与利用，将在一定程度上改变这种状况。另外，除瓶装气外，管道燃气企业的产品和服务具有固定的消费群体，也就是说，城市常住人口一旦初次消费（用户缴纳了管网建设配套费），便成为永久性用户，这使管道燃气企业具有稳定的客户群，必然会形成区域的垄断性经营格局。

2. 管道燃气与其他能源具有较强的替代性。一方面，作为一种能源，城市管道燃气有诸如瓶装燃气、电、煤和油等作为替代品。用户对管道燃气的需求要受到它与其替代品间的比价、质量和服务水平的影响。因此，管道燃气产业面临着来自其他可替代能源产业的竞争，与此同时，也会面临一定程度上需求的不确定性。另一方面，与替代品相比，管道燃气产业的发展仍具有其他替代产业不可比的优势。例如，管道燃气替代煤等燃料，对空气的质量改善有一定的积极作用。另外，与替代性较强的瓶装燃气相比，瓶装燃气供应方式分散，换气不便，而且切换频率高，安全系数小，难以管理。而管道燃气具有方便、安全、易管理、利环境、降低交通运输等优势，克服了瓶装供气的缺点。为鼓励人们使用管道燃气，政府应该给予一定的政策以支持其发展。

3. 安全性要求较高。城市管道燃气作为一种高效能源，在储存、运输、系统建设、使用过程中都不同程度地存在着一定的危险和问题,有可能对城市居民的人身安全和财产安全造成危害。因此,安全性问题必然涉及与管道燃气供应相关的燃气设备的供应、安装和维修等,政府管制机构需要对管道燃气的质量及燃气设备进行严格管制,对进入这一产业的企业数量加以控制,避免过度竞争,质量失控。

4.消费的季节性。管道燃气的主要用户有居民用户、工业用户、商业用户、电力用户等。各类用户尤其是占很大比重的居民用户对燃气的需求是波动的,一年之中差别很大。一般来说,冬季需求量为夏季的5倍;一月之中、节假日前后以及一日之中各时点均会出现峰谷波动。管道燃气消费时间和消费数量的波动性,导致了生产的显著不均衡性。因此,管道燃气企业除了保证供应外,还需要具有调峰能力,即协调用气高峰和低谷的能力,以实现供需平衡。

5.所需资源的稀缺性。管道燃气产业的主要原材料有煤、石油、天然气等不可再生自然资源,如果说其他生产要素是相对稀缺的话,这些资源则是绝对稀缺,终究会完全耗尽。因此,这些不可再生自然资源不仅要在当前的社会经济条件下与其他生产要素合理配置、高效使用,而且还要在现在和将来、当代人和子孙后代之间合理分配和使用。

管道燃气产业的主要业务类型包括城市管道燃气工程(主要包括有:燃气气源工程;储气工程;输、配气管网工程等)的建设以及管道燃气产品的生产、输送和销售等具有垂直关系的连续阶段,还包括燃气设备的生产、安装和维修等领域。虽然其中一些环节(如产品的生产、销售、管道燃气工程和设备供应等)并不与管网发生必然联系,但输送等主要环节只能依赖管网才能完成。

显然,燃气设备的生产、安装和维修属于竞争性领域。由于燃气设备的生产、安装和维修与管道燃气产业的安全供气有着直接的关系,在政府制定出一定的技术和安全标准后，可由企业竞争性地提供相应的产品和服务。管道燃气工程的建设同样对技术和安全有着相当高的要求。尽管如此，完全可以通过招投标的方式引入竞争，选择在资质和管理等方面有着较高水平的企业来建设。因此，这也是属于竞争性的领域。而燃气产品的生产和销售与一般产品的生产和销售没有实质性区别，并不具有自然垄断性，可以由多家企业竞争性地生产和销售。当然，决定产气和供气能否竞争的关键在于管道网络是否可以做到互联互通，在技术上使消费者能够在足够多的供应商中进行选择，而不为管道这一基础设施瓶颈所困。[①] 管道燃气的输送显然具有自然垄断性，这是因为燃气管道网络的建设成本高、前期投资大（铺设 1km 的高压管线需投资近 90 万元、中压管线需投资近 60 万元）、回收期长（一般在 10 年以上），而建成后的管网资产专用性强、沉淀成本高。由此可见，燃气管网的运营具有明显的规模经济。这决定了作为管道燃气产业的输送在一定的需求和产出范围内具有成本弱增性，由一家企业垄断经营，反而能实现较高效率。因此，管道燃气产业的输送具有强自然垄断性。

根据上述分析，除输送业务外，管道燃气产业其他业务基本都属于竞争性业务。在中国目前的城市管道燃气产业，城市管道燃气工程的建设和燃气设备的生产、安装和维修等业务基本引入了竞争，而对于生产、输送和销售等生产环节除了个别城市外（例如上海），大部分城市仍然实行垂直一体化垄断经营。因此，管道燃气的生产和销售业务只是潜在竞争性业务。表 9－2 简要概括了管道燃气产业的主要业务及其性质。

---

① 参见李建琴、汪基强："公用事业民营化与政府规制"，《经济社会体制比较》2004 年第 2 期。

表 9-2　管道燃气产业的主要业务及其性质

主要业务	业务性质
燃气设备的生产、安装、维修以及城市管道燃气工程系统(包括:燃气气源工程;储气工程;输、配气管网工程等)	竞争性
燃气生产	潜在竞争性
燃气输送	强自然垄断性
燃气销售	潜在竞争性

第二节　加入 WTO 对城市公用事业的影响

尽管中国城市公用事业的分类与国际惯例存在差异,但在分析 WTO 中涉及城市公用事业的相关内容之后发现,在中国政府承诺的各项条款中,对城市自来水和管道燃气等城市公用事业领域并没有特别的承诺或对外商有特别的限制,即并没有要求得到特别的保护,也就是说中国城市公用事业今后的发展必须与国际接轨,遵循国际规律,公平地接受竞争和挑战。根据 WTO 的市场准入协议,外商来华投资城市公用事业将急剧增加。例如,目前,中国城乡供水市场已经对内资、外资全面放开。国外水务公司对中国水务市场早已虎视眈眈,国际三大水务巨头法国的威望迪集团、苏伊士水务集团和英国泰晤士水务公司对城乡供水产业垂涎欲滴,并已经进入中国城乡供水市场。

中国加入 WTO 后,经济全球化、竞争国际化将对城市公用事业产生重大影响,城市公用事业面临着新的市场形势。城市公用事业必须遵循中国政府的承诺,按照《服务贸易总协定》中的具体规定,与国际接轨,加入全球化的公平竞争。面对新的形势,城市公用事业的生存与发展遭遇新的挑战,这种挑战是前所未有的,城市公用事业领域发生了巨大的变化,国内外各种城市公用企业不断渗透中国的城市公用事业,现有从事城市公用事业经营的企业会有许多的不适应。因此,城市公用企业必须正视这个现实,认真分析研究当前的市场形势,尽快适应新的经营环境,迅速调整发展思路,以深刻的分析、良性的对策,趋利避害,促进企业的发展壮大。

中国加入WTO使城市公用事业将面对来自全球市场的直接竞争,从长期看,对城市公用事业的发展和管理水平的提高是有利的。但是,短期内也会产生强烈的冲击。具体表现在:

1. 中国城市公用事业现行的有关法规和政策还不完全符合WTO的规定。行业立法滞后,对利用外资和市场准入尚无明确的规定,行业标准尚不配套,有的甚至与国际惯例有矛盾和冲突,不利于与国际市场接轨。

2. 中国的城市公用事业管理体制和经营模式将面临挑战。长期受传统的计划经济体制的影响,市场意识不强,难以建立完善的市场运行机制。并且,国内外市场长期隔离,导致对国际竞争规则的不了解,与发达国家同行业相比,缺乏在同一环境下竞争的经验。另外,无论是政府还是企业,在观念和体制上都存在许多难以适应的地方,在管理方式上有相当大的差距。企业经营机制还处于市场化的初期,尚未形成较为完善的运作模式。

3. 城市公用事业将面临更加激烈的竞争。外国企业在资金、技术、管理和市场经验方面,实力均要强于在中国城市公用事业领域中经营的企业。目前,中国这些领域中的企业还没有形成规模,总体竞争实力低于境外企业,而且长期在政府政策的保护下,缺少对外谈判的经验,对国外行业的最新发展状况了解较少。因此,通过竞争,那些成本高、技术水平低、管理落后的企业很可能被淘汰。如果这些问题不及时解决,加入WTO后,企业竞争能力可能在一定时期内将处于明显的劣势,难以与国外相同行业的企业进行抗衡。[①] 例如,中国广大中、小供水企业长期依赖政府的扶助,由于自身规模小创新能力低,抗风险能力和竞争力弱,会被国外大型企业逼出已有的市场,甚至最终难以生存下去而变卖水厂。

由于中国长期处于计划经济体制下,行业垄断和社会公益的负担使城市公用事业尚未完全转变经营机制,一些企业已经面临生存与发展的问题。因此,中国必须开放城市公用事业,加速市场化进程,运用市场机制改善生产和服务的供给能力、质量和效益。

第三节 市场结构重组政策

一、自来水产业的市场结构重组政策

目前,中国的自来水产业普遍存在地区性垄断经营的市场结构,因此,如何通过引进竞争机制,把这种垄断性市场结构改变为具有一定竞争性的市场结构,这是中国自来水产业市场结构重组政策的基本目标。对此,上海市已作了初步尝试:2000 年上半年,上海市把原有的上海市自来水总公司按地域范围分割为 4 个完全独立的自来水公司,即上海市自来水市南有限公司、上海市自来水市北有限公司、上海市自来水浦东有限公司和上海市自来水闵行有限公司,上海市政府对这 4 个自来水经营企业实行统一定价,以比较各个自来水经营企业的绩效。这是对中国自来水产业市场结构重组实践的一个创新,有利于促进各企业提高经营效率。但遗憾的是,在上海市自来水产业这种新的市场结构

① 参见林雪梅等:"加入世界贸易组织对中国市政公用行业发展的影响研究",《城市管理与科技》2003 年第 3 期。

状态下,由于仍然实行区域性垄断经营,企业之间不存在业务上的竞争关系,消费者也没有选择自来水经营企业的机会,因此,未能真正实现规模经济与竞争活力相兼容的有效竞争。

因此,在自来水产业要形成有效竞争的格局,必然要求探索重组自来水产业市场结构的新思路,把现在独家企业经营的垄断性市场结构变为若干家企业经营的竞争性市场结构。由于目前中国自来水产业基本上按行政区划,以城市为中心实行区域性垄断经营,我们可分别以区域内和区域间两种情况来讨论如何重组自来水产业市场结构,运用竞争机制的问题。

在区域内重组自来水产业市场结构的基本思路是,将现行垂直一体化的市场结构进行分割。如前所述,中国自来水产业主要有自来水设备生产、管道网络、水厂等基础设施建设、自来水生产、管网输送和销售等业务。其中,自来水管网输送是自然垄断性业务,而自来水设备生产、管网与水厂等基础设施建设、自来水生产和销售业务是竞争性业务,目前在中国许多城市,自来水经营企业对这些业务基本上实行垂直一体化经营的。因此,重组自来水产业的这种垂直一体化市场结构,就是将这些业务由不同的企业来承担。由于管网输送业务具有自然垄断性,为保证规模经济效益,应该由一家企业经营,政府把它作为管制的重点,设计模拟竞争机制的管制机制,以刺激企业提高生产效率,增进社会福利。而自来水管网等基础设施建设、自来水生产和销售业务属于非自然垄断性业务,可以放松进入管制,允许一部分新企业进入,形成由若干家企业竞争性经营的格局。具体地说,在自来水管网等基础设施建设方面,可运用招投标竞争机制,选择效率较高、成本较低的建设施工单位;在自来水生产领域由多家企业竞争性生产,实行竞价上网。这样,自来水管网输送企业实际上就成为自来水的“批发企业”,它主要采购成本价格较低的自来水生产企业提供的自来水,这种竞争机制会自动促使自来水生产企业努力降低成本。在自来水供应环节，也可以由若干家企业竞争性经营，它们从自来水管网输送企业“批发”自来水，然后“零售”给消费者，这样，消费者就可以选择服务质量较好，收费较低的自来水供应企业。

在区域间重组市场结构的基本思路是，打破行政区划的地理界限，允许区域外的自来水经营企业进入区域内提供自来水服务。区划外企业可以延伸其管道网络进入区域内，与区域内企业为争夺顾客而直接竞争。在技术上可行，同时，建立比较成熟的政府管制体制后，还可以鼓励区域外企业联接区域内企业的自来水管道，形成公共管道网络，向区域内消费者提供自来水服务，从而为区域间企业开展直接竞争提供更大的可能。在这方面，我们将在后面介绍英国在自来水产业地区间相互进入方面的经验，这将对中国制定与调整自来水产业市场结构管制政策具有重要的借鉴意义。

二、管道燃气产业的市场结构重组政策

由于中国管道燃气产业长期采用区域性垂直一体化结构，地方公用事业管理部门所属管道燃气企业垄断本地区燃气产品或服务的所有环节，价格基本不受供求关系和成本变动的影响。这种单一的模式不仅造成管道燃气企业普遍亏损经营，财政补贴沉重，而且使企业缺乏自主权和积极性，并导致生产效率低，服务质量差。从管理和控制角度看，垂直一体化的实质是利用企业内部或行政手段来处理业务，而非垂直一体化则是以市场手段和竞争机制来取代企业内部或行政手段的一种体制调整。表 9-3 对管道燃气产业垂直一体化与垂直结构分解的优缺点进行了比较。尽管两者各有优缺点，但是，通过国内外学者的研究以及国内外燃气企业改革的实践表明，应在存在竞争的生产环节引入竞争机制才能有效地激励管道燃气企业降低成本、改进产品和服务

质量。

表 9-3　管道燃气产业垂直一体化与垂直结构分解的比较

垂直一体化	垂直结构分解
优点: 各环节统一考虑生产经营决策,使负的外部效果内部化 各环节能够共同分担一些固定成本、共享同类技术和经验 节省对生产环节的监督成本 缺点: 缺乏竞争及由此导致的企业内部无效率 管理者难以获取企业的成本等必要的信息	优点: 在生产等非网络环节可以实行竞争,激励这些环节的企业不断降低成本 管制者只需取得传输等垄断环节的信息,从而降低了管制者获取信息的难度 缺点: 需要管制者对每个生产企业投入传输形态的产品质量和数量进行严格监督和计量,监督计量成本较高 需要严格的产权制度来解决各环节分离可能产生的负的外部效果 一些固定成本不能与其他环节分担

资料来源:刘戒骄,"城市公用事业的放松管制与管制改革",《改革》2000 年第 6 期。

正如第三章所总结的,对垄断性产业实行市场结构重组的基本目标是促进垄断性产业形成有效竞争的基本格局,为放松管制创造市场条件。管道燃气产业的市场结构重组目标同样也是围绕这一基本目标进行的。

(一)管道燃气产业市场结构的现状

从中国目前的管道燃气市场来看,主要表现为以下两大特点:

1. 垂直一体化经营。目前,中国多数城市管道燃气产业基本上仍采取垂直一体化的组织结构。其表现的基本特征是,管道燃气的生产、输送和销售等均由国有企业垄断经营。这意味着不同生产和服务环节之间的交易是在企业内部完成的,最终管道燃气企业向消费者进行捆绑式销售燃气产品和服务。如图 9-1 所示。

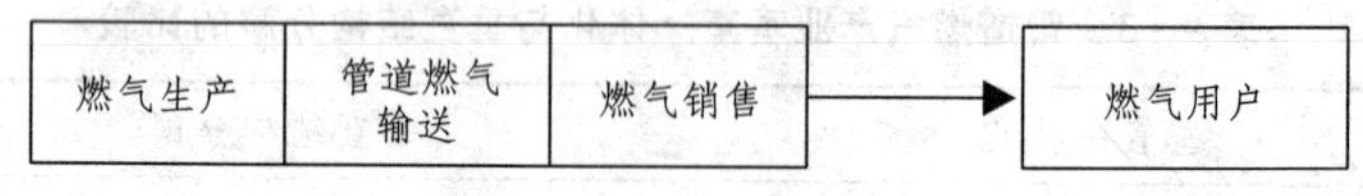

图 9-1　城市管道燃气垂直一体化示意图

针对垂直一体化的市场结构，为了控制企业的垄断力量，政府对管道燃气产业所提供的产品和服务价格实行严格的管制。但是，事实证明，在这种管制制度下，难以使企业有效率地运行。

在行政垄断、垂直一体化经营和地区封闭等市场结构特征的作用下，中国燃气企业提高效率的动力不足，效率相对先进国家来说十分低下。1999 年全国燃气企业的职工总数为 13 万人，销售气量约为 236 亿立方米，人均售气为 18.15 万立方米；年均销售收入为 161 亿元，人均销售收入为 12.39 万元。而与中国近邻的日本大阪煤气公司 1994 年底员工总数为 10608 人；销售气量 55.57 亿立方米(液化天然气)，人均售气 52.38 万立方米，相当于中国的 2.89 倍；年销售收入为 6077 亿日元，人均销售收入 5728.69 万日元，约合人民币 401 万元，相当于中国的 32.36 倍。

由于垄断性经营，与供水企业一样，中国的管道燃气企业使用的技术设备落后、陈旧，采用的主要生产设备是已被大多数国家淘汰的直立炉，设备的经济技术指标比较低。由于工艺水平落后，使得原料利用效率、产品的技术品质与现代工业生产的可替代产品相比，存在较大的比较劣势。并且，管道燃气产业政府补贴后仍是大面积亏损。加上“倒逼”定价等不规范企业行为的存在，成本增幅远高于同期国内大中小企业平均成本增幅。

2. 放松进入管制，国内外企业逐步进入城市管道燃气市场。中国目前城市管道燃气产业的市场结构基本上仍是垂直一体化的地区性垄断经营。但是,加入WTO后,近几年政府相继出台了一些政策以引入竞争。一是鼓励外国资本采取独资、合资、合作等多种形式参与城镇燃气建设;二是允许跨地区、跨行业参与城镇燃气经营。可以说政府从政策上已全面开放城市燃气市场。在竞争的推动和政策的支持下,有迹象表明,中国城市管道燃气产业的地区性垄断经营的格局将逐步被打破,正在逐步放松进入管制。近几年的实践可以看出这一趋势。

2002年3月,国家计委、国家经贸委、外经贸部联合发布了新的《外商投资产业指导目录》,首次将原来禁止外商投资的燃气城市管网列为对外开放领域。中国香港的中华煤气、百江燃气、新奥燃气等公司通过控股、收购、参股等多种方式,大举介入国内相关城市的燃气管网。

在众多进入内地燃气终端市场的外资公司中,香港中华煤气可以称得上是先行者。早在1995年,该公司就成立了中山港华、番禺港华和广州东华3家公司,2002年3月又组建深圳港华投资有限公司。同年11月,南京市煤气总公司与香港中华煤气有限公司又签订了合同,该合资项目中合同利用外资为6.5亿元人民币,双方共同组建的合资合作公司成立后,除了接管、延续原南京市煤气总公司所经营的所有管道燃气业务外,还将作为投资主体,统一负责南京市天然气项目的建设、营运与管理。这将意味着,南京城市燃气管道经营不对外资开放的坚冰被一举打破,管道煤气将告别30余年纯国有、国营的历史。[①] 2002年5月,中华煤气与珠海功控集团订下项目总投资额达1.6亿元的合资盟约,独家享有50年的全市燃气业务经营权。近年来,中华煤气在内地投资的合资公司数量日渐增多。目前在内地的28个城市拥有管道燃气项目。分布在青岛、济南、淄博、潍坊、威海、泰安、龙口等

① 参见刘文南:“燃气企业将步入大重组时代”,《中国经济时报》2002年10月23日。

地。而英国BP、法国燃气、美国休斯敦等外资燃气企业,也已把目光瞄准了中国多个省会级大城市。

中国加入WTO后,面对外资大量涌入所带来的燃气市场的激烈竞争,国内燃气企业也开始了相互跨地域的重组,以壮大企业竞争实力。2003年8月,长春燃气、大众燃气、中原油气、石油大明等知名公司也开始在燃气市场跨地域扩张,上海大众燃气与南昌市政公用投资公司合资组建了燃气销售企业。近期这一趋势还在加强。国家建设部在2004年2月颁布了《市政公用事业特许经营管理办法》,并于2004年5月1日起施行,这对鼓励非国有资本,尤其是高新技术企业介入管道燃气产业,无疑起到了积极的作用。在燃气产业相对稳定的投资回报的诱惑下,国内资本加快了进入的步伐。例如,对处于发展初期的天然气市场及其高额利润吸引了不少企业进入这一行业,而燃气管道作为另一种网络资源,也必将成为各路资本投资的新目标。2004年5月27日,中国第五大富豪、新希望集团董事长对外宣称已经在国内拿下了10个城市的天然气独家销售协议,而且"希望在年底再拿到另10个城市的独家销售权"。为此,新希望将在每个城市投资5000万至1亿元建设基础设施,全部投资近20亿元。

(二)管道燃气产业的市场结构重组政策

根据第三章的分析,垄断性产业市场结构重组可以分为狭义和广义的市场结构重组这两种基本类型。狭义的市场结构重组是指政府以法律和行政手段,在短期内对特定垄断性产业的市场结构作重大调整,把原有的垄断性市场结构改造成为竞争性市场结构,以形成有效竞争的格局。而外资企业和国内民营企业进入管道燃气产业当属广义的市场结构重组,即政府对特定垄断性产业实行放松管制政策,允许一定数量的新企业进入垄断性产业,通过在特定垄断性产业增加企业数量,以逐渐改变市场结构,把垄断性市场结构改造成为竞争性市场结构。

尽管中国管道燃气产业拉开了市场结构重组的序幕,但是现状基本仍是垂直一体化的经营,即单一企业垄断整个产业产品或服务的生产、输送和销售的所有环节,总体上尚未形成有效竞争的市场格局。当前中国管道燃气等绝大多数网络型公用事业的结构改革将选择纵向一体化与自由接入混合式结构作为突破口,即首先在竞争性环节引入竞争,而保持一定的纵向一体化结构。如何分解垂直垄断的结构,是进一步深化改革的关键,我们有必要为管道燃气产业的市场结构重组提出系统性的框架。

1. 管道燃气企业改制。对管道燃气产业的市场结构重组,首先必须使燃气企业成为市场中真正独立的经营主体。目前,中国国有燃气企业仍然是政企合一的体制,企业缺乏市场竞争压力。在城市管道燃气产业,已经有外资企业和民营企业通过并购、重组等方式,参与了一些城市国有燃气企业的重组,形成了混合所有制的模式,过去单一的国有企业、私有企业越来越多地发展为各类资本交叉持股的混合所有制经济。①

海口管道燃气股份有限公司于 1992 年完成了股份制改革,是中国燃气产业第一个股份制企业。经过几年的开发建设,海口管道燃气股份有限公司已取得一定的成绩,并于 1997 年 7 月经国家建设部、国家证监会批准在深交所成功上市并发行 5000 万股人民币普通股,成为中国(除台湾省、香港中华煤气公司以外)燃气产业首家上市公司。其他在国内股票市场上市的燃气企业还有长春燃气、燃气股份、大众科创、中原油气、石油大明、申能股份等。经过改制后的企业均有不菲的业绩。可见,应该把推行股份制作为城市国有大型燃气企业改革的主要

① 参见王天锡:“城镇燃气行业实施特许经营若干问题的思考”,《城市燃气》2003 年第 9 期。

目标，尚未改制的国有企业要加快股份制改革步伐，按照国际惯例规范操作，转换机制，真正成为市场竞争的主体。

显然，改制后的燃气企业进一步深化改革的问题就是市场结构重组。由于管道燃气产业与自来水产业同样具有地区性经营的特点，所以其市场结构重组与自来水有着一定程度的相似性。同样也可从区域内和跨区域经营两种情况来分析管道燃气产业的市场结构重组问题。

2.管道燃气产业区域内的市场结构重组。中国城市管道燃气产业从区域内的市场结构来看，基本上是垂直一体化垄断经营。但是近几年来，一些城市的燃气企业进行了产销分离的改革探索，其中上海市煤气公司在这方面的改革具有代表性。

2000年10月上海燃气企业正式进行重组，分别组建了市南、市北、浦东三家独立核算、自负盈亏的区域性销售有限公司，三个销售公司分别负责区域内燃气输配、销售、服务，包括燃气用户的申请、安装，输配管网的管理、抢修和日常养护，以及抄表、账款回收等业务。同时还组建了吴淞、浦东、石洞口三个自主经营、独立核算的燃气制气有限公司；将原来燃气第一、第二两个管线工程公司和燃气设计院划入城建(集团)公司，面向市场，通过竞标取得市场份额；因燃气结构调整而停产的杨树浦煤气厂改制为主要生产环保产品的全绿实业公司；改制成立多元投资的石油液化气经营有限公司，与上海申能公司共同组建上海天然气高压输配有限公司，负责上海天然气高压管网的建设、管理、运营，准备迎接“西气东输”；表具、灶具生产企业脱离母体，独立经营，公平竞争。上海燃气裂变重组后，新组建了燃气调度监测中心，负责全市燃气年、季峰谷调度和应急指挥调度，监控供气压力和气质，组织制气、销售企业竞价上网，组织实施天然气转换。①

① 参见冯颖:“体制创新 裂变重组—上海燃气行业改革始末”,《城市煤气》2001年第4期。

从2000年底开始，在全市燃气销售总量中拿出一定的比例，让制气企业竞价组织生产、上网销售。竞价部分燃气供应量的价格将低于政府规定的出厂价格。实施人工燃气制气的竞价上网，将降低燃气制气企业的生产成本，减少政府补贴。上海市燃气产业市场结构重组模式的主要特点是：一是主业和辅业分离（全面开放燃气的施工、安装、设计、设备生产等领域，形成竞争市场）；二是主业垂直分割（燃气生产与输送相分离，制气企业实现竞价上网，平等竞争）；三是销售公司为区域性公司，虽然业务不交叉，但独立核算、自负盈亏，存在着比较竞争关系。重组后的燃气企业在市场机制的推动下，将会产生提高生产效率、改善产品和服务质量的激励。虽然通过分割重组，上海市管道燃气产业竞争尚不够充分，各区之间基本上还是“分区垄断”。但是，这种重组毕竟使得管道燃气产业正在由传统的垄断性经营向竞争性经营转变，并为中国管道燃气产业的重组提供了很好的实践经验。据此，我们提出城市区域内市场分割重组的框架。

区域内的分割重组主要是根据管道燃气产业的业务进行纵向分割，同时横向引入竞争。按照“厂网分开，竞价上网”的原则，改变目前垂直一体化垄断经营的格局。根据表9－2的划分，管道燃气产业业务的分类和性质可概括为：燃气设备的生产、安装、维修以及城市管道燃气工程系统（包括：燃气气源工程；储气工程；输、配气管网工程等），这些均属于竞争性业务；燃气产品的生产和销售，属于潜在竞争性业务；燃气产品的输送属于强自然垄断性业务。对管道燃气产业进行分割可以按以下思路进行。

首先把燃气设备的生产、安装、维修以及城市管道燃气工程从原来的燃气企业脱离出来独立经营。其中燃气设备的生产、安装、维修走向市场，公平竞争；而城市管道燃气工程通过招投标方式引入竞争，选择生产效率高的企业从事工程建设。

在燃气制气领域可以引入多家制气企业展开竞争,竞价上网。当然,目前从管道燃气的气源来看,事实上已经存在着一定的竞争,这就是在天然气与煤制气以及液化石油气之间的替代竞争。由于天然气的污染小、热值高(煤气热值为3000多大卡,而天然气热值高达8500大卡)的特点,加上由于勘探和钻井方面新技术的应用可以降低天然气的开采成本,部分抵消高昂的运费。[①] 这些新技术都为天然气替代煤制气等能源提供了条件。从事天然气生产的企业对煤制气等企业已经造成了相当的压力。从战略角度来看,中国管道燃气产品的结构无疑将不断提高天然气的比例。而天然气生产环节的竞争程度,应该取决于国内外天然气气田的数量和天然气生产企业的数量,[②]从现实来看,中国天然气资源勘探开发由少数几家国有控股公司经营,尚未形成充分竞争的局面。但是引入国外市场的竞争,加上来自作为替代资源石油的竞争,天然气市场从某种意义上说竞争还是存在的。这样,在竞价上网的机制下,为占有更大的市场份额,燃气制气企业必然会有降低生产成本的激励。同样,应允许作为自由竞争的若干供气企业进入燃气交易市场,接受燃气用户的选择。[③]

由于管道燃气的输送领域具有自然垄断性的特点,应该由一家企业提供生产更符合效率原则,允许输送企业在一定程度上垄断经营,负责区域范围内的燃气输送业务。当然,由于是一家垄断经营,政府有必

① 据法国煤气公司提供的统计,同样通过5000公里的管道输送,每桶原油的费用为1美元,而每桶石油当量的天然气的费用则高达10美元。

② 目前中国有天然气生产企业60多家。其中,2002年年产量在1亿立方米以上的企业有28家,在5亿立方米以上的企业有15家,在10亿立方米以上的企业有9家,超过30亿立方米的企业有3家。另外,中国周边国家俄罗斯、乌兹别克斯坦、土库曼斯坦、哈萨克斯坦天然气资源丰富,这些国家每年尚有400—600亿立方米产能的天然气需寻找新市场。中国已与上述各国进行了多年的有关向中国输送天然气的可行性研究工作。由于我们在此讨论的是城市公用事业的市场结构重组问题,天然气不在本书的讨论之列。

③ 燃气终端大用户可以直接向制气企业购气。

要制定出相应的管制政策，以促进企业提高生产效率。

总之，通过对管道燃气供给过程的业务剥离，在一个区域内将形成一个有效竞争的管道燃气市场。但是，值得提出的问题是，这种分割在一定程度上将取决于不同城市该类产业的技术经济特点和市场规模等因素。例如，如果城市规模大，意味着市场容量大，在上面所分析的竞争性生产环节可以允许多家企业竞争；但是，如果城市规模过小，受到市场容量的限制，实施分割政策不一定会带来有效竞争。这是因为，对于燃气产业所谓的竞争性生产环节，一定程度上都有规模经济的要求，市场需求有限难以容纳多家企业同时经营，展开竞争。所以，这就需要依靠跨区域重组带来相应的竞争。

3. 管道燃气产业跨区域的重组。管道燃气产业的区域垄断性主要是受限于管网布局的区域性。尽管如此，仍然可以通过跨区域重组引入竞争。应该允许原各行政区域的企业按照经济原则，以产权为纽带，跨地区组建经济区域企业集团。管制机构可促使各区域企业集团之间开展区域间竞争。在打破区域行政垄断的前提下，生产经营效率高的企业完全可以通过跨区域经营对本地燃气企业造成直接的竞争压力。对此可以分为两种情况。

首先，在毗邻的区域之间可以展开竞争。这是因为，利用空间上的优势，区域之间可以延伸管网，且管网公司不得对区域外企业进行接入价格歧视。为争夺对方区域内的市场份额，企业必然提高生产效率，这便形成了区域之间的竞争。当然，考虑到不同企业的管道燃气将在公共管道中混在一起，双方应有相同的产品质量义务，并具有相类似的产品特征。

其次，突破空间的障碍，有效率的企业（包括国内外企业）可以直接进入某区域的管道燃气市场经营，这同样可以对区域内原有企业的经营产生直接的威胁。例如，新奥燃气控股有限公司是一家在香港联交所上市的城市燃气专业运营商，专门从事城市管道燃气的投资、建设和运行服务；分销管道燃气、燃气器具及提供售后服务。从1993年开始该企业就开始在燃气领域投资，在各城市投资燃气产业。新奥燃气已获得了廊坊、聊城、密云等23个城市燃气管道的控股经营权，并计划继续投资3.52亿元，使其燃气独家经营版图扩大到30个左右，2005年欲达到50个。可见，管道燃气企业的发展不但要面向本地区燃气市场，更要面向全国燃气市场甚至是来自国际市场的竞争，这种竞争是全方位的。并且，管道燃气企业跨城市经营，跨地区经营可以把自己比较成熟的技术模式、管理模式、商业模式，从一个城市推广到另一个城市，在全国范围内兼并重组，从而实现规模经济。

除了通过以上方式在管道燃气产业中引入竞争外，随着中国资本市场的逐渐成熟和完善，企业之间的竞争将会从产品市场的竞争转化为资本市场的竞争。例如，管道燃气产业虽然在产品和服务市场上有一定的垄断性，但是，作为上市公司，企业股票一旦上市交易，向公众募集资金，那它就自然处在同其他企业竞争的局面，因为企业必须获得足够的利润以吸引股东。倘若经营不善，股票价格必然下跌，不可避免地被其他效率高的企业通过股票市场收购兼并，实现企业的重组。因此，可以通过资本市场来促进管道燃气产业的竞争。

第四节 分类管制政策

一、自来水产业的分类管制政策

从整体上而言，自来水产业是一个典型的自然垄断产业，这要求政府对自来水产业实行进入管制和价格管制，既要防止新企业过度进入，造成重复建设和破坏性竞争，也要防止企业利用其垄断力量，通过制定垄断高价以取得垄断利润。但在自来水产业实行市场结构重组后,由于不同性质的业务由不同企业承担,某些同一性质的业务还由多家企业承担。这决定了对自来水产业应采取分类管制政策。

(一)进入管制分类政策

长期以来,在中国许多城市的自来水产业实行政企合一、政府垄断经营的体制,政府财政基本上是唯一的投资渠道。这必然造成自来水产业投资能力严重不足,制水设备严重老化,输水管网陈旧,失修失养现象严重,导致自来水供应十分紧张。根据有关资料,[①]中国许多城市的自来水管网是20世纪50或60年代修建的,在东北一些城市甚至是日伪时期修建的,管道太细,老化严重,高楼大厦建起来了,但水压不足,白天水供不上去,夜里才来水,老百姓称之为“夜来水”,只好挑水喝。又如1996年,在广西壮族自治区72个县城中,有1/3的县城因供水设备陈旧或输水管网建设滞后造成缺水或供应紧张。据报道,在全国600多个城市中,有400多个城市缺水,其中严重缺水的有108个,许多缺水城市的消防设施无法正常使用。因为缺水,全国工业产值平均每年减少2000多亿元。[②]

要从根本上改变中国自来水供不应求的问题,除了要建立节约用水的机制外,根本的途径就是要放松进入管制,通过一定的政策措施,鼓励新的投资主体进入自来水产业,加大对自来水产业的投资力度。但自来水产业是一个由不同性质的多种业务组成的自然垄断产业,这要求制定进入管制分类政策,对不同性质的业务采取合适的进入管制政策。

自来水设备生产、管网与水厂建设完全是一个竞争性业务领域,因

① 参见陆彩荣:“让城市更加现代化”,《光明日报》1998年11月16日。

② 参见郑北鹰:“走出水困境——关于我国水问题的现状与思考”,《光明日报》1999年2月3日。

此,为了提高这一业务领域的效率,政府只须制定各种技术质量标准,可以取消进入管制,通过招投标等方式,在全国甚至世界范围内选择高效率的企业。

自来水生产虽然具有一定的规模经济性(特别是现代化大型水厂的规模经济更加明显),但它一旦与管网输送业务相分离,它就从一种潜在竞争性业务成为现实竞争性业务。因此,政府对这一业务领域可以采取放松进入管制政策。事实上,中国不少城市在自来水生产领域已实行了放松管制政策。例如,上海市在20世纪90年代后期,就依靠多种经济成分发展供水事业,打破了自来水产业依靠单一政府财政渠道发展的旧模式,鼓励多元投资主体共同投资自来水产业。至1997年底,就有202家各种经济成分的企业持有供水资质证书,其中包括国家控股企业、有限责任公司、股份制和股份合作制企业。从而使上海市的日供水能力提前达到国家建设部公布的2000年一类水司规划目标。[①] 在利用外资方面,中国第一个经中央政府批准的城市供水基础设施BOT试点项目——四川成都自来水六厂BOT项目特许权协议于1998年7月12日在成都草签,签字双方分别为成都市人民政府和法国通用水务集团——日本丸红株式会社联合体。该项目总投资约1亿美元,由法国通用水务集团——日本丸红株式会社联合体独资投入,项目建成后,该公司拥有18年的特许经营权。[②] 近年来,对自来水生产的放松管制又有了进一步发展。

自来水管网输送是一个具有强自然垄断性的业务领域,在特定范围,不能重复建设两种管道网络系统。为了提高自来水管网输送业务的效率,政府可以选择高效率的经营者;为加大自来水管网的投资力

---

① 参见陆伟、许晓波:“筹资多元化 水源滚滚来”,《文汇报》1998年5月16日。

② 参见胡舒立:“城市基础设施建设首试BOT”,《中华工商时报》1998年7月16日。

度,现有企业可以通过发行债务、股票上市等途径筹措资金。但这些都不能打破企业在自来水管网输送业务领域的垄断。当然,政府也可以实行区域间比较竞争管制方式(我们在后面将对此作较为详细的讨论),但这只是一种间接竞争,而且还存在操作上的困难。因此,在自来水管网输送领域如何制定进入管制政策,这是政策制定者面临的一个难题。对此,英国政府已作了实践上的探索,其主要政策措施是通过允许区域外企业进入区域内经营、开发公共管道输送业务和促进自来水经营企业毗邻地带竞争这三个方面的管制政策措施来推动管网输送业务领域的直接市场竞争。

允许区域外企业进入区域内经营亦称“允许插入经营”(inset appointment)。英国政府在1989年颁布的《自来水法》中就出现了“允许插入经营”概念。按照该法的有关规定,在离某自来水经营企业现有管道系统30米以外的地区才允许区域外企业进入经营,即只有对新顾客才能允许插入经营。英国政府在1992年颁布的《竞争和服务(公共设施)法》扩大了“允许插入经营”的范围,允许对年自来水供应和污水处理量超过25万立方米的大顾客实行插入经营,打破了原来的“30米规定”。在某地区从事插入经营业务的既可以是其他地区已有的自来水经营企业,也可以是新建立的自来水经营企业或机构,但都必须按照有关法规承担一定的义务和责任。自来水服务(管制)办公室在1995年公布了“自来水产业的竞争:允许插入经营及其管制”这一法规,[①]对允许插入经营业务作了详细的规定。允许插入经营使顾客(主要是大顾客)对自来水经营企业具有选择权,打破了自来水产业原来的地区性垄断经营的局面,从而促使企业为争夺顾客而开展直接竞争。允许插入

---

① OFWAT, 1995, *Competition in the Water Industry: Inset Appointments and Their Regulation*, Birmingham: Office of Water Services.

经营竞争的一个直接结果是促使自来水经营企业采取“大用户收费价格”(large user tariffs)。过去,大顾客和小顾客是采取统一收费价格的,由于规模经济的作用对大顾客供应的经营成本较低,这种统一收费价格必然使大顾客的收费价格大大高于成本。因此,在引入允许插入经营竞争机制后,企业为了保住大顾客,就对大顾客单独采取收费价格,这实际上使大顾客能享受一定的批量折扣,从而使价格更好地反映成本。[①] 这样,对于年自来水使用量为 30 万立方米的大顾客来说,估计能减少 30%的付费支出。

公共管道输送业务是指自来水经营企业相互使用其自来水管道,或新企业使用原有企业的管道。由于自来水管道的重复设置通常会造成资源浪费,增加成本。因此,没有公共管道就不可能打破自来水经营企业的地区性市场垄断地位,不能有效地发挥市场竞争机制的作用。实行允许插入经营的一个前提条件也是需要有公共使用的管道。因此,开发自来水公共管道输送业务是促进管网输送业务领域最直接的竞争方式。[②]

英国政府在 1992 年颁布的《竞争和服务(公共设施)法》,允许自来水经营企业在毗邻地带开展竞争,但竞争的对象只局限于居民家庭。而在 1996 年公布的一个补充性法规,则把这种毗邻地带竞争的对象扩大到非居民家庭。事实上,位于自来水供应企业边界的那些工业、商业和农业用户对这种竞争的反应远比居民家庭强烈,一个简单的道理就是这些用户具有较大的自来水消费需求。由于不同的企业有不同的收费价格,自来水经营企业毗邻地带的竞争为顾客提供了选择较低收费

---

① OFWAT, 1996, *Large User Tariffs*, Birmingham: Office of Water Services.

② 由于公共管道输送业务涉及不同地区管道经营企业之间和同一地区的自来水生产企业与管道经营企业的关系,我们将在后面讨论自来水产业的协调政策时,对此作较为详细的讨论。

价格的供应者的机会。这反过来促使企业努力降低成本,以较低的价格保持原有的顾客,争取新顾客。

中国在自来水管网输送业务领域的进入管制方面还缺乏实践经验,因此,英国所采取的上述进入管制政策对中国有一定的借鉴意义,至少是一种可以尝试的政策思路。

自来水销售业务的技术和操作都比较简单,它与管网输送业务分离后,就成为一个竞争性业务领域,政府可以采取放松管制政策,允许信誉和资质较好的企业竞争性经营。我们可用表 9－4 对上述进入管制分类政策作简要总结。

表 9－4　自来水产业的主要业务与进入管制分类政策

主要业务	现有经营企业	进入管制政策的重点
设备生产、管网与水厂建设	不少城市已有若干家竞争性企业	取消进入管制
自来水生产	若干水厂,但通常由城市自来水公司一体化经营	放松进入管制
自来水管网输送	城市自来水公司垄断经营	吸引民营企业参股,实行股份制;试行区域外企业插入经营、开发公共管道和促进毗邻地带竞争等进入管制政策
自来水销售	城市自来水公司一体化经营	放松进入管制

(二)价格管制分类政策

从总体上而言,中国现行的自来水价格管制体制还是一种计划管制体制,其最大的弊端是不能刺激自来水经营企业努力降低成本,提高经营效率。这主要表现在:(1)价格形成机制不能刺激效率。目前,中国各级政府物价管理部门对自来水管制价格的制定,基本上是以自来水经营企业上报的成本(包括费用)为主要依据的,但这种成本是在特定地理范围内垄断经营企业的个别成本,而不是合理的社会平均成本。

按企业的个别成本定价，企业不但没有降低成本的压力，而且还会诱使企业虚报成本，结果就会出现自来水成本涨多少，价格也涨多少，甚至成本涨得更快的低效率现象。(2)政策性亏损和经营性亏损模糊不清。由于对自来水实行政府定价，为了稳定物价水平，许多地方政府存在低价倾向，因此，自来水经营亏损确实包含政策性亏损因素，问题是把所有的自来水经营亏损都归咎于政策性亏损，而完全排斥经营性亏损的可能性。这表现在自来水经营亏损都由地方政府财政负担或变相负担，企业没有减亏增效的压力和动力，不少企业虽然亏损，但人员超编现象十分普遍。按国家建设部规定，年供水量 10 万吨定编 1 人，实际上多数企业都超编，有些企业甚至超编 1 倍以上，而且还在不断增加，从而使人工费用在自来水价格中占有很大比重。同时，一些企业还有较高的工资、福利待遇，甚至滥发奖金，大建楼堂馆所。事实上，近几年来，中国的自来水价格涨幅较大，36 个大中城市的自来水平均价格由 1985 年的每吨 0.07 元左右提高到 1998 年的每吨 0.89 元，上涨 10 多倍，近年来又有较大幅度的上涨，其涨幅远远超过通货膨胀率的幅度，但自来水产业的总体经济效益并没有多大变化，许多企业一直处于亏损状态。其根本原因就在于企业的经济效率不但没有提高，反而有所下降。要解决中国自来水产业价格管制中的低效率问题，就要从根本上改革自来水价格管制体制，其总体目标就是要适应市场经济体制的要求，重视运用市场机制的积极作用。在制定自来水管制价格的方法上，为消除按传统投资回报率定价而产生的种种弊端，应尽可能采用第三章所讨论的激励性的最高限价定价方法。同时，对自来水产业实行市场结构重组后，将打破垂直一体化企业垄断经营的格局，自来水产业的各种业务由不同企业经营。由于不同业务领域在垄断性(或竞争性)方面存在很大的差异，而价格管制以控制垄断，保护消费者利益为导向，这决定了政府对自来水产业应采取价格管制分类政策。

在自来水产业的四大业务中,自来水设备生产、管网与水厂建设属于竞争性业务,各城市政府应消除地方保护主义壁垒,取消进入管制,通过招投标制,允许国内甚至国外高效率企业竞争性地经营这些业务。与此相适应,政府可取消价格管制,充分发挥竞争机制在价格形成中的积极作用。

在自来水生产业务领域,在许多中小城市通常只有一二家水厂,具有垄断性。在较大规模的城市,则存在若干家水厂。在自来水产业实行市场结构重组后,这些水厂将成为独立的自来水生产企业。虽然,随着对自来水需求的不断增长,通过放松进入管制,各城市自来水生产企业会有所增加,形成多家竞争的格局。但由于各自来水生产企业在获取原水、固定资产质量、地理位置等方面存在一定的差异,这些差异会导致自来水生产成本的差异。因此,虽然从发展趋势看,在自来水生产业务领域也可以实行竞价上网,但在确定自来水上网价格时,应考虑到各企业的成本差异。这就决定了在自来水生产业务领域不能完全依靠竞争机制决定价格,而需要适度的价格管制。

自来水管网输送是一个具有强自然垄断性的业务领域,这决定了它是价格管制的重点。但在管制方式和手段上,政府可采用区域间比较竞争,激励性定价模型等,实行模拟竞争机制的管制机制。

自来水销售是一个竞争性的业务领域,在自来水管网输送经营企业提供的批发价格(管制价格)的基础上,以一定的批零差率决定最终价格,政府可以通过招投标的形式,优选批零差率较小、服务质量高的企业经营自来水销售业务。

综合上面的讨论,我们可用表 9-5 概括自来水产业的价格管制分类政策。

表9-5　自来水产业的主要业务与价格管制分类政策

主要业务	现行定价制度	价格管制政策
设备生产、管网与水厂建设	一定程度的竞争性定价	取消价格管制
自来水生产	自来水生产、输送、销售一体化定价	运用竞争机制，适度价格管制
自来水管网输送	自来水生产、输送、销售一体化定价	实行严格的价格管制，可采取模拟竞争机制的价格管制机制
自来水销售	自来水生产、输送、销售一体化定价	竞争性定价

二、管道燃气产业的分类管制政策

政府管制的根本目的，不是要进一步强化产业的垄断，强化政府对企业的制约，而是要在市场经济条件下，在管道燃气产业由国有独资企业逐步转化为非国有独资的多元投资企业以及在引入境内外资金、管理和技术的同时，确保政府对管道燃气这个城市公用事业领域的有效调控，以确保管道燃气产业有序、健康地发展。

与其他的垄断性产业一样，政府对管道燃气产业的管制，也经历了从计划经济体制时期政府对燃气垄断企业的垄断性管制，逐步转化为在市场经济体制下对管道燃气多元投资多家经营企业的调控性管制。传统的对管道燃气产业管制的基本特点是严格的进入管制政策和成本加成的价格管制政策。这种管制政策极大地约束了管道燃气产业的发展。这是因为，地区性的垄断经营导致企业没有提高生产效率和服务质量的动力，并且严格限制其他资本进入管道燃气产业，使产业发展所需资金严重不足。而按企业运营成本制定燃气价格的管制政策，让企业完全可以把增加的成本转嫁出去，这对经营中的企业而言，似乎没有降低成本的必要，同时还加大了政府财政的负担。简言之，为促进管道燃气产业的发展,必须对进入管制政策和价格管制政策进行改革,而目前这一改革无疑必须与管道燃气产业的市场结构重组相适应。因为,市场结构重组后的管道燃气产业,不同的业务领域由于性质的不同,其所需要的进入管制和价格管制是有差异的。从上面的分析可知,在管道燃气产业的市场进行重组后,对于进入和价格管制,政府必须区分不同的业务进行分类管制。

(一)进入管制分类政策

在城市公用事业领域中,燃气是人民生活的必需品,并且还是重要的能源。国际上往往以能源人均占有量、能源使用效率和对环境的影响,来衡量一个国家的现代化程度。以天然气为例,天然气在中国能源结构中的份额从目前的3%将提高到2010年的6%。如此巨大的投资完全由政府来承担是不可能的,必须通过一定的政策引导国内外资本进入管道燃气产业。

根据前面的讨论,为了向管道燃气产业引入竞争机制,首先要将其业务进行分割剥离,区分自然垄断性业务与竞争性业务,实行区别对待的管制政策。政府进入管制的基本政策应是严格控制自然垄断性业务以获得规模经济;对于竞争性业务,政府应放松进入管制,允许多家新企业进入,以较充分地发挥竞争机制的作用。具体而言,在管道燃气项目建设以后的运营阶段,在燃气产品和服务供给与输送网络相分离的结构下,明确规定进入输送网络的燃气的技术标准,在非网络运营的环节引入竞争机制。尽管如此,政府仍然要控制进入竞争性业务领域的企业数量。这是因为,这些业务虽属竞争性业务,但是一定程度上仍然有规模经济的要求,为避免低水平的过度竞争现象,实现有效竞争,适度的控制是必须的。图9-2是对城市管道燃气产业的管制框架。

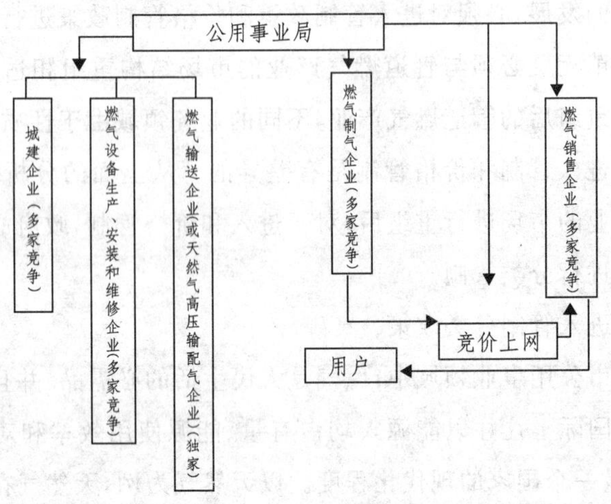

图 9－2　管道燃气产业的管制框架①

管道燃气设备的生产、安装和维修属于竞争性领域，对燃气设备的生产、安装和维修企业，其国有资产可以逐步退出，在政府制定出一定的技术和安全标准后，可以放松进入管制，由企业竞争性地提供相应的产品和服务。例如，2001 年的上海市，进入本市市场销售的燃气器具产品达 167 种，已获得等级资质的燃气器安装、维修单位站点 109 个。上海市管道燃气设备的生产、安装和维修领域的竞争格局基本形成。

管道燃气工程的建设同样对技术和安全有着相当高的要求。尽管如此，完全可以通过招投标的方式引入竞争，选择在资质和管理等方面有着较高水平的企业来建设。可见，这也是属于竞争性的领域。

由于不同的气源生产方式存在着差异，必然使得制气企业面对的竞争环境有所不同。人工煤气、液化气多是由城市自备气源（点式）供气，人工煤气更是由自建设施生产，可以在城市内形成一定程度的竞争。对城市内的制气企业，可利用其靠近大型集团公司的地理和生产

① 本图参考冯颖："体制创新 裂变重组—上海燃气行业改革始末"，《城市煤气》2001 年第 4 期。

配套优势,将全部或部分股权出售给这些大型集团公司,利用各相关制气公司现有的生产设施,为其提供生产所需的人工煤气、发电、天然气化工产品或提供能源,或把有条件的制气公司逐步改制为天然气渗混、天然气化工和能源储运物流管理的多元经营的绿色工业企业。并在原有的制气企业的基础上,引入新的企业参与竞争。①

管道燃气的销售如果能通过燃气管道公司自由地运输燃气,那么,燃气销售的沉淀成本较小,在燃气的销售环节有可能存在许多家竞争性企业,这就能有效地抑制燃气销售企业间的合谋行为。由于燃气是一种同质性较大的产品,燃气销售企业间的竞争就主要是价格竞争,②以及一些与销售燃气有关的服务竞争。

管道燃气的输送显然具有强自然垄断性,这是因为燃气管网的输送业务的经营,必须对燃气管网和城市气配系统进行投资。而燃气管道网络的建设成本高、前期投资大,而建成后的管网资产专用性强、沉淀成本高,并且多个企业经营还会带来管网布局和气化站设置的不尽合理,容易造成项目投资浪费。另外,多家管道网络企业长期并存的现象,还会造成管道的分割,专业人员的分散,技术的不统一,给管道燃气的发展带来极为不利的影响。由此可见,燃气管网的运营具有强自然垄断性。考虑到其自然垄断性,为了确保国家对管网控制,可以在国家控股的前提下,出售部分国有股权给国内外有实力的大企业,形成多元投资的格局。这样,既可解决建设发展资金问题,又可以进一步转换机制,所吸纳的资金用于扩大管网建设和改造。另外,对管道燃气产业这

---

① 天然气是河流式的从源头顺着管网供应大片"流域"和大用气单位,且对天然气生产而言,对规模经济的要求较为明显,所以,在某个天然气的产地形成竞争比较困难,但是会受到来自不同气源产地的竞争,或甚至是来自国际天然气市场的竞争。并且,天然气市场的经营还会受制于其他能源市场(例如,石油市场)的竞争。

② 参见王俊豪:《英国政府管制体制改革研究》,上海三联书店1998年版,第148页。

部分具有强自然垄断性的业务还可通过采用 BOT、TOT 国际通用的方式引入非国有资本。这在国内已经有了成功的案例。例如，四川瑞云集团收购邛崃市天然气公司，介入城市供气系统的管理营运领域是瑞云集团和政府以 BOT 方式合作经营城市公用事业的第一次成功运作。邛崃市虽然是产气区，也实行企业化管理成立了天然气公司，然而管网的改造和铺设一直是困扰着政府的难题，也是国有企业难以解决的问题。自瑞云集团经营后，在短短 2 年时间内，通过强化管理和实行信息网络动态跟踪管理，改变效率低、质量差等垄断性产业通常具有的弊端。新建供气主管网 60 公里，覆盖率由改制前的 75%增加到 90%，用户数量增加了 3100 户；对地方财政税收的贡献率提高了 10 个百分点；气损率由改制前的 19%降低到目前的 9%，安装成本由 1770 元降至 1500 元。

另外，由于天然气"西气东输"项目的竣工投产对城市管道燃气市场带来的直接冲击，可借此机会让非公有资本进入管道燃气产业。因为，从技术工艺上讲，天然气管道和原有的煤气管道并不能通用，于是在一些地区就专门组建主营天然气业务的新企业，直接引入竞争。例如，"西气东输"项目的终点是上海，为配合"西气东输"工程及东海平湖天然气、液化天然气等潜在天然气资源到达上海，市政府决定成立上海市燃气管网公司，注册资本金 15 亿元人民币，申能占 60%股权。该公司主要功能包括：统一汇集和购销来自"西气东输"、"东海天然气"和进口液化天然气等不同气源的天然气，并负责燃气主干输气管网的调压和调峰任务；负责与国家输气主管网衔接；作为上游天然气资源与下游燃气用户项目连接的桥梁，对上海地区高压天然气直供大用户和各配气公司配售不同气源的燃气。

综上所述，对管道燃气产业实施进入分类管制政策，可通过引入竞争促使竞争性业务实现有效竞争；而自然垄断性业务在一定的激励性管制制度的设计下获得规模经济带来的效率。放松管制后的管道燃气产业,竞争将淘汰一大批不具规模的燃气企业,有助于提高整个管道燃气产业的生产效率。在燃气经营市场总量控制的情况下,具有一定实力和相应资质条件的燃气企业取得燃气的特许经营权,也就意味着取得一定规模的市场份额和相应的经济效益。扩大企业生产、经营规模,势必在竞争中取得更为有利的地位,创造更好的经济效益。我们可以把上面的分析归纳为表9-6。

表9-6　管道燃气产业的主要业务与进入管制分类政策

主要业务	现有经营企业	进入管制政策的重点
管道燃气设备的生产、安装和维修,管道燃气工程的建设	多数城市已有多家企业同时经营	取消进入管制
管道燃气生产	已有少数城市(例如上海)把燃气产品生产分为几个企业同时生产,但基本上仍在城市的区域范围内垄断经营;多数城市仍由管道燃气企业一体化经营	放松进入管制
管道燃气输送	由城市管道燃气企业垄断经营	在国家控股的前提下,出售部分国有股权给国内外有实力的大企业,形成多元投资的格局;吸引跨区域的企业进入;通过采用BOT、TOT国际通用的方式引入非国有资本
管道燃气销售	少数城市(例如上海)把此环节拆分为几个企业同时经营,但绝大多数城市仍由管道燃气企业一体化经营	放松进入管制

(二)价格管制分类政策

在市场经济中,价格的决定完全取决于市场结构。在管道燃气市场结构重组后,由于不同的业务领域市场结构的差异,最终决定了不同生产环节所提供的产品和服务的价格形成机制的不同。

中国目前的城市管道燃气产业基本上还是一体化的垄断经营，与此相对应的是政府对管道燃气的价格管制延续了计划管制体制。这种体制较明显的问题是，一方面是燃气采购价格市场化，而另一方面是燃气销售价格制定缺乏灵活性。20 世纪 90 年代后期，各种燃气采购价格基本实现市场化，即由市场供需状况调节。天然气、煤制气的购进价格也充分体现了购销双方协议定价的市场化原则。然而，管道燃气的销售价格则需要考虑区域性的居民收入水平、工业生产成本水平等因素，执行地方政府的指令性价格，导致管道燃气的销售价格始终不能如实地体现其价值。致使国有燃气企业不能取得微利甚至保本经营，大多数国有燃气企业均有千万元以上的挂账亏损，形成国有燃气企业的政策性亏损。

对于管道燃气价格管制问题，从整体上分析，其与自来水产业最大的不同在于，作为一种能源，管道燃气存在着不少可替代的能源。因此，客观而论，管道燃气的垄断企业不会随意把价格定得很高。新奥燃气曾表示，企业并不希望把价格定得很高，定得过高会吓走很多消费者。尤其是燃气这种能源和别的能源是互相竞争的，不是绝对垄断的，可能与电力或其他能源互相竞争，因此会受到竞争的制约，所以定价过高对企业自己来讲也是一种损失。尽管如此，从管道燃气产业本身来看，与自来水产业一样仍然需要针对重组后的管道燃气产业，系统地调整政府的价格管制政策。对不同的业务环节，根据其市场结构的特点，政府对管道燃气产业应采取价格管制分类政策。

显然，从管道燃气产业的业务性质来看，由于管道燃气设备的生产、安装和维修以及管道燃气工程的建设等属于竞争性业务，政府管制机构应该完全取消进入管制，由市场来选择经营者。竞争性的市场当然对应于通过市场竞争形成的价格。也就是说，政府可以取消对这部分产品和服务的价格管制。

鉴于管道燃气产品来源的不同，目前要分两种情况。一是城市的煤气等产品管制价格的决定；二是天然气管制价格的决定。[①] 城市制气企业的竞争程度无疑是燃气价格形成的决定性因素。正如前面所分析的，城市规模较大的情况下，可以允许多家制气企业同时经营，通过竞价上网形成竞争，这时，煤气等产品的价格可以通过市场机制形成。但是，如果城市规模较小，不可能容纳多家竞争性的企业同时进行生产，这就需要政府对产品价格实施管制。

管道燃气的管网输送的强自然垄断性的特点，必须由一家企业垄断性经营，毋庸置疑，这种经营体制要求政府必须对其进行价格管制。政府管制机构可以通过设计一定的具有激励性的价格管制模型以促进垄断经营的企业提高生产效率。对价格管制模型将在后面分析。

管道燃气销售是一个竞争性的业务领域，业务特点是从管道燃气输送企业购买燃气，再向用户销售。从理论上说，在管道燃气销售市场形成有效竞争后，供应商向用户提供的燃气最终应该可以通过市场的竞争形成。在目前的过渡阶段，政府可以通过招投标引入竞争，选择价格低、服务质量高的企业为用户供应燃气。但是，这里可能会存在对质量的判断比较困难的情况。若是这样，最低的出价有可能影响服务质量。这种情况下政府可能将要介入进行管制。

由于管道燃气产品需求的季节性，为了平衡供求关系，这就要求燃气供应企业具有应付这种需求的方法：一种方法是按需求特点决定向生产者的采购批量；另一种方法是使用临时储存设施；第三种方法是采取“高峰负荷定价法”，即通过在燃气使用高峰期制定较高的价格以抑

---

① 对于天然气的价格决定问题，根据国际经验，其价格最终是由国际市场的天然气价格决定。当然，在中国目前的情况下，有一个过渡期，这期间由政府根据一定的价格管制模型进行管制。

制用户的使用量,或促使其使用其他能源,这主要适用于工业用户。[①]

事实证明,通过放松管制,引入竞争机制可以降低燃气产品的价格,这也是价格管制改革的最终目标。例如,根据英国的贸易和产业局统计的资料显示,通过对燃气产业放松管制,在1986年至1995年间,英国的燃气价格有较大幅度的下调,居民用户的燃气价格下降了24%,工业用气下降了47%,而其中电力生产企业用电下降了54%。而与此同时,燃气的消费水平则上升了38%。最后,我们用表9-7总结出管道燃气产业的价格管制分类政策。

表9-7 管道燃气产业的主要业务与价格管制分类政策

主要业务	现行定价制度	价格管制政策
管道燃气设备的生产、安装和维修,管道燃气工程的建设	一定程度的竞争性定价	取消价格管制
管道燃气生产	管道燃气生产、输送和销售一体化定价	运用竞争机制,适度价格管制
管道燃气输送	管道燃气生产、输送和销售一体化定价	实行严格的价格管制,可采取模拟竞争机制的价格管制
管道燃气销售	管道燃气生产、输送和销售一体化定价	市场竞争机制形成

第五节 协调政策

一、自来水产业的协调政策

在自来水产业,自来水生产、管网输送和销售形成缺一不可的垂直

① 参见王俊豪:《英国政府管制体制改革研究》,上海三联书店1998年版,第148—149页。

业务关系,在自来水产业实行市场结构重组后,这些业务由不同企业经营,为保证自来水产业整个产业链的高效率运行,就需要建立一种协调机制。同时,自来水产业具有地区性经营的特点,为打破本地区垄断企业对成本信息的垄断,需要比较不同地区企业间的绩效,促进不同地区企业的经营效率。这都要求政府在自来水产业实行市场结构重组、分类管制后,制定相应的协调政策。

1. 价格协调政策。在自来水产业各业务垂直分离后,自来水生产、管网输送和销售各业务环节都要分别制定价格,以体现不同业务领域经营企业的利益。而且,这些业务环节的价格具有递进关系,都会直接影响最终消费价格。这就需要政府制定价格协调政策,以平衡各业务环节经营企业的利益。

我们在本书第三章曾较为详细地讨论了激励性价格管制模型,即

$$P_{t+1}=\frac{C_t(1+RPI-X)}{1-r}\times Q$$

我们以此为基础,讨论自来水生产、管网输送和销售管制价格模型及其相互间协调关系。为此,设 P_{1i} 为第 i 家自来水生产企业的供水价格(制水价格);$\bar{P}_{1i}$ 为自来水生产企业的加权平均价格(权数 W_i 为各企业的供水比例),即:$\bar{P}_{1i}=\sum P_{1i}\times W_i$;$P_2$ 为自来水管网输送企业的批发价格;C_{1i}、C_2 分别为自来水生产企业和管网输送企业的单位成本;RPI 为零售价格指数;X 为生产效率增长率(成本下降率);Q_{1i}、Q_2 分别为自来水生产企业和管网输送企业的质量系数;r 为销售利润率。则有自来水生产企业供水价格管制模型:

$$P_{1i}=\frac{C_{1i}(1+RPI-X)}{1-r}\times Q_1$$

管网输送企业的批发价格管制模型:

$$P_2=\frac{\overline{P}_{1i}+C_2(1+RPI-X)}{1-r}\times Q_2$$

上述价格模型的协调关系是，由于在相当规模的城市中，自来水由多家企业生产，这些企业具有不同的原水、地理环境等，从而决定它们有各自的成本(C_{1i})和供水价格(P_{1i})。在自来水供过于求状态下，自来水生产企业间的竞争将使供水价格高的企业不断萎缩，甚至淘汰。由于自来水管网输送业务具有强自然垄断性，在特定经营范围内只存在一家经营企业。自来水生产企业的供水价格就是管网输送企业的采购价格，管网输送企业将不同自来水生产企业的供水价格作加权平均后得加权平均价($\overline{P}_{1i}$)，作为采购成本全额转移，并加上自身的成本和利润后，形成管网输送企业的批发价格(P_2)。

自来水销售企业向管网输送企业购买自来水，在批发价格的基础上，加上按政府允许的批零差率计算的批零差价，即为最终销售价格。[①] 若最终销售价格为 P_3；政府允许的批零差率为 r_1，则有：$P_3=P_2(1+r_1)$。

2.公共管道政策。如前所述，开发自来水公共管道输送业务是促进地区间自来水管道输送经营企业竞争的最直接途径。因此，公共管道政策的目标是协调不同地区自来水经营企业竞争关系。对此，英国政府已作了实践上的探索。1996 年，英国环境部曾制定了《自来水：增进顾客选择》，[②]其主题就是关于公共管道政策问题。按照该法规，为了促进竞争，新企业应有权使用现有企业的管道网络向顾客提供自来

---

① 若政府要求对不同类型的最终消费者提供不同的价格，政府只需制定相应的批零差率。而且，在自来水销售业务领域竞争比较充分的情况下，实际的批零差率往往会低于政府规定的批零差率，从而使消费者得到实惠。

② DOE，1996，*Water：Increasing Customer Choice*，London：Department of the Environment.

水供应服务。考虑到新企业和现有企业的自来水将在公共管道中混在一起,双方应有相同的自来水质量义务,并具有相类似的自来水特征。为鼓励新企业进入自来水产业,新企业可以不承担现有企业的全部义务,如新企业没有义务在特定的地区范围内向所有的顾客提供服务。现有企业有责任向潜在进入者(新企业)提供使用管道的详细条件,双方签订的协议应包括自来水供应的数量、管道联结、自来水计量方法、使用管道的收费价格,以及在什么情况下现有企业可以中断对新企业的供应等内容。如果双方不能达成协议,自来水服务(管制)总监有权作出仲裁。该法规还作了一些防止使用公共管道而可能发生的不良后果的规定,例如,自来水服务(管制)总监对于可能引起自来水供应中断的使用公共管道协议和自来水质量等,应该有权进行干预。对于使用公共管道的收费价格问题,该法规规定,新企业使用现有企业管道的付费价格应该反映使用成本,避免价格歧视现象。英国自来水服务(管制)办公室的一个法规更详细地规定了使用公共管道协议的有关问题。[①] 其中一个问题是自来水的泄漏。任何商品的运输都会发生损失。在英国,自来水的泄漏率比较高,为弥补自来水泄漏,新企业应该供应比顾客消费量更多的自来水。对于使用公共管道的收费价格,自来水服务(管制)办公室认为,收费价格应能补偿新企业通过现有企业的管道网络向顾客提供自来水所发生的成本。如果双方就收费价格不能达成一致意见,自来水服务(管制)总监将使用现有企业向自己的顾客收费的有关信息,要求现有企业对新企业不实行价格歧视行为。

值得注意的是,实施公共管道政策后,不同地区的自来水将进入同一管道。这不仅要求不同企业具有类似的自来水质量,而且要求有较

---

① OFWAT,1996,*The Regulation of Common Carriage Agreements in England and Wales*:*A Consultation Paper*,Birmingham:Office of Water Services.

为精密的测定技术和严格的、全天候的监测手段。这需要创造必要的条件，才能有效地实施公共管道政策。

3.质量管制政策。自来水产业的质量包括自来水质量和服务质量，因此，它涉及自来水生产、管网输送和销售等业务环节。质量水平与成本密切相关，对这些业务环节实行垂直分离，由不同企业承担，同时对它们分别实行最高限价管制后，必然会刺激企业通过降低质量标准而减少成本，以增加利润。因此，对这些业务在实行价格管制的同时，必须实行质量管制，以保证整个自来水产业的质量水平。同时，公共管道政策的实施，进一步要求强化质量管制。为了加强对自来水质量的管制，中国首先要建立与完善自来水质量的监控指标体系。在这一指标体系中，特别要重点管制以下 4 个与消费者利益密切相关的质量指标：(1)水质综合合格率。它是指自来水通过管网达到国家生活饮用水卫生标准的合格程度。它以自来水细菌总数检验合格率、自来水大肠菌群检验合格率、自来水游离余氯检验合格率、自来水浑浊度检验合格率、自来水中国标 26 项检验合格率这 5 个分项合格率之和除以 5 计算。即水质综合合格率$=\frac{5\text{项指标合格率之和}}{5}$。这一指标直接关系到消费者饮用自来水的卫生健康。(2)管网压力合格率。它用来衡量自来水管网服务压力的合格程度。通常按每 10 平方公里设置一个测压站，使用自动压力记录计，按每小时的 15、30、45、60 分钟 4 个时点所记录的压力值综合计算出每天的检测次数及合格率。其计算公式为：

管网压力合格率$=\frac{\text{检验合格次数}}{\text{检验总次数}}\times 100\%$。这一指标直接关系到自来水水压，从而影响自来水服务质量。(3)自来水管网修漏及时率。它是指从出厂输水干管和用户水表之间的管道损坏后，及时修理的程度。根据中国目前的技术水平，对于自来水明漏和暗漏，一般以 24 小时内修复为及时，超过 24 小时为不及时；对于突发性的爆管、折断事故,则应于12小时内及时止水并抢修为及时。其计算公式为:管网修漏及时率$=\frac{\text{及时修漏次数(含爆管折断)}}{\text{全部修漏次数(含爆管折断)}}\times100\%$。这一指标不仅关系到消费者能在较短的时间内恢复用水,也关系到节约自来水。(4)用户用水设施修理及时率。它用来衡量自来水经营企业负责修理的用户水表以内的各项用水设施(如龙头、水管、厕所冲洗箱等)损坏后的修理及时程度。修理及时的标准是,企业发现或接到报告后,在24小时内修理完的,即为及时。其计算公式为:用户用水设施修理及时率$=\frac{\text{用户用水设施及时修理次数}}{\text{用户用水设施修理总次数}}\times100\%$。这一指标关系到特定消费者保证能在一天内恢复用水或正常用水。

在制定自来水质量监控指标体系的基础上,还应制定罚规,对未达到质量标准的企业实行经济制裁。例如,英国自来水服务(管制)办公室制定了一个《服务标准保证办法》,[①]主要服务标准包括:遵守与顾客的约定、答复顾客的账单疑问、对顾客意见的反应、中断自来水供应、安装水表、排除溢水和处理自来水低压问题等许多方面。如果自来水经营企业不能满足这些标准,顾客有权要求经济赔偿,企业每次不能履行服务标准的赔偿额一般为10英镑,企业应该主动向顾客提供赔偿。如果企业和顾客发生赔偿纠纷,双方都可以要求自来水服务(管制)总监作出仲裁。这一办法无疑能促进企业提高服务质量。这对中国也有直接的借鉴意义。

4.区域间比较竞争政策。由于自来水产业或某些业务是由地区性企业垄断经营的,政府为了防止这些企业滥用市场垄断力量,保护消费者利益,通常对它们实行以成本为基础的价格管制制度。在这种制度

① OFWAT, 1997, *The Guaranteed Standards Scheme*, Birmingham: Office of Water Services.

下，企业的成本越大，管制价格也越高，企业缺乏降低成本的刺激；同时，由于企业不仅在本地区范围内垄断了产品和服务，也垄断了经营成本等方面的信息。这就使政府难以按照企业的真实成本制定管制价格，从而影响政府管制效率。企业则能通过对信息的垄断而获得额外利益。为解决这一政府管制问题，政府可以运用区域间比较竞争理论，根据自来水产业的特点，制定区域间比较竞争政策，以促使不同地区企业间的竞争。

区域间比较竞争理论是一种借助政府管制机制，促进不同地区的被管制企业间竞争的一种政府管制理论。[①] 其基本特点是，某一地区的自来水价格不是决定于该地区的自来水成本，而是政府通过比较不同地区性企业的经营绩效，以经营效率较高的企业的经营成本为基准，并考虑各地区的经营环境差异，在此基础上制定管制价格，促使各地区性企业为降低成本，增加利润而开展间接竞争。

区域间比较竞争理论在政府管制实践中得到成功应用的一个范例是，英国政府对自来水产业的管制。在英国的英格兰和威尔士有 10 个地区性自来水公司，在苏格兰则有 12 个地区性自来水公司，英国在 1989 年对自来水产业实行政府管制体制重大改革时，对这些地区性垄断经营企业就是采取了区域间比较竞争管制政策。英国政府认为，对自来水产业制定管制价格，首先要有一个统一的标尺（以经营成本较低的企业为基础），同时，要适当考虑各地区的经营环境差异。因此，政府在为每个自来水公司制定管制价格的过程中，对不同企业作了比较效率评估，它考虑了在每个企业的经营环境中可能会引起经营成本差异的多种影响因素，这些因素被综合为“解释因素指数”（explanatory fac-

---

① 对区域间比较竞争理论的详细讨论，可参见王俊豪：《政府管制经济学导论——基本理论及其在政府管制实践中的应用》，商务印书馆 2001 年版，第 170—175 页。

tor index),并假定企业的单位成本与“解释因素指数”存在线性关系,利用回归分析方法以估计决定直线斜率的系数。然后,根据每个企业的影响因素回归直线估计其成本水平,进而决定管制价格。这样,那些经营效率较高,成本较低的企业就能获得较多的利润,从而促使企业为使其成本低于其他企业的平均成本而开展间接竞争。

目前,中国的自来水产业也是由各地区性企业垄断经营的,同时,中央或地方政府通常以企业的实际成本为基础制定管制价格,这就使企业缺乏降低成本,提高经营效率的刺激。对此,中央和地方政府都可以运用区域间比较竞争理论,以提高政府制定管制价格的科学性,刺激各地区性企业的经济效率。对中央政府来说,运用这种理论有利于向各地方政府提供不同地区性企业的经营成本信息和指导性价格;而对地方政府来说,运用这一理论则有利于打破本地区企业对信息的垄断,发现本地区的真实成本和降低成本的潜力,从而为制定合理的管制价格提供客观依据。

根据中国自来水产业的现状,将区域间比较竞争理论转化为政策实践时,需要解决以下两个基本问题:一是该理论假定不同地区的自来水经营企业是在基本相同的环境下经营的,这不符合客观实际。事实上,对于地域广阔的中国来说,不同地区之间在水资源、自来水基础设施建设等方面都存在较大的差异。因此,在运用该理论制定与实施相关政策时,应尽可能剔除那些不可比因素。而且,这也意味着,区域间比较竞争政策可首先在环境条件相似的地区推行。例如,上海市将自来水产业的市场结构实行重组后,形成了 4 个区域性自来水企业。这些企业的环境条件比较类似,比较具备运用区域间比较竞争政策的基本条件。二是目前许多地区性自来水企业的经营性因素和政策性因素模糊不清,很难比较不同地区企业间的真实绩效。因此,在制定与实施区域间比较竞争政策,应剔除各种补贴、优惠政策因素。当然,在自来水产业逐步实现市场化后，这些政策性因素将会减少。这将为区域间比较竞争政策的实施提供更好的现实基础。

二、管道燃气产业的协调政策

在对管道燃气产业进行纵向和横向分割及允许民营企业进入经营后，无疑使得燃气管道市场变得更加复杂。这是因为，不同的业务与不同的经营者之间的往来需要通过市场进行交易，也就是说，在引进竞争的同时带来了各业务间的协调问题（表 9－3 也反映了协调的必要性）。鉴于此，我们有必要通过政府制定相应的管制政策，来解决各业务之间的协调问题。

（一）价格协调政策

对企业而言，所提供的产品和服务的价格将直接影响其利润的高低。为达到吸引投资和为市民提供优质的管道燃气产品和服务的目的，政府必须要对燃气产品和服务制定有吸引力的价格，公开价格调整程序，实行价格听证会制度。在既保证投资者通过提高生产效率和降低成本获得合理利润的同时，也要使用户享受到竞争和科技进步带来的实惠，最终维护用户的长远利益。

对带有自然垄断性的管道燃气产业，政府定价应根据“公平合理、切实可行”的要求，建立由政府、企业、消费者共同参加的价格协调机制，通过共同谈判、协调，按成本加合理利润的原则，制定大家都能接受的合理价格，并针对市场准入、价格、服务建立约束市场供求双方的准则，既能最大限度地保护消费者的应有权益，又能保障生产者开展正常经营的积极性；同时防止有的企业滥用市场垄断力量来谋取高额利润，充分发挥价格机制在市场经济中调节资源配置的作用。对非自然垄断性的业务逐步放开其价格，根据供求关系，由市场决定价格，以充分发挥市场在这些领域中的基础性调节作用，指导投资者的投资方向，实现资源的有效配置。[①]

美国燃气价格构成是建立在燃气生产、输送和销售结构分拆的基础上的。基本原理是将天然气商品的生产和销售视为竞争产业，按市场竞争的边际成本定价。而高压管道的运输和城市管网的配送则被视为自然垄断产业，实行成本加成定价方法，即实际运营成本加上法定的固定回报率。城市管网的运营费用又根据固定成本和变动成本在客户预定的容量和实际用量之间分担，从而细分为容量价格和用量价格两个部分。

根据前面的分析，我们的结论是，除了管道燃气管网输送仍应置于政府的严格监管外，其余的生产和服务价格应在创立竞争条件后逐步放开。因此，对管道燃气的价格管制的重点应是管网输送的价格，以及目前过渡时期对天然气的价格实施政府定价政策。引入天然气后，上游的天然气生产企业与中下游的管道输送和销售企业之间的利益分配是通过不同环节产品和服务的价格来决定的。因此，在努力开拓市场的过程中，投资回报率如何在上、中、下游均衡合理分配，兼顾多方利益，已经成为产业发展的关键问题。应在政府价格管制政策的引导下，几方协商共同努力，求得各方利益的共同最大化。

对于需要管制的生产环节的价格管制，我们仍然可以采用第三章的激励性价格管制模型：

$$P_{t+1}=\frac{C_t(1+RPI-X)}{1-r}\times Q$$

在管道燃气产品的生产中，引入竞争，实行竞价上网，[②]以利于进

① 参见冷淑莲："公用事业价格改革探索"，http://www.unirule.org.cn/，2004 年 5 月 27 日。

② 如果城市规模小，仅允许一家企业垄断经营，则同样可以采纳这一激励性管制模型来制定燃气产品的管制价格，原理相同，这里就不赘述。尽管城市规模小，不允许多家企业同时经营，但是，由于存在区域间的比较竞争，或被其他企业进行跨区域兼并的可能。因此，作为独家经营的企业而言，不同程度仍然存在竞争的压力。

一步降低成本和销售成本，鼓励企业开拓销售市场，带动整个燃气产业的发展。[①] 因此，由于燃气产品生产最终将通过竞争形成，我们这里的分析主要是针对管网输送管制价格模型。

在燃气产品生产环节由多家企业竞争性经营之后，管道燃气输送企业就成为燃气的中间商，管道燃气输送企业向多家企业采购，然后再出售给零售商或最终用户。在这种结构下，如何确保居于独占地位的管道燃气输送企业优先采购符合质量规定且价格较低的燃气，是实现竞争效率的关键。根据先期改革国家的经验，由中间商以公开的方式竞争性招标采购，定期公布向各生产企业的采购量和采购价格，是一种较好的制度安排。

设管网输送气价格为 P_2，市场决定的燃气产品价格为 P_1（或是天然气价格[②]），显然，P_1 为管网输送气企业的采购成本，管网输送气成本为 C_2，RPI 为零售价格指数；X 为生产效率增长率（成本下降率），r 为销售利润率，Q_2 为管网输送气企业的质量系数。则管网输送气批发价格管制模型为：

$$P_2=\frac{P_1+C_2(1+RPI-X)}{1-r}\times Q_2$$

与燃气产品的生产一样，燃气销售在存在竞争的情况下供气价格可以通过竞争形成。但是，如果城市规模过小，需要垄断经营，可能需要政府制定相应的批零差价。这一点与自来水销售企业的价格决定基本是相似的。

需要指出的是，由于中国天然气储量丰度偏低和资源地远离市场，

① 参见王以中等："加快城市燃气行业改革和发展的前进步伐"，《上海企业》2001 年第 2 期。

② 在天然气引入城市管道燃气的过程中，显然，天然气价格的决定将是城市管道燃气企业和天然气生产企业所关注的焦点。如何分配两者的利益，完全取决于天然气的定价依据。根据天然气市场的特点，从长期看，天然气完全由供求决定，让市场机制发挥调节作用。

客观上造成井口价偏高。且由于远离东部用气市场所在的城市带,需修建上千公里的长输管线,造成了输气成本也较高。这些因素都使天然气的价格远高于市场的承受能力,为拓展天然气使用领域,特别是给大型工业用户和发电造成了一定的困难。这使天然气的价格在发电、工业等领域丧失了竞争力。例如,根据西气东输工程初步的指导价格,到上海为 1.35 元/立方米。一些用于发电与化工的天然气用户难以承受,如果以气代油发电,按等热值计算,发电用的天然气价格所能承受的价格只有 1.10 元/立方米以下,化工用气能承受的价格则更低。在市场开发初期,如没有配套的政策支持,仅城市燃气能够使用天然气,则用气总量将会大幅度地下降,同时引起输气成本的上升,从而再次提高用气的价格,使用气价与用气量形成一种不良循环,不利于天然气市场的培育与发展。

目前,中国天然气产业的主要用户可以分为四大类,分别是:工业、商业、化工和民用。而占用户数最多的民用具有最大的不稳定性,白天和夜晚具有很大的峰谷差。天然气企业必须时刻进行调配。这种频繁的调配工作量大,而且还必须投入一定的人力、物力和财力。需求波动导致目前天然气管输能力利用率都较差,大多数外输管线实际输气能力低于设计能力。在目前还没有建设地下储气库的情况下,靠调节气井产量和长输管网的容量进行调配,增加了管网运行成本。因此,天然气产业面临着高峰负荷的问题,应该采取高峰负荷定价。在低峰时期生产能力并不稀缺,低峰价格等于边际运营成本,而不征收任何的生产能力成本。而在高峰时期不仅要收取运营成本,而且要征收全部的生产能力成本。[①] 为此,借鉴国外经验,对不同类型的用户制定不同的分

① 参见马义飞、卓玮:"电力定价和天然气定价比较研究",《价格理论与实践》2004 年第 1 期。

类价格。而淡季和旺季、高峰时段和低谷时段也应有价格差别。这样，既符合经济原理，又能减小需求总量的波动幅度，从而节约投资和充分利用现有生产设备。[①] 同时制定鼓励使用天然气的相配套政策。另外，由于进气价格是变化的，有时波动很大，销价又不可能调整太频繁，必须要相对稳定，因此采取内部调节基金的办法是可行的，即进气价下跌时，核定的利润率以外的差额不进入当时的收入，作为调节基金补充进气价上升时的亏损。

最后还有几点需要强调：(1)由于天然气的使用有利于空气质量的改善，带来正的外部影响。有资料反映，与燃煤发电相比，天然气发电每千瓦时的环境价值约为 9 分钱，也就是说燃煤发电的成本实际要增加 9 分钱。而中国当前的电价没有考虑这一对环境影响的差异。为此，政府管制部门应把这个因素考虑进去，政府给予天然气优惠政策，以扶持天然气产业的发展。(2)燃气作为一种不可再生能源，在政府制定价格管制政策的过程中，应该把节约能源这个因素考虑进去。例如，城市采暖按建筑面积计费，热费与热量消耗无关，导致采暖用户没有节能意识。所以，必须把热费与热量消耗挂钩，提高用户的节能意识。(3)燃气价格过低，将会导致燃气资源的过度消耗，最终使得资源会被很快开采完。为此，在价格的制定过程中，可以考虑征收相应的资源税，以促进资源合理的开发利用。

(二)网络接入管制政策

开放网络资源，实现互联互通是管道燃气产业市场结构重组后政府管制的一个重点。通过产业结构分割，任何燃气生产企业和销售企业都应获得管道和管网的公开接入。美国有 3000 多家天然气生产企

---

① 参见谢地、高光勇："自然垄断领域政府规制体制重构与国有经济改革互动论——以城市煤气行业为例的考察"，www.ccppp.org，2004 年 3 月 8 日。

业和无数销售企业通过与州际管道公司和城市管网公司的公平接入,使得最终用户获得了对天然气生产商和销售商的选择。

中国城市管道燃气产业的市场结构重组也必然面对网络的接入问题。显然,诸如城市管道燃气管输工程具有不可替代性,仅需要投资建设一条管道就可以满足城市管道燃气的输送。这就带来了一个对燃气管道使用权的问题。如果管道运营企业和燃气销售企业合一,其他供气企业要使用管道,就有可能受到歧视。就如中国石化经济技术研究院院长曾表示:“天然气管道就好比高速公路,高速公路的建设和经营企业是通过收费来实现自己的收益的。因此,只要符合上路的条件,谁的车都可以跑,不能说谁修了路就只能走谁的车。”

可见,根据前面对管道燃气产业的重组分析,我们把在燃气产品生产环节引入竞争,允许新企业进入,这样在位企业就应该允许多家燃气生产企业以平等的权利使用燃气管道,前提是向管道输送企业支付使用费(接入价格)。由于在位企业的垄断地位,如果任由垄断企业制定接入价格,则必然会向新进入者索取垄断高价。因此,接入价格必须由政府来制定。这正是我们前面讨论的燃气管网输送价格管制模型。中国目前的大部分城市未形成燃气管网。管网设施的薄弱和不足,严重影响着管道燃气市场的发展。因此,制定合理的接入价格将有助于促进企业对燃气管道网络的投资。政府实施网络接入管制政策就是为了阻止经营燃气管道业务的垄断企业排斥竞争的行为,使燃气管道网络成为所有管道燃气企业的公共管道,以促进燃气管道产业在市场结构重组后能够协调发展。

(三)竞争政策

随着对城市管道燃气需求的不断增长,需要大量建设资金,中国城市管道燃气产业的放松管制,非公有资本开始大量进入这个领域。但是,由于规则不明确,行业准入没有具体标准,导致一些企业目标只是追求短期的利益，甚至有些只准备经营一段时间后即转售资产退出。目前对长远的经营以及燃气运行的安全，并没有严格按照规范和标准进行，这将为管道燃气产业的长远发展埋下严重隐患。

市场结构重组后的管道燃气产业把不同的业务分为垄断性业务和竞争性业务。作为竞争性业务，从理论上讲，经营企业可以自由进入和退出。但是，作为竞争性的燃气产品生产和销售等业务一定的程度上均有规模经济的要求，在市场需求容量有限和技术水平一定的情况下，对市场中的企业数量应该有所限制，以避免企业间的无序竞争，实现规模经济与竞争活力相兼容的有效竞争。

为确保管道燃气产业的健康发展，政府必须针对管道燃气产业的特点制定市场准入和退出机制，确保产业稳定发展。首先，是对企业进入的资质控制。从事燃气经营活动的生产和销售企业应当取得国家有关部门或政府主管部门颁发的资质证书。其进入的主要条件包括符合标准的生产服务设施、能力和相应的管理制度；具有合理、可行的燃气管网经营方案；具有相应的供气保证；具有对事故的应变和处理能力等。其次，设定企业退出的壁垒。城市管道燃气是不少企业以及城市居民的基本能源，供给的稳定性十分重要。鉴于此，政府对管道燃气企业为追逐自身利益任意的退出行为应该加以控制。当然，对于不利于竞争的企业行为政府也务必实施管制。例如，上游天然气生产企业中石油股份化改造后，在海外资本市场上市，成为自主经营、自负盈亏的经营实体，追求股东收益最大化，形成了利润最大化的价值取向。中石油早就意识到，随着天然气的发展，其以化工原料和工业燃料为主的消费结构将被发电和城市燃气为主的消费结构所替代，由于天然气的主要用户之一是城市燃气，因此，天然气市场的开发将会使城市燃气逐步成为天然气行业产业链上不可分割的终端环节。中石油开始将天然气产业链向下游延伸。中石油的这种做法，违背了城市天然气特许经营的国际惯例;违背了国际上天然气生产与管道经营者与区域性的天然气销售商分别设立的惯例;影响了城市燃气市场秩序、引起价格混乱;进而有可能打乱下游城市供气企业的发展战略,降低下游企业在资本市场上市融资时的企业价值。[①] 并且,这无疑加强了产业的垄断性。对此,政府应该进行干预,阻止这种垄断行为。

另外,从整体上而言,管道燃气产业关系国计民生,燃气管道网络的垄断性,也是政府对其进行一定控制的主要原因。例如,近期深圳市投资管理公司分别同香港中华煤气有限公司和四川新希望集团有限公司签订了深圳市燃气集团有限公司股权转让及增资原则性协议,三方合资经营燃气集团的期限为 50 年。深圳市燃气集团股权转让及增资原则性协议中确定,香港中华煤气受让 30%的股权,"新希望"受让 10%的股权,另外 60%的股权仍由深圳市投资管理公司持有。这也显示出了政府在公用事业上的主导地位,这就避免了公用事业市场化可能带来的不应有的社会震动。

(四)区域间比较竞争政策

中国的城市公用事业基本上是由区域性企业垄断经营的,政府管制机构为了防止这些企业滥用垄断势力,保护消费者利益,通常对它们实行以成本为基础的价格管制制度。但在目前这种制度下,企业可以轻易地将增加的成本通过价格上涨转嫁给用户,因而缺乏降低成本的压力和动力,成本涨得有多快,价格就定得有多高。政府难以掌握垄断企业的真实成本是造成成本跟着价格上涨这种怪现象的主要症结。而区域间比较竞争机制就是为了促进不同区域间的受管制企业之间的竞争,是为解决这种信息不对称问题而设计的。区域间比较竞争是将受

① 参见迟国敬、闫锋:"关于解决城市燃气企业与上游供气企业供气范围矛盾的几点建议",《城市燃气》2003 年第 5 期。

管制的垄断企业划分为几个区域性垄断企业，使特定区域的企业在其他区域企业成就的激励下改进自身运营效率的一种制度安排。同时，政府管制机构还可以利用其他区域高效率运营者的成本和服务水平的信息来打破本区域企业对信息的垄断，揭示本区域运营者的不合理成本及降低成本的潜力，引导本区域内的企业改进效率。例如，2004年8月杭州市举行了民用天然气价格听证会。杭州市燃气集团公司申请民用天然气定价2.60元/立方米。对这个价格会上有代表就提出，目前杭州市的天然气价格几乎是几大城市中最高的。其他城市的天然气的价格(元/立方米)分别为：成都0.50，海口1.00，西安1.05，太原1.80，北京1.90，天津、长春和青岛是2.00，哈尔滨和上海是2.10，南京2.20，沈阳2.40等。当然，天然气价格的差异可能有运输成本不同所致，但是这些看似简单的数据在一定程度上还是能够说明问题的。排除一些不可比的因素，通过区域间的比较，可以推出某一地区管道燃气产业真实的经营成本。

(五)质量和安全管制政策

重组后的管道燃气产业，各业务分别由不同的企业承担，这样一来，管道燃气产业产品和服务的质量和安全在产业内部难以实施全面的监控。因此，政府有责任承担对管道燃气产业产品和服务的质量和安全的管制。

在管道燃气价格确定的情况下，燃气的质量和安全就是保护用户利益的关键因素。燃气具有易燃、易爆的特性，燃气企业的生产经营应把安全放在第一位，急需建立一套适用于全国的燃气安全认证体系，强制要求所有的燃气企业及燃气安装维修企业必须通过该安全体系认证，以确保燃气的安全使用，保护人民群众生命和财产安全。

从政府管制机构对管道燃气产业的质量和安全管制来看，重点管制以下几方面：(1)规范准入制。国家建设部所颁布的《城市燃气管理办法》和建设部、国家工商行政管理局颁布的《城市燃气和集中供热企业资质管理规定》中对申办燃气销售企业都做了具体明确的规定,只有具备一定的设备条件、技术条件、安全条件和管理条件方可允许从事燃气经营。这些规定是燃气企业保障向城市安全、可靠、持续、稳定供气的必要条件,也是企业进入燃气市场的通行证。并且,应制定有关燃气及器具生产、销售、维修、施工、设计等行业的准入办法和规章,规范企业行为。(2)为防止燃气企业为降低成本而降低安全标准,政府必须对此严加监控。对违规操作的企业严加惩罚。(3)监督企业建立客户至上的优质服务机制,严格服务纪律,公开收费标准,进一步完善公开办事制度和社会承诺制度,积极探索诸如抄表、收费、安全宣传等服务进社区的方式和途径。(4)建立用户投诉和反馈机制。用户因不满意而进行投诉,往往在一定程度上反映出企业某些管理与服务规范的不足和不完善,加强与用户的沟通,倾听用户的不满和建议,赢得双方的信任和理解,是企业提高服务质量,实现管理规范化、合理化、科学决策的重要信息来源,建立健全用户投诉与反馈机构,是十分必要的。

由于燃气产业的特殊性,根据国务院规定的职责分工和有关法律、法规规定,目前,建设部门负责管理城市燃气安全工作,质量技术监督部门负责城市燃气的安全监察,公安部门负责城市燃气的消防监督。对于管道燃气产业而言,安全性尤为重要。应当像建立产品质量认证体系一样,建立一套适用于全国的燃气安全认证体系,建议由建设部牵头,着手标准制定、机构建立、培训及进行认证工作。

(六)完善城市燃气管道产业的法规体系

进行市场结构重组后的城市管道燃气产业,法规的完善是确保各个生产环节有序衔接的基本保障。例如,法规应协调管道经营者与管道使用者之间的关系,以及决定管道燃气系统如何运营等问题。

在城市管道燃气高速增长的同时,中国管道燃气产业还没有形成适应行业发展趋势的现代化市场监管体系，适用于该产业的法律、法规还不健全，这种状况与管道燃气市场的迅速开拓和发展极不相适应。所以，必须尽快建立和健全适应市场经济和 WTO 规则的法律和法规，并保证政策的延续性和长期性。建立燃气市场的企业准入制度和特许经营制度，规范市场经济秩序，打破垄断、鼓励竞争的同时反对不公平竞争。燃气公司作为公用事业企业，进行市场经营的同时，承担着为广大公众服务的义务。因此，地方政府应制定和出台统一市场游戏规则，规范各个经营者的行为。在同一个地区进行经营的燃气公司，享受同等权利的同时，必须承担相同的社会义务。

2004 年 2 月 24 日发布，2004 年 5 月 1 日起施行的《市政公用事业特许经营管理办法》的出台对不断开放的城市公用事业的规范运作起到不可忽略的作用。事实证明，法规的滞后常常会增加企业经营的不确定性和风险。例如，原计划参与"西气东输"中外投资谈判的世界第三大石油天然气公司——皇家荷兰壳牌公司集团的一位发言人，2004 年 8 月在伦敦宣布，这项国际合资协议已经终结。中方合作伙伴"中国石油天然气股份有限公司"也已经照会计划投资各方，宣布终止融资谈判。虽然最终导致融资谈判破裂的真正原因还不清楚，但是投资天然气工业耗资巨大，而投资回报却不能得到保证，这种问题在中国比较突出。美国国家能源市场投资协会主席戈德曼进一步分析了在中国投资能源工业的风险，他指出，这种投资风险常常发生在中国的行政管理领域，而不完全是商业方面的风险。[①] 可见，法规的完善对稳定投资十分重要。

为此，首先，必须尽快制定《中华人民共和国城市燃气法》。1991

---

① 参见梅新："'西气东输'谈判搁浅 中国需强化制度保证"，http://www.ccppp.org/，2004 年 6 月。

年和1997年出台的《城市燃气安全管理规定》、《城市燃气管理办法》及其他部门规章,已经不能适应城市管道燃气产业市场化发展的需要。新法中应明确城市燃气企业的从业资格、市场准入、投资、政府管理、价格体系和安全生产监管的模式等。其次,要研究制定《城市燃气价格管理办法》。由于现行法规不够明确,致使在城市燃气价格实践中出现了诸多问题,严重影响了投资者的积极性。例如,目前一些地方出台的将所有城市基础设施配套费捆绑起来,由政府统一收取,列入行政事业性收费的做法,对非国有性质的投资主体,就不符合"谁投资,谁受益,谁收费"的原则。这必然有碍于非国有经济对城市基础设施的投资。

总之,随着国内管道燃气市场的逐步开放,国内外企业纷纷进入国内管道燃气市场,纷纷突破区域限制,不但进入了由原来燃气领域提供的市场,同时已经进入包括管网经营在内的全方位城市燃气经营市场,其发展势头强劲。面对这种开放格局,构建管道燃气产业的现代监管框架及加速燃气立法进程无疑是十分紧迫的问题。立法先行、监管到位,是管道燃气产业有序发展的必要前提。

第六节　城市公用事业管制机构

城市公用事业涉及面广,管制内容复杂,这要求建立高效率的城市公用事业管制机构。本节将分析中国传统城市公用事业管制机构及其问题,以及经济发达国家城市公用事业管制机构的两种模式,在此基础上,探讨如何建立中国城市公用事业管制机构的问题。

一、中国传统城市公用事业管制机构及其问题

长期以来,中国一直把城市自来水、管道燃气、供热、污水处理、垃圾处理和公共交通等公用事业作为公益性事业,与此相适应,全国各城

市几乎都设有公用事业局或相类似的政府机构，对经营这些公用事业的城市公用企业实行集中、统一管理。仅从组织管理形式上看，城市公用事业局与公用企业之间的这种管理者和被管理者的政企关系，在其他产业或领域也是普遍存在的，并没有什么特殊性。但从组织管理的具体内容分析，城市公用事业局与公用企业之间的关系完全是一种政企高度合一的关系。这表现在：公用企业的投资决策和计划都是公用事业局制定的；公用企业的领导人是由公用事业局委派和考评的；公用企业经营亏损也是通过公用事业局要求政府财政弥补的。因此，城市公用事业局与公用企业的关系还是计划经济体制下的“工厂”与“车间”之间的关系。在这种政企高度合一的体制下，公用企业没有制定经营决策，以市场为导向灵活地开展经营活动的自主权；没有追求成本最小化以达到利润最大化的动力；由于经营亏损都由政府财政补偿，更不存在什么经营风险。可见，中国公用企业远远没有具备作为市场主体所要求的活力、动力和压力，也就是说，公用企业还不是真正意义上的、实质性的企业。

在城市公用事业局和所属公用企业实行高度政企合一的管制体制下，必然以行政区划为标准划分公用企业的生产经营范围。即在一定的行政区划地域范围内，公用企业具有垄断经营权，对城市公用事业实行垄断经营。这种划地为牢的垄断经营体制有两个明显的弊病：第一，企业经营的地理界限与政府的行政区划界限相一致，虽然便于城市政府对所属公用企业的直接管理，但往往有悖于经济合理原则，因为在A地区和B地区的相邻区域内，属于A地区的消费者可能由B地区的公用企业提供公用产品更为经济。如果在A地区和B地区的边界上新建一个居民区或市场，若按行政区划来划分两地区公用企业的经营范围，就需要对这个居民区或市场进行人为的分割，这就会造成经济上的低效率，极大地浪费社会资源。更为严重的是，这为城市公用企业之间的跨地区经营设置了人为的障碍。第二,垄断经营会导致低效率现象。具有垄断经营权的公用企业不仅垄断了城市公用产品的供应,也垄断了生产经营成本、费用等信息,由于缺乏竞争,这必然会导致企业生产经营的低效率,而且使管制者缺乏必要的管制信息,被管制企业谎报生产经营成本和费用水平,管制者也难以发现,从而导致政府管制的低效率。因此,以行政区划确定公用企业的经营范围,并实行垄断经营的体制,是计划经济下的一种低效率的体制。

在现行的城市公用事业管制体制下,城市公用事业管理部门、物价管理部门、城市建设行政管理部门、工商行政管理部门和卫生行政管理部门等政府行政机关共同对城市公用事业实行政府管制。按照各地方政府的有关规定,城市公用企业要经过城市建设行政管理部门的资质审查合格,并经工商行政管理部门登记注册后,才能从事经营活动。同时,还必须取得卫生行政管理部门签发的许可证,才有资格向消费者提供自来水等公用产品。企业进入城市公用事业领域后,大量的政府管制工作则由城市公用事业管理部门和物价管理部门负责实施。这种由多个政府行政管理部门对公用企业分别实行政府管制的体制,不仅容易产生管制职能的交叉重叠,导致政府管制的低效率,而且会使管制者与被管制者之间的信息不对称问题更加突出。例如,物价管理部门在制定公用产品管制价格时,由于本身不参与需求管理、进入市场的资格审查以及公用产品经营成本的监控等管理活动,与被管制企业存在信息严重不对称,明知企业上报的成本有虚报,但由于缺乏足够的证据,只能在一定程度上承认企业的虚假成本。更为严重的是,在现行政企不分的管制体制下,许多公用企业和作为主管部门的城市公用事业管理部门实际上是一个利益共同体,两者往往会采取共谋行为,在提价、申请政府补贴等方面共同对付其他政府行政管理部门。同时,由于目前在城市公用事业还没有对管制者的监督机制,这就为产生"政府管制俘虏”问题提供了条件，一些企业通过向管制者行贿，安排子女、亲戚的工作岗位或承诺管制人员退离公职后到企业任职等手段，诱使管制者制定以企业利益为导向的政策和规定，或明或暗地向企业提供各种优惠。可见，现行城市公用事业管制机构尚不规范，这必然严重影响政府管制效率。

近几年来，中国一些城市对传统城市公用事业管制机构作了一定程度的改革，并取得了一些成效，但从总体上看，尚未作出实质性的改革。

二、经济发达国家城市公用事业管制机构的两种典型模式

城市公用事业与人民的生活水平和质量、政治稳定等密切相关。任何一个国家城市公用事业管制机构的设置与运作模式，必然受该国的历史、地理、经济、政治、技术、制度等因素的综合影响。这里，我们将以英国和美国为例，分析经济发达国家城市公用事业管制机构的两种典型模式，即英国的垂直管制主导模式和美国的地方管制主导模型。

（一）英国的垂直管制主导模式

在城市公用事业中，自来水和管道燃气供应、污水处理与人民生活关系最为密切，因此，它们是城市公用事业的核心内容。因此，我们通过自来水与燃气产业，讨论英国的垂直管制主导模式。①

1.自来水产业。从历史的角度看，1973 年以前，在英格兰和威尔士的自来水产业的组织结构是高度分散的，自来水供应、污水处理及其管制职能分别由许多地方性的组织机构承担。1973 年，英国颁布了《水利法》，在英格兰组建了 9 个地区水利局和 1 个威尔士水利局。该

---

① 对英国自来水与管道燃气供应、污水处理的详细讨论，可参阅王俊豪：《英国政府管制体制改革研究》，上海三联书店 1998 年版，第四章和第六章。

法的指导思想是,在每一条江河流域,应该由一个统一的机构来规划和控制所有水资源的使用。这被称为"江河盆地一体化管理"(integrated river-basin management)。每一个地区水利局在各自的地区范围内全面负责自来水供应、下水道系统、污水处理、制定水资源计划、控制污染、渔业、防洪、水上娱乐和环境保护等方面的工作。这样,每个地区水利局不仅统揽了自来水供应、污水处理等主要业务活动,而且承担了广泛的环境保护与管理功能。英国对自来水产业实行重组的初衷是为了追求规模经济与范围经济,但把管制功能与商业性功能都集中于同一组织(地区水利局)中,使得地区水利局既是"裁判员"又是"运动员",这必然造成不同职能与目标之间的冲突。

在20世纪80年代末,英国对自来水产业实行民营化改革。为此,英国政府在1989年颁布了《自来水法》,按照这一法律,对每一个企业发放了经营许可证。随后,英国政府在1991年又颁布了"自来水产业法"(它主要针对经济管制)和"水资源法"(它主要明确国家江河管理局在新体制中的职权)。这三个法律共同形成英国自来水产业现行的政府管制体制框架。根据1989年的《自来水法》,设立了自来水服务(管制)办公室(Office of Water Services, 简称 OFWAT),其主要职责是,保证自来水供应和污水处理企业履行其职能,保证企业有财力(通过取得合理的投资回报)履行其职能。在这一总的职责下,还包括以下具体职责:(1)在服务价格方面,保护现实顾客和潜在顾客的利益;(2)保护农村地区顾客的利益,公平制定价格;(3)促进效率和经济性;(4)实现有效竞争。按照法律,自来水服务(管制)办公室还有权发放经营许可证,修改经营许可证的有关条款。至此,英国自来水服务(管制)办公室作为全国性的政府管制机构,对自来水供应与污水处理业务实行垂直性经济性管制,而环境保护等社会性管制职能,则由国家江河管理局承担。

2.燃气产业。与自来水产业相类似，1948年，英国政府对燃气产业实行国有化改革，根据新颁布的《燃气法》，把众多分散的燃气生产经营企业合并为12个国有地区性公司，每个公司都有较大的燃气生产经营自主权。此外，按照该法，还产生一个中央机构——燃气委员会(Gas Council)，其主要职责是向政府部长提供建议、组织研究活动、教育与培训、生产与供应燃气设备，并为各个地区公司集资。

从英国燃气产业的经济、技术特征变化看，直到20世纪50年代，煤炭是生产燃气的主要原料。国有化后，煤炭价格的暴涨促使燃气产业寻找新的燃气生产方式。50年代和60年代间发生的三次技术进步，完全改变了燃气产业的生产经营结构：第一次发生在50年代末和60年代初，通过利用石油气化技术生产高压燃气；第二次是1964年从国外进口液化天然气，然后以高压管道把燃气从泰晤士河河口输送到其中8个地区公司；最后一次是1965年在北海盆地发现了大量的天然气，这导致建立了全国性的高压输送系统，把燃气转送到12个地区公司。这些技术变化引起了燃气产业的进一步集中化。根据1972年颁布的《燃气法》，燃气委员会更名为英国燃气公司(British Gas Corporation)，接管了所有12个地区公司的经营业务，它不仅在燃气销售方面具有垄断性，而且还被授予独家购买北海盆地燃气的垄断权。80年代中期，英国着手对燃气产业实行民营化改革，英国1986年颁布的新《燃气法》，为燃气产业建立了新的政府管制体制框架。根据这一法律的有关条款，成立了“燃气供应(管制)办公室”(Office of Gas Supply，简称OFGAS)，其主要职责是：保证燃气经营者满足对燃气的所有合理需求，并保证这些经营者有财力提供燃气供应服务；在燃气价格、燃气供应的连续性和燃气供应质量等方面保护消费者的利益；促进燃气供应的效率和经济性；保护公众免受因输送和使用燃气而引起的各种危险；促使在燃气消费者市场上有效地开展竞争。有权颁发经营许可权，并有权修改经营许可证的某些条款。

2000年,英国政府为加强对能源产业的统一管制,并取得管制机构之间的范围经济性,把原有燃气供应(管制)办公室和电力供应管制办公室合并为"燃气与电力市场(管制)办公室"(The Office of Gas and Electricity Markets,简称OFGEM)。但对燃气产业的管制体制框架并没有实质性的改变。

综合英国的自来水(包括污水处理)和燃气产业的政府管制机构情况,英国在这些产业都依法设立了全国性的管制机构,在一定的法律框架下,制定相应的实施法规,对自来水与燃气产业实行垂直性管制。虽然,城市垃圾处理、公共交通等公用事业主要由各城市政府实施管制职能,但由于自来水与燃气供应,污水处理是城市公用事业中的核心内容。因此,我们可以把英国城市公用事业管制机构模式称为"垂直管制模式"。

(二)美国的地方管制主导模式

美国是一个由50个州组成的联邦制国家,在政治上实行三权分立、相互制衡的政治制度,在经济上长期奉行自由放任的政策。联邦政府与州政府在其权力范围内都是一个独立存在的政治实体,联邦政府作为全国范围内的中央政府,州政府作为组成联邦的各部分——州的政府在本地方行使权力。州政府的权力并不是由联邦政府授予的,而是和联邦政府一样,直接来源于宪法。联邦政府不能变更、更不能取消州政府的权力。在政府管制的理念上,强调在许多领域,地方管制比全国统一管制更具有经济合理性和其他优势:①

第一,地方的社会经济状况、发展水平等因素会影响与某种管制相

① 参见王俊豪等著:《美国联邦通信委员会及其运行机制》,经济管理出版社2002年版,第103—105页。

关的成本与收益。由于地方经济状况的差异，不同的地方有不同的政策偏好，例如，对于经济发展水平较高的地方，当地政府可以制定较高水平的公用产品普遍服务标准，而经济发展水平较低的地方，当地政府只能提供最基本的普遍服务标准。

第二，地方政府制定不同的管制政策，有利于居民选择工作和生活的地区。地方公共产品理论认为，地方管制政策应该与当地居民的偏好相适应，居民对多样性选择的要求，需要地方政府制定相应的管制政策来实现，如果所有的管制政策都是全国统一的，居民就没有多种选择的自由。

第三，地方性管制更能反映特定地区成本与收益的差异性，全国统一的政府管制往往难以反映这种差异性。从管制成本与收益的比较看，一项管制政策对某个州可能是收益大于成本，而对另一个州来说，可能是成本大于收益。地方性管制使地方政府可以通过成本与收益的比较，以制定收益最大化的管制政策。

第四，地方性管制有利于管制制度创新。制度创新是一种政策试验，可能成功，也可能失败。如果某一个地方的制度创新成功，这种新制度就成为一种公共产品，提供给其他地方政府模仿、借鉴、推广。相反，如果某项制度创新失败，其他地方政府就可以引以为鉴，减少政策试验的成本。如果实行全国性的管制制度创新试验，其成本往往是巨大的，还可能造成社会、政治的不稳定。

基于以上认识，在美国各州都设立了公用事业管制机构，但各州没有统一的名称，如在纽约、佛罗里达、怀俄明、蒙大拿等州和哥伦比亚特区设有“公共服务委员会”(Public Service Commission)，得克萨斯、明尼苏达、宾夕法尼亚、缅因和加利福尼亚等州设有“公用事业委员会”(Public Utility Commission)，新墨西哥、田纳西和阿拉斯加等州设有“公共管制委员会”(Public Regulation Commission)，而俄克拉何马、亚利桑那、弗吉尼亚和堪萨斯等州设有“公用事业与交通委员会”(Utilities and Transportation Commission),马塞诸塞州(麻省)则设有“电信与能源部”(Department of Telecommunications and Energy)。虽然,这些州公用事业管制机构在机构设置、人员配备、管制权限与职责等方面都存在较大的差别,但它们的主要职责是对州内通信、电力、公共交通、自来水和燃气等可能导致市场失灵的公用事业的价格、服务质量、市场准入和企业行为等实行综合管制,以维护本州消费者的利益,体现了公用事业以地方管制为主导的模式。

同时,美国在管制理念上,也肯定全国性管制的某些优点。例如,全国性管制机构通常比地方性管制机构具有更多的信息优势和技术力量;对于全国性经营的产品或服务,实行全国性管制往往更有效率;环境污染等许多地方性问题会产生全国性影响,这也要求实行全国性管制;实行全国性管制有利于保障公民的基本权利,等等。为此,美国在联邦政府层次上,也设立了联邦能源管制委员会、联邦环境保护局、联邦通信委员会等全国性管制机构,但这些管制机构的主要职能是制定全国性的管制法规,而且,主要是对州际的通信、电力等业务进行管制,而州内的同种业务,州公用事业管制机构具有更大的管制权,仍能体现地方管制主导模式。此外,在美国还存在“全国公用事业管制委员协会”(National Association of Regulatory Utility Commissioner, 简称NARUC),该协会成立于1889年,具有悠久的历史,其成员来自全美国50个州从事公用事业管制活动的政府机构。它是一个非盈利组织,其使命是通过改进公用事业管制的质量和效率,保证以公平、合理和无歧视性价格和条件提供公用产品或服务。由图9-3可见,其活动范围包括主要公用产品或服务,甚至还包括消费者事务、国际事务和金融与技术等。每类产品或服务都设一个委员会,由十几个甚至几十个委员组成,如自来水委员会现有18个委员,燃气委员会现有29个委员。

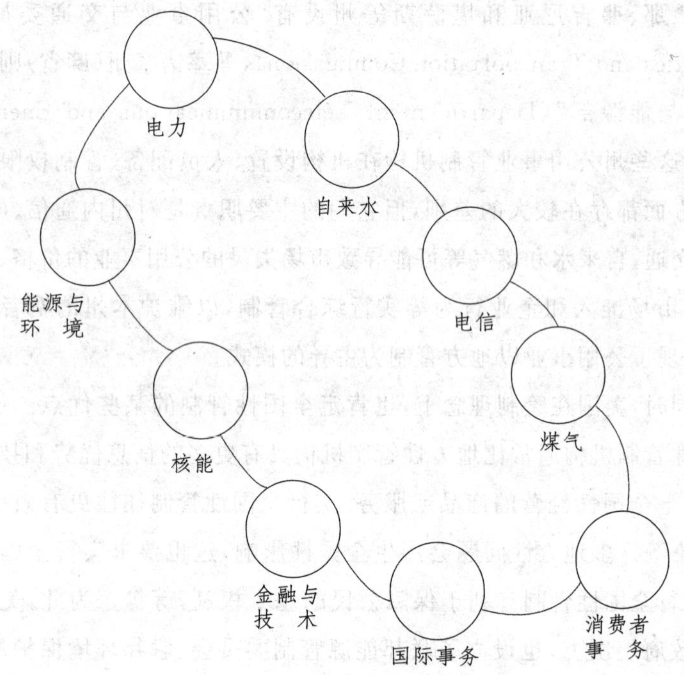

图 9-3 NARUC 活动范围

该协会每年面向社会公众举办三次大会,会议的宗旨是讨论当前的热点问题,在全国层次上提高公用事业管制水平。参加会议的代表通常来自联邦通信委员会、核能管制委员会、联邦能源管制委员会等联邦管制机构和金融界、产业部门、消费者组织等,他们相互交换意见和设想。同时,该协会还与能源部、环境保护局等联邦政府机构合作举办会议,共同讨论公用事业管制问题。

由前面的分析可见,英国的垂直管制主导模式和美国的地方管制主导模式,都是建立在各自的历史条件、自然环境,特别是经济政治体制基础上的,符合本国的特点。但上述两种模式都不适合中国的国情。这是因为,英国在自来水和燃气产业实行的垂直管制主导模式,只适合国土面积较小,环境差异不大的国家。对于具有960万平方公里国土面积,且各地自然环境存在较大差别的中国来说,显然不适用英国的模式。中国和美国的国土面积相差不大,但美国是一个联邦制国家,即使对于电信、电力等具有全国性输送网络的公用产业,也实行地方管制主导模式。这显然不符合中国的情况。其次,无论是英国,还是美国,城市公用事业和一般公用事业没有明确的界线,甚至很少独立用“城市公用事业”这一概念,它们通常把电信、电力和自来水、燃气等作为公用事业的整体。而中国的城市公用事业传统上是指城市政府投资兴建,为本地区居民和企事业单位提供产品或服务的公用事业,不包括电信、电力等具有全国性输送网络的公用事业。因此,中国不能搬用经济发达国家城市公用事业管制机构的模式,而需要在借鉴经济发达国家某些成功经验的基础上,根据中国的实际情况,建立与完善城市公用事业管制机构。

三、建立中国城市公用事业管制机构的设想

城市公用事业管制机构应是一种专司管制职能、相对独立的政府机构,它不仅没有城市公用事业的经营职能,而且不承担城市规划等一般经济管理职能。为此,根据前面分析的中国传统城市公用事业管制机构存在的问题,建立中国城市公用事业管制机构的基础条件是,在城市公用事业领域实现政企分离,这至少包括两方面的改革内容:一是把各城市现有的公用事业管理局(或类似机构)真正改造成为纯粹的政府管制机构。在具体措施上可以将现有城市公用事业管理局中具有经营职能的机构实行合并,由行政系列转为企业系列,或者,将这些机构充实到有关城市公用企业之中。这不仅有利于精简政府机构,也有利于提高城市公用企业的管理水平。这样,城市公用事业管制机构的主要职能是:审查城市公用企业的资格,根据本地区对城市公用事业的需求

规模，发放经营许可证；对城市公用事业价格和服务质量实行管制；协调、仲裁城市公用企业间的纠纷；监督、制裁城市公用企业的不正当经营行为。在新的体制下，城市公用事业管理局只执行管制职能，与企业之间不再存在经营业务上的关系，这就使城市公用事业管理局从城市公用事业的垄断经营者转变为竞争性经营的组织者和监督者，从而形成高效率的城市公用事业管制机制。二是把现有的城市公用企业改造成为符合市场经济要求的现代企业。这首先要割断现有城市公用事业管理局与城市公用企业之间的“父子关系”，把城市公用企业逐步改造成为自主经营、自负盈亏的独立法人和具有活力、动力、压力的市场竞争主体，形成高效率的城市公用企业经营机制。这样，通过实行政企分离，就能消除城市公用事业存在行政性垄断的基础，使城市公用企业成为市场竞争主体，从而为城市公用事业运用竞争机制创造制度条件。

在建立城市公用事业管制机构方面，有两种基本方案：第一种方案是，像电信、电力产业那样，从中央到地方建立垂直管理的城市公用事业管制机构。首先建立一个覆盖城市自来水、管道燃气、公共交通、垃圾处理、污水处理等的全国性城市公用事业管制机构（如“国家公用事业管制委员会”）。然后，把各省、市、县现有的城市公用事业管理机构改造成为管制机构，作为国家城市公用事业管制机构的派出机构，实行垂直管理。这一改革方案有利于对全国城市公用事业实行统一管制，便于比较各地区城市公用企业的经营效率。但由于各城市公用事业是由地方政府投资和经营的，目前许多城市公用企业的亏损也是由地方财政弥补的。因此，实施这一改革方案容易产生中央和地方政府之间的矛盾，影响政府管制效率，也不利于调动地方政府投资和经营城市公用事业的积极性。同时，城市公用事业不像电信、电力等产业那样具有全国性网络系统，而是具有明显的地区性经营的特点，由于中国地域广阔，各地区之间在自然条件、经济技术发展水平等方面存在很大的差别,客观上也难以对全国所有城市公用事业实行统一管制。

建立城市公用事业管制机构的第二种方案是:中央和地方(地方政府或城市政府,下同)的城市公用事业管制机构不是垂直管理关系,而主要是政策制定与执行、业务指导关系。国家公用事业管制机构的基本职能是"定规则、当裁判、做好服务工作"。主要管制职能包括:(1)以国家有关法律为准则,根据中国城市公用事业的特点,制定有关法规和卫生、质量、技术等业务标准;(2)根据城市公用事业的技术经济变化和社会经济发展的新情况,建议政府制定或修改城市公用事业的有关法律;(3)监督检查地方公用事业的管制行为,促进提高管制效率;(4)向地方公用事业管制机构提供各地区的有关管制信息和服务。而地方公用事业管制机构的主要职责是:(1)审查城市公用企业的资格,根据本地区对城市公用产品的需求规模,发放经营许可证;(2)对城市公用产品价格和服务质量实行管制;(3)协调、仲裁城市公用企业间的纠纷;(4)监督、制裁不正当的经营行为。这一方案虽然难以实行国家对城市公用事业的统一管制,但有利于调动地方政府投资经营城市公用事业的积极性,更为重要的是,由于城市公用事业具有明显的地区性,地方管制机构最了解本地区城市公用企业的成本、利润和运行信息,所以,给地方城市公用事业管制机构较大的管制权力,更有利于缓解管制者与被管制者之间信息不对称的问题。因此,笔者认为,这一方案更适应中国城市公用事业的实际情况。

值得一提的是,在采用上述第二种方案建立中国城市公用事业管制机构时,应注意以下问题:

第一,制定有关法规,规范城市公用事业的政府管制。法律制度是政府管制的主要依据,中央与地方政府都要制定有关城市公用事业的法规。其中,全国性的法规要明确城市公用事业政府管制的基本框架,主要内容包括:(1)明确城市公用事业政府管制的主要目标和任务,如保护消费者利益,促进竞争,提高经济效率等;(2)确立全国和地方城市公用事业管制机构的法律地位,明确其权力和职责;(3)规定城市公用企业应具备的基本资格,作为发放经营许可证的主要依据,并规定企业的权利和义务;(4)规定城市公用事业价格的制定和调整程序,规范政府定价行为;(5)建立城市公用事业的社会监督体系,包括建立城市公用事业消费者协会,规范城市公用事业价格调整的听证会制度等,运用社会力量监督政府管制机构和经营企业的行为,以切实维护消费者利益。同时,考虑到城市公用事业具有地区性的特点,各地区在自然资源、基础设施状况、人口密度和传统习惯等方面存在差异,各地方政府可以根据全国性法规的原则框架,结合本地区的特定情况,制定具体的、操作性强的地方性法规,以体现原则性和灵活性相结合的立法原则。这些全国性的和地方性的法规是城市公用事业实行政府管制的主要法律依据。

第二,明确职能分工,处理好国家与地方城市公用事业管制机构关系。根据中国地域广阔和国家基本制度等特点,既不能采取英国城市公用事业管制机构的垂直管制主导模式,也不适宜美国的地方管制主导模式。中国城市公用事业的管制机构的基本模式是中央与地方分层管制模式。目前,中国正处于城市公用事业管制体制改革的初级阶段,特别需要建立国家城市公用事业管制机构,通过制定有关法规,以规范与指导各地城市公用事业的管制行为;打破地区性进入壁垒,促进城市公用企业跨地区经营;运用区域间比较竞争管制方式等手段,向地方管制机构提供业绩比较信息,等等。而地方管制机构则是本地区城市公用事业的管制主体,在国家管制机构的指导下开展管制活动,更大程度上决定管制效率。要处理好国家与地方不同层次城市公用事业管制机构的关系,必须明确其职能分工,按照前面所讨论的国家与地方城市公用事业管制机构的各自职能,积极开展管制活动,力求避免缺位、越位和错位现象。

第三,城市公用事业管制机构应具有相对独立性,管制职能综合性。城市公用事业管制机构以专司管制职能为己任,为避免其他政府机构的政治干预与利益冲突,应具有相对独立的法律地位。同时,在现行体制下,城市公用事业管制职能被多家政府机构所分割,政出多门,管制效率低下,为消除这种低效率现象,城市公用事业管制机构应具有对市场准入、价格、企业的竞争行为、质量、标准设定等方面的管制职能,实行综合性管制。这要求对现有多个政府部门的管制职能实行合并,以建立一个具有多种管制职能、综合性的城市公用事业管制机构,提高城市公用事业的管制效率。

第四,城市公用事业管制机构应由多方面的人才组成。对城市公用事业的政府管制,必然涉及技术、经济、法律、管理等方面的问题,与此相适应,城市公用事业管制机构应由这些领域高素质的人才组成,以适应城市公用事业政府管制的客观需要。

主要参考文献

1. 陈富良:《放松规制与强化规制》,上海三联书店 2001 年版。

2.《财经》杂志编辑部:《管制的黄昏:中国电信业亿万元重组实录》,社会科学文献出版社 2003 年版。

3. 常欣:"放松管制与规制重建",《经济理论与经济管理》2001 年第 11 期。

4. 常欣:"'三重破垄'论:中国基础部门反垄断问题分析",《经济学动态》2002 年第 4 期。

5. 迟国敬、闫锋:"关于解决城市燃气企业与上游供气企业供气范围矛盾的几点建议",《城市燃气》2003 年第 5 期。

6. 迟福林主编:《走向开放与竞争的中国基础领域改革》,中国经济出版社 2001 年版。

7. 迟福林主编:《走进 WTO 的中国基础领域改革》,中国经济出版社 2002 年版 。

8. 董辅礽:"加入 WTO 与民营经济发展",《发展》2002 年第 4 期。

9.〔英〕戴维 · M. 纽伯里:《网络型产业的重组与规制》(何玉梅译),人民邮电出版社 2002 年版。

10.〔美〕丹尼尔 · F. 史普博:《管制与市场》(余晖等译),上海三联书店,上海人民出版社 2003 年。

11. 杜丹清:"对外开放条件下中国铁路体制改革与技术创新",《科技进步与对策》,2002 年第 11 期。

12. 冯颖:"体制创新 裂变重组——上海燃气行业改革始末",《城市煤气》2001 年第 4 期。

13. 国家电力调度通信中心:《美国电力市场与调度运行》,中国电力出版社 2002 年版。

14. 国务院发展研究中心《深化电力工业体制改革研究》课题组:"对电力工业政府管制、电价和投资体制改革的建议",《经济工作者学习资料》2001 年第 18 期。

15. 郭洁梅、陈跃武:《电信融资概论》,中国经济出版社1998年版。

16. 何霞:《入世与中国电信业的发展》,人民邮电出版社2000年版。

17. 黄海波:《电信管制:从监督垄断到鼓励竞争》,经济科学出版社2002年版。

18. 黄继忠主编:《自然垄断与规制:理论和经验》,经济科学出版社2004年版。

19. 胡鞍钢、过勇:“从垄断市场到竞争市场:深刻的社会变革”,《改革》2002年第1期。

20. 科斯:《财产权力与制度变迁》,上海三联书店1991年版。

21. 陇小渝、陆伟刚:“邮政产业属性界定及其政策含义”,《中国工业经济》2004年第7期。

22. 吕薇:《产业重组与竞争》,中国发展出版社2002年版。

23. 李雪松:《博弈论与经济转型——兼论中国铁路改革》,社会科学文献出版社1999年版。

24. 李京文主编:《铁道与发展》,社会科学文献出版社2000年。

25. 李建琴、汪基强:“公用事业民营化与政府规制”,《经济社会体制比较》2004年第2期。

26. 连海霞:“论中国民航业的放松管制与再管制”,《经济评论》2003年第3期。

27. 林雪梅等:“加入世界贸易组织对中国市政公用行业发展的影响研究”,《城市管理与科技》2003年第3期。

28. 刘戒骄:“自然垄断产业的放松管制和管制改革”,《中国工业经济》2000年第11期。

29. 刘戒骄:《垄断产业改革——基于网络视角的分析》,经济管理出版社2005年版。

30. 马义飞、卓玮:“电力定价和天然气定价比较研究”,《价格理论与实践》2004年第1期。

31. 裴根、张晓清:“燃气行业特许经营探讨”,《城市燃气》2003年第8期。

32. 戚聿东主笔:《中国经济运行中的垄断与竞争》,人民出版社2004年版。

33. 〔美〕乔治·J.施蒂格勒:《产业组织和政府管制》(潘振民译),上海三联书店1989年中文版。

34. 欧国立:《运输市场变迁与中国铁路市场化改革》,中国铁道出版社2000年版。

35. 荣朝和:"从运输产品特性看铁路重组的方向",载于中国网 www. china. org. cn,2003. 11. 3。

36. 王俊豪:《市场结构与有效竞争》,人民出版社 1995 年版。

37. 王俊豪:《英国政府管制体制改革研究》,上海三联书店 1998 年版。

38. 王俊豪主笔:《中国政府管制体制改革研究》,经济科学出版社 1999 年版。

39. 王俊豪:《政府管制经济学导论——基本理论及其在政府管制实践中的应用》,商务印书馆 2001 年版。

40. 王俊豪等:《中国自然垄断经营产品管制价格形成机制研究》,中国经济出版社 2002 年版。

41. 王俊豪等:《美国联邦通信委员会及其运行机制》,经济管理出版社 2003 年版。

42. 王俊豪、周小梅:《中国自然垄断产业民营化改革与政府管制政策》,经济管理出版社 2004 年版。

43. 王俊豪:"中国基础设施产业政府管制体制改革的若干思考",《经济研究》1997 年第 10 期。

44. 王俊豪:"论自然垄断产业的有效竞争",《经济研究》1998 年第 8 期。

45. 王俊豪:"中英电信产业政府管制体制改革比较",《中国工业经济》1998 年第 8 期。

46. 王俊豪:"发达国家的市场结构政策及其启示",《世界经济》1996 年第 9 期。

47. 王俊豪:"对英国现行政府管制体制的评价",《经济科学》1998 年第 4 期。

48. 王俊豪:"中国市场结构理论模式研究",《经济学家》1996 年第 1 期。

49. 王俊豪:"区域间比较竞争理论及其应用",《数量经济技术经济研究》1999 年第 1 期。

50. 王俊豪:"中英自然垄断性产业政府管制体制比较",《世界经济》2001 年第 4 期。

51. 王俊豪:"A－J 效应与自然垄断产业价格管制模型",《中国工业经济》2001 年第 10 期。

52. 王俊豪:"美国本地电话的竞争政策及其启示",《中国工业经济》2002 年第 12 期。

53. 王俊豪:"特许投标理论及其应用",《数量经济技术经济研究》2003 年第 1 期。

54. 王俊豪:"中国垄断性产业管制机构的改革",《中国工业经济》2005 年第 1

期。

55. 王梦奎主编:《改革攻坚 30 题:完善社会主义市场经济体制探索》,中国发展出版社 2003 年版。

56. 王辰:《基础产业融资论》,中国人民大学出版社 1998 年版。

57. 武剑虹、徐明露、孙林编:《WTO 与中国铁路》,中国铁道出版社 2001 年版。

58. 肖立武:"电信产业并非自然垄断",《中国工业经济》1999 年第 9 期。

59. 肖兴志:《自然垄断产业规制改革模式研究》,东北财经大学出版社 2003 年版。

60. 肖兴志:《中国铁路产业管制理论与政策》,经济科学出版社 2004 年版。

61. 夏大慰:《政府规制:理论、经验与中国的改革》,经济科学出版社 2003 年版。

62. 余晖:《政府与企业:从宏观管理到微观管制》,福建人民出版社 1997 年版。

63. 徐梅:《日本的规制改革》,中国经济出版社 2003 年版。

64. 于良春等:《自然垄断与政府规制》,经济科学出版社 2003 年版。

65. 于立等:《规模经济与自然垄断的关系探讨》,《首都经贸大学学报》2002 年第 5 期。

66. 于军:《铁路重组的理论与实践》,经济科学出版社 2003 年版。

67. 杨艳:"对自然垄断理论的评价与再认识",《经济科学》2002 年第 2 期。

68. 张昕竹主编:《中国规制与竞争:理论和政策》,社会科学文献出版社 2000 年版。

69. 张昕竹等:《网络产业:规制与竞争理论》,社会科学文献出版社 2000 年版。

70. 张维迎、盛洪:"从电信业看中国的反垄断问题",《改革》1998 年第 2 期。

71. 张宇燕:"国家放松管制的博弈——以中国联合通信有限公司的创建为例",《经济研究》1995 年第 6 期。

72.〔日〕植草益:《微观规制经济学》(朱绍文、胡欣欣译),中国发展出版社 1992 年中文版。

73. 周其仁:《数网竞争》,生活·读书·新知三联书店 2001 年版。

74. 周小梅:"中国加入 WTO 必须加快基础设施领域民营化改革",《国际贸易问题》2004 年第 5 期。

75. 中国基础设施产业政府监管体制改革课题组:《中国基础设施产业政府监

管体制改革研究报告》,中国财政经济出版社 2002 年版。

76. 朱成章、杨名舟、黄元生:《电力工业管制与市场监管》,中国电力出版社 2003 年版。

77. Armstrong, M., S. Cowan and J. Vickers, 1994, *Regulatory Reform: Economic Analysis and British Experience*, Cambridge: The MIT Press.

78. Averch, H. and L. Johnson, 1962, "Behavior of the Firm under Regulatory Constraint", *American Economic Review* 52:1052—1069.

79. Bailey, E. E., and W. J. Baumol, 1984, "Deregulation and the Theory of Contestable Markets", *Yale Journal on Regulation* 1:111—137.

80. Bailey, E. E., and R. D. Coleman, 1971. "The Effect of Lagged Regulation in an Averch-Johnson Model", *Bell Journal of Economics and Management* Science, Spring:278—292.

81. Baron, D. P. and D. Besanko, 1984, "Regulation, Asymmetric Information and Auditing,' *Rand Journal of Economics* 15:447—470.

82. Baumol, W. J., 1977, "On the Proper Cost Test for Natural Monopoly in a Multiproduct Industry", *American Economic Review* 67:809—822.

83. Baumol, W. J., Panzar and R. D. Willig, 1982, *Contestable Markets and the Theory of Industry Structure*, New York: Harcourt Brace Jovanovich.

84. Baumol, W. J., 1972, "On Taxation and The Control of Externalities", *American Economic Review* 62:307—332.

85. Beesley, M., 1996, *Regulating Utilities*: A Time for Change? London: Institute of Economic Affairs.

86. Besanko, D., and D. M. Sappington, 1987, *Designing Regulatory Policy with Limited Information*, Chur, Switzerland: Harwood Academic Publishers.

87. Bishop, M., J. Kay and C. Mayer, 1995, *The Regulatory Challenge*, Oxford: Oxford University Press.

88. Borenstein, S., 1985, "Price Discrimination in Free-Entry Markets", *Rand Journal of Economics* 16:380—397.

89. Clark, J. M., 1940, "Towards a Concept of Workable Competition", *American Economic Review* 30:241—256.

90. Derthick, M., and P. J. Quirk, 1985, *The Politics of Deregulation*, Washington, D. C. Brookings Institution.

91. Dieter, H. and T. Jenkinson, 1997, "The Assessment: Introducing Com-

petition into Regulated Industry", *Oxford Review of Economic Policy* 13:1—14.

92. Gormley, W. F., Jr., 1983, *The Politics of Public Utility Regulation*, Pittsburgh: University of Pittsburgh Press.

93. Graeme A. Hodge, 2000, *Privatization: An International Review of Performance*, Westview Press.

94. Green, R. J. and D. M. Newbery, 1992, "Competition in the British Electricity Spot Market" *Journal of Political Economy* 100:929—953.

95. Greenwald, B. C., 1984, "Rate Base Selection and Structure of Regulation", *Rand Journal of Economics* 15:85—95.

96. Henney, A., 1987, Privatize Power: *Restructuring the Electricity Supply Industry*, London: Centre for Policy Studies.

97. Hogan, W., 1992, "Contract Networks for Electric Power Transmission", *Journal of Regulatiory Economics* 4:211—242.

98. Janusz Ordover, Russell W. Pittman and Paul S. Clyde, *Competition Policy for Natural Monopolies in a Developing Market Economy*, Antimonopoly Law Handbook.

99. Kay, J. A., C. Mayer and D. Thompson, 1968, *Privatization and Regulation: The U. K. Experience*, Oxford: Oxford University Press.

100. Littlechild, S., 1983, *Regulation of British Telecommunications Profitablity*, London: HMSO.

101. Mankiw, N. G. and M. D. Whinston, 1986, "Free Entry and Social Inefficiency", *Rand Journal of Economics* 17:48—58.

102. Meier, K. J., 1985, *Regulation: Politics, Bureaucracy, and Economics*, New York: St. Martins Press.

103. Newbery, D. M., 1999, *Privatization, Restructuring and Regulation of Newwork Utilities*, Massachusetts: The MIT Press.

104. OECD, 2001, *Restructuring Public Utilities for Competition: Competition and Regulatory Reform*, Organization for Economic Co-operation and Development.

105. Peltzman, S. and C. Winston (eds), 2000, *Deregulation of Network Industries: What's Next?* Washington, D. C.: Brooking Institution Press.

106. Pryke, R., 1982, "The Comparative Performance of Public and Private Enterprise", *Fiscal Studies* 3:68—81.

107. Robinson, C. (ed.), 2002, *Utility Regulation and Competition Policy*, Glasgow: Edward Elgar Publishing Limited.

108. Sharkey, W. W., 1982, *The Theory of Natural Monopoly*, Cambridge: Cambridge University Press.

109. Shleifer, A., 1985, "A Theory of Yardstick Competition", *Rand Journal of Economics* 16:319—327.

110. Sugden, R., 1993, *Industrial Economic Regulation: A Framework and Exploration*, London: Routledge.

111. Viscusi, W. K., J. M. Vernon and J. E. Harrington, Jr., 2000, *Economics of Regulation and Antitrust*, Massachusetts: The MIT Press.

112. Waterson, M., 1988, *Regulation of the Firm and Natural Monopoly*, Oxford: Basil Blackwell.